LE CATHOLICISME

ET

LE PROTESTANTISME

DANS LE PAYS DE MONTBÉLIARD

PAR

L'Abbé TOURNIER

CURÉ D'ATHESANS

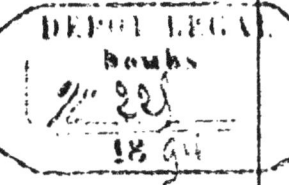

OUVRAGE COURONNÉ PAR L'ACADÉMIE DE BESANÇON

DANS SA SÉANCE DU 27 JUILLET 1893

> Un peuple qui, ayant abandonné la
> foi, l'ait reconquise, je n'en connais
> pas un.
> (Donoso Cortès, 1849.)

BESANÇON

IMPRIMERIE ET LITHOGRAPHIE DE PAUL JACQUIN

—

1894

LK² 4154

LE CATHOLICISME

ET

LE PROTESTANTISME

DANS LE PAYS DE MONTBÉLIARD

LE CATHOLICISME

ET

LE PROTESTANTISME

DANS LE PAYS DE MONTBÉLIARD

PAR

L'Abbé TOURNIER

CURÉ D'ATHESANS

OUVRAGE COURONNÉ PAR L'ACADÉMIE DE BESANÇON

DANS SA SÉANCE DU 27 JUILLET 1893

> Un peuple qui, ayant abandonné la foi, l'ait reconquise, je n'en connais pas un.
> (DONOSO CORTÉS, 1849.)

BESANÇON

IMPRIMERIE ET LITHOGRAPHIE DE PAUL JACQUIN

—

1894

Imprimatur.

P. DE BEAUSÉJOUR,
Vicaire général.

Besançon, le 20 juillet 1894.

DÉDIÉ

A Monsieur l'Abbé Burlet

curé de Saint-Jean

et

A Monsieur Flavien Burlet

médecin a Granges-le-Bourg

(Haute-Saone)

En souvenir

de notre vieille et franche amitié

PRÉFACE

Après la publication du livre intitulé : *Le Protestantisme dans le pays de Montbéliard*, en 1889, je m'attendais à une levée de boucliers contre mon ouvrage; j'en avais été menacé. Malheureusement il n'y eut qu'une faible explosion de mauvaise humeur, avec l'annonce d'une réfutation magistrale. Ce n'était vraiment pas assez.

Le premier qui me lança quelques flèches fut M. Léon Sahler, filateur à Audincourt. Il les enveloppa dans une lettre jetée à plusieurs centaines d'exemplaires sur la terre luthérienne du pays de Montbéliard et envoyée un peu aux quatre vents. L'un de ces exemplaires revint à Athesans de Paris même. Ce factum avait trois parties : l'exorde, un essai de critique et une conclusion sentimentale.

L'exorde de la lettre de M. Sahler n'est pas *ex abrupto*, il est tout à fait insinuant. Ce sont des compliments, des félicitations qui cachent, semble-t-il, un peu d'aigreur. Cela importe peu.

L'essai de critique s'attache à deux points principaux :

1° Dans la biographie de Toussaint [1], j'ai fait observer que cet apostat a employé contre l'Église, sa bienfaitrice, l'instruction qu'il en avait reçue : il n'y a qu'un ingrat qui puisse agir de la sorte. M. Sahler trouve dans ce fait, cité par moi à titre de réflexion, une inexactitude qu'il relève au hasard parmi d'autres qu'il ne désigne pas, prétendant qu'on ne peut pas faire un crime à Toussaint de s'être comporté envers l'Eglise catholique comme il l'a fait, puisqu'il n'y avait encore point de protestants pour l'instruire et l'éduquer. Cela empêche-t-il ce prédicant d'avoir été un prodige d'ingratitude et d'avoir plongé dans le cœur de ses frères du pays de Montbéliard et dans le cœur de l'Église, sa mère, l'épée dont celle-ci l'avait armé pour défendre les uns et les autres? L'exactitude de ma réflexion constitue malheureusement le crime de Toussaint.

2° M. Sahler, après quelques phrases, dit que pour faire l'histoire, qui est l'objet de sa mordante critique, il aurait fallu que je fusse doublé d'un philosophe. M. Sahler a raison et je le remercie de ses bonnes intentions à mon égard. Mais M. le filateur a-t-il essayé de faire croire par cette expression assez prétentieuse qu'il est doublé d'un homme de bon sens? Dans le cas présent, c'est assez difficile à admettre; car pour mettre modestement bout à bout les faits relatifs à l'introduction du protestantisme dans le pays de Montbéliard, le seul but que nous ayons poursuivi, que doit faire le narrateur? Il doit s'assu-

---

[1] *Le Protestantisme dans le pays de Montbéliard*, p. 72.

rer que ces faits sont fournis par des documents authentiques et vrais. C'est à quoi se borne le rôle de la philosophie. Or que M. Sahler prouve que les matériaux qui ont servi à écrire l'ouvrage, qu'il traite de mauvaise action, ne sont ni authentiques ni vrais.

On connaît leur origine. A peu près tous ceux dont l'auteur a fait usage sont sortis du château de Montbéliard, ont été écrits depuis 1535 par des hommes attachés au protestantisme. On les lit avec la signature ou des princes, ou des chanceliers de la cour, ou des conseillers de la régence, ou des procureurs, ou des pasteurs, ou même d'officiers subalternes. La philosophie de M. Léon Sahler ne les lirait pas autrement que la philosophie d'un curé de campagne, lors même que la première l'emporterait de cent coudées sur la seconde.

Ces documents sont-ils l'expression exacte et vraie des événements qu'ils relatent? S'il n'en était pas ainsi, les écrivains de Montbéliard ne pourraient pas m'accuser d'avoir falsifié l'histoire qui leur déplait tant, ils devraient dans ce cas s'en prendre à leurs coreligionnaires, à Kugler, à Heyd, aux princes et aux secrétaires des différentes administrations établies par eux, et surtout à Duvernoy, ancien archiviste du Doubs, qui a lui-même recueilli toutes les pièces qui ont servi en grande partie à faire mon ouvrage et les a sanctionnées de sa haute compétence. Ce sont ces personnages, que vous ne considérerez pas comme des faussaires, qui ont créé, à quelques exceptions près, les matériaux de mon livre. Mon rôle s'est borné à mettre ceux-ci chacun à sa place, à les relier ensemble avec le ciment fabriqué par eux-mêmes. Je regrette de n'avoir pas été philosophe au même degré que M. Léon Sahler, avec les bons matériaux protestants dont j'étais en possession, il serait sorti « de ma palette, » pour me servir de sa poétique expression, un chef-d'œuvre qui m'eût valu ses félicitations.

A vrai dire, l'essai de critique que M. le filateur d'Audincourt a fait de mon livre est d'une pauvreté qui étonne. Y a-t-il des récits ou des faits contraires à la vérité? Faut-il en supprimer? en corriger? Y a-t-il de fausses citations? On n'en parle pas, et cela pour cause.

Arrivons à la conclusion sentimentale du mandement de M. Léon Sahler: « J'estime, dit-il, avec beaucoup de catholiques sans doute, que la publication de livres conçus dans l'esprit agressif qui caractérise le vôtre, ne peut produire aucune conversion, mais faire au contraire beaucoup de mal. N'est-il pas visible que depuis longtemps la lutte principale s'est déplacée, et que devant un ennemi nombreux, sorti de vos rangs principalement, qui affirme qu'il n'y a point de Dieu, que la matière est tout, la jouissance le seul but à atteindre, toute dispute intestine, tout ce qui peut nuire à la paix entre chrétiens est une action mauvaise de la part de celui qui en est l'auteur? »

A cela je réponds: 1° L'histoire vraie ne peut aigrir personne; si elle contrarie des idées reçues, il suffit de modifier ces idées et l'on s'en trouvera bien.

2° Des personnages passablement compétents ont vu dans mon livre autre chose qu'un caractère agressif. Le 15 janvier 1889, Castan, conservateur de la bibliothèque, m'accusant réception du *Protestantisme dans le pays de Montbéliard*, disait : « Je m'empresse de vous remercier de cet envoi d'*un consciencieux travail.* » Le 19 novembre de la même année, Xavier Marmier m'écrivait en parlant de mon ouvrage : « J'espère que tous ceux qui aiment les études historiques loyales et sérieuses sauront apprécier celle-ci. »

3° La publication de mon livre a atteint le but que je visais. Tous les protestants de nos pays, et nous en avons entendu, répétaient dans leurs petites discussions avec les catholiques que leurs ancêtres avaient couru au-devant de la réforme. Aujourd'hui beaucoup de ceux qui s'occupent encore de religion savent ce que valait cet engouement. Il paraît même que quelques-uns n'ont pas appris sans quelque peine que la violence avait joué le principal rôle dans l'introduction du protestantisme. Quant à viser à quelques conversions de protestants, évidemment un succès de ce genre me charmerait, mais cette fin a été étrangère à mon travail, parce que je connais le protestantisme de nos pays, et je sais qu'il a dans le cœur un ulcère qui rend une conversion presque impossible.

4° Une histoire qui raconte humblement l'introduction du luthéranisme dans le pays de Montbéliard au XVIe siècle, n'a abouti qu'à mettre en évidence une période où le protestantisme a écrasé le catholicisme dans un tout petit coin de la terre. Si le récit de cet acte est une mauvaise action, comment faut-il qualifier l'acte lui-même ? Mais pourquoi une mauvaise action ? M. Sahler connaît par expérience ce que le P. Lacordaire disait à Notre-Dame de Paris : « Le luthéranisme s'attache aux flancs du catholicisme pour le détruire. » Et dans l'espoir d'arriver plus sûrement à sa fin, il s'unit aux représentants de l'impiété, peu importe leur origine ; il caresse la franc-maçonnerie avec une affection rare, nulle part et jamais il ne désarme. Dans les paroisses mixtes de notre région, pendant le cours du siècle, quelle guerre n'a-t-il pas faite avec tous ses auxiliaires contre l'exercice du culte catholique ! Et pour le prouver, on pourrait peut-être citer l'enterrement civil de Viette, dont l'opposition acharnée au catholicisme avait fait de ce sectaire le dieu des électeurs protestants. Néanmoins, en face de cette hostilité toujours armée, M. Sahler, luthérien, veut que les catholiques demeurent pacifiques, et surtout qu'ils n'aient pas la témérité de raconter les mesures de violence dont le luthéranisme s'est servi autrefois pour étrangler le catholicisme dans le pays de Montbéliard. A mon avis, ce n'est pas crâne.

Si M. Sahler fait une circulaire contre mon second ouvrage, je n'y vois aucun inconvénient, il fera bien de se mettre sur un terrain solide.

De là passons aux attaques du journal *la Vie nouvelle*. Le 15 février 1889, le rédacteur en chef de cette feuille félicitait M. le pasteur de Chagey « d'avoir entrepris la tâche, d'ailleurs facile, de rétablir la vérité historique si audacieusement défigurée par le fanatique écrivain » M. l'abbé Tournier.

Voilà donc cinq ans qu'on a annoncé avec tapage qu'on allait signaler les falsifications historiques de mon premier volume, mais depuis ce moment rien n'a paru, pas même la réfutation qui, le 30 mars, était annoncée comme étant sous presse. Pourquoi ? Parce que les savants protestants n'ont rien trouvé à réfuter. Je les attends encore, et s'ils ont quelque chose à dire, qu'ils veuillent bien se hâter.

Mais, comme le prétendait la *Vie nouvelle*, est-ce falsifier l'histoire que de comparer les premiers pasteurs de la Réforme à Balland, « défroqué perdu de mœurs qui avait réussi à se faire nommer pasteur » à Bavans? Faire cette comparaison n'est pas falsifier l'histoire, car les documents calvinistes, luthériens et catholiques s'accordent à reconnaître qu'à son origine le protestantisme a eu pour pasteurs des Ballands, dignes émules de Luther, le plus polisson de tous (1). Et l'histoire du *Protestantisme dans le pays de Montbéliard* serait entièrement dans le faux, si elle comparait les premiers prédicants de Montbéliard à des hommes honnêtes; elle serait en contradiction avec les documents recueillis à cet

---

(1) Un docteur allemand, le célèbre Majunke, ancien rédacteur en chef du journal *la Germania*, dans un livre intitulé *La fin de Luther*, a voulu prouver que le moine saxon a fini ses jours de la même façon que Judas. Le témoignage le plus fort cité par lui est celui d'Ambrosius, domestique du réformateur, à qui on fit promettre de ne pas révéler qu'un matin en entrant dans la chambre de son maître, il avait trouvé celui-ci pendu avec un essuie-main. Ce domestique, n'ayant aucune confiance dans une religion dont le fondateur avait eu une fin pareille, revint au catholicisme et

égard et même avec le témoignage de Pierre Toussaint, le premier chef du corps pastoral.

Au reste nous ne voyons pas que le protestantisme en prenne le deuil, car en arrivant à Etobon et à plus forte raison à Bavans, Justin Balland était connu absolument comme M. Jules Simon le fit connaître, le 3 janvier 1873, à M. l'Inspecteur ecclésiastique : « Ce n'est pas pour des motifs de conscience que M. Balland est sorti de l'Église catholique, écrivait le ministre des cultes. Il en est sorti parce qu'il en a été exclu, interdit par Mgr l'évêque de Saint-Dié et avec défense de porter l'habit ecclésiastique. » Sa conduite comme élève à la faculté de théologie protestante de Strasbourg et ses fonctions dans la police secrète, tout cela était connu. Mais à Montbéliard on n'a pas tenu compte de tels antécédents, on a accepté le défroqué comme un morceau de choix, un météore qui devait jeter un éclat éblouissant sur le protestantisme du pays et humilier les catholiques. Aussi de tous nos villages les protestants fervents allaient recueillir avec enthousiasme les paroles qui tombaient de ses lèvres et colportaient avec joie le mot qui terminait un de ses sermons de Chagey en 1870 : « Hors du protestan-

raconta alors tout ce qu'il avait vu à cet égard. — Corneille de la Pierre, qui vivait vers 1600, affirme le même fait en quatre endroits de ses commentaires sur l'Écriture sainte, au tome XII, page 59, édition Vivès, au tome XX, page 411 et page 457, et au tome XXI, page 312. A la page 457 du tome XX, il s'exprime ainsi : Cum vespere lautè cœnasset (Lutherus), noctu desperatione et furiis dæmonis actum, sibi injecto laqueo necem intulisse asseruit ejus famulus, posteà ad orthodoxam fidem conversus, uti refert Thomas Bozius, *De signis Ecclesiæ*.

tisme, point de salut. » Ces paroles lui donnèrent une place d'honneur dans le camp protestant : notre souvenir à cet égard ne nous trompe nullement.

Loin de nous la pensée de faire planer sur les pasteurs protestants les hontes qui recouvrent de tels hommes, car le caractère sacerdotal, dont ceux-ci gardent l'empreinte, les rattache, bon gré, mal gré, au catholicisme. Cette distinction si noble, quand elle n'est pas flétrie par le vice, leur a été donnée par l'Église romaine et non par le luthéranisme. Leur défection les place parmi les malades, les blessés, les dégradés. Nous les considérons comme arrivés à la dernière station des égarements de l'enfant prodigue. Ah ! puissent-ils imiter cet illustre pénitent dans son retour, après l'avoir suivi dans la voie du désordre !

Arrivons à autre chose. La *Vie nouvelle* disait, à l'occasion de la thèse établie par mon livre, « que la Réforme a été dans notre pays un courant irrésistible. » Oui, elle a été introduite par des princes subissant le courant irrésistible d'une nature dépravée. Et pour détruire ma thèse, que la *Vie Nouvelle* prouve seulement la fausseté d'un document qui aurait été escamoté, comme beaucoup d'autres, si la bibliothèque de Besançon ne l'avait pas acheté à la succession de Charles Duvernoy, ancien juge de paix. C'est le procès-verbal de la lutte soutenue avec un réel désespoir par les bourgeois de Montbéliard, dans les mois d'août et de septembre 1539, pour avoir la liberté d'aller à la messe dans les églises du voisinage après l'abolition du culte de l'Église romaine dans cette ville. Quelle énergie ces vaillants champions déployèrent pour demeurer catholiques pratiquants ! Et leurs sentiments n'étaient pas hypocrites, puisque, de l'aveu des conseillers protestants de Stuttgart, envoyés à Montbéliard par le duc Ulrich, l'intention des bourgeois « *était de rejeter la nouvelle religion* [1]. » Qu'on ôte à ce document seul sa force et nous nous rangerons au sentiment de la *Vie nouvelle*. C'est peu exiger, mais nous la mettons au défi d'y arriver. C'est pourquoi notre thèse conservera toujours sa solidité.

Après avoir salué l'épithète de fanatique dont nous a habillé la feuille précédente et qui, nous le savons, assaisonne toutes les querelles des protestants entre eux, passons à M. le pasteur Chenot, auteur de deux ouvrages sur l'époque luthérienne de l'église d'Héricourt.

M. Chenot, dans le *Bulletin du Protestantisme français* (15 juin 1889), ne veut pas que le protestantisme ait dû son introduction dans le pays de Montbéliard à la seule volonté des princes et qu'il s'y soit maintenu de même. C'est le souci de la vérité historique qui l'oblige, dit-il, à protester contre cette double assertion [2].

---

[1] Voir *Le Protestantisme dans le pays de Montbéliard*, p. 105 et 106. Ce document, qui vaut cent fois son pesant d'or, sera publié intégralement.

[2] M. Chenot a vraiment le souci de la vérité historique :

1° D'après lui, il y avait à Échenans, avant la Réforme, une église pour ce village et Mandrevillars. Or cela est faux. Une chapelle fut construite en 1581, suivant les comptes des curés de cette année (Archives de la Haute-Saône, E 245, p. 49). Il fut nécessaire de la bâtir pour les habitants d'Échenans, catholiques jusqu'au

Pour prouver le premier point, M. le pasteur ne s'arrête pas à infirmer les faits nombreux et même volumineux qui prouvent que, sans la volonté des princes Ulrich et Georges, jamais la nacelle de Luther n'eût abordé aux rivages du comté de Montbéliard, il n'en conteste aucun; il dit seulement que Farel a été « requis et demandé du peuple » et que ce peuple, au témoignage de Toussaint, « avait une soif étonnante de la gloire de Jésus-Christ. » Qu'est-ce que cela prouve? La première parole attribuée à Farel, en 1524, n'a rien à faire ici, puisque ce n'est

bout des ongles, qui, au lieu d'aller au prêche à Brevilliers, persistaient à aller à la messe à Buc, malgré les ordonnances.

2° Dans un document où Larcher, premier ministre d'Héricourt, donne l'état de sa paroisse, M. Chenot remplace le mot catéchisme par celui de catholicisme; il supprime le fait d'un individu qui, un jour d'abstinence, donna à un chien un morceau de viande qu'on lui avait servi, et pour cause; il change de place un membre de phrase. Dénaturer un document, c'est porter trop loin le souci de la vérité historique.

3° Dans sa notice sur Tavey, il soutient que le simultané régna dans l'église de ce village depuis 1565 à 1623. Le premier article, composé d'une page, est consacré à l'exposition de ce fait, et il y est dit qu'un curé « conserva sa résidence » dans cet endroit, sans tenir compte de la démolition de la cure, en 1578. Veut-on savoir pourquoi M. Chenot essaie d'établir un fait démenti au moins par 250 documents des archives de Vesoul qu'il a consultés? L'église de Tavey, sur laquelle ont fait main basse les protestants d'Héricourt, sans doute d'après les ordres de Montbéliard, appartenait à l'abbé de Lure. C'est contre toutes les règles du droit alors en vigueur que cette iniquité fut consommée. M. Chenot voudrait innocenter ses coreligionnaires sur ce forfait en faisant exister le simultané de 1565 à 1623, et en n'attribuant, à cette dernière date, la fin d'un tel état de choses qu'au manque de prêtres. Si les auteurs de Montbéliard trouvaient dans mes livres des erreurs historiques aussi monumentales que les précédentes, et j'en passe d'autres, il n'y en a pas un qui voudrait mourir sans m'avoir décoché un trait trempé dans le fiel.

que quatorze ou seize ans après le départ de Farel du comté que le peuple a résisté avec une véritable fureur au protestantisme qu'on lui imposait alors. La seconde fait l'éloge des bourgeois de Montbéliard. Ceux-ci, de l'aveu de Toussaint, « avaient pris en dégoût sa prédication. » C'est donc reconnaitre qu'ils ne voulaient pas du ministère de l'ex-chanoine de Metz pour étancher la soif qui les dévorait.

Une autre raison qui, au jugement de M. Chenot, prouve que les princes n'ont pas introduit eux-mêmes le protestantisme, c'est qu'ils ne retirèrent aucun avantage matériel de la suppression du culte catholique. Cela est faux. Écoutons Ulrich. Quand ce prince, chassé de ses États, cherchait une porte pour y rentrer, il disait : « Je déchargerai les curés et les religieux du fardeau de leurs biens. » Une fois remonté sur son trône ducal, il accomplit sa promesse à la lettre : « Deux cent mille florins, dit Calvin, sont tombés des biens de l'Église dans le trésor du duc, et tout cela fut mangé honteusement en débauches [1]. » Dans le comté et les seigneuries les princes, dit M. Chenot, jouirent des forêts ayant appartenu au clergé [2]. N'est-il donc pas avéré que les princes retirèrent de grands avantages matériels de la suppression du culte catholique? Après cela que penser de la première protestation de M. Chenot ?

Le même écrivain dit, en second lieu, que le pro-

---

[1] Voir *Le Protestantisme dans le pays de Montbéliard*, p. 53.
[2] *Notice historique sur l'introduction de la Réforme*, p. 70, note.

testantisme ne s'est pas maintenu dans notre pays par la volonté des princes; ce qui le prouve, c'est que les populations des Quatre-Terres, après leur conquête par Louis XIV, restèrent fidèles au protestantisme, malgré les avantages qu'on leur promit et les efforts qu'on fit pour les convertir. « Elles auraient secoué le joug, si elles l'avaient porté ainsi qu'on le prétend. »

Ici M. le pasteur confond les époques. Quand, en 1674, les armées du grand roi pénétrèrent dans les Quatre-Seigneuries, elles ne trouvèrent plus les populations de 1540 et de 1565, celles qui furent placées, avec les deux générations suivantes, dans des étaux pour y être limées, taillées, taraudées, martelées afin de leur ôter leur âme catholique. Si un Louis XIV eût fait la conquête du pays vingt-cinq ans après que ce travail de déformation eut été commencé, le luthéranisme n'y aurait poussé aucune racine; là on ne l'aurait connu que comme un fléau passager. Il y avait vingt-deux ans qu'il piétinait la terre d'Héricourt, que les bourgeois de cette ville, de l'aveu de Larcher, premier pasteur, attendaient encore « changement de prince et de religion. » Et l'on sait avec quel entrain ils se jetèrent en 1588 entre les bras des Guises. Sans l'autorité des princes, à ce moment c'en était fait de la religion huguenote dans les Quatre-Terres.

Malheureusement les mesures draconiennes exercées sur ces populations, pour les identifier à la nouvelle religion, produisirent à la longue leurs désastreux effets: à la place de la sève catholique qui avait coulé si abondamment dans leurs veines, elles leur insinuèrent peu à peu une âme et un sang luthériens. Et c'est de cette vie, toute faite de haine à l'égard du catholicisme, que vivaient les habitants de nos anciennes seigneuries, quand Louis XIV en fit la conquête en 1674. Et encore, dans la crainte que l'approche des autels catholiques ne rallumât dans leur cœur quelque étincelle de l'antique foi, oubliée peut-être dans quelque pli de cet organe, quelle vigilance, quel zèle, quelle activité déployèrent les chefs de la république montbéliardaise pour les tenir à distance. Qu'on juge après cela des protestations de M. Chenot contre les deux thèses de mon livre.

Avant d'en venir à la conclusion qu'il emprunte à la lettre de M. Léon Sahler, l'ancien pasteur d'Héricourt attaque encore le *Protestantisme dans le pays de Montbéliard* en prenant pour armes les réflexions qui suivent un récit, les conclusions qui ressortent des faits exposés, et même les notes placées au bas de certaines pages, sans avoir la bonne foi de rapporter les actes qui ont autorisé ces différents jugements. Cela ne prouve qu'une chose, c'est qu'on n'a pas trouvé dans mon livre matière à critiquer, quant à la certitude des détails historiques. Je le savais d'avance [1].

Athesans, le 22 juillet 1894.

C. TOURNIER,
Curé d'Athesans.

[1] Les *Annales franc-comtoises*, t. II, p. 81, inspirées dans la

circonstance par un docteur de la faculté de Besançon, disent que M. Chenot a fait, dans le *Bulletin du protestantisme français* (juin 1889), *une critique assez vive* de mon ouvrage. Ce n'est sans doute que par surprise que le rédacteur a écrit de la sorte sur l'article de M. Chenot, car que peut être une critique historique qui ne renverse ou ne redresse aucun fait, mais les laisse tous debout et appuyés par des témoins qui ne faibliront jamais ? Que M. le pasteur ait traité le livre de *caricature* sans justifier l'application de ce mot, cela ne constitue pas une critique. J'accepte même le terme et je dis que le protestantisme n'étant qu'une reproduction grotesque et ridicule de la vraie religion, en faisant l'histoire de celui du pays de Montbéliard, je n'ai pu le représenter qu'avec le visage qui le distingue. Si le portrait n'est pas beau, on ne doit pas s'en prendre au peintre, mais à l'original, qui certainement n'est qu'une caricature.

LE CATHOLICISME
ET
LE PROTESTANTISME

DANS LE PAYS DE MONTBÉLIARD

CHAPITRE PREMIER

Luxembourg devant Montbéliard. — Le comte Georges voudrait la résistance. — Les bourgeois et les soldats s'y refusent. La ville capitule. — Antoine-Pierre de Grammont, archevêque de Besançon. — Culte catholique à Montbéliard. Sa suppression. Son rétablissement à Blamont. — Les sujets des Quatre-Terres prêtent serment de fidélité à Louis XIV. — Les protestants exclus de l'église de Mandeure. — Nouvelle occupation de Montbéliard par la France. Le culte catholique y est rétabli. — Notice sur le village de Tavey. — Démêlés entre les princes de Wurtemberg et les abbés de Lure et de Murbach au sujet de la propriété de ce village. — Le culte catholique y est rétabli.

(1676-1698)

La Franche-Comté, après d'héroïques efforts soutenus sous les murs de toutes les villes, après des luttes acharnées livrées par les paysans dans les montagnes, avait été forcée de briser avec la monarchie espagnole, que tant de titres lui rendaient chère, et de subir la domination française, que toutes les classes du pays, principalement le clergé et l'habitant des campagnes, avaient en horreur. Cet événement commencé par l'affreux massacre d'Arcey (1), le 8 janvier 1674, se termina huit mois après par la prise et le sac de Faucogney, où les vainqueurs laissèrent des traces nombreuses de leur cruauté et de leur lubricité (4 juillet 1674). Les Montbéliard ne virent pas sans inquiétude le sceptre du roi de France toucher aux frontières du comté. Aussi, dans un but facile à comprendre, avaient-ils rempli à l'égard du monarque les devoirs prescrits par la courtoisie d'une cour princière. Le conseiller Perdrix nous apprend que dès 1666 certains personnages du conseil « furent à la Forge de Belfort saluer M. le Soleil levant. » Deux ans après d'autres envoyés allaient recommander au roi « leur petit pays.... comme enclavé dans la Bourgogne. » En France on ne vit qu'un moyen de le protéger, ce fut de l'occuper.

Le 28 octobre 1673, le marquis de Vaubrun, gouverneur de l'Alsace, envoya proposer au comte Georges de recevoir une garnison française à Montbéliard. Non seulement Son Altesse rejeta une telle demande, elle reçut encore l'envoyé avec froideur. Le général français en fut froissé, comme il le fit sentir le lendemain aux représentants que le comte envoya pour lui rendre la visite précédente. Dans cette circonstance il qualifia d'Espagnol le conseiller Thevenot. Cela causa une grande terreur dans la ville. Le comte néanmoins continua à se montrer gracieux voisin. Au mois d'avril 1674, il envoya de Forstner complimenter Turenne, alors en Alsace (2). Le mois suivant, en réponse à un message qu'il avait adressé au roi de France, occupé au siège de Besançon, il reçut de Sa Majesté la lettre suivante : « Mon cousin, j'ai reçu avec bien du plaisir, par le gentilhomme que vous m'avez envoyé, les nouveaux témoignages que vous m'avez donnés pour tout ce qui me touche, et de l'in-

---

(1) Voir Pièces justificatives, n° 1.
(2) Chronique Perdrix.

térêt particulier que vous prenez au succès de mes armes dans votre voisinage. Soyez assuré que j'aurai toujours plaisir de vous donner des marques de mon amitié dans les occasions qui pourront se présenter pour vos avantages ; et sur ce, je prie Dieu qu'il vous ait, mon cousin, en sa sainte et digne garde. Écrit au camp devant Besançon, le 9ᵉ de mai 1674. Louis (1). » Ce n'était là qu'un acte de politesse, car au mois de février de l'année suivante, l'intendant de Franche-Comté, Beaulieu, arriva à Montbéliard, demandant au comte de consentir à l'entrée d'une garnison française dans la ville. Cette proposition, à laquelle on répondit par un refus, excita de vives alarmes dans l'esprit des gouverneurs du comté. L'avenir leur donna raison.

De Belfort, le maréchal de Luxembourg informé que le comte Georges « faisait paraître de l'attachement pour le service de l'empereur, était même disposé à remettre la place aux Impériaux (2), » fit offrir à ce prince, le 11 octobre 1676, la protection de la France. Le maréchal le pria en même temps de lui faire savoir si on pouvait compter sur sa neutralité (3). N'ayant pas reçu de réponse satisfaisante, Luxembourg résolut d'occuper Montbéliard.

Le dimanche 5 novembre, à trois heures de l'après-midi, chacun put voir la cavalerie française s'approcher de la ville. A neuf heures du soir, la place était investie. Le gros de l'armée s'étendait le long de la combe de Dasle jusqu'à Audincourt, où était le quartier général. Un détachement ennemi occupa le moulin près de la Neuve-Ville, malgré le feu dirigé sur ce point, lequel tua deux cavaliers. Les Français s'emparèrent également d'un bastion que les bourgeois avaient cessé de défendre.

---

(1) Mss. Duvernoy. — *Ephémérides*, p. 161.
(2) *Mémoires chronologiques*, édition Amst., t. III, p. 274, et Archives nationales, K 1979.
(3) Mss. Duvernoy, règne de Georges II.

Le lundi matin, le capitaine Lespérance, à la tête de l'armée de Montbéliard, fit demander au prince s'il devait aller chasser l'ennemi du moulin. Quelques membres du Conseil et du Magistrat, dont les sentiments étaient partagés par les gentilshommes de la cour, déclarèrent que la défense était impossible. Le prince, d'un avis contraire, se prononça pour la résistance. Il se rendit à cheval à l'hôtel de ville, harangua les bourgeois, les exhorta à se défendre courageusement, leur promettant de ne pas les quitter, de partager leurs dangers et de sacrifier pour eux sa fortune et sa vie. Ces paroles admirables ne trouvèrent pas d'écho. On entendit des bourgeois dire tout haut qu'ils traiteraient seuls avec les Français. La rumeur parlait déjà d'un accord avec eux.

Le comte Georges se rendit auprès des soldats qui étaient au château de la Crotte, se flattant de trouver en eux plus de bravoure que dans les bourgeois. Quelle déception pour lui! Pas un soldat ne parut disposé au combat.

Dans l'intervalle, le général français fit dire au prince qu'il lui donnait jusqu'au mardi, à dix heures, pour prendre son parti. Au jour indiqué, Luxembourg demanda qu'on ouvrit les portes sans capitulation, que s'il prenait la ville d'assaut, il la livrerait au pillage et ferait passer tous les habitants au fil de l'épée (1). Vers huit heures du matin, le Magistrat fut d'avis d'accepter les conditions de Luxembourg, sous prétexte que de deux maux il fallait choisir le moindre (2). Le prince répondit qu'il voulait se défendre avec l'aide et la grâce de Dieu. Dans cette pensée, il dit au surintendant d'engager les pasteurs et le peuple à prier et à faire pénitence, à leur faire comprendre que le secours ne pouvait venir que de Dieu. Ce langage déplut à un pasteur de la ville; il ne mécontenta pas moins deux ministres de

(1) Mss. Duvernoy.
(2) Archives nationales, K 1979.

la campagne qui avaient, étant prisonniers des Français, recouvré leur liberté à la condition, acceptée par eux, d'exhorter le peuple de la ville à se rendre. Le comte ne voyait autour de lui que faiblesse et défection.

Le mercredi 8 novembre, Luxembourg somma de nouveau le prince de lui ouvrir les portes de la ville, lui promettant de dresser ensuite quelques articles de capitulation dont tout le monde serait content.

Georges fit alors rédiger un projet de capitulation qu'il envoya au commandant français. Luxembourg répondit que c'était trop tard. Alors le comte hésita encore à se rendre. Cependant que pouvait-il? Les bourgeois ne parlaient que de capitulation et les soldats refusaient de tirer sur l'ennemi. Le capitaine Lespérance, dont Georges fit sonder les dispositions, répondit qu'il ne recevrait d'ordre que du maréchal de Luxembourg. Le prince se résigna au seul parti possible : celui d'ouvrir les portes de la ville aux Français.

Interrogeons sur ce fait la chronique Perdrix : « Les neuf bourgeois, dit-elle, tâchant de faire leur accommodement, allèrent trouver Luxembourg aux buttes, devant le Grand-Pont, où il était, et lui présentèrent les mêmes articles que le sieur de Florimont avait déjà fait voir, et comme ils étaient en pourparlers pour accorder et conclure, Son Altesse Sérénissime, comme par un transport contraire à ses premiers sentiments, parut avec quelques cavaliers sur le Grand-Pont, de quoi mondit seigneur de Luxembourg ayant été averti quitta tout pour lui venir au-devant, et l'ayant rencontré devant la porte, Son Altesse Sérénissime, après les compliments ordinaires, l'introduisit dedans la ville, lui ouvrant les portes et lui disant seulement qu'il se fiait assez à sa parole et que cela lui suffisait, ce que led. Luxembourg ayant entendu, s'empara de lad. porte du Grand-Pont et introduisit dans la ville le régiment de Feuquière, avec promesse, qu'il fit aux maîtres-bourgeois, que bien qu'il fût maître de la ville, que néanmoins il ne laisserait de conclure leurs articles. » Arrivé dans la place, Luxembourg prit le chemin du château de la Grotte. Dès ce moment, Montbéliard fut sous les ordres du gouvernement français (1), Georges se retira immédiatement à Bâle avec sa famille. Le lendemain, Blamont et Héricourt étaient occupés par des soldats français (2).

Parmi ces événements intéressant au plus haut point notre histoire locale, il en est un qui, pour nous, prime tous les autres : c'est la réinstallation du culte catholique dans le pays de Montbéliard, à la suite des armées de Louis XIV. Avant d'aborder cette question, faisons connaître le prélat qui occupait alors le siège de Besançon et qui éprouva une douce satisfaction à voir rentrer le catholicisme dans une terre d'où cette religion avait été expulsée depuis près d'un siècle et demi.

Ce prélat était Antoine-Pierre de Grammont. Fils d'Antide de Grammont, baron de Melisey, et de Reine Felletet, originaire de Baume-les-Dames, il naquit à Villersexel en 1615. Devenu bénédictin de Luxeuil, modèle des religieux par son amour de l'étude et de la prière, il fut, peu après

(1) Ce récit, écrit par un témoin oculaire, n'accuse nullement le général français d'avoir, dans la circonstance, usé de tours d'adresse, de ruse, de démonstrations hypocrites. Georges lui-même, avant d'aller trouver son vainqueur, lui avait écrit : « Je me soumets à la volonté du roi et espère qu'il me conservera tous mes droits avec tout ce qui m'appartient. » (Archives nationales, K 1979.) Qui donc a pu inspirer à l'auteur des *Ephémérides* cet autre récit : « 8 novembre 1676. Montbéliard est pris par assaut de compliments. Le duc Georges, qui était allé conférer avec le maréchal de Luxembourg, à une petite distance de la ville, fut reconduit par ce dernier, sous prétexte de courtoisie et quoiqu'il s'en défendit de son mieux, jusqu'à la porte du Grand-Pont, dont l'escorte qui les suivait se saisit aussitôt. » Duvernoy voudrait nous faire croire que si Luxembourg avait été loyal, les Montbéliard eussent été invincibles, même avec des soldats qui refusaient de se battre.

(2) Mss. Duvernoy.

son entrée dans le cloître, obligé d'en sortir à cause de sa faible santé. Mais en quittant la vie cénobitique, son souvenir demeura gravé dans l'esprit des moines qu'il avait édifiés par la pratique de ses devoirs. Antoine-Pierre en eut la preuve en 1661, année où il fut choisi pour être le coadjuteur de l'abbé. Cette dignité le plaça sur le chemin d'honneurs encore plus grands. Le 26 mars 1662, ayant été nommé haut doyen du chapitre, il ne crut pas devoir accepter une charge dont la collation avait jusqu'alors appartenu aux chanoines, et ceux-ci, reconnaissants de son respect pour leurs privilèges, l'élurent archevêque, à la mort de Mgr Jacques Fauche. La cour de Rome, qui contestait au chapitre le droit d'élire un doyen, ne lui reconnaissait pas à plus forte raison celui d'élire des archevêques. Le pape refusa donc de confirmer l'élection du nouveau prélat, mais il lui fit offrir des bulles de nomination qu'il accepta. Malgré l'opposition du parlement et de quelques chanoines, qui ne voulaient pas reconnaître le droit du pape, Antoine-Pierre de Grammont fut sacré le 20 janvier 1664. Le diocèse de Besançon put se réjouir de cette promotion archiépiscopale; il avait à sa tête le digne successeur des Hugues Ier, des Antoine de Vergy et des Ferdinand de Rye.

Sous la domination espagnole, la grande part qu'Antoine-Pierre eut au gouvernement de la province fit ressortir le patriotisme du prélat. La double conquête de la Franche-Comté par Louis XIV lui fournit l'occasion de donner des preuves de son courage et de son inébranlable fidélité. Dans la première, l'invasion fut si subite que les villes seules offrirent quelque résistance. L'archevêque enfermé dans Besançon retarda, autant qu'il put, la prise de la ville mal fortifiée et privée de défenseurs. Souvent on le vit lui-même aller sur les remparts visiter les citoyens et les encourager à défendre leur patrie. A la seconde conquête, en 1674, il fit encore son devoir, mais l'état général de la province ne laissait pas de doute sur l'issue de la campagne. Pour lui, son noble pays était condamné à subir la domination française. Bien différent du peuple de son diocèse, on peut dire qu'il accepta volontiers le changement de régime.

Mais ce qui plaça au front d'Antoine-Pierre Ier de Grammont une auréole d'un éclat éblouissant, ce fut l'épiscopat du pontife. Sous ce rapport tout est glorieux.

Les guerres de 1636, suivies de la peste et de la famine, avaient banni de l'Église de Besançon le goût des bonnes études, comme l'amour des bonnes mœurs ; la plupart des paroisses étaient presque désertes ; un plus grand nombre encore pleuraient sur leurs sanctuaires détruits ou sur la perte de leurs pasteurs que le malheur des temps n'avait pas permis de remplacer. La corruption publique acclimatée par le long séjour des gens de guerre, un clergé dont beaucoup de membres ignoraient leurs devoirs, plusieurs monastères divisés par l'intérêt, d'autres affaiblis par le relâchement : tel fut le spectacle que l'archevêque eut devant les yeux en prenant en mains l'administration du diocèse (1). Les circonstances étaient critiques. Antoine-Pierre se mit à l'œuvre sans se laisser intimider par le nombre des difficultés et, grâce à l'ascendant que lui valurent ses nobles qualités, il parvint en peu de temps à rétablir la discipline dans le diocèse. Tout ce qu'il accomplit dans ce but porta les traits d'une véritable grandeur. Voici comment un de ses successeurs, à deux cents ans de distance, célébra, dans un mandement demeuré célèbre, l'activité féconde de ce prélat :

« Il crée ce magnifique séminaire dont vous avez tant de droits d'être fiers ; il institue pour la rénovation du clergé les retraites et les conférences ; il rétablit le culte catholique où le luthéranisme avait été introduit par les ducs de Wur-

(1) Abbé Richard, *Histoire des diocèses de Besançon et de Saint-Claude*, t. II, p. 317.

temberg ; il transfère dans votre cité la belle université de Dole. Athlète infatigable, il combat l'ignorance, extirpe les vices, se déclare l'ennemi de toutes les erreurs, et, dans son dévouement pour les déshérités de la vie, il ouvre au malheur et au repentir des hôpitaux et des asiles et mérite d'être appelé par la voix du peuple un nouveau saint François de Sales ou le Borromée de la Franche-Comté (1). »

Tel était le prélat qui occupait le siège de Besançon quand les armées du grand roi s'emparèrent de Montbéliard en 1676. Si cet événement lui procura un peu de joie, c'est parce qu'il lui parut être le prélude d'une restauration catholique dans une terre luthérienne. L'espoir de l'archevêque à cet égard était parfaitement fondé. Dans les deux camps on se préoccupa, dans un sens opposé, du rétablissement du catholicisme. Les Montbéliard, dans la capitulation présentée à Luxembourg, demandèrent le droit de cité pour leur culte à l'exclusion « de l'exercice public d'une autre religion. » A cette clause le général français substitua celle-ci : Les bourgeois « demeureront dans l'exercice de leur religion comme à l'ordinaire, sans qu'il y soit rien innové, et pour les officiers et soldats de la garnison sera choisie une chapelle dans la ville où l'on célébrera la sainte messe, et les autres exercices de la religion seront entièrement pratiqués (2). » C'est ce qui eut lieu à Blamont, d'abord, et ensuite à Montbéliard.

---

(1) Mandement de Mgr Paulinier, nommé à l'archevêché de Besançon.

(2) Archives nationales, K 1979. — Le pasteur Goguel, auteur de la *Réformation dans le pays de Montbéliard*, dit qu'on ne tint « pas compte de ces engagements solennels. » C'est une erreur, car la capitulation stipulait non seulement que les franchises des habitants et l'exercice du culte protestant seraient conservés, mais aussi qu'il serait choisi un local où l'on célébrerait le culte catholique. Cette dernière clause est passée sous silence par l'historien Goguel. (*Précis de la Réformation*, p. 99.)

Jean-Étienne Cornibet, curé de Damvant, fut nommé aumônier du fort de Blamont. On y érigea une chapelle qu'il desservit avec l'aide de son vicaire et des capucins de Porrentruy, qui allèrent y célébrer la messe fêtes et dimanches.

Peu après le culte catholique fut également rétabli à Montbéliard. Dans les premiers jours de l'année 1677, deux capucins y arrivèrent. On leur assigna un logement dans les bâtiments du collège, dont une des salles fut convertie en chapelle catholique. Ce fut là que les soldats français remplirent leurs devoirs religieux. Les capucins se piquèrent de zèle. On les vit planter des croix en différents endroits de la ville et de la campagne. L'autorité française seconda leur piété. Ayant trouvé insuffisante la chapelle où se disait la messe, elle voulut, au mois de mars, la faire célébrer dans l'église Saint-Maimbœuf, après en avoir enlevé la chaire des pasteurs et la table où se faisait la cène. Cependant le culte catholique ne s'exerça que momentanément au chef-lieu du comté. Le traité de Nimègue, signé le 10 août 1678 et ratifié le 5 février suivant par l'Allemagne, restitua au prince Georges Montbéliard et ses dépendances. A la suite de cette convention, les troupes françaises évacuèrent la ville le 13 août, et les protestants rentrèrent en possession de Saint-Maimbœuf. Mais en vertu du même traité, lequel donnait la Franche-Comté à Louis XIV, les soldats français continuèrent à occuper les places de Blamont et d'Héricourt ; ces terres faisaient partie d'une province devenue française.

L'idée d'être Bourguignons, « aussi Bourguignons que les bourgeois de Besançon, » comme le dit un jour l'intendant aux officiers de Blamont, sourit plus ou moins aux sujets des Quatre-Terres, mais la justice triomphait et ces seigneuries arrachées violemment, dans le siècle précédent, à la souveraineté de Bourgogne, rentraient au pouvoir de leur légitime seigneur. Louis XIV n'avait pas seulement les titres sur lesquels s'appuyait cette vérité historique, mais il possédait de plus, ce qui n'était pas moins précieux, la force nécessaire pour commander aux voisins le respect de ses droits.

Son premier acte d'autorité à l'égard de ses nouveaux sujets fut de leur faire prêter le serment de fidélité. Le 4 octobre, au château de Blamont, les principaux bourgeois de la ville et les maires de la seigneurie, de même que le représentant de Clémont, jurèrent entre les mains du marquis de Montauban, lieutenant des armées du roi, et entre celles de Louis Chauvelin, intendant de Bourgogne, d'être « toujours très humbles et très obéissants sujets de Sa Majesté (1). » Le 17, les sujets des deux autres seigneuries accomplirent la même formalité à Héricourt, entre les mains des mêmes représentants du roi de France (2). Dès ce moment les armes de ce monarque furent arborées dans les villes et les endroits considérables du pays.

(1) *Édits de Bourgogne*, t. I, p. 103. Étaient présents : J. Ponnier, pasteur, Nicolas Brisechoux, diacre, Nicolas Cuvier, Clément David, Sébastien Klepfel, Hugues et Daniel Masson, Georges Blanchot et Pierre Ménétrey, J.-Christophe Sire, J.-G. Quélot, J. Coulon, Pierre Messire, J. Faivre, J. Poinsot, J. Maillard, J. Christ-Viénot, J. Beurnin, Pierre Beucler, J. Picher, David Viénot, J. Viénot, Annèle Guyon, Pierre Vurpillot, d'Autechaux, H. Rutillard, d'Écurcey, J.-Jacques Bernard, de Pierrefontaine, Jacques Meguyot, de Villars-lez-Blamont, J. Gigon, de Roches, Jacques Crélerot, de Montécheroux, etc.

(2) Étaient présents : J.-C. Stoffel, pasteur, Étienne Duvernoy, René Valençon, Gaspard Richardot, Gaspard Crémet, J. Bonard, Gaspard Poinçon, Jac. Jeanmaire, Fréd. Richardot, Hugues Perdrix, N. Richardot, Pierre Gremillot, J. Rosselot, Nicolas Rayot, J. Valiton, Nicolas Lhôte, Pierre Millière, P. Crémet, P. Perdriset, Daniel Nardin, Hugues Richardot, C. Dormoy, J. Minal, Nicolas Vaugier, Daniel Carmien, Christ. Monnier, d'Héricourt, J. Rossel, d'Echenans, C. Abry, de Mandrevillars, N. Demet, de Vyans, Jean George, de Brevilliers, Surleau, de Luze, Henri Noblot, de Chagey, Léopold Vurpillot, de Champey, Paul Monnier, de Tremoins, Lods, de Coisevaux, Pochard, de Chenebier, J. Charles, de Saint-Maurice, J. Bertrand, de Longevelle, Guill. Joraux, de Lougres, J. Bourrelier, de Colombier.

L'heure des revendications avait sonné. Les catholiques, depuis si longtemps humiliés, se voyant enfin sous la protection d'une puissante épée, entendirent bien rentrer en possession des droits que l'hérésie avait usurpés. A Mandeure, les protestants, grâce à la force qui primait tout, avaient, depuis près de cent ans, l'usage de l'église, en commun avec les catholiques du lieu. Le curé Relange, impatient de cet état de choses, profita des circonstances pour y mettre un terme. Le dimanche 9 juillet 1679, lorsque les protestants se présentèrent pour faire leur service religieux, ils trouvèrent la porte fermée et le curé leur donna avis, par un billet signé de sa main, qu'il agissait de la sorte par l'ordre de ses supérieurs.

Trois jours après, le prévôt de Montbéliard et le procureur de Mandeure, après avoir dressé procès-verbal de ce fait, sous forme de protestation, allèrent demander au curé si réellement il était l'auteur du billet précédent. A sa réponse affirmative, on voulut savoir par l'ordre de quel supérieur il l'avait écrit. Le curé pour toute réponse dit que c'était en vertu d'une lettre qu'il avait reçue de son supérieur. Là-dessus le prévôt lui fit sommation de se désister incontinent de son dessein, de n'apporter à l'avenir aucun empêchement aux protestants pour l'exercice de leur culte et de leur laisser libre entrée dans l'église, comme cela s'était pratiqué jusqu'alors, à défaut de quoi il proteste au nom de Son Altesse Sérénissime, absente par nécessité, « contre l'indue opposition, usurpation et manifeste trouble par lui fait en faisant fermer à clef lad. église, contre l'observance du passé. » Le prévôt menaça de se pourvoir contre l'acte du curé par toutes les voies de justice, se déclarant déchargé des frais qui pourraient en résulter (1).

Les protestants de Mandeure, obligés de s'incliner enfin

(1) Abbé Bouchey, *Mandeure*, t. II, p. 532.

devant les droits des catholiques, construisirent à leur usage, sur un terrain concédé par le domaine, une église particulière qui ne fut achevée qu'en 1755 (1). Quelques années après, la chapelle des Montagnons fut convertie en sacristie avec la permission de l'archevêque. Rien n'est plus fort que le droit quand il possède la force nécessaire pour se faire respecter. Les Montbéliard l'éprouvèrent alors. Louis XIV les forçait à user de modestie. Ce n'était pas un mal.

Le 25 octobre 1680, on publia à Montbéliard un arrêt du parlement de Franche-Comté, rendu le 31 août précédent, déclarant que le comté de Montbéliard dépendait de la souveraineté de Bourgogne. Ce jour-là même, les armes du roi de France furent arborées dans toute la terre.

Quatre jours après, l'intendant de Chauvelin et le général Montauban, accompagné de quelques cavaliers, se rendirent à Montbéliard et prirent possession du comté, au nom de Sa Majesté, à qui ils firent prêter le serment de fidélité par le conseil de régence, le magistrat, les ministres et les bourgeois, donnant l'assurance que Son Altesse posséderait comme auparavant tous les pouvoirs ecclésiastiques et que rien ne serait changé dans l'exercice du culte protestant. Georges dit aux bourgeois et aux ministres d'un ton aigre et menaçant, qu'ils auraient toujours à se repentir de l'acte qu'ils venaient d'accomplir (2). En même temps, il protesta contre l'occupation de ses États d'une façon assez étrange :

« Cette maison sur laquelle mon nom est réclamé devant vos yeux n'est-elle pas devenue une caverne de brigands? On attend la paix, et il n'y a rien de bon; on attend le temps de la guérison, et voici le trouble. Éternel! ne nous rejette point à cause de ton nom et n'expose point à l'op-

---

(1) Goguel, *Précis de la Réformation*, p. 100.
(2) Mss. Duvernoy, *Règne de Georges II*, t. II, p. 62.

probre le trône de ta gloire ; souviens-toi de ton alliance avec nous et ne la romps jamais, Éternel ! nous nous confions à toi ! »

Le prince, profondément humilié d'avoir des sujets d'un patriotisme si facile à ébranler, se retira le lendemain à Riquewihr, et ensuite en Allemagne, chez son gendre, Silvius-Frédéric de Wurtemberg-Œls. Sur les instances du magistrat, Frédéric-Charles, administrateur du Wurtemberg, prêta à Louis XIV, le 15 décembre 1680, le serment de fidélité prescrit par l'arrêt du 31 août, afin de conserver à Léopold-Éberhard la possession et le domaine utile du comté de Montbéliard et aux habitants le libre exercice de leur religion. Cela fait, le roi rendit le domaine utile du comté au duc Frédéric-Charles, agissant pour le comte de Léopold-Éberhard ; il lui permit d'en prendre le gouvernement et d'y établir un conseil de régence, 20 décembre [1].

Cette deuxième occupation eut les mêmes conséquences que la première. Le 23 décembre, Beaulieu commandant de Blamont, arriva à Montbéliard, s'empara de l'église Saint-Maimbœuf, qu'il destina au culte catholique, et de la plupart des cloches, qui furent converties en canons [2].

Le premier prêtre qu'Antoine-Pierre de Grammont envoya au chef-lieu du comté fut Joseph Magnin, originaire de Vercel. Il porta le titre d'aumônier du château. Ce fut le 4 octobre 1681 qu'il célébra le premier baptême, comme nous l'apprend un registre conservé à la mairie de Montbéliard. Sauf peut-être de rares catholiques établis depuis peu, son ministère n'eut d'autre objet que les soldats de la garnison. Son séjour à Montbéliard fut de quatre ans. Nous lui trouvons comme successeurs : en 1685, Philippe-Eugène Nobis ; en 1689, Joseph Verney ; en 1691, le

---

[1] Tuefferd, *Histoire des comtes souverains*, p. 567.
[2] Duvernoy, *Éphémérides*, p. 487.

P. Constant, capucin, et l'année suivante, le P. Candide, du même ordre (1). A ce moment, la future paroisse catholique de cette ville était à peine un grain de sénevé qui ne devait germer, croître et se développer qu'à la faveur du temps et des événements, les grands agents dont la Providence se sert parfois pour le triomphe de la vérité.

Mais de tous les actes de justice accomplis alors par les nouveaux gouverneurs de la Franche-Comté, il n'en est point qui ait été sollicité aussi ardemment par les victimes que celui dont nous allons parler. Pour en comprendre la valeur, il est nécessaire de donner quelques détails monographiques sur Tavey, village où fut réparée, grâce à la puissance de Louis XIV, la plus notoire des iniquités montbéliardaises.

De 980 à 1257, Tavey appartint à la seigneurie de Lure. A cette dernière date, les finances de l'abbaye étant dans un état de souffrance, l'abbé Viard, dans l'intérêt de sa communauté, crut devoir aliéner un certain nombre de ses domaines. Alors Richard de Belfort acheta de lui, pour 850 livres, l'église de Tavey et les droits que le monastère possédait dans plusieurs lieux des environs. Mais en 1325, Gauthier, trésorier de l'église de Mormont, à qui Richard de Belfort, son père, avait transmis ses acquisitions à Tavey, mourut en les rendant aux religieux. Cinquante ans après, Tavey, après avoir été, à la suite des guerres de l'époque, possédé par les adversaires de l'abbaye de Lure, rentra définitivement en possession de cette dernière, sous l'administration de l'abbé Henri (2).

Lure jouissait de Tavey en toute justice, lorsque Georges d Burtenbach, bailli autrichien à Héricourt, voulut empiéter sur les droits de l'abbé dans ce village. La contestation fut

---

(1) Mairie de Montbéliard, Registres de la paroisse catholique.
(2) Mgr Besson, *Abbaye de Lure*, p. 18, 55, 64.

portée devant la chambre autrichienne d'Ensisheim. Les deux parties défendirent leur cause en faisant appel à tous les titres possibles et aux dépositions de nombreux témoins. Après avoir tout examiné et pesé, les conseillers, sujets du roi d'Autriche, circonstance à noter, déclarèrent contre leur propre maître que la souveraineté de Tavey appartenait au prélat de Lure. La sentence réservait cependant au seigneur d'Héricourt la souveraineté sur deux fermes du village, 1483. Quarante ans après, la même chambre ayant eu à se prononcer dans un différend survenu entre les deux seigneurs de Lure et d'Héricourt, porta une sentence qui ne fut que la confirmation de la première (1).

Comment, du reste, oser contester les droits de l'abbé de Lure à Tavey ? « On connaît le cartulaire de Neuchâtel composé, dans le XVe siècle, avec une exactitude qui lui a acquis une confiance illimitée. Il rapporte en détail, non seulement les dépendances de la seigneurie d'Héricourt appartenant alors à la maison de Neuchâtel, les villages et les hameaux, les arrière-fiefs et leurs directes, mais encore les lieux inhabités et où il était possible d'établir des cultivateurs. Or il ne fait aucune mention de Tavey, village à clocher, lieu considérable, qui était fait pour occuper un long article dans le cartulaire, s'il eût dépendu de la seigneurie d'Héricourt (2). » Il lui appartenait si peu que ceux qui, avant l'introduction du protestantisme dans notre pays, firent l'inventaire des biens et des revenus de chaque paroisse, n'y firent pas entrer ceux de Tavey, disant simplement : « Et n'y est comprise la cure de Tavel qui est de la collation du chapitre de Montbéliard, parce que l'église est sise aud. Tavel, lieu commung en souveraineté et haulte justice avec le seigneur abbé de Lure (3). » Cette note accuse déjà une

---

(1) Archives de la Haute-Saône, E 281.
(2) Mémoire de la municipalité de Tavey.
(3) Archives nationales, K 2297.

injuste prétention chez les Montbéliard. Car comment pouvait-il exister à Tavey égalité de droits entre le prince de Montbéliard et l'abbé de Lure ? Le premier n'y possédait qu'une ferme habitée, en 1572, par trois sujets, tandis que le second, à la même époque, y possédait dix-sept feux (1). Ne soyons donc pas étonnés que l'abbé de Lure et de Murbach, en apprenant que ses sujets étaient chassés de l'église de la paroisse, ait remué ciel et terre pour leur faire rendre justice. Arrivons au récit de cette affaire, qui n'est pas honorable pour les Montbéliard.

En octobre 1563, l'hérésie luthérienne était maîtresse d'Héricourt. Les bourgeois de la ville, ennemis de la nouvelle religion, allèrent remplir leurs devoirs de catholiques à Tavey. Jean Larcher, prédicant d'Héricourt, et ses rares partisans en furent indignés. Supprimer le foyer de cette dévotion devint le but de tous leurs efforts. Le 1er septembre 1563, le luthéranisme ayant été rendu obligatoire pour tout le pays, Tavey reçut les premiers coups. Guillaume Vuillot, originaire du Vernois, prévôt d'Héricourt depuis le 10 décembre 1561, se rendit dans ce lieu avec les anciens de la ville, ordonna à Jean Lardiot, d'Autrey-lez-Cerre, vicaire de la paroisse, de sortir de la cure. Ce prêtre fit-il de la résistance ? On l'ignore. Toujours est-il que ces hommes firent main basse sur les dîmes et les revenus qui lui appartenaient, sur les ornements de l'église qu'ils vendirent, et sur le calice qu'ils profanèrent (2). En ce moment le protestantisme faisait de la conciliation.

Qu'on juge de l'étonnement de Jean Rodolphe, abbé de Lure, quand il connut le brigandage accompli à Tavey. Dès le 5 septembre, il en écrivit aux conseillers de la régence. « Je sais de source certaine, disait-il, qu'il y a peu de jours on

---

(1) Archives nationales, K 1915.
(2) Archives de la cure de Tavey.

a chassé le curé catholique de Tavey pour mettre à sa place un prédicant. Je ne puis comprendre une telle entreprise puisque je suis souverain en ce lieu. Elle est contraire à des droits incontestés, à l'ancien usage et principalement à la résolution de la diète de l'an 1555. Je prie le conseil d'éloigner ce prédicant et de rétablir les choses dans leur ancien état. »

Telles furent entre l'abbé de Lure et la régence de Montbéliard les premières lignes d'une correspondance qui dura, sans interruption, jusqu'en 1574.

Il y eut d'abord échange de lettres; on en vint ensuite aux conférences. La première eut lieu à Frahier, le 11 février 1566. Les délégués de Montbéliard en retirèrent tout l'avantage, qui se borna modestement pour eux à dîner, suivant le procès-verbal de la séance, « sans bourse délyer, aux coutz, frais et dépens de notre mère sainte Église. »

A la suite de nouvelles relations épistolaires, l'abbé de Lure, peu édifié de la bonne foi de ses correspondants, eut recours au duc Christophe. Le 15 octobre 1566, il lui fit remettre un long mémoire où il établissait d'une manière solide ses droits de souveraineté à Tavey, tels qu'ils avaient été reconnus en 1483 (1). Le prince, après l'avoir lu, s'empressa de le remettre aux conseillers de Stuttgard avec cette note, qu'il écrivit de sa propre main : « La chose est telle que c'est écrit dans ce document. Les conseillers auront là-dessus une discussion pour et contre et devront juger consciencieusement à qui sera le droit de nommer ou un curé catholique ou un prédicant, et nous renseigner à peu près tout doucement sur ce sujet; en même temps, ils devront traiter avec les délégués de Lure si on voudrait admettre que le prédicant vint un jour, ou s'il serait possible d'instituer à côté du curé un prédicant, chacun à la charge de son seigneur. »

(1) Voir Pièces justificatives, n° II.

On put croire que la cause de l'abbé de Lure était gagnée. Une conférence tenue, le 16 octobre 1566, entre les délégués de chaque partie, arrêta les résolutions suivantes, réservant qu'elles seraient ratifiées dans un délai de deux mois par les seigneurs de Lure et de Montbéliard :

« 1° Les tuteurs du prince de Montbéliard permettent à l'abbé de Murbach d'installer à Tavey un ministre de sa religion.

« 2° Les sujets d'Héricourt en ce lieu, ainsi que leurs domestiques, leurs héritiers et successeurs, sont délivrés du lien paroissial à Tavey et ont la liberté de faire usage d'une église dans la contrée, ou de Montbéliard, pour assister à la prédication, recevoir les sacrements, la sainte Cène, le baptême, comme ce sera le plus commode pour eux.

« 3° Le curé de Tavey ne pourra empêcher que les ministres d'Héricourt viennent dans leurs maisons pour leur donner les sacrements en cas de nécessité, les consoler dans leur maladie, enseigner la parole de Dieu, etc. »

L'abbé de Lure ratifia avec empressement cette convention, mais Christophe, influencé par les conseillers de Montbéliard, s'obstina à garder Tavey, et, pour répondre aux instances de l'abbé de Lure, il lui écrivit naïvement : « Nous sommes suffisamment instruit que cette résolution est préjudiciable à notre jeune parent et pupille, Frédéric. » N'a-t-il pas l'air d'avouer que la restitution appauvrit le voleur ?

Dès lors la régence s'évertua à endormir l'impatience de Jean-Rodolphe. Celui-ci accepta une troisième conférence qui se tint à Belfort, le 8 janvier 1568. Il y fut question d'échanger Tavey contre un autre village, ou de le faire acheter par la seigneurie d'Héricourt pour argent comptant, ou pour des revenus annuels. On y parla également du simultaneum. A la fin, les délégués de Montbéliard, parfaitement décidés à ne rien conclure, déclarèrent que la solution de ce différend pourrait être remise à des arbitres, ayant plein pouvoir d'agir au nom des parties intéressées.

L'abbé de Lure ne fut pas dupe de ces manœuvres déloyales. Il le fit comprendre aux conseillers de la régence le 23 août 1568. « La proposition d'installer deux ministres pour chaque culte et tout ce qui en dépend, ne nous sera pas désagréable, leur écrivit-il ; au contraire, elle nous plaira jusqu'à ce que notre litige sur la souveraineté de Tavey, qui est la question principale, soit terminée, ou par un procès ordinaire, ou par un compromis, car il ne nous est pas permis, vu notre serment d'office, de céder la moindre chose de nos droits.

« Ensuite nous vous avons prié de nous envoyer votre déclaration.

« Soyez parfaitement convaincus que nous sentons bien que vous n'avez pas la bonne volonté de mettre fin à ce différend. »

Néanmoins la correspondance continua entre les princes tuteurs et le prélat de Lure. Du côté des premiers, on vit la force se jouer, sous une forme à peine déguisée, d'un adversaire impuissant à faire respecter ses droits de propriété ; c'était brutal. Dans la personne du second, on vit la faiblesse opprimée demander en grâce pour des sujets catholiques d'aller, après les protestants, prier dans une église qui leur appartenait.

Plusieurs fois, depuis la conférence de Belfort, l'abbé de Lure avait manifesté par écrit au gouverneur de Montbéliard son désir à cet égard. A une réponse longtemps attendue, et qui ne le satisfaisait nullement, il lui écrivit le 2 juillet 1569 : « Nous nous voyons forcé d'envoyer, en attendant la solution de la question principale, un curé catholique à nos sujets de Tavey, lequel n'importunera aucun des vôtres. Ceux-ci, nous l'espérons, ne voudront pas incommoder le nôtre, comme cela est conforme à la religion du Saint-Empire et à la paix. » L'opposition triompha encore dans cette circonstance.

C'est sur ces entrefaites que mourut Jean Rodolphe. Il descendit dans la tombe quelques mois après le duc Christophe. Jean-Ulric, son successeur, ne fut pas plus tôt assis sur le siège abbatial de Murbach qu'il protesta, à la cour de Stuttgard, contre la spoliation dont le couvent de Lure était victime. Mais il ne tarda pas à reconnaître que c'était inutile. Il en appela à l'empereur. Par un décret de Sa Majesté Impériale, en date du 19 septembre 1570, l'évêque et la ville de Bâle furent choisis comme arbitres pour terminer le conflit. Rien ne s'arrangea. La diète de Colmar du 11 juillet 1571, le congrès de Schlestadt du 16 mai 1572, laissèrent encore la question pendante. A Schlestadt, il fut demandé aux deux parties de dresser chacune l'état de ses droits respectifs. Jean-Ulric le fit (1); ses adversaires ne s'en occupèrent pas. La proposition faite au dernier congrès de donner les sujets de Tavey au comte Frédéric, et ceux d'Echavanne à la seigneurie de Lure, déplut à tout le monde.

Enfin les princes tuteurs, en quête de juges favorables à leur cause, portèrent le démêlé devant les juristes de Tubingue. Voici de quelle manière ils exposèrent la question : « D'après tous les documents, il est à juger que l'abbé réclame l'installation d'un curé dans l'église de Tavey, en qualité de souverain dans ce lieu ; mais les autorités de Montbéliard protestent parce que, dans le traité de paix, il n'est pas fait mention de ce point. Alors on demande à la faculté de droit de Tubingue de discuter la question et de donner son jugement au plus tôt. »

C'était clairement exposé. Les juristes, en possession du dossier de cette affaire, se mirent en mesure de porter un jugement parfaitement approprié. Leur sentence est du

---

(1) Voir Pièces justificatives, n° III.

1er juin 1574. Elle porte en substance que l'abbé de Lure peut, d'après la paix de 1555, maintenir ses sujets dans l'ancienne religion ; que le seigneur d'Héricourt, de son côté, peut la changer pour les siens. Quoique la présence de deux cultes, dans la même seigneurie, soit pénible pour l'une et l'autre partie, rien ne paraît plus conforme au traité de paix que la proposition du prélat de Murbach et de Lure de réinstaller l'ancienne religion à côté des ministres : c'était l'avis de Christophe, comme il l'a écrit de sa propre main sur la première instruction de l'abbé de Murbach.

Les docteurs blâmèrent la convention du 16 octobre 1566, la déclarant plus funeste au comte Frédéric que la proposition de l'abbé de Lure. Pour l'échange des sujets d'Échavanne contre ceux de Tavey, à leur avis, il ne peut se faire sans le consentement des habitants.

Si on pouvait acheter à prix d'argent tous les droits de l'abbé de Lure à Tavey, cela conviendrait mieux que de lui donner en retour quelque domaine ayant des sujets, mais il est à craindre qu'il ne veuille accepter ce moyen de conciliation. C'est pourquoi, comme il ne veut pas laisser les choses dans l'état actuel, il n'y aurait qu'un moyen d'aplanir la difficulté : ce serait de lui donner la liberté de nommer et d'installer un ministre de son culte à Tavey, ce qui est conforme à la paix de religion. Dans le cas où l'abbé voudrait réellement instituer un curé papiste, on pourrait réfléchir sur le partage du temps et des heures, où chaque ministre pourrait exercer son culte, de manière à ne pas se gêner mutuellement, et on ferait pour l'entretien des deux cultes une juste répartition du casuel de la paroisse.

Telle fut en résumé la décision des juristes de Tubingue. En faisant honneur à leur impartialité, elle fit ressortir clairement la mauvaise foi et des tuteurs du jeune Frédéric et des conseillers de la régence. Les uns et les autres n'en tinrent pas plus de compte que de l'accusation portée contre eux par un docteur de l'Université, nommé Pierre-Jean Hoffmann. Celui-ci, frappé du peu de délicatesse que les Montbéliard avaient apportée dans le cours de ce démêlé, avoua, après avoir passé en revue les pièces relatives à ce conflit, « qu'il y avait des contradictions dans des actes écrits par ceux de son parti, quelques-uns ayant nié ce qu'ils avaient auparavant affirmé (1). »

Loin de tenir compte de la sentence de Tubingue, les Montbéliard prirent le parti de rendre impossible son exécution. Pour cela, ils démolirent la cure de Tavey qui, d'après un document de l'époque, était assez belle. Ce sont les comptes des cures de 1578 qui nous l'apprennent. Ils nous disent dans le style de l'époque que le receveur toucha, cette année, « la somme de vingt-cinq sols estevenants de cens dehus chascung an à la dite cure à ung chascung jour de feste de saint Martin d'ivers par Grosjean Gremillot de Vians pour sort principal de vingt livres, pour lesquelles le bois de la maison de cure luy a esté vendu. » Le même reçut encore : « quatre frans forts pour vendaige des pierres de la maison de la cure » et « deux frans pour vendaige d'un vieux fornot retreuvgé en lad. maison à Jehan Juillard dud. Tavel (2). » Après ce brillant exploit que des gens civilisés n'oseront jamais revendiquer, les Montbéliard purent chanter victoire sur les ruines du catholicisme de Tavey.

Cependant au milieu de ce déni de justice, l'abbé de Lure

---

(1) Archives de la Haute-Saône E 281. Mgr Moschi, abbé mitré des Bénédictins de Delle, a eu la bienveillance, dans l'intérêt de notre travail, de traduire ou d'analyser une liasse entière des archives de Vesoul, renfermant au moins soixante-dix lettres écrites en allemand, dont quelques-unes sont capables de fatiguer la patience la plus inaltérable. Le service que Sa Révérence nous a rendu dans cette circonstance est inappréciable. Nous éprouvons une douce satisfaction à lui en exprimer les sentiments de notre plus filiale gratitude.

(2) Archives de la Haute-Saône, E 246, etc.

ne perdit pas de vue les catholiques de cette paroisse. En 1611, il se tint à Frahier une conférence dans laquelle ses envoyés portèrent la générosité aussi loin que possible ; ils ne proposèrent rien moins aux délégués des Montbéliard que l'abandon total des droits de leur maître sur l'église de Tavey, à la condition que le prince de Montbéliard laissât bâtir dans ce village une chapelle pour les catholiques. L'abbé de Lure pouvait-il porter plus loin l'amour de la paix et de la concorde ? Ses offres furent néanmoins rejetées. Cinq ans après, l'archiduc Léopold insista, mais inutilement, pour qu'on en finît avec ce litige. Des soldats, l'épée à la main, seuls auraient pu la terminer [1].

Les protestants demeurèrent maîtres absolus de l'église ; ceux d'Héricourt enlevèrent le crucifix et les tableaux ; ceux de Tavey fermèrent les portes, gardèrent les clefs, changèrent les serrures, ne laissèrent sonner l'Angelus ni matin ni soir [2]. Les anciens dissipèrent les revenus de la fabrique en pastes et en folles dépenses.

Et de quelle vigilance n'usait-on pas pour empêcher les catholiques d'entrer à l'église ? Voici un fait qui nous en donne une idée. Au mois de mars 1630, quelques jours avant Pâques, on vit arriver à Tavey des gens armés comme des chevaliers ; c'était le maire d'Héricourt avec son ordonnance ayant carabine au côté, le prévôt, monté sur un coursier aux pieds agiles, et plusieurs autres bourgeois, portant tous la mort au bout de leurs armes. Qui donc avait transformé ces hommes en guerriers ? Les ducs de Guise étaient-ils sortis de leurs tombeaux ? Il y avait quelque chose de plus inquiétant. Un capucin de Belfort était à l'église, où il préparait les catholiques de Tavey à l'accomplissement du devoir pascal. Il n'en fallut pas davantage

---

[1] Archives de la Haute-Saône, E 281.
[2] Id., H 669.

pour troubler le repos des bourgeois d'Héricourt et les mettre, à leur grand regret, sur un formidable pied de guerre. En face d'un tel bataillon, le capucin se retira (1).

Le couvent de Lure veillait toujours sur ce village. En 1630, l'administrateur de l'abbaye, Colomban Tschudy, recourut à l'empereur Ferdinand. Ce monarque, dans un diplôme donné à Ratisbonne, le 20 septembre, et adressé au prince de Montbéliard, dit que Sa Majesté Impériale est instruite que l'abbé de Lure a exercé en tout temps au village de Tavey la haute et basse, pénale et municipale justice ; que le prince de Montbéliard y avait fort peu de sujets, lesquels, comme aussi ceux de l'abbaye, sont astreints aux tailles, impositions, contributions, haut et bas service. Sa Majesté le reprend ensuite d'avoir violé le traité de Passau, la paix de religion conclue à Augsbourg en 1555, d'avoir osé entreprendre contre les droits et juridictions de lad. abbaye à Tavey, d'y avoir introduit un ministre huguenot, en conséquence il lui enjoint de démettre le prédicant et d'y établir un curé catholique.

Tout en recevant cet arrêt, les conseillers de Montbéliard parlèrent de conférence. On en fixa une au mois de janvier, et, au mois de septembre, la régence demandait encore un délai de quinze jours avant de la tenir. C'était une insulte à la justice ; elle ne prit fin qu'après la conquête de la Franche-Comté par Louis XIV.

Le 16 mars 1684, l'abbé de Lure, Félix Egon de Furstemberg, demanda au parlement de Besançon de faire exécuter le décret impérial de 1630. Les juristes de Montbéliard, invoquant les traités d'Osnabruck, de Munster et de Nimègue, prétendirent que rien ne devait être changé à Tavey. On leur fit comprendre par des actes que c'était faux. Le 4 mai, le parlement de Besançon rendit l'arrêt suivant : « Vu les

(1) Archives de la Haute-Saône, E 281.

requêtes et réponses des parties, la cour déclare que le décret donné par l'empereur Ferdinand, le 20 septembre 1630, au sujet du rétablissement d'un curé ou pasteur catholique qui y jouira de tous les fruits, profits, émoluments, maison curiale (1), dîmes, héritages et généralement de tout ce qui dépend de lad. cure, à l'effet de quoi le diocèse en pourvoira une personne idoine et capable par droit de dévolu ; condamnons les défendeurs ainsi le souffrir, même le diacre Vurpillot de n'apporter aucun empêchement au curé qui sera établi en l'administration de lad. cure et église de Tavey, ni en la jouissance des revenus temporels ci-dessus, dépens compensés (2). »

Quelques jours après, arrivèrent à Tavey un officier de Lure, un huissier et deux clercs. Ils venaient prendre possession de l'église. Le maire du lieu ayant refusé d'en remettre les clefs, l'officier menaça de le percer de son épée. Quand on connut à Héricourt ce qui se passait à Tavey, les autorités y accoururent aussitôt et proposèrent une conférence au représentant de l'abbé de Lure. Cette corde était usée. L'officier répondit : « Je ne suis pas venu ici pour discuter, mais pour exécuter. »

Pierre Ménétrier, curé de Saulnot et doyen de Granges, nommé administrateur de la paroisse, vint, le 15 juin, notifier l'arrêt du parlement au maire et aux échevins de la commune, en compagnie des officiers de Lure et de quelques religieux de l'abbaye. Tous ensemble fixèrent au dimanche suivant la célébration de la première messe dans l'église de Tavey et commencèrent ce jour-là à préparer la cérémonie. L'ancien autel fut remis à sa place ; une cloche, une image du Rosaire, un retable et plusieurs autres objets furent donnés par les religieux de Lure.

(1) La cure, comme nous l'avons dit plus haut, avait été démolie en 1578
(2) Archives de la cure de Tavey.

Le jour tant désiré par les catholiques de Tavey brilla enfin, ce fut le dimanche 18 juin. Après une messe dite de bon matin dans l'église de Saulnot, plus de quatre cents habitants prirent le chemin de Tavey sous la conduite de leur curé. Les directeurs de la Saline, au nombre des pèlerins, envoyèrent dire aux échevins de Tremoins que c'était l'usage de sonner les cloches au passage d'une procession. Là on fit acte de soumission sans dire autre chose que bientôt peut-être on en ferait autant à Tremoins.

Le bruit de cette solennité avait été répandu au marché de Montbéliard. De tous côtés les fidèles y accoururent. Quand la procession de Saulnot arriva, le procureur fiscal de Lure, debout sur le cimetière, fit « une harangue très éloquente, » donna lecture de l'arrêt du parlement et remit ensuite les clefs de l'église au curé.

Les cérémonies commencèrent ensuite. Le *Te Deum* fut chanté en action de grâces au milieu d'une émotion qui débordait de tous les cœurs. Une procession, éclairée par le soleil eucharistique, déploya ses longues lignes. Les jeunes filles revêtues d'habits blancs suivaient la bannière ; venaient ensuite les garçons, les hommes, les musiciens et douze ecclésiastiques. Les maîtres-bourgeois de Lure portaient le dais, que suivaient le gouverneur de Belfort, les officiers de l'armée, le directeur et les employés de la Saline, tenant tous un cierge à la main. Pour nous donner une idée du nombre des personnes présentes, le chroniqueur dit « que les derniers n'étaient encore hors de l'église que les premiers y rentraient déjà, quoique la procession eût fait un tour considérable. »

A la messe, les curés de Lure et de Montenois firent l'office de diacre et de sous-diacre ; ceux de Lyoffans et de Champagney, celui de choristes ; le curé d'Onans et l'aumônier de Montbéliard, celui de céroféraires, Mme de Saint-Just, épouse du gouverneur de Belfort, « offrit le pain bénit avec bien de l'édification pour tout le monde. » Matin et soir il y eut prédication (1).

Les détails de cette journée mémorable, envoyés par le curé de Saulnot à l'archevêque Antoine-Pierre Ier de Grammont, prouvent que les catholiques attachaient une grande importance au rétablissement du culte à Tavey. Pour eux c'était une oppression de plus d'un siècle qui disparaissait.

L'administrateur de la paroisse demanda et obtint les objets qui avaient appartenu au culte catholique. On lui remit deux reliquaires, un ciboire et une pyxide en cuivre doré, un crucifix, un calice avec sa patène en vermeil.

L'église était dans un état navrant de délabrement. Elle n'avait plus ni fenêtres, ni pavé, ni ornement; la cloche avait été prise par « les gens de guerre (2). » L'intendant de la Fond y rétablit la décence par des arrêts fortement motivés.

Les habitants de Byans et de Laire, sous prétexte que l'église leur était interdite, se crurent exempts de contribuer aux frais de réparation. Le 16 octobre 1690, l'intendant leur fit savoir que le changement de religion ne leur avait pas fait perdre la qualité de paroissiens de Tavey et qu'ils devaient en conséquence, avec ceux de ce village, contribuer à l'achat de la cloche. Peu après, on les fit encore participer à d'autres dépenses (3).

Mais ce qui contraria le plus ces luthériens, ce fut l'obligation d'obéir à la législation de Bourgogne, qui interdisait le travail aux fêtes de l'Église. L'un d'eux ayant transgressé cet article fut condamné à une bien faible amende. Aux yeux de la régence de Montbéliard, c'était un empiétement sur sa juridiction. Les conseillers réclamèrent. La réponse qu'ils reçurent du parlement calma un peu leur fougue :

---

(1) Bibliothèque nationale. Nouvelles acquisitions françaises, n° 3237.
(2) Archives du Doubs, E 1831.
(3) Archives de la Haute-Saône, E 280.

« Messieurs, leur écrivit le président, si les officiers de Lure ont entrepris quelque chose sur votre juridiction temporelle, vous pouvez vous pourvoir en justice, mais quant au décret qu'ils ont donné contre le particulier qui a travaillé au jour de fête dans le lieu de Tavey, vous n'avez pas sujet de vous en plaindre, puisque lorsque Sa Majesté vous a laissés dans l'exercice de la religion protestante, elle n'a pas entendu que vous porteriez coup ni scandale à la religion catholique. Au temps où le calvinisme était toléré en France, on ne souffrait pas aux religionnaires de travailler pendant les jours de fêtes qui étaient célébrées dans le même lieu pour les catholiques. Et vous avez si peu de raison de le prétendre autrement, qu'aujourd'hui les sujets de Son Altesse, qui font profession de la confession d'Augsbourg à Damvant et à Reclère, dépendant de Blamont, ne pratiquent pas ce que vous désirez qui soit fait à Tavey, Ainsi, j'ai mandé aux officiers de Lure de continuer leur poursuite et néanmoins d'en user avec modération quant à la peine pour cette fois. » 31 juillet. Jobelot (1).

L'événement de Tavey fit lever la tête aux catholiques de Vougeaucourt. Ici était une église bâtie sur un terrain appartenant à la Bourgogne (2), et commune autrefois aux sujets catholiques de Montbéliard et à ceux du seigneur de Neuchâtel. A l'établissement du protestantisme, les princes de Wurtemberg, dont l'ambition sut toujours tirer profit des circonstances, défendirent l'entrée de cette église aux sujets demeurés catholiques, tout en les faisant participer aux frais de réparation. L'impartialité veut cependant qu'on dise, à la décharge des sujets devenus protestants, qu'ils partagèrent avec leurs anciens coreligionnaires les ornements, le linge et les objets du culte. Le cimetière lui-même

(1) Archives de la Haute-Saône, E 281.
(2) Archives nationales, K 2183.

servit encore longtemps à l'inhumation de tout le monde, sans distinction de croyance. La croix de bois, recouverte de fer-blanc, brilla au sommet du clocher jusqu'en 1619. Pendant la semaine sainte de cette année, moment bien mal choisi, elle fut jetée à terre par un ouvrier de Montbéliard et mise en morceaux. A sa place on mit un pommeau en bois couvert de fer-blanc, auquel fut attachée une banderole portant les armes du prince de Montbéliard. L'année suivante, le marquis de Varembon, choqué d'une chose qui blessait ses droits de souverain à Vougeaucourt, fit abattre les armes du duc de Wurtemberg et remettre une croix à leur place. Interpellé dans cette circonstance par le maire de Son Altesse, il lui répondit par un soufflet tellement vigoureux que le bruit en retentit jusqu'à Montbéliard. C'était le 20 mars 1620. Le lendemain, sur les ordres de Louis-Frédéric, le prévôt de la ville, prenant avec lui une escorte d'hommes armés, se transporta en toute diligence à Vougeaucourt, avec mission d'ôter la croix du clocher et de la mettre en lieu sûr. Ainsi les seigneurs de Neuchâtel, malgré leurs réclamations réitérées, ne purent faire ouvrir à leurs sujets l'église de Vougeaucourt [1].

Aussitôt que Louis XIV eut recouvré la souveraineté des Quatre-Terres, pendant que ses soldats occupaient Montbéliard, le curé de Dampierre songea à relever le courage de ses paroissiens de Vougeaucourt. Sa première pensée fut de remettre au milieu d'eux la croix sur pied. La régence, ayant connu cette intention, lui écrivit par un de ses conseillers, le 19 janvier 1677 : « Je viens d'être averti que vous prenez la liberté de faire construire des croix dans le dessein de les faire planter à Vougeaucourt. Je vous prie de suspendre vos desseins jusqu'à ce que vous ayez des ordres de M. de la Grange, intendant. » Dans la crainte

[1] Archives nationales, K 2188.

sans doute d'une profanation, la croix demeura encore cachée.

Dix ans plus tard, Rollet, curé de la même paroisse, et Relange, curé de Mandeure, suivis des catholiques de Vougeancourt, sommèrent les protestants de leur ouvrir le temple, afin d'y célébrer les offices de leur culte. La régence s'irrita, protesta et repoussa toute demande à cet égard. Les catholiques s'y résignèrent encore une fois, et avec d'autant moins de murmures, que la tournure des affaires politiques affermissait en eux l'espoir de jours meilleurs. Ils voyaient s'approcher l'heure où, dans les transports d'une sainte allégresse, ils pourraient célébrer le retour de la justice et faire retentir dans une église, ouverte à leur foi, nos hymnes saintes, dont le dernier écho s'était éteint autrefois dans les larmes et le désespoir de leurs ancêtres.

Dans les circonstances favorables où l'on était, les revendications se produisaient de tous côtés. Les habitants de Dampjoux intentèrent un procès à ceux de Liebvillers, luthériens, demandant à ce que ces derniers soient condamnés à subir les charges paroissiales : dîmes, corvées, entretien de l'église et de la cure, ou bien à fournir leur quote-part dans les trois cent trente-huit francs donnés chaque année au curé. Les raisons de leurs demandes étaient qu'autrefois ceux de Liebvillers faisaient partie de la paroisse où ils avaient enterré leurs morts jusqu'en 1634 et offert le pain bénit plus tard encore. D'où ils concluaient que la défection des défendeurs ne pouvait pas les délivrer du lien paroissial, « car ils recevraient avantage de leur défection. »

Ceux de Liebvillers, devenus paroissiens de Montécheroux, obligés de suivre la religion de leur prince, soutenaient au contraire que c'était à ce dernier qu'ils devaient payer tous les revenus curiaux. Le parlement de Besançon trancha la question. Comme il ne reconnut pas aux Wurtembergeois le droit de bouleverser l'organisation des paroisses du pays, il condamna les habitants de Liebvillers à payer chaque année 64 fr. 5 gros à la paroisse de Dampjoux. Cette décision fut irrévocable (1).

Les ministres protestants de Montbéliard ne supportaient qu'avec peine la domination française, de même que les mesures prises par elle en faveur de la religion catholique. L'un d'eux, Melchior Barthol, fut arrêté par ordre du commandant français et conduit au fort de Joux, au mois de janvier 1685. Duvernoy, dans ses *Éphémérides*, dit qu'il avait prêché contre les dogmes catholiques (2) ; dans ses manuscrits il l'accuse, ce qui paraît plus vraisemblable, d'avoir dit en chaire « que les catholiques étaient pis que des chiens et que l'on était à présent sous la domination de Néron. » D'après la chronique de Perdrix, ce pasteur n'aurait rien fait que de prêcher la parole de Dieu, ce qui est faux.

Pendant que ce pasteur était au secret, de puissants médiateurs prirent sa cause en main. L'intendant, se laissant toucher de commisération, rendit le prisonnier à la liberté, au mois de février. Mais Barthol ne fut pas plus tôt à Montbéliard qu'il renouvela ses diatribes. De là, de nouveaux arrêts. A la fin il se retira dans le Wurtemberg (3).

Cependant une épreuve était réservée aux catholiques de Montbéliard et de Blamont ; elle arriva à la suite du traité de Ryswick, conclu le 30 octobre 1697, entre l'empereur, l'empire et la France. L'article XIII portait que les princes de la maison de Wurtemberg seraient rétablis dans la possession pleine et entière du comté de Montbéliard et des quatre seigneuries, pour en jouir et les posséder, comme ils en jouissaient et les possédaient avant la paix de Nimègue, toutes prétentions contraires étant abolies (4).

(1) Archives du Doubs, E 794.
(2) Duvernoy, *Éphémérides*, p. 35.
(3) Mss. Duvernoy, *Règne de Georges II*, p. 94.
(4) Duvernoy, *Éphémérides*, p. 417.

En exécution de ce traité, le commandant de Blamont reçut, le 17 janvier 1698, l'ordre d'évacuer la ville et le château, et le 2 février, la garnison française quittait Montbéliard, après l'avoir occupé vingt et un ans (1).

Lorsque les Français abandonnèrent Blamont, l'aumônier du château profondément attristé exprimait toute sa douleur sur les registres de sa chapelle : « *Notatu dignum sed flendum !* Le 12 février 1698, le jour des Cendres, la messe fut dite pour la dernière fois à la chapelle du château et le lendemain la garnison sortit de la ville avec le gouverneur ; mais l'on ne fit que couvrir pour ainsi dire la religion catholique sous la cendre, pour l'y contenir avec le feu, dans l'espérance qu'on l'y rallumerait bientôt. Qu'ainsi soit pour la gloire de Dieu et le salut des âmes ! Cornibet. »

A cette date, le comte Georges, rentré à Montbéliard avec son fils, aux acclamations de toute la bourgeoisie, avait repris les rênes du gouvernement de la principauté. En sa qualité de luthérien très dévot, il sentit bouillonner dans son cœur une haine, frémissante d'horreur, contre soixante-quatorze catholiques établis dans la ville depuis l'occupation française. La présence de ces gens était un outrage à son luthéranisme. Il les fit impitoyablement expulser du comté (2).

Ceux de Blamont et des environs, de même que les convertis, qui ne voulurent pas apostasier, subirent la même peine. La mesure était blessante pour le roi de France ; les Montbéliard ne tardèrent pas à s'en apercevoir.

(1) Tuefferd, *Histoire des Comtes*, p. 575. La ville paya au roi de France, pendant les vingt et un ans de son occupation, la somme de 3,664,476 livres tournois.
(2) Duvernoy, *Ephémérides*, p. 330.

CHAPITRE II

Rétablissement définitif du culte catholique à Montbéliard, à Blamont, à Héricourt, à Saint-Maurice, Montécheroux, Vougeaucourt, Autrechaux, Longres.

(1698-1700)

L'archevêque Antoine-Pierre Ier de Grammont s'était endormi du sommeil du juste, le 2 mai 1698, plein de jours et rassasié de bonnes œuvres, suivant l'Écriture sainte. Témoin des efforts tentés par le pouvoir civil en faveur du rétablissement de la religion catholique dans le pays de Montbéliard, ce prélat les avait secondés d'une manière intelligente, en vue de créer, à côté du protestantisme, des paroisses catholiques sur des bases solides. Avant de descendre dans la tombe, il eut la douleur de voir cette œuvre tomber à néant, et, chose plus cruelle pour son cœur d'évêque, devenir pour les catholiques rentrés dans la principauté, ou conquis à l'ancienne foi, une source de persécutions. Son neveu François-Joseph, nommé le 22 août pour lui succéder, fut préconisé le 25 novembre 1698 et un an après, à Versailles, il prêta serment de fidélité entre les mains de Louis XIV (1). Sous ce nouveau prélat, de sentiments aussi nobles que le sang qui coulait dans ses veines, le catholicisme reprit à Montbéliard une place qui ne devait plus lui être enlevée.

L'article IV du traité de Ryswick avait stipulé que la reli-

---

(1) Bibliothèque nationale, Fonds latin, n° 1701.

gion catholique serait maintenue dans les lieux restitués, au même état où elle était lors de cette convention. Cette clause allait devenir le salut de la ville de Saint-Maimbœuf; le roi l'invoqua pour y rappeler l'exercice de notre culte. Un fait de ce genre ne pouvait s'accomplir sans soulever une forte opposition.

Pour en connaitre les détails, ouvrons les archives de la ville de Montbéliard. « Cejourd'huy, 10 décembre 1698, environ les neuf heures du matin, disent les Notaux, M. le trésorier Rossel fit cognoistre tant à Messeigneurs du conseil que auxd. soubscripts que Son Altesse souhaitoit savoir leur intention sur ce qu'il y estoit arrivé en cette ville un curé, un officier du roi et quelques gardes pour demander une eglise à Son Altesse Sérénissime pour faire l'exercice de la religion romaine.

« Lesdicts neuf bourgeois jurés ont répondu à Messeigneurs du conseil qu'ils se reposoyoient sur la protection et clémence de S. A. S., comme leur véritable prince et seigneur et comme l'evesque des eglises du pays et le protecteur de la religion, qu'ils imploroyoient son secours et qu'ils la suppliyoient de pourvoir à ceste affaire comme il le trouvoit expédient pour la gloire de Dieu, le maintien de ses enfants et le bien de ses pauvres subjects (1). »

Le prince Georges rejeta la demande de l'autorité française. Alors Louis XIV se mit en mesure d'obtenir par la force ce qui, à ses yeux, lui avait été accordé par un traité solennel.

Le 6 janvier de l'année suivante, un corps de sept cents hommes, quatre compagnies de cavalerie et un détachement de cinq cents fusiliers, marchant l'épée à la main, au bruit du tambour et au son des trompettes, entrèrent dans la ville de Montbéliard où ils se mirent en ordre de bataille, les uns devant les halles, les autres devant le temple Saint-Martin.

(1) Mairie de Montbéliard. Notaux.

Ils se comportèrent ensuite comme à la prise d'une place forte. Les maîtres-bourgeois refusant de donner des billets de logement, le commandant fit la besogne, envoyant un ou deux officiers avec douze soldats chez les conseillers, les ministres et les maîtres-bourgeois, et les cavaliers chez les autres, mais toujours en nombre inégal.

La ville dut fournir le fourrage aux chevaux, le pain aux soldats, à un prix inférieur au cours. Défense fut faite aux intendants d'Alsace et de Bourgogne, aux lieutenants des Quatre-Terres, de laisser entrer du grain en ville.

Le samedi 7 janvier, on se prépara à célébrer le culte catholique. Pour cela on choisit une des salles du collège où les protestants faisaient un prêche ce jour-là. Les clefs de cet oratoire ayant été refusées, les soldats tentèrent vainement d'en ouvrir les portes. Battus de ce côté, ils allèrent à deux fenêtres. Après en avoir brisé les vitres, ils furent maîtres du local et le transformèrent en chapelle, pendant que le ministre et les particuliers logés au collège évacuèrent cette résidence, sur l'ordre du commandant. Une fois l'autel préparé, le curé de Mandeure chanta la messe. Dès ce jour le culte catholique n'a pas discontinué, mais à chaque mutation de curé qu'instituait l'archevêque de Besançon, le conseil de régence, au nom du souverain, émettait une protestation qui était lue, à la porte même du collège, par un notaire assisté de deux témoins [1].

Le lundi suivant, de Fontmorte, subdélégué de l'intendant de Bourgogne, dit aux maîtres-bourgeois qu'il ferait sortir ses troupes de la ville, si douze des principaux habitants promettaient par un acte signé de leur part « qu'on ne ferait aucune insulte aud. sieur curé. Mais on ne lui a pas voulu accorder cet acte, de sorte qu'il se mit en colère et fit des

---

[1] Mairie de Montbéliard, Notaux; Duvernoy, *Éphémérides*, p. 9. — Mss. Duvernoy, *Règne de Georges II*, t. II, p. 102. — Archives nationales, K 2187.

menaces de faire rester les troupes si longtemps que chacun sera réduit à une misère extrême (1). »

La présence des Français à Montbéliard jeta toutes les Excellences du comté dans un état de consternation, d'abattement, de prostration dont il est difficile de se faire une idée. Qu'on en juge par les lettres frémissantes d'effroi que les maîtres-bourgeois et les conseillers de la régence écrivirent à tous les princes protestants des pays étrangers, au sujet du refus, fait par le prince Georges, d'accorder au culte catholique l'asile où il était installé.

Ils s'adressèrent d'abord à Eberhard-Louis, duc de Wurtemberg. Le 9 janvier, après lui avoir retracé le tableau des différentes scènes accomplies à Montbéliard par les Français : prise du collège, célébration de la messe, logement des troupes, charges de guerre, opiniâtreté du comte Georges, « Ah ! Sérénissime Prince, ajoutèrent-ils, dans cet état si triste où de toutes parts nous ne voyons que des précipices, souffrez que nous nous jetions entre vos bras, et touché de nos misères, ayez la bonté de mettre la main à nos affaires ; toutes désespérées qu'elles paraissent, nous ne doutons point que votre sagesse, vos lumières, votre crédit n'y puissent encore trouver un remède salutaire ; nous sommes persuadés que Votre Altesse Sérénissime sera aisément d'inclination à nous aider et par tous les endroits elle y concourra, sa bonté naturelle n'a jamais eu d'objets plus dignes de pitié que des malheureux comme nous. Dans notre effroi et dans l'extrémité où nous sommes, nous osons demander à Votre Altesse Sérénissime sa sage et puissante protection, etc. »

Le même jour ils écrivirent à Léopold-Eberhard : « S'il nous est permis de vous marquer en toute humilité nos petits avis, ce serait d'écrire au roi une lettre de compli-

(1) Archives nationales, K 2171.

ments de votre part pour le prier de retirer ses troupes, puisqu'il a ce qu'il demande, etc. »

Le 11 janvier, ce fut Ferdinand de Wurtemberg, général de l'infanterie hollandaise, qui reçut leurs doléances. Entre autres choses ils lui dirent : « Votre Altesse Sérénissime nous parait comme un appui puissant et capable de nous soutenir; nous comptons également, Sérénissime prince, sur vos lumières, votre piété, votre générosité et votre crédit; souffrez que nous intéressions toutes ces parties chrétiennes et éminentes que vous possédez, outre vos autres vertus glorieuses et éclatantes; nous prenons la liberté de faire l'ouverture de notre malheur à Sa Majesté Britannique; nous prions très humblement Votre Altesse de faire deux choses sur ce sujet : la première d'examiner par sa prudence si nous osons nous produire devant un si grand roi, la seconde de vouloir bien par charité nous appuyer de sa faveur auprès de ce prince.... Nous savons, Sérénissime prince, que Dieu vous a destiné à de grandes et de difficiles choses, ajoutez à vos exploits illustres qui ont porté par toute l'Europe la gloire de votre nom, ajoutez à tant d'actions éclatantes que vous avez faites, malgré les obstacles les plus invincibles, celle d'avoir trouvé les moyens de nous tirer de notre état désespéré. »

Cette dernière gloire qui eût fait pâlir toutes celles que le prince avait acquises, on voulut la faire partager au roi d'Angleterre. C'est pourquoi les mêmes personnes firent appel à toutes les royales qualités du monarque en faveur d'une ville plongée dans la désolation.

Enfin les bourgeois écrivirent au roi de France. Après lui avoir représenté leur situation désespérée, ils ne crurent mieux faire, pour toucher son cœur, que de lui rappeler leur fidélité d'autrefois : « Il est pourtant vrai, Sire, que pendant tout le temps que nous avons été sous la glorieuse domination de Votre Majesté, ni également depuis la paix....

nous ne croyons avoir rien commis qui ait pu attirer son indignation. Vos intendants, Sire, nous sont garants de notre fidélité et de notre obéissance; faudrait-il qu'après avoir ressenti depuis si longtemps les effets de la bonté et de la protection de Votre Majesté, après que nous avons eu lieu par toutes sortes d'arguments de croire qu'Elle nous regardait d'un œil favorable, aujourd'hui que nous serions au désespoir d'avoir rien fait qui pût lui déplaire, nous fussions absolument exclus de sa bienveillance et puis comme si nous vous avions offensé. Ah! Sire, si nous avions le malheur d'avoir été si mal imprimés auprès de Votre Majesté, c'est vrai que ce serait bien le coup le plus sensible qui pût nous frapper, mais il est vrai en même temps que nous sommes en état de nous justifier d'une façon haute et convaincante contre toutes sortes de relations. Permettez-nous, Sire, d'intéresser votre justice, votre grandeur et votre générosité en notre faveur; qu'un monarque si grand, si élevé, si glorieux, épargne de petits sujets qui ne méritent que de la pitié, mais plutôt qui doivent tout à fait disparaître. Ménagez-vous, grand roi, en retirant vos troupes. Nous sommes innocents et à votre gloire qui remplit le monde, ajoutez celle de la justice, ou, si par malheur nous avons péché sans le savoir, celle de la grâce à notre égard. »

Cette lettre, vrai monument de pusillanimité, je dirais volontiers, de trahison, hâta le salut des bourgeois de Montbéliard. Le ministre du roi de France répondit que les troupes étaient à Montbéliard non pas pour punir les bourgeois « mais pour y maintenir la religion catholique, suivant le quatrième article du traité de paix. » Il ajouta qu'il ne tenait qu'au prince de faire cesser l'occupation.

Les habitants, qui seuls souffraient de cet état de choses, s'offrirent à garantir eux-mêmes la sécurité du curé et des catholiques. A cette promesse, Louis XIV répondit qu'il retirerait ses troupes, si le comte Georges s'engageait verbalement à laisser le curé établi à Montbéliard en possession du lieu appelé le collège, à lui donner la liberté de célébrer le service divin, d'administrer les sacrements, et aux catholiques, celle d'accomplir leurs devoirs religieux. Le 14 février, le Magistrat, composé des Neuf Bourgeois, des Dix-Huit et des Notables, au nombre de trente-huit, promit « de ne causer aucun trouble au curé que les troupes de Sa Majesté ont introduit dans lad. ville pour l'exercice de la religion catholique romaine dans le lieu où il a été établi par Sa Majesté, ni directement, ni indirectement (1). »

Que le prince se soit associé ou non à la promesse des bourgeois, le résultat fut le même. Dès ce moment, les catholiques jouirent en paix de l'église du collège qui fut desservie par Julien Relange, nommé, avec l'agrément du roi, administrateur de la nouvelle paroisse de Montbéliard.

Quelques mois après cet événement, le 11 juin 1699, le comte Georges descendit dans la tombe, laissant comme successeur son fils, Léopold-Eberhard. Pendant les premières années de l'administration de ce prince, Louis XIV travailla au rétablissement du catholicisme dans les Quatre-Terres.

Le 29 juin 1699, treize compagnies d'infanterie française, sous les ordres du colonel de Charme, s'emparèrent du bourg et du château de Blamont, où elles ne séjournèrent que peu de temps. Mais le 1er août, un détachement du régiment de Sourche, fort de cinq cents hommes, se saisit de la même place. Dès ce jour, et surtout depuis 1712, il y a eu constamment une garnison dans cette ville avec un commandant qui exerça l'autorité militaire sur les Quatre-Terres (2).

Le lundi suivant, 3 août, les Français prirent le temple de Blamont où l'exercice du *simultané* fut aussitôt introduit. Le roi était souverain.

(1) Mairie de Montbéliard, Notaux.
(2) Duvernoy, *Éphémérides*, p. 288.

L'ancien aumônier du château, Jean-Etienne Cornibet, qui, deux ans auparavant, avait consigné sur les registres de sa petite chapelle les regrets qu'excitait en lui le départ des Français, ne put taire la joie que lui causa leur retour. Aussi sa note est plus gaie : « *Notatu dignius sed et jucundius!* Le 1er août 1699, le régiment de Sourche vint à Blamont pour y rétablir la souveraineté du roi par le rétablissement de la religion et de la justice ; l'on dit la messe dans la cour du château le dimanche 3 août ; mais le lundi, jour de l'Invention de saint Etienne, l'on prit le chœur du temple, où l'on chanta grand'messe avec diacre et sous-diacre ; M. le doyen de Rougemont, curé de Mandeure et de Montbéliard, M. Relange, fut célébrant ; il y avait quatorze prêtres qui y dirent la messe ; M. Renaud, curé de Mathay, y prêcha ; l'on ferma le chœur par une balustrade, après en avoir ôté leur pierre de cène, le 18 septembre ; on leur laissa la nef, parce que c'est un mauvais temple que les luthériens ont bâti. » Cette nouvelle paroisse eut pour administrateur le curé de Damvant, l'auteur du récit précédent.

Les ministres protestants ne virent pas sans peine la religion romaine rentrer triomphalement dans un pays où elle avait eu autrefois des jours si glorieux. Ceux de Montbéliard cherchèrent à se consoler, en donnant une décision théologique assez curieuse. Posant comme principe, qu'après la paix de Ryswick, Louis XIV avait remis de bonne foi le pays de Montbéliard, tant le comté que les seigneuries, à son légitime seigneur, qu'il avait fait sortir la garnison du château et les deux aumôniers qui y disaient la messe ; rappelant ensuite la prise de possession du collège et l'installation d'un curé dans cet établissement, ces pasteurs conclurent que cela ne devait pas avoir lieu. Voici comment ils en vinrent à cette conclusion : « Il n'y pas eu d'église catholique romaine dans le pays de Montbéliard, depuis que les ducs de Wurtemberg en sont les possesseurs. La messe qui se disait au château, pendant cette dernière guerre, bien loin que ce fût une église stable, ce n'était qu'une messe ambulatoire, suivant le sort de la garnison. » Quant aux aumôniers qui disaient la messe, comme ils étaient officiers de la garnison, payés sur le pied des aumôniers de l'Etat-Major, ils ont évacué avec la garnison. Aussi en vertu du traité de paix, « l'évacuation de la messe doit subsister avec l'évacuation de la garnison.... la garnison cessant, la messe de la garnison cesse en même temps. » Nos juristes raisonnaient de même pour Blamont et Tavey (1).

Il ne manquait à cette décision, pour qu'elle eût force de loi, que l'approbation du roi de France. Mais ce monarque, bien loin de reculer, voulut doter les chefs-lieux des autres seigneuries du même bienfait qu'il avait accordé à Blamont. Dès 1699, il fit part à l'archevêque de Besançon de sa volonté d'y rétablir le culte catholique. François-Joseph de Grammont fit bon accueil à l'ordre royal. Le 24 janvier 1700, il en informa le prince de Montbéliard dans les termes suivants :

« Monseigneur, le roi m'ayant envoyé ses ordres depuis quelques jours pour établir des curés dans les lieux de Blamont, Héricourt, Châtelot et Clémont, réunis à sa souveraineté, j'ai estimé, avant de les exécuter, en donner avis à Votre Altesse et la supplier en même temps de vouloir bien appuyer de sa protection ces ecclésiastiques lorsqu'ils y seront arrivés, en donnant ordre qu'ils ne soient inquiétés dans les fonctions de leur ministère par ses sujets. Votre Altesse fera une chose d'autant plus agréable au roi que sa piété et son zèle sont grands pour le rétablissement de la religion catholique dans ces Quatre-Terres-là. Je suis persuadé que Votre Altesse sera bien aise de lui témoigner sa déférence en cette rencontre et de me donner lieu par sa

---

(1) Archives nationales, K 2171.

réponse de m'en louer auprès de lui, en lui rendant compte de l'exécution de ses ordres, et qu'Elle voudra bien aussi me faire l'honneur de croire que j'aurai toujours une attention très sincère à mériter la continuation de l'amitié par tout ce qui dépendra de moi, c'est la grâce que je lui demande (1). »

Nous ignorons quelle fut la réponse du prince. Quant à l'archevêque, il nomma des curés dans les chefs-lieux où il n'y en avait encore point. Le moment de les installer étant venu, Bassand d'Auteuil, lieutenant au bailliage de Baume, d'après des ordres datés du 15 et du 19 avril, émanant de l'archevêque et de l'intendant, dut se transporter avec main-forte aux chefs-lieux des seigneuries pour se saisir du chœur de chaque église et y établir les curés nommés par l'autorité ecclésiastique : celui de Saulnot, à Héricourt ; celui de Goux, à Saint-Maurice ; celui de Chamesol, à Montécheroux. A cette date, comme nous l'avons vu, celui de Damvant administrait Blamont. Tous les détails de la commission étaient réglés. Comme le roi tenait à la sécurité des curés et des catholiques, il fut enjoint au lieutenant d'obliger les ministres et leurs coreligionnaires de répondre de tout le mal qui pourrait être fait aux premiers.

Les populations, au milieu desquelles on allait relever nos autels descendaient, il est vrai, de ces héros dont nous avons admiré la fermeté dans notre premier travail et qui étaient attachés à leur foi comme le rocher l'est au sol. Mais depuis cent ans, quel bouleversement dans les esprits et dans les cœurs! L'amour de cette religion était remplacé par la haine, sentiment élevé, chez les protestants, à la hauteur d'un dogme. Ce résultat, poursuivi par les princes de Wurtemberg, était dû à un système tyrannique étreignant tous les détails de la vie privée, et aux caresses que les instincts de la nature reçoivent dans le protestan-

(1) Goguel, *Précis de la Réformation.*

tisme. Quel accueil pouvait donc recevoir une religion qui non seulement était méconnue, mais surtout détestée?

Le 25 avril, Bassand d'Anteuil, accompagné du curé de Goux, et de quatre soldats, se rendit à Saint-Maurice, où les catholiques des paroisses de Médière, Rang, Saint-Georges, Villers-le-Sec et Goux, au nombre d'environ cinq cents, étaient venus avec leurs curés. La porte de l'église se trouva fermée. On ne s'arrêta pas devant cet obstacle. Le fils de Pierre George, de Médière, entra par une fenêtre et ouvrit l'église. Immédiatement la cloche sonna à toute volée. A ce moment, le lieutenant n'était pas encore arrivé. Parvenu au pied du monticule que domine l'église, il mit pied à terre, demanda au maire, là présent, la clef du temple. « La clef, répondit celui-ci, est à la communauté. Au reste la porte a été ouverte par les Bourguignons. »

Quand tout fut prêt, on chanta deux messes, l'une après l'autre, et les vêpres dans l'après-midi. Le sermon fut fait par un capucin. Tout le monde rayonnait de joie.

Il fallait cependant mettre en sûreté le curé et les catholiques. Le lieutenant de Baume appela le maire et les échevins, leur répéta les ordres donnés par le roi de rétablir la religion catholique dans les chefs-lieux des Quatre-Terres et leur dit que le curé de Goux desservirait Saint-Maurice. A l'annonce que les ministres et les habitants répondraient du mal qui serait fait, soit au curé, soit aux catholiques, le maire et les échevins ne voulurent pas prendre une telle responsabilité. Mais devant la menace de loger des soldats aussi longtemps qu'ils résisteraient à la volonté du roi, ils s'adoucirent et s'engagèrent à céder le chœur de leur église et à ne faire aucun mal, ni au curé ni à ses paroissiens.

Les habitants de Saint-Maurice furent peu de temps fidèles à leurs engagements. « Mais, dit un chroniqueur protestant, Montbéliard sentait trop l'attentat à sa souveraineté et à ses droits épiscopaux pour ne pas former d'opposition. Seulement ce fut un malheur qu'on n'employât que ces paysans et leur zèle indiscret pour la faire. On crut tout faire en écrivant au ministre de persuader à ses paroissiens que ce n'était point par ordre du roi qu'on prenait leur église (1). » Cet encouragement à la révolte trouva de l'écho. Les ouvriers rencontrèrent une telle opposition, quand ils voulurent poser une balustrade entre le chœur et la nef, qu'ils furent obligés de s'en aller, sans avoir rien pu faire.

Le dimanche suivant, le curé de Goux fut tenu à distance de l'église par une foule d'opposants. Aux paroles d'insulte se joignirent les actes. Il reçut au visage une poignée de cendres, après quoi il se retira ; Montbéliard avait le dessus ; mais, à Saint-Maurice, on ne tarda pas à concevoir de vives inquiétudes sur les suites de cette échauffourée. Pour relever le moral des habitants, un membre de la régence fut les trouver, dit le rapport précédent. « Il attroupa la jeunesse du lieu avec celle de Colombier-Châtelot et voulait même faire passer les gens de Longevelle pour faire la garde jour et nuit devant l'église, et comme on était menacé d'y voir planter une croix, le sieur conseiller avait donné le dangereux avis de la prendre et de la menuiser en morceaux, ce qui ne se fit pas. »

Arriva la fête de l'Ascension. Le curé de Goux s'approchant de l'église pour dire la messe, le maire du lieu vint l'avertir qu'on ne le laisserait pas entrer. Le conseiller Nardin et le ministre de Saint-Maurice étaient l'âme de cette opposition. « Ce bon curé, dit toujours notre chroniqueur protestant, s'y prit pour les avertir encore de ne pas s'exposer aux mauvais effets de sa répulsion, que ce n'était pas sans ordre qu'il

---

(1) Les membres de la régence, en poussant à la révolte les habitants de Saint-Maurice, commirent une lâcheté, car par leur excitation, ils allaient faire tomber sur eux les sévérités de la loi française. Ils ne l'ignoraient pas.

venait. Mais il avait beau dire, point de raison à nos gens ; quelques sottes femmes de Saint-Maurice et de Colombier-Châtelot allèrent même jusqu'à jeter contre lui des cendres mêlées de verre pilé (1). D'autres le menacèrent de porter sa tête à Montbéliard, s'il voulait entrer à l'église (2). » Le curé se retira et informa ses supérieurs de tout ce qui s'était passé. « Ce fut ensuite que la France ou plutôt Rome crut pouvoir employer la violence, » dit le narrateur cité plus haut.

Le 17 juin, Bassand d'Anteuil se rendit une seconde fois à Saint-Maurice avec l'exempt de la brigade de Baume et deux archers. Arrivé chez Joseph Reboul, maître de poste, appelé par dérision Saint-Canard, parce qu'il était catholique, il fit paraître devant lui le ministre Nigrin, auteur en partie de la révolte des protestants de Saint-Maurice, le fit conduire devant l'intendant, lequel l'envoya dans les prisons de la citadelle de Besançon.

Deux jours après, le temple de Saint-Maurice fut saisi une seconde fois et on y dit plusieurs messes dans la matinée. Après la leçon qu'elle avait reçue, l'autorité française ne pouvait plus le laisser exposé à un nouveau coup de main. Dans ce but, Bassand d'Anteuil, le 5 juillet, fit vider le presbytère de la paroisse, y installa M. Cugnotet comme curé, établit un maître d'école et, pour punir les habitants de leur docilité aux ordres de Montbéliard, il interdit dans toute la paroisse l'exercice du culte luthérien (3). L'année suivante, on leur permit d'aller l'exercer à Longevelle (4). Léopold-Eberhard maugréa. Il envoya même en 1703 le notaire Cucuel protester en son nom contre la prise de posses-

---

(1) Mss. Duvernoy, *Règne de Léopold-Eberhard.*
(2) Archives du Doubs, E 1075.
(3) Id., E 925.
(4) Id., E 924. — A la même date le culte catholique fut rétabli dans l'église de Colombier-Fontaine.

sion des églises de Saint-Maurice et de Colombier-Fontaine par un prêtre catholique : cela ne modifia pas le sort de ces communes (1).

Le roi de France entendait exercer dans ses nouveaux domaines la souveraineté, telle qu'on la comprenait alors. Le 27 avril, le lieutenant de Baume se présenta à Montécheroux, pour y installer le curé nommé par l'archevêque. Les catholiques du voisinage y étaient venus en procession. Mais ce jour-là, par suite de l'attitude menaçante des habitants du lieu, armés jusqu'aux dents, il fallut renoncer à la prise de possession de l'église. Bassand d'Anteuil rédigea le procès-verbal de cette rébellion et l'envoya à ses supérieurs.

Pendant plus d'un mois, les protestants de Montécheroux se réjouirent d'avoir triomphé du roi de France sans coup férir, mais leur joie prit fin. Le samedi 5 juin, vers deux heures après midi, ils virent arriver chez eux deux compagnies d'infanterie, commandées par le capitaine de Périssans. En un instant, leur temple fut cerné. Ce mouvement accompli, le capitaine fit appeler le maire et le somma, de la part du roi, de lui remettre les clefs de l'édifice, ou d'en faire ouvrir les portes. Le maire demanda à voir les ordres du roi. Quand ils les eut lus, il soutint que Sa Majesté ne parlait pas de la saisie du temple, en conséquence il pria le capitaine « de lui faire voir par écrit les ordres du roi qu'il disait avoir reçus de l'Intendant. » Périssans choqué de ces paroles répondit que le reste était au bout de son fusil, puis, sans prêter une plus grande attention à son interlocuteur, il fit enfoncer une petite porte par où les catholiques présents entrèrent à l'église. Pendant que l'on chanta le *Te Deum* et les vêpres, l'officier ordonna au maire de faire des billets de logement pour les soldats. « Cela n'est pas porté dans les ordres du roi, » répliqua le magistrat.

(1) Archives du Doubs, E 921.

Sur ce refus, les officiers allèrent devant le presbytère et prièrent le ministre d'engager ses paroissiens à préparer des logements pour les troupes, conformément aux ordres du roi. Le pasteur répondit qu'il n'était pas ministre pour se mêler des affaires de la communauté. On lui représenta qu'il devait au moins exhorter ses gens à obéir aux ordres du roi, que, dans le cas où il ne le ferait pas, il aurait à loger quinze ou vingt soldats. A cela il répondit que sa maison étant celle du prince, on pouvait y mettre autant de soldats que l'on voudrait. Sur cette déclaration, on fit entrer au presbytère un lieutenant et un sergent avec neuf soldats; le reste fut distribué dans les maisons du village les plus apparentes, mais en nombre inégal. Ce procédé allait tout accommoder. Quelques habitants s'étant plaints d'avoir plus de soldats que leurs voisins, la commune consentit à faire des billets de logement.

Le lendemain, dimanche de la Trinité, Périssans déclara au ministre que le chœur seul de l'église appartiendrait aux catholiques, que la nef serait à l'usage des uns et des autres.

A ce moment, avait-on à Montécheroux le souvenir des larmes et des cris de protestation et de désespoir qu'avait arrachés de la poitrine de tout le monde le premier prêche du pasteur luthérien? Là, comme ailleurs, la tradition n'était pas muette à cet égard. Aussi, notre culte, à sa rentrée dans cette paroisse, fut célébré avec toute la pompe possible, au milieu de la joie et de la piété de bon nombre de catholiques venus avec les curés des villages voisins. En ce jour, le luthéranisme demeura à la porte de l'église. Ses exercices n'eurent lieu que le lendemain.

Le lundi, arriva à Montécheroux Bassand d'Anteuil. Il venait demander aux protestants du lieu de s'engager par écrit à répondre et de la personne du curé et du libre exercice de la religion catholique, sous peine de voir le culte luthérien interdit chez eux. Sous l'empire de la crainte, tous signèrent, le 10 juin, l'engagement exigé par le roi. C'était le jour de la Fête-Dieu, qui fut célébrée à Montécheroux par les catholiques venus « dans un nombre qui faisait peur, » dit un récit. Les troupes restèrent jusqu'au 12 juin.

En ce jour, le lieutenant fit signer aux habitants un engagement différent du premier. Voici en quels termes il était conçu : « L'on déclare dans cet acte non seulement que l'on répond de la personne du curé et qu'il ne sera aucunement empêché dans l'exercice de la religion, non plus que les catholiques romains qui viendront aud. lieu pour entendre la messe, mais de plus, l'on demande pardon au roi de l'opposition qu'on a apportée jusqu'alors à ses volontés, touchant le rétablissement de la religion catholique romaine dans cette paroisse; l'on promet de recevoir ci-après ses ordres sans aucune résistance et l'on déclare que l'on ne reconnaît que lui pour souverain. » L'usage de la nef, séparée du chœur par une balustrade, fut donné aux protestants ; des croix furent élevées sur le cimetière et aux deux extrémités du village. Lorsque tout fut réglé, les troupes se retirèrent à Besançon, sans faire aucun désordre. Le plus grand calme régna dès lors à Montécheroux. La solennité de saint Pierre et de saint Paul, ancienne fête patronale de la paroisse, y fut célébrée, le 29 juin, au milieu d'une nombreuse assistance formée par les catholiques du voisinage. En ce jour, personne ne travailla (1).

L'opposition au rétablissement du catholicisme était prescrite par la régence; on s'attendit à la trouver à Héricourt. Aussi, quand, le 30 avril, le lieutenant de Baume se présenta devant la ville, accompagné du curé qui y était nommé, personne ne fut surpris de voir les portes fermées ; mais quelle folie de croire que cette manœuvre allait mettre aux abois la puissance du roi de France !

(1) Mairie de Montbéliard, Notaux.

Le samedi 5 juin, entre sept et huit heures du matin, le comte de Roussillon, à la tête de cinq compagnies d'infanterie, parut à la porte de Saint-Valbert, l'une des deux portes de la ville. L'ayant trouvée fermée, il requit, au nom du roi, les maîtres-bourgeois de lui donner des logements. On demanda à voir les ordres du roi; c'était prescrit par Montbéliard. Néanmoins la porte ne s'ouvrit pas, même quand la volonté du roi eût été très bien connue; alors le comte de Roussillon la fit couper par ses grenadiers. Cette besogne faite, les cinq compagnies rangées en bataille entrèrent dans la ville au milieu des cris de protestation des habitants, traversèrent la Grande-Rue, se rendirent au château, dont ils forcèrent l'entrée. On y plaça des gardes, ainsi qu'aux portes de la cité.

Occuper l'église était le point principal de l'expédition. On ne voulut pas en donner la clef au comte de Roussillon. L'officier français ne parut pas trop s'en émouvoir. Par ses ordres une porte latérale fut coupée; de là, trois soldats allèrent ouvrir la porte principale, devant laquelle on plaça un poste militaire.

Le lendemain 6 juin, jour de dimanche, l'église fut interdite aux protestants. Aux pasteurs et aux bourgeois qui en demandèrent la raison, le commandant répondit que les Héricourtois seraient privés de leur église tant qu'ils ne céderaient pas le chœur aux catholiques, avec promesse de ne faire aucun mal au curé; au lieu que s'ils obéissaient, ils conserveraient la nef pour l'exercice de leur culte. Bassand, arrivant sur-le-champ, confirma les paroles du commandant. Sans attendre l'acte de soumission des protestants de la ville, Pierre Ménétrier, curé de Saulnot et de Tavey, s'installait comme administrateur de la nouvelle paroisse.

Le lundi 7 juin, les soldats furent logés chez les particuliers. Le ministre en eut deux fort honnêtes, dit-il, qui se contentèrent « de sa table, ne lui firent aucun mal, quoique les gens du lieu, malintentionnés, eussent fait tout leur possible pour lui faire avoir quatre tambours. » La satisfaction du pasteur ne fut que momentanée. Le mardi, on lui envoya un lieutenant, d'un appétit ruineux. Cet officier fit « profusion de vin, excès de viande, » au point de compromettre les provisions du presbytère. Des bourgeois, dans l'intérêt du pasteur, prièrent le commandant de donner un autre logement à l'officier. Le comte de Roussillon s'y refusa. Il saisit même l'occasion de rappeler à ces solliciteurs toute la pensée du gouvernement. « Si les bourgeois, leur dit-il, ne veulent pas céder l'église entière, ils se feront ruiner par les troupes avant qu'il soit peu de jours. — Mais on n'a demandé que le chœur de l'église, répliqua un bourgeois, étonné des paroles du commandant. — Comme vous n'avez pas voulu déférer aux ordres du roi, nous prétendons l'avoir entièrement, ajouta le comte. C'est l'intention de M. de Vaubourg, et alors vous irez faire vos exercices de religion au château, ou ailleurs. » Ces paroles leur donnèrent à réfléchir.

Le 9 juin, on se prépara à célébrer les offices catholiques : on déplaça la table de la cène, on enleva de la chaire à prêcher le drap noir qui la recouvrait; un autel fut dressé au chœur.

Le 10 était la Fête-Dieu, jour de bénédiction pour Héricourt, car le culte de la sainte Eucharistie allait, après tant d'années d'absence, rentrer dans l'asile bâti autrefois pour lui. De bon matin, on vit arriver dans cette ville, tant de Bourgogne que d'Alsace, une foule de catholiques, conduits par leurs curés. A neuf heures, commença une procession formée de plus de huit cents personnes, non compris les prêtres, les soldats et les officiers. De l'église elle se dirigea, au bruit des tambours, aux accents de la musique militaire, à la porte de Saint-Valbert, s'arrêta à un reposoir dressé devant l'auberge du Sauvage, reprit ensuite sa marche, qu'elle continua jusqu'à la porte de Brevilliers; de là, elle reprit le chemin de l'église, où la sainte messe fut célébrée au milieu de toute la splendeur des cérémonies catholiques. Après la solennité, le commandant indiqua aux bourgeois de quelle manière devait être décorée l'église. Grâce à son crédit, des vitraux furent mis aux fenêtres du chœur, une balustrade et un confessionnal trouvèrent leur place; le curé eut la jouissance de l'ancienne sacristie et de la maison occupée par le pasteur.

L'octave du Saint-Sacrement amenait chaque jour à Héricourt beaucoup de fidèles. Le dimanche 13 juin, les paroisses de Bermont, Châtenois et Danjoutin se mirent en marche de bon matin. A quelque distance de Brevilliers, quatre jeunes gens, prenant les devants, arrivèrent à huit heures dans ce village, demandèrent au maire et aux échevins qu'on leur ouvrît l'église, parce qu'ils avaient ordre de sonner les cloches pendant que la procession traverserait l'endroit. L'autorisation était à peine refusée qu'arrivèrent encore trente autres jeunes hommes avec des bâtons à la main. Tous ensemble gagnèrent le temple, en forcèrent les portes, sonnèrent les cloches à toute volée (1). Quelques instants après, les cérémonies religieuses d'Héricourt voyaient de nombreux assistants rivalisant de foi, de piété et d'allégresse.

Pendant ce temps-là, les soldats français vivaient toujours à discrétion chez les bourgeois. Une semblable charge adoucit la ténacité des Héricourtois. La ville fit aux catholiques les concessions demandées par le roi, ce que les luthériens avaient juré de ne jamais faire, raison pour laquelle ils craignirent, à la suite de leur capitulation, d'être exposés aux railleries des catholiques. Bassand voulut ménager cet amour-propre froissé, par la publication suivante, datée du samedi 19 juin : « Les bourgeois et les luthériens d'Héricourt,

(1) Archives de la Haute-Saône E 262.

ayant fait toutes les soumissions qu'il a plu à Sa Majesté et à Monseigneur l'Intendant d'exiger d'eux, au sujet du rétablissement du libre exercice de la religion catholique et romaine dans la ville d'Héricourt, nous ont fait représenter qu'ils appréhendent que les catholiques ne se prévalent de leur soumission pour les insulter, ce que nous n'avons pas lieu de croire ni d'appréhender. Cependant pour prévenir tout ce qui pourrait arriver à ce sujet et mettre lesd. bourgeois hors d'ombrage et d'appréhension sur ce sujet, nous faisons défense à tous catholiques tant d'Héricourt qu'autres, d'injurier ni insulter en aucune manière les bourgeois et habitants luthériens, à peine de punition exemplaire, à quoi nous aurons soin de tenir la main et de la procurer suivant l'exigence du cas (1). »

Le lendemain, les troupes quittèrent la ville d'Héricourt qu'elles avaient occupée quinze jours. Notre religion proscrite depuis si longtemps des Quatre-Terres, par la volonté des Wurtemberg, qui en avaient usurpé la souveraineté, y retrouvait, par la protection du légitime propriétaire, une place modeste, il est vrai, mais que l'avenir se réservait d'agrandir.

Le culte catholique fit également sa rentrée dans l'église d'Autechaux, dont la possession n'aurait jamais dû lui être enlevée. Car les droits que les archevêques possédaient dans cette paroisse étaient aussi incontestables que ceux qu'ils avaient sur la plus grande partie de Mandeure. De là, selon les lois et les coutumes de l'époque, la religion de leurs sujets ne devait être l'objet d'aucune contrainte: on ne pouvait leur interdire ni l'entrée de l'église ni le libre exercice de leur culte. Cet article du droit commun fut rejeté par les Wurtemberg. Ulric fut le premier qui porta atteinte à la religion

(1) Archives de la Haute-Saône, E 271. — Mairie de Montbéliard, Notaux.

des sujets de l'archevêque à Autechaux. Le cardinal Pierre de la Baume en écrivit à Charles-Quint, le 17 juin 1513, se plaignant « des entreprises des officiers de Blamont sur les droits qu'il avait en ce village, et notamment sur ce qu'il prétendait contraindre ses sujets à aller ouïr un certain prédicant, introducteur de nouvelles dogmatisations contre l'entière observance de la religion chrétienne, lequel prédicant dogmatise en l'église d'Autechaux contre les lois du Saint-Empire et sur ce qu'à la suite du refus de ses sujets, on leur a interdit l'accès des communaux pour le pâturage de leur bétail (1). » Onze ans après, on saisit le bétail de ces catholiques et on le garda, tant qu'ils ne s'engagèrent pas à s'acquitter d'une redevance envers la cure. On les obligea même à contribuer aux réparations de l'église (2).

Ce régime de vexations, qui dura plus de cent ans, s'étendit à tous les points de la vie municipale, comme ces habitants s'en plaignirent à l'archevêque en 1632. Ils payaient les dîmes à la seigneurie de Blamont et un impôt pour la vente du vin. Le gage du sonneur, le transport du mobilier des pasteurs, la garde que les sujets de Blamont devaient à leur prince, l'entretien des chiens du forestier, tout cela tombait à leur charge. Ce qui ne les révoltait pas moins, c'était de voir les protestants du village vendre à leur profit les biens communaux, sans rien donner aux catholiques. « De plus trouvent étrange les complaignants, disait la lettre, que le vrai culte du Dieu vivant et les cérémonies de l'église romaine étant abolis de leur église maintenant, néanmoins paient à Blamont certaines censes et constitutions faites par leurs prédécesseurs au profit de lad. église et fabrique d'icelle, chose déraisonnable (3). »

On comprend que les catholiques d'Autechaux durent voir

(1) Mss. Duvernoy, *Règne d'Ulric*.
(2) Archives du Doubs, E 1617.
(3) Archives du Doubs, E 283.

sans chagrin Louis XIV rétablir dans les Quatre-Terres un culte que les épreuves leur rendaient doublement cher. L'espoir qu'ils en conçurent pour eux-mêmes ne tarda pas à se réaliser. Le dimanche 25 juin 1700, Pierre Faivre, curé de Châtey, assisté du curé de Mathay et suivi d'une procession nombreuse, alla, avant midi, prendre possession du chœur de l'église d'Autechaux, où il célébra la messe. « Ledit curé, rapporte un témoin, s'est aussi saisi de la table sur laquelle nous célébrons la sainte Cène et l'a fait poser au coin du chœur et y a fait bâtir un autel sur lequel sont posés ses instruments messifiques. » Les sujets de l'archevêque, qui pendant longtemps avaient subi des conditions impossibles, revendiquèrent pour eux seuls l'usage de leur église, mais le curé ne seconda pas leurs prétentions, ce qui fit dire au même témoin en 1705 : « L'on ne peut pas bonnement se plaindre dud. curé, parce qu'il ne cause aucun trouble ni empêchement dans l'exercice de notre sainte religion et ne permet pas qu'on nous inquiète et chagrine dans nos dévotions (1). »

Enfin, pour les catholiques de Vougeaucourt, privés depuis un siècle et demi de la jouissance de leur église, sonna l'heure de la justice. Le 26 juin 1700, vers onze heures du matin, l'officier qui commandait les soldats français campés à Saint-Maurice et à Colombier-Fontaine se rendit, avec douze hommes, à Vougeaucourt et se fit ouvrir les portes de l'église. Ce jour-là même, le curé de Dampierre-sur-le-Doubs, venu à la tête d'une procession, y chanta la messe au milieu de l'émotion bien légitime des fidèles. Le lendemain, l'échevin et les anciens, sur l'ordre de l'officier, allèrent à Saint-Maurice signer l'engagement de n'inquiéter le curé en aucune façon, sous peine d'être traités comme les autres villages où

---

(1) Archives du Doubs, E 1617. — Duvernoy, *Éphémérides*, p. 238. — Mss. *Règne de Léopold-Eberhard*.

des troupes vivaient à discrétion. Sous ce rapport il n'y eut point d'opposition (1).

L'autorité songea aussi à rétablir le culte catholique dans le chœur de l'église de Lougres. Le 29 juin 1700, le curé d'Arcey et de Montenois, messire Bassignot, passa un acte avec les habitants de Lougres, par lequel ceux-ci reconnurent la souveraineté du roi, promirent de n'apporter aucun trouble aux exercices de la religion catholique, cédèrent entièrement le chœur pour la célébration de la messe et ne se réservèrent que la nef (2).

(1) Mss. Duvernoy.
(2) Archives de la cure de Tavey. *Mémoire pour C.-B. Galliotte*, p. 10.

CHAPITRE III

Les revenus des prieurés et les dimes de quelques paroisses passent en d'autres mains. — Dannemarie. — Saint-Valbert. — Belchamp. — Autechaux. — Vougeaucourt. — Saint-Maurice. — Buc. — Lettre de Louis XIV de 1707. — Efforts de Léopold-Eberhard pour obtenir la souveraineté des Quatre-Terres. — — Législation de Bourgogne. — Défense de travailler les jours de fête. — Curés d'Héricourt et de Saint-Maurice. — Maclerc, pasteur de Longevelle. — Une cure édifiée à Tavey. — Différend entre Arcey, Montenois et Lougres. — Objets du culte. — Municipalité moitié protestante, moitié catholique, à Blamont, à Héricourt. — Arrivée des catholiques à Montécheroux, à Liebvillers, à Blamont, à Chenebier, à Echavanne. — Mort de Mgr François-Joseph de Grammont.

Le protestantisme, véritable enfant rebelle, sorti de la grande famille catholique, pour vivre dans la licence du libre examen et dans l'indépendance à l'égard de toute autorité religieuse, ne pouvait, sans éprouver quelque peine, voir le catholicisme reprendre dans le pays de Montbéliard une place d'où il avait été chassé plus d'un siècle auparavant. Sa peine était d'autant plus vive, que les princes, auxquels il devait son existence parmi nous, étaient forcés de courber la tête devant Louis XIV, qui, après avoir mesuré du regard de son génie l'étendue des ruines accumulées par la nouvelle religion, prit le parti de la combattre dans ses États, tout en travaillant à ramener les victimes de cette hérésie dans le giron de l'Église catholique. C'est pourquoi ces deux cultes, en face l'un de l'autre, à Monbéliard et dans les Quatre-

Terres, furent dans un état continuel d'antagonisme. Les curés et les catholiques réclamèrent pour leurs églises les libertés et les revenus dont leur culte avait joui autrefois. Pour eux, le protestantisme, introduit par la force matérielle des princes, avait commis un acte d'usurpation en s'annexant les biens ecclésiastiques ; dès lors cette anomalie devait cesser devant le droit devenu le plus fort. D'un autre côté, les ministres et leurs adhérents n'étaient pas disposés à faire des concessions ; nous les voyons armés à cette époque contre toutes les revendications de leurs opposants. De là, cette lutte qui a duré pendant tout le xviiie siècle, lutte où les protestants ont crié au fanatisme, à l'intolérance, affectant d'avoir oublié que leurs princes, en d'autres temps, avaient été loin de laisser aux catholiques des Quatre-Terres la liberté que Louis XIV laissa aux petits-fils identifiés à l'hérésie. Il est vrai qu'à l'époque où nous sommes, la religion bien des fois séculaire, soutenue par le bras séculier, voulut, dans la mesure du possible, reconquérir non seulement les âmes, mais encore le patrimoine matériel, qu'avaient créé, longtemps avant le protestantisme, la piété et la générosité d'un peuple foncièrement catholique. Aucune âme droite ne peut blâmer ce travail de réparation.

Par une ordonnance de 1584 et 1585, le comte Frédéric avait fait vendre aux enchères publiques tous les biens des églises au profit de la recette ecclésiastique. Le domaine de Belchamp et les terres qui formaient la dotation des prieurés de Dannemarie, Saint-Valbert et Châtenois furent seuls exceptés de cette mesure [1]. Aussi ne faut-il pas être surpris de voir ceux qui avaient des titres à la possession de ces biens s'empresser de les faire valoir, quand le droit triompha parmi nous.

Dès la sécularisation du prieuré de Dannemarie, les abbés

---

(1) Duvernoy, *Éphémérides*, p. 136 et 352.

de Saint-Paul de Besançon, de qui dépendait cette maison religieuse, tentèrent, à plusieurs reprises, mais toujours inutilement, d'en recouvrer la jouissance. Pour combattre ces tentatives, un des princes de Montbéliard fit démolir la demeure du prieur, procédé un peu révolutionnaire. Après la conquête de la Franche-Comté, de nouvelles instances au sujet de ce bénéfice furent présentées au parlement. Par un arrêt du 5 janvier 1700, tous les biens du couvent furent adjugés à Boutechoux de Chavanne, chanoine de la métropole, qui en prit immédiatement possession par l'entremise du curé de Damvant (1).

Le prieuré de Saint-Valbert, dont les bâtiments avaient subi le même sort que ceux de Dannemarie, ne devait pas tarder à passer aux mains de ses légitimes propriétaires. Le 1er novembre 1700, le roi de France ordonna au parlement d'en pourvoir Falouse, curé de Courchaton. Le 27 janvier de l'année suivante, un arrêt de la cour permit à ce prêtre d'en prendre possession, ce qui fut exécuté, le mois suivant, par trois ecclésiastiques et deux huissiers. Cependant les bénédictins de Luxeuil, invoquant des droits surannés, formèrent opposition à la prise de possession de Saint-Valbert par le curé de Courchaton. Le 9 janvier 1702, le parlement de Besançon leur donna gain de cause, en condamnant le curé précédent à se désister de ce bénéfice au profit des religieux (2).

Le prieuré de Châtenois, près de Belfort, était également un bénéfice ecclésiastique, réuni en 1435, avec ses biens et ses revenus, à la mense du chapitre Saint-Maimbœuf, de Montbéliard. Le chanoine Marin de Besançon, s'appuyant sur des bulles de la cour de Rome, enregistrées au conseil souverain d'Alsace, voulut s'en mettre en possession. Le prince,

---

(1) Archives du Chapitre métropolitain. — Duvernoy, *Éphémérides*, p. 8.
(2) Duvernoy, *Éphémérides*, p. 51.

informé des poursuites de Marin, n'oublia rien pour les faire échouer. Il forma opposition à l'arrêt d'enregistrement du parlement, s'en plaignit à la cour comme d'une infraction manifeste des traités. Ces plaintes furent écoutées et Marin reçut l'ordre de renoncer à ses prétentions. Au milieu du siècle, le bénédictin dom Seguin échouera également dans ses poursuites en vue de jouir de ce bénéfice; le prince de Montbéliard continuera à le garder (1).

Mais de tous les biens ecclésiastiques du pays de Montbéliard, le plus important, sans contredit, était l'abbaye de Belchamp, qui, après avoir servi pendant quelque temps de résidence au ministre de Mandeure, avait été transformée en papeterie dont la durée ne fut qu'éphémère. Ce domaine n'avait cessé d'être l'objet des réclamations de l'abbaye de Corneux, quand survint l'édit du 6 mars 1629, par lequel l'empereur Ferdinand II ordonna à tous les princes protestants, détenteurs de biens ecclésiastiques sécularisés depuis le traité de Passau, de les restituer aux anciens et légitimes propriétaires, à peine de se voir poursuivis rigoureusement. Le Prémontrés, à la faveur de cet édit, entrèrent en négociations avec la régence de Montbéliard, au sujet de Belchamp. Le 20 mars 1631, il fut convenu que Corneux rentrerait en possession de Belchamp, c'est-à-dire de l'abbaye, église, cloîtres, bâtiments, enclos, jardins, vergers et de ce qui restait des ornements et des vases sacrés, avec mille francs pour indemnité de ceux qui avaient disparu, jouirait des biens mouvants du monastère situés dans les terres d'Héricourt, Blamont, Châtelot, Bourgogne et Ferrette; que l'abbé de Corneux recevrait mille francs pour ses frais de poursuites et que son abbaye toucherait, pour acquitter les anciennes fondations de Belchamp, la somme de trente mille francs, qui sera convertie en achat de fonds, terres, héritages, et

(1) Duvernoy, *Éphémérides* et Mss.

délivrée aussitôt que l'abbé en aura trouvé à sa convenance, sous la garantie d'une hypothèque générale de tous les biens du prince situés au comté de Bourgogne. Enfin, parmi les dix articles de cette convention, fut expressément insérée la clause éventuelle que le monastère serait rétabli dans le cas où la religion catholique le serait elle-même dans le comté de Montbéliard.

En vertu de ce traité confirmé par le prince, par le général des Prémontrés et par le parlement de Dole, l'abbé de Corneux prit aussitôt possession de l'abbaye de Belchamp. La somme n'ayant pu être soldée, on convint, en 1632, qu'elle formerait un capital dont les intérêts seraient payés régulièrement, chaque année, à la Saint-Georges. Cette convention ne fut pas mieux observée que la première : ce qui porte à croire que les princes de Montbéliard n'avaient pas des idées très nettes sur le droit de propriété. Ils se rirent des réclamations faites par les abbés de Corneux, jusqu'à ce que la justice pût enfin prévaloir. Alors l'abbé porta l'objet de son litige en cour de France et au parlement de Besançon. Louis XIV condamna le prince à payer vingt-huit mille francs d'arrérages aux religieux de Corneux, par un arrêt du 23 avril 1701. Léopold-Éberhard paya cette dette forcément. Il avait déposé cent mille francs chez un banquier de Besançon, dans le but d'acquérir la seigneurie de Montjoie, qui était à vendre. L'adjudication lui ayant été refusée par la France, l'abbé de Corneux fut autorisé à s'emparer des deniers consignés à Besançon jusqu'à concurrence de ce qui était dû (1).

En d'autres cas moins considérables, le gouvernement de Louis XIV intervint d'une manière aussi décisive. Le 5 août 1700, il fut arrêté par le parlement que le curé d'Autechaux percevrait les dîmes du lieu, en attendant là-dessus un règlement définitif. Chacun accepta ce jugement. Mais l'année

---

(1) Abbé Bouchey, *Abbaye de Belchamp*, p. 61.

suivante, le procureur fiscal de Blamont fit enlever les dimes sur les champs moissonnés et proféra des injures contre le roi. Le parlement n'hésita pas à employer la force pour en faire jouir le curé de Châtey (1).

Les dimes de Vougeaucourt furent aussi adjugées, par la même autorité, au curé de Dampierre, à cause « de sa qualité de curé des sujets catholiques et comtois de Vougeaucourt, » avec obligation, pour le prince, de restituer ce qu'il avait indûment perçu à partir du jour où le curé avait été nommé, 3 septembre 1704.

Le prince, pour braver cet arrêt, fit enlever les dimes. Le parlement permit alors au curé de faire saisir tous les revenus que son adversaire possédait dans la province, jusqu'à concurrence de la somme de cent vingt livres, non compris les frais du procès, qui furent payés de la même façon. Le parlement décida la continuation des saisies aussi longtemps que le prince voudra jouir des dimes provenant des biens appartenant aux sujets catholiques et comtois de Vougeaucourt (2). A la fin, la régence de Montbéliard consentit à donner chaque année soixante francs au curé de Dampierre pour ce qui lui était dû à Vougeaucourt. Cette redevance fut acquittée jusqu'à la Révolution (3).

Le curé de Buc revendiqua avec le même succès les revenus qui reposaient sur les terres d'Échenans et de Mandrevillars, villages qui, avant le protestantisme, faisaient partie de sa paroisse. Déjà en 1661, sur l'ordre du prévôt de Belfort, les soldats de la garnison avaient saisi, près de cette ville, les deux chevaux de Jean Abry, de Mandrevillars, sujet d'Héricourt, accusé par les catholiques de Buc d'avoir perçu la dime d'un champ appartenant à leur église. Mais jusqu'à la conquête de la Franche-Comté, le curé ne put jouir en

---

(1) Archives du Doubs, E 1617.
(2) Mss. Duvernoy, *Règne de Léopold-Eberhard*.
(3) Archives du Doubs, E 1161, etc.

paix des revenus de son bénéfice. Après cet événement, il engagea avec Échenans un procès qui prit fin au tribunal de Vesoul, à la suite d'une transaction datée du 21 juin 1708, qui lui accorda pleine satisfaction (1).

A Saint-Maurice, les receveurs ecclésiastiques de Montbéliard pressèrent inutilement le curé de renoncer aux dîmes de la paroisse. Ce prêtre leur répondit qu'il les ferait lever, même par la force, s'il était nécessaire (2). Sa fermeté lui réussit.

Le roi de France, en qualité de souverain des Quatre-Terres, posa toutes les bases du rétablissement de la religion catholique dans le pays, régla différentes questions commerciales relatives tant au Montbéliard qu'à la Bourgogne, non sans déplaire à Léopold-Éberhard. En 1701, il en reçut des plaintes dont nous pouvons connaître l'objet par les lettres que le monarque envoya, le 7 juillet, l'une au parlement de Franche-Comté, et l'autre à l'intendant.

En ce qui concerne la question religieuse, Louis XIV exposa au parlement qu'il avait été en droit de rétablir des curés dans les quatre seigneuries, de même qu'à Vougeaucourt et à Tavey, d'accorder à quelques-uns la jouissance de certaines dîmes, conformément aux traités de paix, et de donner à des prêtres catholiques les bénéfices de Saint-Valbert et de Dannemarie.

Dans sa lettre à l'intendant, le roi justifia sa conduite à l'égard de Mandeure et de Saint-Maurice, puis, invoquant son titre de souverain, il annonça son intention de régir les Quatre-Terres suivant les ordonnances générales du royaume (3).

Pendant que Louis XIV proclamait les droits de sa couronne sur les Quatre-Terres, Léopold-Éberhard en poursui-

(1) Archives de la Haute-Saône, E 266.
(2) Archives du Doubs, E 924.
(3) Voir *Montbéliard agrandi*, p. 94.

vait avec la même ardeur que le comte Georges, son père, la possession en toute souveraineté. Il y travailla auprès des monarques protestants. En 1707, il chargea son conseiller Siegmann d'apporter tous ses soins à la conclusion d'un traité d'alliance entre lui et la couronne de Prusse, de manière que la France n'en prenne pas ombrage. On ne demandait qu'une chose au roi de Prusse : l'engagement d'assister avec énergie le prince de Montbéliard dans toutes les occasions, surtout de lui faire obtenir, au prochain traité de paix, la restitution de tous ses États en pleine souveraineté et de l'appuyer dans ses prétentions sur les successions à lui échues en France.

L'année suivante, il envoya au roi de Suède, alors en Pologne, une ambassade pour le prier d'être médiateur entre le roi de France et lui, au sujet de la souveraineté des Quatre-Terres. Cet arbitrage fut accepté sans avantage pour le prince.

L'empereur d'Allemagne lui promit sa protection, mais rien ne dut relever ses espérances comme la lettre que lui envoya la reine d'Angleterre, le 12 mai 1710. En voici la teneur :

« Mon cousin, votre lettre du 10 de ce mois m'a été rendue, et la restitution que vous y demandez des droits et prérogatives dont votre maison a été privée par la France, contre la foi des traités, me paraît juste. Outre l'intérêt que la cause commune, aussi bien que la religion, y doit avoir, je ne manquerai pas de vous accorder bien volontiers mon appui pour les recouvrer. Et pour cette fin, lorsque les négociations se feront avec la France, je donnerai ordre à mes plénipotentiaires, à la Haye, de tâcher de faire en mon nom tout ce qu'ils pourront pour vous procurer une entière satisfaction, et je serai bien aise d'y pouvoir réussir. Votre bonne cousine. Anne, reine d'Angleterre. »

Cette même année, Léopold-Éberhard se rendit pour le

même motif en Hollande, au congrès de Gertruydenberg. Deux ans après, son représentant siégeait au congrès d'Utrecht. Un moment l'ambassadeur de Suède fit espérer au comte un succès presque certain qui, à ses yeux, ne dépendait que d'une visite à la reine d'Angleterre. « Rien au monde, lui écrivait-il le 10 janvier 1713, ne ferait un plus grand effet ici et là que les propres sollicitations de Votre Altesse près de la reine. » Cette espérance s'évanouit rapidement, car peu après arriva de la même source l'avis qu'il fallait au prince d'autres temps pour que ses affaires réussissent à la cour de Paris. Quelle ardeur Léopold-Éberhard apportait à la poursuite de la souveraineté des Quatre-Terres!!!

Un jour, en 1714, il se crut au terme de ses vœux. L'article XII du traité de Bade lui accordait la restitution pleine et entière des Quatre-Terres. Enfin sa cause était gagnée. Malheureusement pour lui, la France ne reconnut pas cet article. Le 20 novembre, il demanda l'appui de Georges Ier, qui venait de monter sur le trône d'Angleterre.

« Sire, lui écrivit-il, je prends la liberté de supplier très humblement Votre Majesté de vouloir recommander au roi de France mes justes prétentions tant séculières qu'ecclésiastiques, suivant le XIIe article du traité de paix conclu à Bade, d'autant plus que le roi Guillaume et la reine défunte, vos glorieux prédécesseurs, même Votre Majesté, il y a quelques années, m'ont fait espérer la même grâce. J'ose espérer que Votre Majesté, comme principale colonne de l'empire et protecteur de la religion, aura à présent les mêmes sentiments favorables pour moi, comme étant dans une frontière des plus exposées, particulièrement au regard de la religion. Pour telle grâce, Sire, moi et mes sujets prierons incessamment Dieu pour le long et glorieux règne de Votre Majesté. »

Pendant que le prince de Montbéliard sollicitait si ardemment l'intervention du roi d'Angleterre pour la mise à exécution du traité de Bade, il envoyait à la cour de France, dans l'intérêt de la même cause, Charles-Léopold Lespérance et le conseiller Cuvier, avec des instructions détaillées sur la ligne de conduite à suivre pour concilier à leur maître les bonnes grâce de tout le monde. Veut-on savoir devant combien de personnes ces derniers étaient tenus de brûler un grain d'encens de la part de Son Altesse?... Devant le roi, de Forcy, Voisin, Villeroi, Desmaret, Pontchartrain, Vrillière et sa dame, Leurs Excellences de Soubise et Polignac, le maréchal de Villoy et sa dame, les électeurs de Bavière et de Cologne, le prince électoral de Saxe, le marquis de Luc, M. de Chaulay, le chef de l'ordre de Saint-Lazare, époux de Mme de Loewenstein, puissante auprès de Mme de Maintenon. La liste des personnes à complimenter était suivie des instructions sur la manière d'aborder l'objet de la mission. On évitera avec soin d'en parler, si le roi ne témoigne pas de bonnes intentions ou s'il fait des propositions inacceptables. Il était prescrit aux ambassadeurs « de ne point se rebuter une couple de fois, » si les ministres n'étaient pas de bonne humeur, et de ne manquer aucune occasion de paraître devant le roi : au lever, au dîner, au souper, à la promenade; quoique luthériens, ces envoyés ne devaient pas même négliger la messe à laquelle assistait le roi.

L'instruction se terminait par une fine recommandation. Si un voyage en Angleterre était urgent, les ambassadeurs devaient s'informer si un passeport était obligatoire et, dans ce cas, le demander sans en donner la raison. Si quelqu'un veut absolument la connaître, il faudra dire qu'on a ordre d'aller féliciter le roi de son couronnement. Ne semble-t-il pas que sous les auspices d'un cérémonial si plein de convenances il était impossible de ne pas réussir dans n'importe quelle négociation? Néanmoins cette ambassade échoua complètement; de Forcy déclara à nos envoyés que son maître n'avait rien à restituer à Léopold-Éberhard. C'était net : impossible de se méprendre (1).

C'était peu pour le roi de garder la souveraineté des Quatre-Terres, il s'arrogea encore le droit exclusif d'établir les mesures administratives propres à régler les destinées du pays. Les ministres, les curés, le prince, le parlement, durent s'incliner en général devant son autorité dans toutes les questions relatives à l'instruction des enfants, à l'observation des fêtes, à l'entretien du culte et à d'autres détails.

L'éducation des enfants fut un des premiers objets de la sollicitude de l'autorité française. Partout où l'on installa un curé, on s'empressa de lui donner un instituteur catholique, tant pour instruire la jeunesse que pour remplir les fonctions de clerc-chantre. C'est ce qui eut lieu à Blamont, en 1707, à Héricourt, en 1713, et à Tavey, vers la même époque. Dans le cours du siècle, on verra même des institutrices de notre religion à Héricourt et à Blamont, non seulement afin d'éduquer « les enfants des catholiques, mais encore plusieurs filles nouvellement converties (2). »

On tint rigueur aux habitants de Saint-Maurice, de Colombier-Fontaine et Colombier-Châtelot. L'autorité qui avait interdit dans la paroisse tout exercice du culte protestant ne voulut pas y souffrir un maître d'école qui, avec les fonctions propres à son état, s'entendait à remplir très validement celles de pasteur. C'est pourquoi, en avril 1702, l'intendant, par ordre supérieur, expulsa de cette paroisse celui qui y était établi et défendit aux luthériens du lieu de n'en souffrir aucun de la religion prétendue réformée, à peine de trois cents livres d'amende. Les habitants, ayant voulu éluder cette défense, furent rappelés à la soumission en 1713. Ils

---

(1) Mss. Duvernoy, *Règne de Léopold-Eberhard*.
(2) Archives de la Haute-Saône, E 280.

ne firent pas de cas de cette réprimande. Aussi l'intendant, en 1733, ordonna aux habitants des villages précédents de faire retirer dans la huitaine les maîtres d'école qui venaient de s'établir frauduleusement chez eux, « à peine de prison tant contre les échevins que contre lesd. maîtres d'école, et de trois cents livres d'amende contre les uns et les autres, » défendant « auxd. habitants de faire aucune comparaison par écrit ni autrement de leur état avec celui des autres faisant, comme eux, profession de la religion luthérienne dans les quatre seigneuries, avec la déclaration des habitants de Strasbourg et d'Alsace qui professent la même religion et lesquels y sont autorisés par des traités de paix (1). »

Dans la partie protestante de Blussans, où le culte luthérien avait été aussi interdit, on essaya d'éluder la défense. Trois particuliers de la communauté protestante, Étienne Valiton, Nicolas Dormois et Pierre Carlin, firent des assemblées religieuses à la maison d'école de Blussangeaux, où Vaugier, instituteur, agissait en vrai ministre luthérien. Le 18 août 1725, la justice de Baume arrêta les trois premiers et les retint en prison jusqu'au 1ᵉʳ septembre. Le maître d'école se déroba à ces poursuites. Rentré chez lui, il fut, l'année suivante, quand il croyait l'affaire oubliée, pris et emmené à Baume. Ses arrêts ne durèrent que neuf jours. Aux yeux de la régence, le curé de Blussans avait conseillé ces rigueurs; on s'en plaignit à l'intendant. De la Neuville répondit, le 16 septembre : « Il me semble avoir ouï dire que le fait de l'église de Blussans, dont l'entrée fut interdite aux protestants, ne se passa comme on vous l'a fait entendre, c'est-à-dire ce ne fut pas par caprice et par l'autorité du curé que la porte de l'église leur fut fermée, mais par ordre du roi, pour quelque entreprise ou manque de res-

---

(1) Archives du Doubs, E 924. — Mss. Duvernoy.

pect considérable de la part des luthériens. » Pour l'exercice du culte il ajoute : « Il faut que les habitants fassent leurs prières dans l'église luthérienne la plus prochaine, car vous sentez bien que si tous ceux qui sont éloignés d'une église prenaient le parti de s'assembler dans une maison particulière de leur village, cela pourrait dégénérer en abus et tirer à conséquence dans l'avenir (1). »

La législation de Bourgogne allait être mise en vigueur dans les Quatre-Terres; on en cherchait l'occasion depuis longtemps. Le président du parlement, Jobelot, écrivait, en 1701, au curé de Blamont : « Je vois bien que par le rétablissement des officiers luthériens le courage des catholiques sera un peu abattu, mais c'est une chose qui ne se pourrait pas autrement, puisqu'ils n'ont pas été destitués, mais seulement suspendus, parce qu'ils ne tenaient pas la justice; à présent qu'ils en veulent faire les fonctions, on ne peut les en empêcher. Je tâcherai de les obliger à suivre les ordonnances du roi pour les procédures, c'est tout ce que l'on peut faire présentement et attendre du ciel les dispositions favorables pour donner une plus grande ouverture à l'établissement de la religion catholique; on ne doit pas craindre qu'il y arrive quelque changement (2). »

En 1715, le gouvernement destitua de leurs fonctions tous les luthériens revêtus de l'autorité judiciaire, ainsi que les notaires, et ordonna à Léopold-Éberhard de les remplacer par des catholiques. Le prince s'y refusa. Alors quelques jours après, il apprit que le parlement de Besançon avait lui-même nommé des juges et des notaires faisant profession de la religion catholique, pour appliquer aux Quatre-Terres la législation de Bourgogne (3).

Le premier point dont s'occupa la nouvelle magistrature

(1) Archives du Doubs, E 1821.
(2) Archives du Doubs, E 1664.
(3) Archives nationales, K 1913. — Archives du Doubs, E 1064.

fut de faire observer la défense de travailler les jours de fêtes reconnues par l'Église. C'est dans ce but que tous les protestants d'Héricourt reçurent le billet suivant, le dernier jour d'octobre 1715 : « L'on avertit que demain, 1er novembre, on célèbre la fête de tous les saints, fête de commandement. Tout travail est défendu conformément aux ordonnances du roi. Fait le trentième jour du mois d'octobre mil sept cent quinze (1). »

Pour les habitants, une semblable mesure ne pouvait venir que du curé Busson. On le dénonça à l'archevêque ; son crime était de troubler le culte luthérien. Le 30 novembre, le prélat rétablit la vérité des faits dans sa réponse à de Prudent, conseiller de Montbéliard, qui s'était fait l'écho des plaintes contre le curé. « J'ai reçu une lettre du procureur fiscal d'Héricourt par laquelle il me dit que c'est mal à propos que les ministres et bourgeois dud. lieu impliquent le sieur Busson dans l'affaire dont il s'agit.... qu'il avait reconnu qu'on n'observait aucunement les édits du roi qui défendent de travailler les dimanches et fêtes.... et que c'était lui, procureur fiscal, qui avait mis le billet à la porte de l'église, qu'il avait même été obligé de faire assigner ces bourgeois pour l'observation de ces fêtes et qu'ils avaient été condamnés à une amende (2). » Cette lettre était sans réplique.

Plusieurs fois on dut revenir à la charge pour obtenir le respect de l'article précédent. En 1720, une amende de dix livres, applicables aux réparations de l'église, fut encore infligée à quelques Héricourtois pour avoir travaillé le jour de saint Christophe (3). Deux ans auparavant, plusieurs particuliers de Saint-Maurice, Blussans et Colombier-Châtelot avaient encouru la même peine que les précédents parce qu'ils

---

(1) Archives de la Haute-Saône, E 271.
(2) Id., *loc. cit.*
(3) Archives nationales, K 2190.

étaient allés à la charrue le 25 mars (1). Cependant, le conseil de régence, qui fomentait cette rébellion, reconnut que c'était insensé de sa part. Les gens d'Échavanne ayant été condamnés en 1726, pour avoir profané le jour de la Fête-Dieu, il écrivit à Véron, ministre d'Étobon, « de payer la chose sous main et de leur dire d'éviter de pareils inconvénients en s'abstenant à l'avenir du gros travail extérieurement (2). »

Les pasteurs protestants ne pouvaient dissimuler la peine que leur causait le régime français. En 1715, ils en écrivirent à Éberhard-Louis, duc de Wurtemberg : « Le curé d'Héricourt a fait sonner, sans discontinuer, les cloches le premier novembre. On ne doit se promettre rien de bon du clergé romain et surtout de celui de Bourgogne, qui est incomparablement plus bigot et plus acharné contre les protestants que celui de l'intérieur de la France. Il est resté un levain d'inquisition au comté de Bourgogne depuis qu'il était sous la domination espagnole et qui fermente continuellement, et qui aurait produit des effets funestes pour ces pays-ci, si Louis XIV eût vécu plus longtemps et si les Jésuites eussent conservé le crédit qu'ils avaient sous le régime de ce prince (3).

Pour avoir une idée plus juste de l'Inquisition, les auteurs de cette diatribe n'avaient pas à quitter leur pays. Il leur suffisait d'évoquer le souvenir des actes de violence accomplis chez eux, au XVIe siècle, pour faire passer le protestantisme dans la vie et les mœurs de tout un peuple. Les quelques curés jetés çà et là dans les Quatre-Terres n'imposaient ni amende ni prison pour faire pratiquer leur religion. Placés sous l'empire des lois françaises, ils tenaient, en ministres de la véritable Église, à exercer leur ministère en

(1) Archives du Doubs, E 924.
(2) Archives nationales, K 2178.
(3) Archives nationales, K 2189.

toute liberté et à ne rien omettre dans les cérémonies du culte; c'est ce qui froissait leurs adversaires.

Une lettre écrite à cette époque par le curé de Saint-Maurice au pasteur de Longevelle est le seul document qui, à notre connaissance, semblerait dépasser un peu les bornes de la modération. Chacun pourra en juger, nous la donnons tout entière. « *Gloire à Dieu seul!!*

« Saint-Maurice, 21 février 1715.

« Monsieur, sur les nouvelles qu'on me donne de toutes parts que vous ne laissez pas que de venir exercer vos fonctions et apporter votre cène ici à Saint-Maurice, contre la défense expresse qu'on vous en a faite, et nonobstant l'avis charitable que j'eus l'honneur de vous en donner au commencement de mon entrée dans la paroisse, je viens aujourd'hui vous prier une fois pour toutes de cesser votre zèle en ceci et de vous réduire dans le devoir de votre mission. Une seule âme n'étant que trop suffisante, au sentiment des saints Pères, pour occuper un bon pasteur, si vous êtes de ceux-là, vous avez déjà assez d'œuvre à votre quenouille sans venir filer celle des autres. Un ministre sans mission devant regarder ses travaux et fatigues comme autant d'actions inutiles, pour ne pas dire brigandage : « *Qui non intrat per ostium in ovile ovium, sed ascendit aliunde, ille fur est et latro (Joann.*, x, 1); ne voyant personne qui ait pu vous appeler à la direction d'un troupeau, c'est à moi, sans blesser la charité, à vous regarder comme un prévaricateur du ministère et un intrus, *sed ascendit aliunde* (ibid.). Laissez donc à ces pauvres malades la liberté de penser sérieusement et une bonne fois à l'affaire de leur salut et, tandis que la lumière peut les éclairer, ne les entretenez pas jusqu'à la nuit, laquelle étant venue une fois, il n'est plus temps de revenir, ni d'y penser : *Venit nox quando nemo potest operari.* Vous savez peut-être notre Écriture et je ne m'amuse plus à vous en citer les chapitres. Je me contente en finissant de vous répéter ce que j'ai dit au commencement de cette lettre : de grâce, de jour, de nuit, ne venez plus à Saint-Maurice ni dans les autres endroits du district, je vous le dis sans feinte, vous pourriez vous en repentir; vous aurez beau vous cacher, le Seigneur n'a pas dit en vain que *nihil est occultum quod non reveletur*. Deux ou trois personnes m'ont déjà assuré vos contraventions. Ainsi jusqu'à la conscience, en toutes choses disposez de moi selon votre bon plaisir, mais pour ceci n'y pensons plus. J'irai, comme je crois, dans peu à Besançon, je ne parlerai de rien cette fois-ci, mais prenez garde à une rechute, elle serait pire, au sentiment de J.-C., que le premier mal, *pejora prioribus*. Mais je crois que je serai exempt de toutes peines et que l'heureux temps s'approchant où les brebis rentreront sous la houlette du véritable et seul pasteur, je n'oublierai rien pour vous témoigner combien je suis en toute sincérité, Monsieur, votre très humble et très obéissant serviteur. *Et fiet unum ovile et unus pastor*.

« SIMONIN, *prêtre indigne à Saint-Maurice* (1). »

Cette lettre, encore loin des sévérités de l'Inquisition, donnait pourtant une interprétation trop restreinte de la volonté du roi. L'intendant le fit comprendre à l'auteur en lui écrivant que les ministres pouvaient aller voir les malades de leur religion dans la paroisse de Saint-Maurice, mais non leur administrer la cène, puisque l'exercice de la religion luthérienne y était interdit (2).

Louis XIV ne souffrit qu'un seul ministre au Châtelot : ce fut Macler de Longevelle. « Un seul homme, dit à ce sujet le *Précis de la Réformation*, ne suffisait pas à l'étendue de cette tâche (3). » Cela est vrai si l'on s'en rapporte

---

(1) Mss. Duvernoy, *Règne de Léopold-Éberhard*.
(2) Archives du Doubs, E 924.
(3) Goguel, *Précis de la Réformation*, p. 16.

à une lettre de Macler, datée de 1702 : « Il y a un peuple nombreux dans le Châtelot, disait-il alors, et l'église de Longevelle est trop petite pour le contenir ; il arrive qu'à cause de la foule qui s'y trouve on est serré extrêmement et l'on s'échauffe pour ainsi dire l'un l'autre, ce qui fait que l'attention et la dévotion en sont diminuées. » Mais il n'en est rien, si l'on tient compte de la lettre que le ministre de Longevelle écrivit à Son Altesse quinze ans plus tard, quand il fut question d'établir dans l'église de Longevelle, pour les habitants de Saint-Maurice, un service religieux indépendant de celui que Macler y célébrait et dont un pasteur spécial devait être chargé. Ce projet eut pour unique opposant le pasteur de Longevelle. « Il n'y a aucune nécessité, écrivit-il, qu'il y ait un vicaire pour cette paroisse, puisque le souscrit ministre a suffi jusqu'à présent pour toutes les fonctions de son ministère sans se plaindre de la fatigue ; la paroisse n'a pas fait de plainte d'avoir été négligée et jusqu'ici l'église de Longevelle a pu contenir tout le monde, soit pour les prédications, soit pour la célébration de la cène. Il ne croit pas avoir démérité aux yeux de Son Altesse pour qu'on lui donne un vicaire qui n'est demandé ni par lui, ni par la paroisse. La paix profonde, la bonne harmonie qui existe entre le ministre et les paroissiens sera troublée, si on fait deux prédications dans la même église, l'une pour les paroissiens, l'autre pour ceux de Saint-Maurice (1). »

Macler, qui portait facilement la charge de tout le Châtelot, n'eut pas le don de faire prédominer son avis au conseil de Son Altesse. Mais au lieu d'établir un double service dans son église, on nomma un pasteur à Beutal, tant pour les habitants du lieu que pour ceux de Saint-Maurice. Il est à noter que la situation du pasteur de Longevelle fut en partie sauvée par le gouvernement français, et tellement à

---

(1) Mss. Duvernoy, *Règne de Léopold-Éberhard.*

propos qu'on serait porté à croire à une entente préalable entre l'un et l'autre. Les autorités franc-comtoises sommèrent les habitants de Lougres de ne recevoir dans leur église que Macler (1).

A ce moment, l'autorité civile agissait en maitresse, sans se préoccuper des susceptibilités qu'elle pouvait faire naître. « Pour ce qui est des réparations des églises et des presbytères, avait dit Louis XIV, les habitants luthériens des paroisses doivent y contribuer comme les catholiques. »

Appuyé sur ce principe posé par le roi de France, Joseph-Etienne Busson, devenu curé de la seule paroisse de Tavey, en 1718 (2), songea à se faire bâtir un presbytère à la place de celui que les Héricourtois avaient démoli en 1578. Mais avant que les murs sortissent de terre, il fallut débattre la question devant les tribunaux, où le projet trouva une forte opposition. Les Montbéliard stimulèrent le zèle de leur procureur résidant à Besançon, excitèrent à la résistance les protestants du pays, malgré les avis du curé de Tavey qui les invitait à s'entendre à l'amiable et à ne pas recourir à l'autorité de la justice : « Souvenez-vous, leur disait-il, que ceux dont vous avez pris avis et conseil ne vous ont jamais tirés d'aucun embarras, après vous y avoir plongés, et bien au contraire, ont fort recommandé à vos procureurs à Besançon de se faire bien payer, et par avance, parce que, leur disaient-ils, les paysans n'ont rien de grossier que la robe. Ainsi croyez-moi, ne vous laissez plus amuser par de semblables donneurs d'avis (3). » A la fin, le presbytère s'édifia aux frais des trois villages. Également, par ordre de l'intendant, les protestants de Mandrevillars et d'Échenans, en qualité d'anciens paroissiens de Buc, qui garde encore aujour-

(1) Mss. Duvernoy.
(2) De 1707 à 1718 il avait administré les paroisses d'Héricourt et de Tavey.
(3) Archives du Doubs, E 1831.

d'hui les cendres de leurs pères catholiques, durent contribuer aux réparations de l'église de cette paroisse (1). Il en fut de même à Blussans pour les édifices du culte (2).

La même autorité aplanit une difficulté survenue, à l'occasion du changement de religion, entre Arcey, Montenois et Longres. A l'arrivée du protestantisme, le curé de Longres se retira à Montenois, son annexe filiale; celui de Sainte-Marie, village enclavé dans la principauté de Montbéliard et dont le territoire touche celui de Montenois, prit aussi son asile dans l'annexe d'Arcey, dépendant comme Montenois de la seigneurie de Granges. Ces deux églises orphelines étaient trop indigentes pour fournir aux logements et à la subsistance de deux curés; les paroissiens s'entendirent pour n'en avoir qu'un seul. Le curé fixa sa demeure à Montenois et prit son institution, tantôt pour l'église de ce lieu, tantôt pour celle d'Arcey.

Cet état de choses fit oublier la qualité de ces églises, de même que la qualité de celle de Longres. Aussi à la mort de Bassignot, curé d'Arcey, arrivée au mois d'octobre 1709, la desserte de Longres, mère de Montenois, fut donnée au curé de Saint-Maurice, avec les trente francs attachés à ce service par le roi de France. Ce prêtre, à cause de la distance de l'une à l'autre église, n'allait dire la messe à Longres que trois ou quatre fois par an, ce dont se plaignit à l'archevêque la famille Courvoisier, amodiataire des moulins de Longres. Alors le prélat, par décret du 23 avril 1717, remit cette desserte à Paulhier, curé de Montenois et d'Arcey. Le successeur hérita de cette charge.

En 1721, les habitants de Montenois, obligés de reconstruire leur presbytère, voulurent y faire contribuer les communes d'Arcey et de Longres. La première y consentit, mais

---

(1) Mss. Duvernoy.
(2) Archives du Doubs, E 1660.

la seconde, pour se soustraire à la dépense, recourut aux tribunaux. Le procès dura quelques années. Le bailliage de Vesoul trouva dans les *pouillés* du diocèse des documents d'après lesquels il porta, le 14 janvier 1724, une sentence qui déclara les habitants de Longres paroissiens de Montenois et les condamna à fournir leur quote-part dans les réparations de la cure. Longres ne se tint pas pour battu, mais le parlement, devant lequel l'affaire fut portée, ratifia la sentence de Vesoul. En vertu de cet arrêt, Arcey, déclaré membre dépendant de Sainte-Marie, eut un curé titulaire en 1735 (1).

Sans l'intervention des intendants il eût été difficile de décorer les églises et de les pourvoir des objets nécessaires au culte. Aussi ce fut à la dérobée que le curé de Dampierre, Messire Métoz, plaça un crucifix d'abord et ensuite trois tableaux dans le chœur de l'église de Vougeaucourt. Les protestants s'en émurent. Mais leur indignation ne connut plus de bornes lorsqu'ils y virent un confessionnal. Le ministre, le maire, les anciens s'en plaignirent plus vivement que s'ils avaient été condamnés à en faire usage pour leur compte personnel (2).

Dans les Quatre-Terres, à raison peut-être de la présence des représentants de la France, les murmures à cet égard furent plus adoucis. On se résigna, à Tavey, à une maigre décoration de l'église, à la suite des ordres de l'intendant.

A Héricourt on fit une heureuse découverte. Les fonts baptismaux, antérieurs au protestantisme, enfouis vers 1687 sous le pavé de l'église, à l'entrée du chœur, du côté de l'évangile, furent exhumés, le 9 novembre 1712, par le curé Busson, d'après les indications d'un protestant. La bénédiction solennelle qui en fut faite le 15 avril de l'année suivante réjouit tous les catholiques (3).

(1) Mémoire de M. Galliotte, curé de Montenois.
(2) Archives nationales, K 2188.
(3) Archives de la mairie d'Héricourt.

Les autres objets du culte s'obtinrent plus difficilement. Il n'y eut que l'autorité civile qui put en imposer l'acquisition. Par cette voie arrivèrent successivement à l'église d'Héricourt, chapes, surplis, bannières, buffet de sacristie, retable, etc. (1).

Lorsque le gouvernement français eut remis l'administration judiciaire à des mains catholiques, il songea également à donner à celles-ci une part dans la conduite des affaires municipales. La bourgeoisie de Blamont, en 1716, n'avait choisi pour maîtres-bourgeois que des protestants. L'intendant cassa cette élection et ordonna qu'à la suite cette magistrature serait composée moitié de luthériens et moitié de catholiques. Cette décision déplut aux Montbéliard, qui ne voyaient dans leurs opposants de Blamont aucun homme capable de remplir les fonctions d'échevin. L'un de ces derniers était maire, un second noté d'infamie, et les autres étaient « si pauvres, si misérables, » qu'entre leurs mains les deniers publics risquaient d'être dissipés. Le procureur Jeanmaire estimait que les luthériens, possesseurs de la fortune du pays, pouvaient seuls être échevins (2). Nous ignorons si cet avis prévalut dans les conseils de l'intendant.

Les catholiques d'Héricourt furent admis un peu plus tard aux honneurs municipaux. Le 13 novembre 1719, l'intendant porta une ordonnace à cet égard dont ne tinrent pas compte les protestants. Ceux-ci, le dernier jour de l'année, élurent neuf des leurs pour maîtres-bourgeois, tandis que les catholiques en choisirent quatre parmi eux. Le lendemain, 1er janvier 1720, les élus protestants se présentèrent devant le bailli pour prêter serment. Les cinq premiers seulement et les quatre catholiques furent acceptés.

(1) Archives nationales, K 2189.
(2) Archives du Doubs, E 392.

Il y eut réclamations sur réclamations auxquelles de la Neuville répondit par l'ordonnance suivante :

« Les maîtres-bourgeois ou échevins seront choisis moitié dans le nombre des catholiques et l'autre moitié dans celui des luthériens, et attendu que le nombre desd. maîtres-bourgeois est impair, étant neuf, suivant l'usage, nous ordonnons que la charge de maître-bourgeois sera exercée alternativement chaque année, et des huit autres maîtres-bourgeois, il y en aura chaque année quatre catholiques et quatre luthériens; pareillement des deux taxeurs, il y en aura un catholique et un luthérien, et ainsi des autres officiers et employés de la communauté; enjoignons aux luthériens de se conformer à notre présent jugement, à peine de cent livres d'amende en cas de contraventions payables par chacun des contrevenants en son propre et privé nom et sans aucun recours sur la communauté (1). »

Les catholiques, exclus depuis si longtemps du pays de Montbéliard, y rentrèrent peu à peu, quand ils se virent protégés par la France. Disons qu'ils ne se montrèrent pas trop empressés de s'y fixer; on ne les voyait pas d'un bon œil. « Il faut tâcher, disait le prince, d'ôter le curé du collège et ne laisser résider en cette ville que le moins qu'il sera possible de catholiques (2). » La même consigne, sans doute donnée pour les Quatre-Terres, reçut bientôt de nombreuses infractions. Le pasteur de Montécheroux écrivait en 1705 : « Il n'y a point de catholiques romains que le curé avec une veuve et un jeune garçon qui s'y sont établis par l'achat qu'ils y ont fait d'une maison et de quelques terres, à la réserve du nouveau fermier des biens nouvellement acquis par Son Altesse Sérénissime au lieu de Clémont qui est aussi catholique romain, de même

---

(1) Archives de la Haute-Saône, C 10.
(2) Mss. Duvernoy, *Règne de Léopold-Éberhard.*

que toute sa famille ; ce qui fait que par leur moyen la religion catholique romaine se rétablit aud. Clémont et que le nombre de ceux qui viennent à la messe ici se grossit considérablement (1). » A cette époque il y avait aussi à Liebvillers deux ménages catholiques (2).

A Chagey, terre d'Héricourt, Pierre Verchot, originaire de Maîche, s'établit vers 1700. Grâce à son énergie et à son travail, il ne tarda pas à faire l'acquisition de quelques biens-fonds, mais ce qu'il ne put jamais acheter, ce fut l'amitié des habitants, qui ne lui pardonnaient pas sa qualité de fervent catholique. Aussi lui refusa-t-on toute participation aux biens et aux avantages de la communauté. A la vue de l'injustice dont il était victime, il porta plainte à l'intendant. En 1715, de la Neuville rendit un arrêt en vertu duquel la communauté de Chagey fut condamnée à recevoir Pierre Verchot comme bourgeois et à le faire jouir, à ce titre, de sa part des biens communaux. « En cas de refus, disait l'intendant, nous déclarons qu'en vertu de la présente ordonnance, led. suppliant sera reçu et réputé habitant de lad. communauté (3). »

Dès 1704 il y avait plusieurs catholiques à la Forge de Chagey (4).

A Montbéliard et à Blamont on vit des catholiques dès l'occupation française. Leur nombre s'augmenta par la conversion au catholicisme de plusieurs luthériens et à la suite

---

(1) Archives du Doubs, E 794.
(2) Id., 737. C'étaient la famille de J.-N. Journot, composée de six enfants, et celle de François Gainet, de trois personnes.
(3) Archives de la Haute-Saône, E 408. — Une des descendantes de Pierre Verchot, en religion sœur Claire, est depuis quinze ans à la tête des religieuses de la Compassion de Villersexel.
(4) Id., E 407. C'étaient Jean-Adam Pierre et Barbe Garet, son épouse ; J.-B. Pierre et Anne Stiquel ; J. et Nicolas, leurs enfants ; Étienne-Pierre, fils de J. Adam ; Siméon Monniot et Anne, sa fille ; Nicolas Stiquel, âgé de vingt ans, charpentier.

de l'ordonnance par laquelle l'intendant enjoignit au magistrat de Blamont, en 1714, de recevoir gratuitement pour bourgeois tous les catholiques qui solliciteraient cette faveur et de les appeler aux assemblées pour délibérer sur les affaires de la communauté (1).

L'arrivée des catholiques dans les Quatre-Terres, quoique ceux-ci ne fussent pas d'un nombre à jeter la terreur parmi les luthériens, stimula cependant la vigilance des chefs du protestantisme. En 1705, les habitants de Belverne, ayant reconstruit leur église détruite par les vieilles guerres, demandèrent qu'on y célébrât leur culte. On consulta à cet égard le pasteur et les maires d'Étobon, de Chenebier et d'Échavanne. Leur réponse fut qu'on ne pouvait donner suite à la requête des gens de Belverne parce que le ministre d'Étobon desservait déjà Chenebier et Échavanne, bien plus considérables que Belverne. La seconde raison par laquelle ces derniers motivaient leur refus, c'est qu'il y avait à Chenebier trois familles de la religion romaine, une à Échavanne, et d'autres tant dans les bois qu'à la forge de Chagey, qui pourraient dans la suite procurer quelque chose de fâcheux, si on abandonnait leur église, en ne faisant le service chez eux que tous les quinze jours (2).

Ce fut dans les débuts de la restauration catholique dans les Quatre-Terres que l'église de Besançon vit mourir à Vieilley, le 20 août 1717, l'archevêque François-Joseph de Grammont, qui avait continué avec succès l'œuvre commencée par son oncle, Antoine-Pierre I*er*. Les qualités du prélat défunt furent célébrées en peu de mots dans la lettre qui annonça au diocèse le deuil qui le frappait. « La bonté et la droiture faisaient son caractère, écrivait François de Blieterswick; autant aimé par l'une de ces vertus que révéré

---

(1) Mss. Duvernoy, *Règne de Léopold-Éberhard.*
(2) Archives de la Haute-Saône, E 460.

par l'autre, il a gagné tous les cœurs, et il les a si sagement conduits que jamais l'esprit de discorde ne s'y est introduit ; la plus parfaite conformité de sentiments a toujours régné dans ce vaste diocèse sans aucun trouble ; en un mot il était tel que nous pouvions le désirer (1). » Champion infatigable de la bonne doctrine, aussi bien que de la discipline ecclésiastique, il avait lutté, pendant tout son épiscopat, contre les erreurs du jansénisme, non moins dangereuses au salut des âmes que l'hérésie luthérienne. Dans l'accomplissement de ce devoir apostolique, il avait été admirablement secondé par l'esprit du clergé franc-comtois, toujours ennemi des doctrines aventureuses.

A la mort de ce prélat la messe était célébrée à Montbéliard, Vougeaucourt, Héricourt, Tavey, Saint-Maurice, Colombier-Fontaine, Longres, Blamont, Autechaux et Montécheroux…. Mais pour y assister il n'y avait alors que quelques rares catholiques, vivant au milieu d'un nombre considérable de luthériens.

(1) Archives du Doubs, Mandements épiscopaux.

CHAPITRE IV

Mort de Léopold-Éberhard. — Sa succession. — Traitement des curés. — Comptes rendus de la recette ecclésiastique. — Édit de 1724. — L'autorité française nomme les pasteurs protestants. — Ses décisions relatives à la propriété de l'église de Blamont, à des fondations d'Héricourt, à la décoration des maisons à la Fête-Dieu. — Catholiques nouveaux. — Occupation de Montbéliard par la France. — Lettre des pasteurs à la reine de Prusse.

Léopold-Éberhard arriva à la fin de ses jours, repu de honte et d'ignominie. Le 1 mars 1723, il fut frappé d'apoplexie. Après sa mort, ses enfants et ses concubines prirent immédiatement les mesures nécessaires pour soutenir leurs prétentions à l'héritage vacant : ils firent venir deux cent cinquante paysans pour monter la garde au château, aux portes et aux avenues de la ville. Quelques jours après, ils firent présenter par les conseillers Brisechoux et Fallot, aux trois corps formant la municipalité de Montbéliard, un acte par lequel celle-ci devait reconnaître Georges-Léopold de Sponeck comme prince héréditaire et successeur légitime de Léopold-Éberhard, son père. La municipalité, au lieu d'y apposer sa signature, se conforma aux lettres patentes par lesquelles, le 11 du même mois, le duc Éberhard-Louis avait enjoint à tous les officiers et sujets du comté de le reconnaître pour leur souverain légitime et de lui prêter le serment de fidélité. Georges-Léopold échoua dans toutes les démarches qu'il fit pour obtenir la souveraineté de Montbéliard. Le 8 avril, une décision impériale annula les titres de princes et de princesses donnés aux femmes et aux enfants de Léopold-Éberhard et déclara ces derniers inhabiles à toute succession allodiale, ainsi qu'à celle des fiefs relevant de l'empire.

Ces événements produisirent de grandes rivalités à Montbéliard, chacun prenant parti pour l'un ou l'autre des compétiteurs. Éberhard-Louis, duc de Wurtemberg, vint y séjourner six semaines, reçut en personne le serment de fidélité des bourgeois et confirma leurs privilèges, le 2 août 1723. Ayant appris que les enfants du duc défunt étaient soutenus dans leurs prétentions par les principaux fonctionnaires du dernier règne, il fit arrêter tous ces opposants, à part deux qui échappèrent à cette mesure : Fallot, en se sauvant en France, et l'intendant Prudent, en se donnant la mort. Les premiers demeurèrent sous les verrous jusqu'au mois de décembre 1724. En quittant Montbéliard, le duc de Wurtemberg y laissa le calme, que le roi de France assaisonna d'amertume par un acte d'une grande importance.

La confusion produite dans la succession de Léopold-Éberhard détermina Louis XV, souverain des Quatre-Terres et des seigneuries de Granges, Clerval, Passavant, Horbourg et Riquewihr, à séquestrer ces terres, estimant qu'il était de son devoir de régler préalablement les droits des divers prétendants à cette succession. L'intendant de Franche-Comté en eut l'administration.

Cette mesure contribua beaucoup à améliorer la situation matérielle des curés établis depuis une vingtaine d'années dans nos seigneuries et voici comment :

Pendant que les ministres luthériens jouissaient des anciens revenus créés autrefois par la générosité des catholiques pour l'entretien des curés, le roi de France donna chaque année une somme de quinze cents francs pour être partagée entre ces derniers. Disons quelle était la part de chacun.

Le curé de Montbéliard avait 450 francs ; celui de Montécheroux, 300 ; celui d'Héricourt, 200 ; celui de Blamont, 250 ; mais le traitement du dernier était complété par les appointements d'aumônier du château et par les revenus d'une ancienne chapelle. Le curé de Saint-Maurice, indépendamment de tous les revenus attachés à sa desserte, recevait 170 livres pour desservir Colombier-Fontaine. Cent livres étaient données au curé de Dampierre à cause de la desserte de Vougeaucourt, et trente à celui de Montenois pour celle de Lougres. Au témoignage de tout le monde, le curé de Montbéliard, avec son maigre traitement, ne pouvait faire face à toutes ses charges. C'est pourquoi on lui accorda, sur les revenus des Quatre-Terres, un secours de 250 francs ; au curé d'Héricourt en fut donné un autre de 200 fr. (1).

L'intendant, dans le but de bonifier la situation matérielle des curés du chef-lieu de chaque seigneurie, inventa un moyen assez ingénieux. En qualité d'administrateur du séquestre, il retira les recettes ecclésiastiques des mains de ceux qui les administraient et en remit la gestion, avec les appointements attachés à cette charge, aux curés, sous le nom de quatre instituteurs catholiques : Pierre Jurin, d'Héricourt ; Jacques-Ignace Voisard, de Montécheroux ; Pierre Sausy, de Saint-Maurice, et Pierre Dubief, de Blamont. La commission donnée à ces nouveaux receveurs portait que les dimes à percevoir dans l'étendue des terres seraient amodiées et louées par les officiers des lieux, que leur produit, de même que les autres revenus ecclésiastiques, serait employé au paiement des ministres sur les mandements qu'en donnerait l'intendant (2).

Cette commission, très facile à remplir, valut aux curés qui en furent chargés un supplément de revenus dont la

(1) Archives de Tavey. Mémoire pour le curé de Montenois.
(2) Archives du Doubs, E 1076.

nécessité se faisait sentir au milieu des circonstances assez dures où ces prêtres vivaient. Il est vrai de dire qu'elle excita un mécontentement général chez les ministres protestants. Un de leurs successeurs, M. Chenot, ancien pasteur d'Héricourt, dit « que les curés ne se firent pas scrupule, en attirant à eux une partie des revenus, d'amoindrir d'autant le gage des ministres (1). » C'est une accusation d'indélicatesse portée contre les receveurs. Mais il est facile de prouver que leur honorabilité n'est nullement compromise. Pour cela, il suffit d'exposer les faits.

Pendant longtemps chaque pasteur toucha ce qui lui était dû sur les revenus de la recette, comme en fait foi une quittance signée, le 1er novembre 1736, par quatre pasteurs de la seigneurie d'Héricourt et qui est formulée comme il suit : « Les ministres souscripts confessent avoir reçu du sieur Briot, curé dud. Héricourt, en qualité d'administrateur desd. revenus, le restant d'iceux, tant en froment, avoine, seigle, boige, qu'en argent, censes, francs vins, charruages, amodiations et autres, selon la répartition qu'ils en ont faite entre eux, pour se payer en compte de leurs pensions ordinaires et dont ils déchargent le sieur curé, lui ayant donné pour cela la présente quittance (2). »

Cependant il n'y eut pas, pendant plusieurs années, reddition de comptes auprès de l'autorité civile. Le 27 avril 1741, Bulliard, procureur fiscal à Blamont, fut désigné par de Vanolles pour faire cette vérification. Tous les comptes antérieurs à 1741 furent examinés à ciel ouvert. Celui du Châtelot de 1738 se termine ainsi. « L'an 1741, le 24 septembre, le présent compte a été mis en audition par devant nous, Denis Bulliard, en présence du sieur Méquillet, ministre à Blamont...., lequel compte a été clos et arrêté

---

(1) M. Chenot, *L'Église d'Héricourt*, p. 132.
(2) Achives nationales, K 2191.

sous le bon vouloir de Mgr l'intendant après avoir vu toutes les pièces justificatives.... Il n'est rien redu par le rendant compte. Signé Bulliard, Malcuit, prêtre, J. N. Méquillet (1). » Le curé d'Héricourt obtint une semblable quittance pour sa gestion de la même année.

Ainsi jusqu'à 1741, il n'y a pas à élever le moindre soupçon sur la délicatesse des receveurs. Postérieurement à cette date, si aucun reproche ne pèse sur les receveurs de Blamont et de Clémont, il n'en est pas de même de ceux d'Héricourt et du Châtelot, qui sont accusés par l'historien protestant de l'église d'Héricourt de n'avoir rendu « aucun compte de leur gestion de 1741 à 1745 (2). » C'est là une erreur, car le 25 mai 1745, l'intendant de Sérilly ordonna aux curés du chef-lieu de chacune des seigneuries précédentes de rendre compte des revenus ecclésiastiques depuis le 1er janvier 1741 au 25 mars 1745 (3). Or dans le compte d'Héricourt de 1743, le seul que nous ayons retrouvé pour cet intervalle, Ligey, l'ami des Montbéliard, put constater, « à vue des quittances et des pièces justificatives, que le curé de la ville n'avait pas plus reçu que payé (4). » On peut donc affirmer, jusqu'à preuve du contraire, que les insinuations comme celles de M. Chenot, pasteur luthérien, ne sont que des assertions erronées.

Après cette exposition, revenons au début du séquestre des Quatre-Terres. Il y avait à peine quelque temps que ce régime existait quand les protestants reçurent une forte commotion. A vrai dire, la cause qui la produisit était blâmable. Le 14 mai 1724, Louis XV porta un édit qui confirmait la révocation de l'édit de Nantes et déclarait que Sa Majesté ne voulait point qu'il y eût en France d'autres reli-

---

(1) Archives nationales, K 2191.
(2) M. Chenot, *L'Église d'Héricourt*, p. 134.
(3) Archives du Doubs, E 1076.
(4) Archives de la Haute-Saône, E 260.

gions que la catholique. La publication de cet édit fut fixée au 2 août. Ordre fut donné aux ministres, aux maires, aux échevins et aux anciens de comparaître ce jour-là aux halles de la ville pour en entendre la lecture. Le conseil ecclésiastique défendit à David-Nicolas Berdot, ministre de Tremoins, d'obéir à l'injonction de l'autorité française, sous prétexte qu'il n'était pas de la juridiction d'Héricourt (1).

Tous se rendirent au chef-lieu au jour indiqué, mais ayant appris qu'ils n'avaient été appelés que pour entendre publier l'arrêt du roi contre les religionnaires de France, ils n'entrèrent point dans la salle d'audience, disant que cela ne les regardait pas, puisque le luthéranisme était toléré chez eux par les lettres patentes du 9 juillet 1707. Le procureur Colin publia l'édit en présence de plusieurs particuliers venus à l'audience, et des curés de Tavey, de Granges et de Saulnot, avec la clause que l'arrêt serait exécuté dans le ressort selon sa forme et teneur.

Après cette publication, les portes de l'église d'Héricourt furent fermées et deux gardes prirent place dans une baraque, à côté de l'église. Les luthériens firent leur service ordinaire en présence de quatre ou cinq curés. Le temple était rempli. Pendant qu'on chanta, les curés demeurèrent à genoux dans le chœur. Lorsque la prière commença, ils se levèrent pour sortir. En passant devant Cucuel et les anciens, le doyen de Granges dit tout haut : « Vous m'en serez témoins, » et tous partirent (2).

Cet édit ne fut pas appliqué dans les Quatre-Terres, malgré tout le désir qu'en avaient le clergé et les catholiques du pays. Le duc de Wurtemberg, Éberhard-Louis, par un rescrit du 25 août, ordonna au conseil ecclésiastique « de faire connaître sous main aux gens des quatres seigneuries de

---

(1) Archives nationales, K 2178.
(2) Archives de la Haute-Saône, E 332.

n'avoir rien à craindre au sujet de l'arrêt rendu contre les religionnaires en France, et qu'il avait donné ordre à son ministre à la cour de faire défendre aux curés de les inquiéter (1). »

A partir de la mort de Léopold-Éberhard, l'autorité civile prit une large part à l'administration des églises protestantes. D'abord le surintendant, qui n'était que l'organe du prince, fut déchargé de l'obligation de les visiter. Ensuite le conseil ecclésiastique qui jusqu'alors avait eu, soi-disant, à nommer les pasteurs, n'eut plus cette attribution pour les Quatre-Terres. Ce fut l'intendant qui exerça ce privilège. On sait qu'il en usa discrètement. Dans une lettre envoyée à Stuttgard, il déclara que tout changement serait autorisé, pourvu qu'on le lui demandât, et qu'on lui présentât des sujets agréables au roi. En 1736, de Vanolles apprit qu'à son insu Jacquin avait été nommé diacre d'Héricourt, en remplacement de Tuefferd, mort depuis peu. Il n'hésita pas à rapporter cette nomination. « Avons cassé et annulé, dit-il, cassons et annulons lad. prétendue élection et toute autre qui pourrait avoir été faite dans l'étendue de cette province, sans l'agrément ou permission du roi ou de nous, chargé des ordres de Sa Majesté. » Afin d'adoucir cette mesure, il permit aux églises d'Héricourt et de Tavey de proposer le même sujet ou un autre, disant qu'il le nommerait à la place de Tuefferd, s'il réunissait en lui les qualités requises (2). On prit d'autres dispositions. Jacquin fut nommé à Vandoncourt et Jean Morel devint diacre d'Héricourt et de Tavey (3).

L'année suivante, le poste de premier pasteur de la même ville étant venu à vaquer, de Vanolles y nomma J.-Georges Surleau, ministre de Roches, Autechaux et Écurcey, vivant

(1) Archives nationales, K 2178.
(2) Archives du Doubs, E 1079.
(3) Id., E 1015.

en bonne intelligence avec les curés de Pont-de-Roide et de Blamont, de même qu'avec les officiers de la garnison (1). C'est une des raisons qui amenèrent ce changement de résidence.

Autant que possible, l'autorité veilla à ne pas avoir d'ennui du côté des pasteurs. Après la mort de Nardin, de Blamont, les pasteurs des quatre seigneuries intriguèrent pour lui donner un successeur qui ne plaisait pas au curé du lieu. L'intendant, en ayant été informé, écrivit à ce dernier : « Puisque vous me marquez que le sieur Méquillet, qui exerce les fonctions de diacre, convient mieux qu'un autre, et que M. de la Tour est comme vous content de sa conduite, je ne prétends pas que le prétendu consistoire, qui n'est point autorisé comme tel, puisse l'en retirer, ni qu'on reçoive à Blamont un autre ministre que lui, jusqu'à ce que nous ayons vu quelles sont les intentions de la cour à cet égard. Je dois vous dire outre cela que je suis bien étonné de voir que les ministres des quatre seigneuries se soient avisés de s'assembler sans ma permission et qu'ils ne m'aient point fait part de la mort du sieur Nardin, puisqu'ils avaient envie de lui désigner un successeur. Ces messieurs croient-ils donc être indépendants ? 28 décembre 1728 (2). »

L'intendant ne laissa pas augmenter dans les paroisses le nombre des pasteurs. Une fois installé à Blamont, Méquillet se permit de demander un diacre. Il reçut de l'intendant une réponse assez vive qui lui enleva tout espoir de l'obtenir. « A l'égard du diacre que vous me demandez, je ne sais pas sur quoi l'on se fonde pour cet article. La religion luthérienne n'est autorisée par aucun traité, ni convention générale ni particulière, dans les quatre seigneuries ; ce n'a été que par l'effet d'une considération personnelle que le feu roi

---

(1) Archives nationales, K 2190, et Archives du Doubs, E 1079.
(2) Archives de la cure de Blamont.

avait pour le prince de Montbéliard, décédé en 1723, et laquelle faisait souvent dire à Sa Majesté que M. de Montbéliard était un bon prince qu'il aimait et qu'il fallait le laisser vivre tranquillement dans ses terres. D'ailleurs il n'y a pas toujours eu un diacre à Blamont et il serait bien nécessaire que je susse dans quel temps cela a commencé et pour quelle raison (1). »

Le même pasteur essaya encore plus tard d'établir subrepticement un diacre au même lieu, dans la personne de son frère. De Sérilly, ayant eu vent de cette entreprise contraire aux intentions du roi, lui fit défendre par M. Bulliard de le garder plus longtemps, sous peine de le faire arrêter (2).

Quand un ministre transgressait les ordonnances de l'intendant, la punition suivait de près le délit. La défense d'inhumer quelque défunt dans l'église d'Héricourt avait été faite aux protestants du lieu. Gabriel Crèmet, ancien maitre-bourgeois, étant mort, le pasteur Cucuel, d'Héricourt, et Samuel Méquillet, pasteur de Chagey, celui-ci gendre du défunt, se permirent de l'enterrer dans la nef de l'église. (28 février 1728.) C'était un défi jeté à l'autorité française. Celle-ci y répondit. Le premier fut condamné à trois mois de prison, dans le courant de juillet, mais en raison de son âge, il reçut du duc de Lévy la remise de sa peine, avec défense, au nom de Sa Majesté, « à moins de chatoy, » de renouveler un acte de ce genre. Quant au second, principal auteur de la faute, il fut traité plus sévèrement. D'abord ce n'était pas la première fois qu'il était aux prises avec l'autorité française. En 1713, pour avoir, dans la dédicace d'un catéchisme, qualifié Léopold-Éberhard de souverain seigneur d'Héricourt, il avait déjà été fortement réprimandé par le parlement (3).

---

(1) Mss. Duvernoy, *Règne d'Éberhard-Louis*.
(2) Archives du Doubs, E 398.
(3) Duvernoy, *Éphémérides*, p. 148.

C'était une récidive, mais bien anodine, avouons-le. Ayant comparu devant le duc de Lévy, Méquillet apprit que la cour avait ordonné son incarcération. Il fut enfermé au fort Griffon, de Besançon, « dans une belle chambre, » dit-il lui-même. Prié de le mettre en liberté, l'intendant répondit, le 23 juillet, qu'il était décidé à faire tout son possible pour adoucir la détention du pasteur de Chagey et abréger la durée de ses arrêts, fixés à trois mois, « bien qu'il soit instruit que c'est un homme turbulent et fort inquiet, lequel n'étant pas né sujet du roi ferait tout aussi bien de se retirer de dessus les terres de l'obéissance de Sa Majesté. » De nouvelles instances ayant été faites en faveur du prisonnier, le même répondit le 1er août : « Demain je le mettrai en liberté, bien que je n'aie reçu aucun avis de la cour. » Ce pasteur resta quinze jours sous les verrous ; sa mise en liberté avait été vivement sollicitée par le curé de Montbéliard.

Ses coreligionnaires le traitèrent sévèrement. On en trouve la preuve dans la lettre de remerciement envoyée à l'intendant par les membres de la régence : « Nous n'oublierons pas, disaient-ils, de faire sentir à cet ecclésiastique le tort qu'il a de se mêler de choses qui ne sont point de sa compétence (1). »

Méquillet fut également blâmé par le duc de Wurtemberg. Ses arrêts lui avaient coûté quatre cent soixante francs. Afin de sortir de l'embarras financier où il était, il demanda à Son Altesse de rembourser la somme de trois cents livres qu'il avait empruntée. Le conseil ecclésiastique, invité à délibérer sur cette demande, donna son avis comme il suit : « Méquillet n'ayant été emprisonné qu'à cause d'un certain mémoire par lui dressé et parvenu à la connaissance, sans que c'eût été pour un autre motif imputable à personne, il n'est pas fondé à rien prétendre de droit, d'autant moins

(1) Archives de la Haute-Saône, E 270.

que s'il a fait tous les frais qu'il dit avoir employés, ce n'a été qu'inutilement et sans avoir voulu se conformer aux avis du conseil. » Malgré ce sentiment, les conseillers écrivirent au prince de donner au suppliant les deux cents francs que la recette lui avait avancés (1). Le duc répondit assez vivement :

« Le pasteur de Chagey, Méquillet, ayant été arrêté à Besançon et interné dans le fort Griffon à la suite d'une dispute avec un prêtre catholique, lors des obsèques du bailli Gabriel Crémel, et le sieur Méquillet ayant demandé une indemnité au sujet de son emprisonnement, le duc signifie au comte de Graevenitz d'envoyer un rapport détaillé à l'ambassadeur du duc à Paris et de faire savoir au sieur Méquillet qu'il ne pouvait accueillir sa demande d'indemnité, attendu qu'il avait été lui-même la cause de son arrestation et que la recette ecclésiastique n'était pas en état de faire cette dépense par suite des nombreux traitements et gratifications. Cependant sur les deux cents livres que le comte de Graevenitz avait avancées au sieur Méquillet, le duc veut bien accorder la moitié à ce dernier, l'autre moitié devra être remboursée dans la mesure des facultés dud. sieur Méquillet (2). »

Ce récit, extrait de documents écrits par des protestants, suffira-t-il pour réfuter l'auteur du *Précis historique de la Réformation*, lequel met le pasteur de Chagey parmi les victimes « de sourdes persécutions (3), » tandis que le conseil ecclésiastique aussi bien que le duc de Wurtemberg rendent Méquillet responsable des mesures prises contre lui ? Qui faut-il croire ?....

A cette époque, comme plus tard, les affaires graves rela-

---

(1) Archives nationales, K 2178.
(2) Archives de la Haute-Saône, E 270. Titre allemand traduit par M. Eckel, archiviste du département, à qui nous offrons l'expression de notre gratitude.
(3) Goguel, *Précis historique de la Réformation*, p. 114.

tives aux deux cultes furent toujours décidées par l'autorité civile, maîtresse des Quatre-Terres. Ce qui arriva à Blamont en est une nouvelle preuve. Le 29 octobre 1726, l'église de cette ville et trente-cinq maisons, y compris la résidence du pasteur, furent incendiées et les cloches fondues. C'était lamentable. Dès le second jour qui suivit ce malheur, les luthériens reçurent d'abondants secours de leurs coreligionnaires du pays, consistant en argent, grains, fourrages, que le pasteur distribua sur la place, sans rien donner aux catholiques, qui avaient perdu neuf maisons (1). Après avoir pourvu aux besoins les plus urgents, on fit d'autres quêtes en Alsace, en Suisse, dans le comté de Montbéliard où l'on recueillit 2,956 francs et 1,043 quartes de grains de toutes espèces. Les catholiques, à qui deux jours après l'accident on avait infligé un supplice analogue à celui que la mythologie fait subir à Tantale, refusèrent la portion qu'on leur offrit dans le produit des dernières aumônes. Ils furent secourus par l'archevêque de Besançon et par les quêtes que l'on fit pour eux dans le diocèse.

Ce fléau, si désastreux pour Blamont, tourna à l'avantage des catholiques. Aussitôt après l'incendie de l'église, les protestants se mirent en relation avec l'intendant et sollicitèrent la reconstruction de cet édifice pour l'usage des deux cultes. Le pasteur J.-Frédéric Nardin étant mort sur ces entrefaites, son successeur hérita de tout son zèle pour le même objet. Le 11 mai 1729, il écrivit au surintendant que le député envoyé à Besançon pour traiter la question de l'église n'avait rapporté aucune réponse. Les mêmes perplexités continuèrent encore plus d'un an. Enfin le 5 septembre 1730, le ministre de Blamont et un ancien procureur fiscal entrèrent à l'improviste au sein du conseil ecclésiastique réuni ce jour-là. Ils étaient porteurs de la nouvelle que Sa

(1) Archives de la cure de Blamont.

Majesté avait donné l'ordre au commandant de la Tour de remettre l'église de Blamont aux seuls catholiques, qu'Elle en excluait les luthériens et leur défendait d'enterrer leurs morts dans le cimetière. Les protestants portèrent leurs vues ailleurs. Après l'incendie, ils avaient exercé leur culte dans une maison appropriée à cet effet. Ce fut à cette place qu'ils demandèrent la permission de bâtir un temple. Ils n'y furent pas autorisés; néanmoins, quelques années après, ils tentèrent de le construire sans autorisation et non pas, comme dit Goguel, de faire quelques réparations indispensables à la maison qui servait à l'exercice de leur culte. L'intendant de Sérilly en fit un rapport au roi, dont la volonté fut connue par la lettre du secrétaire d'État. « Sa Majesté, écrivit ce dernier au gouvernement du pays, m'a ordonné de vous mander d'empêcher la construction de ce temple et de tenir la main à ce qu'il ne soit fait aucune assemblée de religionnaires dans la ville de Blamont, son intention étant que ceux qui y résident puissent aller au prêche à Pierrefontaine, comme il avait été ci-devant réglé, et qu'ils y fassent enterrer leurs morts (1). »

Quelle ne fut pas la joie des catholiques en apprenant qu'ils allaient rebâtir l'église pour eux seuls ! Tous se mirent à l'œuvre avec l'empressement que pouvait inspirer la meilleure des causes. De toutes parts ils rencontrèrent des sympathies. Le seigneur de Blamont, en qualité de gros décimateur, était tenu aux réparations du chœur. A sa place l'administrateur du séquestre acquitta cette dette en donnant deux mille francs pour la construction de cette partie de l'édifice (2). Le diocèse fut tout dévoué à une œuvre qui lui était si chère. Le 2 octobre 1731, le vicaire général de Mgr Grimaldi fit un appel à la charité de ses diocésains dans les termes suivants :

(1) Archives du Doubs, E 400. — Archives nationales, K 2178.
(2) Archives du Doubs, E 1082.

« Il a plu au roi par un effet de sa piété d'accorder aux catholiques de Blamont le pouvoir de rebâtir pour eux l'église de Blamont qui se trouva enveloppée dans l'incendie arrivé au mois de novembre 1726, par lequel cette église et plus des deux tiers des maisons de ce lieu furent réduites en cendres.... Sa Majesté a bien voulu par les soins et les sollicitations de M. de la Neuville, intendant, leur procurer les moyens de pourvoir aux frais de la bâtisse du chœur et de la sacristie, comme celle de la nef tombe à la seule charge des catholiques, qui sont en petit nombre et se ressentent encore de la ruine que leur cause l'incendie.

« Nous devons adorer en tout les secrets desseins de la Providence, mais particulièrement en cette occasion où, par un effet singulier de la bonté divine, cette église se trouve rentrer pour toujours dans ses anciens droits avec l'espérance d'y voir bientôt revenir le troupeau que l'erreur en avait arraché, rien ne pouvant davantage l'attirer à notre sainte religion que la vue d'un sanctuaire orné et décoré avec la décence convenable, ni le rendre plus fidèle au roi que de le rendre catholique.

« Il est vrai qu'aussitôt après l'incendie de Blamont nous eûmes recours à vos charités, croyant les employer au rétablissement de ce sanctuaire, mais nous fûmes contraints de courir aux besoins les plus pressants ; les catholiques manquaient de pain et se trouvaient à découvert parmi les ruines de leurs maisons dans la rigueur de l'hiver; il fallait donc préférer les temples vivants au temple matériel pour lequel nous implorons à nouveau et votre charité et votre religion (1). »

L'église fut édifiée avec le produit des aumônes et on en fit l'inauguration au milieu des chants de joie.

L'intendant interposa son autorité dans la gestion des

(1) Bibliothèque de Besançon, Mandements épiscopaux.

biens de fondations. A Héricourt subsistaient encore les revenus de la confrérie de Saint-Christophe, trésor créé uniquement par la générosité des catholiques d'autrefois. Détournés de leur destination primitive par un acte de violence faite à la dernière volonté des personnes mortes dans la foi romaine, ils devaient en toute justice, sous un gouvernement réparateur, retrouver leur légitime emploi. C'est pourquoi, le 27 août 1727, le subdélégué de l'intendant en régla l'administration par l'ordonnance suivante : « Les revenus de la fabrique de l'église d'Héricourt, de même que ceux de la confrérie de Saint-Christophe érigée en lad. église.... seront perçus annuellement à l'avenir par le sieur Malcuit et ses successeurs, curés d'Héricourt, et, sur le refus desd. sieurs curés d'en faire le recouvrement, par un fabricien catholique romain dud. Héricourt, à charge d'employer les revenus suivant leur destination et d'en rendre compte en la manière ordinaire (1). » L'année suivante, l'intendant confirma cette ordonnance. Plus tard, à la suite d'un long procès, non seulement l'administration de ces revenus, mais encore celle des biens de fabrique et de confrérie furent confiées aux curés, qui les administrèrent jusqu'à la Révolution (2). Dans l'exécution de ces mesures, les chefs du pouvoir civil agirent en maîtres; leurs ordonnances en font foi.

La même observation convient également à la manière dont furent réglées deux fondations : l'une faite, en 1667, par Étienne Rosselot, l'autre, en 1691, par Gaspard Barbaud, natif d'Héricourt, et devenu, à titre d'acquéreur, seigneur de Grandvillars, Thiancourt et Florimont. L'intendant, pour des raisons que nous ne connaissons pas, fixa l'emploi des revenus de la manière suivante : « Sur la requête à nous présentée par le sieur Claude Briot, prêtre, curé

---

(1) Archives de la Haute-Saône, E 273.
(2) M. Chenot, *L'Église d'Héricourt*, p. 136.

d'Héricourt, contenant que dans notre voyage de Montbéliard, nous lui avons remis un testament et les pièces y jointes en faveur des pauvres d'Héricourt, avec ordre d'en faire la recette et de distribuer la moitié des revenus aux pauvres catholiques et l'autre moitié aux pauvres luthériens dud. lieu d'Héricourt, mais qu'il ne peut mettre cet ordre à exécution, à moins qu'il ne nous plaise lui faire remettre les titres, carnets et papiers de lad. fondation qui furent rapportés au secrétariat de l'intendant l'année dernière 1731, avec papiers de l'inventaire qui en fut dressé (1). » Après ce préambule, l'intendant entre dans tous les détails de la gestion du legs. D'abord la personne qui aura mission de retirer les titres de l'intendance sera choisie par le curé, le ministre, le plus proche parent du fondateur et par les deux maîtres-bourgeois de la ville. Ces titres seront ensuite mis dans un coffre attaché à une barre de fer plombée dans le mur intérieur du chœur de l'église, lequel fermera à trois clefs, dont l'une appartiendra au curé, l'autre au ministre et la troisième au plus proche parent. Et les aumônes seront distribuées conformément au testament, moitié aux pauvres catholiques, moitié aux pauvres protestants (2). L'autre fondation fut réglée de la même manière, paraît-il.

La conduite de l'intendant dans cette affaire donna lieu à bien des récriminations. On peut dire que ce fut à tort, car les descendants de l'un des fondateurs de ces legs ayant embrassé la foi catholique, furent sans doute cause de l'arrangement précédent (3).

Quelques articles de la législation de Bourgogne soulevèrent de l'opposition. De ce nombre était l'article qui pres-

---

(1) Archives de la Haute-Saône, C 10.
(2) M. Chenot, *L'Église d'Héricourt*, p. 113.
(3) Réponses d'un Franc-Comtois au mémoire d'un ministre luthérien. — J.-Gaspard Barbaud, seigneur de Florimont, avait embrassé la foi catholique avant 1738.

crivait de tenir des rameaux devant les maisons durant le passage de la procession du saint Sacrement. Le 14 juin 1732, à la suite de la négligence que les bourgeois d'Héricourt mettaient depuis plusieurs années à s'y conformer, le procureur fit enjoindre à tous « de parer le devant de leurs maisons de rameaux de feuillage dans le temps qu'on fera la procession du saint Sacrement, de balayer les rues, à peine de dix livres d'amende. » Venait ensuite la défense de troubler la procession, de paraître debout et le chapeau sur la tête à la vue du saint Sacrement (1). Le jeudi de la Fête-Dieu, il n'y eut point de rameaux devant les maisons luthériennes. Le samedi, nouvelle publication de l'édit touchant les processions avec ordre de s'y conformer pendant celle qui devait se faire le lendemain. « Mais par un mépris évident pour les usages de la religion catholique et par un manque de respect pour le saint Sacrement de l'autel, aucun desdits bourgeois et habitants luthériens, domiciliés dans la grande rue de la ville, n'a voulu mettre de rameaux, à l'exception de deux. » Pour tout le monde la violation de la loi était flagrante. Le lendemain, 18 juin, le procureur infligea aux délinquants l'amende de dix livres au profit de l'église d'Héricourt et fit ordonner encore à tous de mettre des rameaux devant leurs maisons pour la procession qui devait se faire le jeudi suivant (1). Les protestants se soumirent enfin et en même temps ils cherchèrent un adoucissement à la peine qu'ils avaient encourue.

D'Héricourt ils en appelèrent à Vesoul. Cette cause leur paraissant désespérée, ils implorèrent la clémence du roi et le prièrent de les décharger des amendes dans le cas où Sa Majesté jugerait à propos d'obliger à l'avenir les suppliants d'orner les rues de feuillages lors des processions. Pour mieux se concilier les bonnes grâces du monarque, ils déclarèrent

(1) Archives de la Haute-Saône, B 2963.

que depuis que les Quatre-Terres étaient sous la domination française, ils n'avaient « point été inquiétés dans le libre exercice de leur religion, ni forcés à faire quelque acte qui lui soit contraire (1). » Cet aveu était juste, car en les obligeant à mettre des rameaux devant leurs maisons, lors du passage des processions, l'autorité ne se proposait pas de les vexer sous le rapport religieux, mais de leur faire observer un règlement de police. Tel fut le sens de la lettre que l'intendant écrivit aux Héricourtois, le 23 juillet 1732, en réponse aux plaintes faites par eux à ce magistrat.

De Vesoul où leur condamnation fut confirmée, ils en appelèrent au parlement de Besançon, où le procès traîna en longueur. L'intendant, touché des dispositions des Héricourtois, plaida leur cause auprès des ministres français ; il exposa les frais supportés jusqu'alors par les défendeurs, la tolérance accordée au luthéranisme dans les Quatre-Terres et la soumission ultérieure des protestants à l'édit concernant les processions. A ses yeux il n'y avait qu'une peine à infliger aux délinquants : leur faire payer les frais de poursuites, qu'à cette condition, « le procès ne sera pas jugé (2). » La requête de l'intendant reçut-elle bon accueil ? Nous l'ignorons, mais on peut dire que jusqu'alors il en avait assez coûté aux luthériens d'Héricourt pour leur ôter la tentation de transgresser de nouveau le règlement des processions.

Une fois qu'on vit l'égide de la France couvrir de sa protection le pays de Montbéliard, les catholiques éprouvèrent moins de répugnance à venir s'y fixer. Chose étonnante, ils y arrivèrent en nombre tel que les administrateurs du comté en conçurent de l'inquiétude. Un protestant de Champey ayant demandé la permission de se marier avec une catholique, sa cousine germaine, le surintendant fut d'avis d'au-

(1) Archives de la Haute-Saône, E 274.
(2) Archives du Doubs, E 1078.

toriser le mariage, à la condition que les suppliants s'établiraient à Montbéliard. Dans le cas où ceux-ci eussent voulu demeurer dans leur village, aucune dispense ne devait leur être accordée, afin de ne pas laisser s'accroître à Champey le nombre des catholiques (1).

Le conseil ecclésiastique vit d'un mauvais œil ceux qui s'établirent à Fesches. Pour ne pas laisser s'étendre le fléau, il manda, en 1729, les maires des communautés « pour leur faire défense verbale, à peine de cassation ignominieuse, de souffrir à l'avenir que les sujets reçoivent aucun catholique chez eux sans permission préalable (2). » Il ne fut pas écouté au Magny-d'Anigon, puisque nous voyons cette même année les fermiers du village conserver, contrairement aux ordres de Montbéliard, les catholiques qu'ils avaient pris comme ouvriers (3). Au chef-lieu du comté les personnes de cette qualité allaient chaque année en augmentant. En 1732, il fut convenu qu'on insinuerait aux bourgeois de lutter contre ce danger, en les engageant à exclure tous les catholiques romains de l'amodiation des boutiques du collège (4).

Une fois à l'abri de la violence, on les vit arriver peu à peu dans le pays de Montbéliard. Les événements, du reste, favorisèrent cette émigration. Le 31 octobre 1733, le duc Éberhard-Louis mourut sans laisser d'enfants habiles à lui succéder. Sa mort mit à la tête du comté un prince catholique, Charles-Alexandre, cousin du défunt, dont la conversion au catholicisme sera racontée plus loin. Voir un prince catholique monter sur le trône ducal ne sourit ni aux Wurtembergeois ni aux Montbéliardais. Charles-Alexandre s'empressa de calmer les sentiments de défiance des uns et des autres. A la date du 14 novembre, après avoir annoncé aux conseillers de la régence la nouvelle de son avènement,

---

(1-2-3) Archives nationales, K 2178.
(4) Archives de la Haute-Saône, E 353.

il ajouta : « Notre gracieuse intention est que vous fassiez connaître à vos bourgeois et sujets, de même qu'aux ecclésiastiques de chez vous, que nous ne les troublerons en aucune manière, tant par rapport à leur religion qu'à tous leurs droits, franchises, prérogatives, immunités et privilèges, et que nous les y protégerons et maintiendrons en tout temps, conformément à nos lettres réversales expédiées depuis peu (1). »

L'année qui suivit cet avènement, l'empereur déclara la guerre à Louis XV. Le roi de France, ne perdant pas un moment, fit occuper la ville et le comté de Montbéliard, prêter serment à toutes les autorités civiles et ecclésiastiques, puis livra l'église du château au culte catholique et envoya les allemands célébrer leurs offices sur les halles. La ville et le comté ressortirent du parlement de Besançon et la justice fut rendue suivant les lois de Bourgogne. Au mois de décembre, le roi supprima la régence et à sa place établit un bailliage royal composé d'un lieutenant général, civil et criminel, d'un lieutenant particulier, d'un assesseur et d'un greffier. Coste de Ranzevelle obtint la première de ces dignités (2). Ce nouvel état de choses dura deux ans, autant que l'occupation française à laquelle il devait son existence (avril 1734 à avril 1736).

Pendant ce temps-là, l'autorité nouvelle s'arrogea dans le changement et la nomination des ministres les *droits épiscopaux* que les princes avaient exercés sans aucune contestation. Au commencement de janvier 1735, Binninger, pasteur d'Audincourt, vint à mourir. L'intendant de Vanolles lui donna un successeur dans la personne de Jean-Jacques Laudes, déclarant qu'en agissant de la sorte il voulait laisser les luthériens dans la pratique de leur religion (3). Un mois après on chassa deux pasteurs étrangers, préposés au service

---

(1) Archives nationales, K 1791.
(2) Archives nationales, K 1980.
(3) Archives du Doubs, E 1069.

de l'église allemande, le surintendant Zügel et Mégerlein. Le 22 mars de la même année, de Vanolles, à la demande du magistrat de Montbéliard, mit à la tête de l'église de cette ville David-Nicolas Berdot, avec permission d'exercer l'emploi de surintendant sur tous les ministres, tant de la ville que de la campagne, et de faire la visite des écoles et des églises luthériennes. A cette fonction fut attaché un traitement de cinquante francs que le titulaire ne put toucher qu'après avoir prêté serment au roi de France.

Pour notre culte, il fut entouré de tout l'éclat possible. Les soldats français et les catholiques répandus dans les villages du comté ne pouvaient assister à la messe en même temps; de plus, le curé, à raison de son âge, ne suffisait pas à la confession de tant de personnes. Ces considérations exposées par l'intendant à d'Angervilliers, ministre de Louis XV, firent reconnaître la nécessité de donner un vicaire au curé de Montbéliard. Pierre-Matthieu Jobin remplit ces fonctions sous MM. Magnin et Rutillard, dont il sera parlé plus loin.

L'intendant voulut aussi l'établissement d'une école catholique ayant à sa tête un instituteur chargé de chanter à l'église, d'instruire les enfants et de les préserver de la contagion de l'hérésie. On espérait que cet établissement ne donnerait aucun ombrage ni à l'église luthérienne, ni à la maison de Wurtemberg (1).

Les ministres luthériens supportaient avec impatience le poids de la domination française. Quatre d'entre eux, Jean-Nicolas Méquillet, de Blamont, Jean-Nicolas Binninger, de Seloncourt, Jean-Georges Surleau, de Roches, et Jean-Frédéric Blanchot, de Vandoncourt, dans une lettre à Henriette-Louise de Wurtemberg, prièrent cette princesse de leur obtenir l'appui et la protection du roi de Prusse, son époux,

---

(1) Archives du Doubs, E 1067.

contre le roi de France. Voici cette supplique noircie par une épaisse fumée d'encens ; elle est du 10 décembre 1735 :

« Très haute et très puissante princesse, Madame. Les pasteurs des églises des quatre seigneuries dépendantes du comté de Montbéliard, gémissant sous la croix et voyant leurs chers troupeaux près d'être dispersés et la pureté de la foi éteinte dans leurs églises, ont imploré le secours et la grâce du Dieu des miséricordes pour le fléchir et l'engager à jeter les yeux de ses compassions sur eux. Aux prières ils ont joint tout ce que la prudence et le zèle peut permettre à des serviteurs de Jésus-Christ. Mais, hélas ! ni nos prières ni nos soins n'ont encore rien obtenu ; il semble même que la main de Dieu s'appesantit de plus en plus sur nous et que nous touchions de près à une désolation entière. Dans la crainte d'un si triste avenir et auquel nous ne pouvons penser sans sentir nos âmes déchirées de toutes parts, nous nous sommes de nouveau prosternés devant notre grand Dieu et Sauveur et l'avons très ardemment prié qu'il lui plût de nous diriger et de nous mettre au cœur quels seraient les moyens que sa sagesse approuverait que nous missions en usage pour nous conserver devant lui purs et dans la doctrine et dans la piété. Nous croyons qu'il a répondu à nos supplications et à nos prières en nous inspirant d'avoir recours, dans les maux qui nous pressent, à Sa Majesté le roi de Prusse, que la renommée annonce partout pour le plus grand défenseur et le plus grand appui de la réformation.

C'est aussi le parti que nous prenons et osons lui envoyer pour ce sujet, avec une très humble requête, le narré fidèle de nos maux et de ceux de nos chères églises, le suppliant, avec toute l'ardeur possible, de vouloir s'intéresser pour nous, ou plutôt pour le Seigneur lui-même, puisque c'est la cause de Dieu que nous le prions très humblement de prendre en mains. Et comme, très haute et très puissante princesse, nous sommes fortement convaincus de la tendre charité de Votre Altesse Royale, nous ne doutons point d'émouvoir en notre faveur les compassions de Sa Majesté, si Votre Altesse Royale daigne nous accorder ses gracieuses et puissantes recommandations et appuyer nos humbles remontrances auprès de Sa Majesté, comme nous prenons la liberté de l'en prier avec toute l'humilité et le respect dont nous soyons capables et par les miséricordes mêmes de Jésus-Christ. Il serait inutile, très haute et très puissante princesse, et nous croirions faire tort au grand zèle et à la piété peu commune de Votre Altesse Royale si nous entreprenions de chercher des motifs pour la porter à faire une attention gracieuse à nos prières. Le zèle de la maison de Dieu dont Votre Altesse est rongée, la gloire de Jésus-Christ, le tendre souvenir de Son Altesse Sérénissime, votre auguste époux, de tendre mémoire, joints à cette grande charité qui fait que Votre Altesse Royale s'intéresse si fortement pour la cause des opprimés, sont autant de voix qui nous annoncent que, sensible à la froissure de Joseph, elle voudra bien nous accorder son puissant secours dans nos pressants besoins (1). »

D'une hauteur sans bornes quand il dicte des lois à des catholiques, le protestantisme en général, et celui de Montbéliard en particulier, obligé de s'incliner devant un adversaire politique et religieux, perd l'équilibre, tombe par terre et se livre à toutes les extravagances de la douleur pour amener les princes protestants à « jeter les yeux de leurs compassions » sur lui. La lettre précédente prouve encore une fois de plus la justesse de cette observation. Disons qu'elle trouva de l'écho. Le 7 janvier 1736, Frédéric-Guillaume, de Berlin, écrivit à son ambassadeur une lettre dont voici la substance :

Manuscrit du grand séminaire.

« Monsieur le chambrier, il y a quelque temps que je vous chargeai de prendre en mains les intérêts des ministres luthériens de la principauté de Montbéliard, par rapport à certains revenus dont ils sont privés depuis la mort de Léopold-Éberhard.... Ils réitèrent leur demande en détaillant les dangers auxquels par les ruses du clergé romain la religion protestante se voit exposée dans les quatre seigneuries. Ils demandent qu'on leur tende la main. » Le roi de Prusse recommande à son chargé d'affaires d'user dans cette négociation d'une prudence telle que personne ne pût s'apercevoir qu'aux pasteurs revenait l'initiative de ses démarches. « Il est à appréhender, disait-il, que si le clergé romain en prend le soupçon, il ne redouble ses efforts pour renverser la vérité et n'anéantisse tout ce que vous pourrez de bon (1). »

Dès le commencement de ce travail nous avons pu constater que les mesures exécutées dans les quatre seigneuries en faveur du catholicisme ont toutes été prescrites ou par les rois de France, ou par leurs intendants, et revendiquées par eux comme les effets de leur volonté. Le roi de Prusse ne l'ignorait pas. Aussi nous est-il permis de dire que s'il en attribua une part au clergé romain, c'était pour ne pas manquer l'occasion de satisfaire les sentiments qu'il éprouvait à son égard.

Ces ministres avaient déjà, le 18 juillet 1736, formulé une demande analogue à l'intendant, en le priant de lever le séquestre sur les revenus ecclésiastiques destinés à leur subsistance. Il leur fut répondu que les biens appelés ecclésiastiques n'étaient pas compris dans le séquestre et que les pasteurs en jouissaient comme dans le passé. C'est ce qu'aurait pu répondre le roi de Prusse.

L'occupation du comté par les Français allait cesser.

---

(1) Archives nationales, K 2190.

Dans les préliminaires de paix signés à Vienne, le 3 octobre 1735, il fut arrêté que la France restituerait les lieux qu'elle avait conquis et confisqués durant la guerre. Au mois d'avril de l'année suivante, les soldats français quittèrent la ville et le comté de Montbéliard et furent remplacés par cent bourgeois armés qui établirent des postes dans différents endroits de la place (1).

(1) Tuefferd, *Les Comtes souverains*, p. 626.

CHAPITRE V

Décision du gouvernement français relative à l'exercice du culte protestant dans les Quatre-Terres, 2 mars 1735. Son application par le rétablissement du catholicisme à Chagey, Seloncourt, Longevelle, Glay et Villars-lez-Blamont, 1740 à 1746.

Dans l'esprit du gouvernement français, il était décidé qu'on rétablirait le culte catholique dans la plupart des églises des Quatre-Terres. En 1735, d'Angervilliers, ministre de Louis XV, demanda à l'intendant de Franche-Comté si la tolérance du luthéranisme dans le pays était fondée sur quelques titres, engagements ou promesses. De Vanolles répondit que tous les traités de paix ayant rapport au comté de Bourgogne et au Montbéliard, tels que ceux de Westphalie, de Nimègue et de Ryswick, ne parlaient de la religion qu'en général et si l'on veut « appliquer ce qu'ils en disent aux Quatre-Terres, il faut commencer par déterminer dans quels États elles sont situées et conclure en conformité de ces traités que si elles sont dans le Montbéliard, la liberté de religion doit y être maintenue à cause de l'immédiateté de l'empire romain, stipulée en faveur du Montbéliard par le traité de Ryswick, au lieu qu'en les regardant comme situées en Franche-Comté et faisant partie de cette province, non seulement les traités de paix ne portent aucun engagement de la part de la France d'y souffrir le luthéranisme, mais l'exercice de toute autre religion y est expressément défendu par les anciennes ordonnances de cette province. » D'après l'intendant les quatre seigneuries étaient dans ce dernier cas.

De Vanolles ajouta que la Confession d'Augsbourg était tolérée en Alsace, parce que cette province faisait partie de l'Empire, mais qu'elle n'avait jamais été soufferte ni tolérée dans les autres États du roi d'Espagne, de qui Sa Majesté tenait la Franche-Comté et par conséquent les Quatre-Terres.

En terminant sa réponse il rappela au ministre que son prédécesseur et lui-même avaient défendu aux pasteurs de ces seigneuries de se comparer à ceux de Montbéliard, et blâmé leur manie de se considérer les uns et les autres comme formant la même Église.

Le ministre français reconnut la justesse du rapport de l'intendant. Le 2 mars, il lui écrivit à cet égard : « Sa Majesté a bien senti tout le droit qu'elle a d'empêcher dans les quatre seigneuries l'exercice de toute autre religion que de la catholique, mais comme elle a jugé que dans les circonstances présentes il ne convient pas de donner aucun prétexte au corps évangélique de former de nouvelles plaintes, il faut laisser les choses sur le pied où elles sont jusqu'à un temps plus favorable et se contenter de ne point remplacer les ministres qui viendront à mourir (1). »

Les quatre années qui suivirent cette décision n'apportèrent aucune modification à l'état religieux des Quatre-Terres. Il en fut autrement à la mort du pasteur Méquillet, de Chagey, arrivée le 23 novembre 1739. Montbéliard, qui connaissait les intentions du gouvernement français, se hâta de lui donner un successeur dans la personne de Jean Morel, diacre à Héricourt. Celui-ci alla immédiatement faire les offices luthériens dans l'église de Chagey et « prendre possession de la maison curiale (2). »

---

(1) Archives de la Haute-Saône, C 50.
(2) Id., E 270.

Dès ce moment, protestants et catholiques déployèrent tout leur génie, les uns pour conserver le pasteur nommé à Chagey, les autres pour y faire nommer un curé. Les religieux de Luxeuil, en qualité d'anciens collateurs de l'église du village, demandèrent à la cour de France la permission d'y présenter un curé. L'archevêque de Besançon, consulté par le cardinal Fleury, ministre de Louis XV, insista pour que cette église fût remise aux catholiques et que celle de Couthenans, qui en dépendait, fût laissée aux luthériens.

La régence de Montbéliard, pour amener la cour de France à confirmer la nomination du pasteur Morel, eut recours à toutes les voies que la diplomatie la plus intrigante et la plus infatigable ait jamais pu suivre pour arriver au succès de quelque négociation. Les deux plénipotentiaires du duc de Wurtemberg, à Paris, Fesch et de Keller, poursuivaient une affaire à côté de laquelle les autres, malgré leur importance, n'étaient que secondaires : il s'agissait pour eux de faire lever le séquestre mis sur les revenus des Quatre-Terres, après la mort de Léopold-Eberhard; néanmoins ils n'oublièrent pas leurs amis de Chagey. Voici ce que Fesch écrivit à cette occasion, le 4 janvier 1740, aux conseillers de la régence : « Messieurs, ayant communiqué avec M. de Keller au sujet de ce qui s'est passé pour le remplacement du ministre de Chagey, nous trouvons l'un et l'autre beaucoup de difficultés à toucher cette corde.... tant par rapport au cardinal, premier ministre, que l'ambassadeur et ministre de l'empereur qui prennent fortement notre parti pour ce qui regarde le temporel, n'étant pas naturel qu'ils en agissent de même pour le spirituel, contraire à la religion qu'ils professent. En attendant, soyez toujours sur le qui-vive à découvrir les intentions de ceux de Franche-Comté à cet

---

(1) Archives de la Haute-Saône, C 50.

égard et faites-nous en part pour en pouvoir faire usage en temps et lieu. » Cela fut inutile.

A la fin du mois, la question était tranchée en faveur des catholiques. Le 28 janvier 1710, Claude-Louis Briot, de Clerval, curé d'Héricourt, fut envoyé en cette même qualité à Chagey par Antoine-Pierre II de Grammont, archevêque de Besançon. Le 6 février, cette nomination, revêtue de l'autorité du roi de France, fut signifiée aux échevins de Luze et de Chagey, avec sommation de se conformer aux ordres du roi « sous peine d'être poursuivis comme réfractaires et désobéissants. » Il leur fut également enjoint de préparer la cure pour y recevoir le nouveau curé le mardi suivant, jour désigné pour la prise de possession.

Dès le 3 février, les conseillers de la régence connurent cette nomination. C'est à cette date qu'ils conseillèrent aux habitants de Chagey de se faire présenter, à l'arrivée du curé, les ordres de Sa Majesté ou du ministre, à défaut de quoi, de ne donner ni la clef de l'église ni celle de la cure. En même temps, ils prévinrent la cour de Stuttgard qu'ils avaient engagé les habitants des communes de Luze et de Chagey à empêcher le curé Briot d'occuper leur église (1). C'était insensé !

Montbéliard ne tarda pas à s'apercevoir que ses excitations à la révolte portaient leurs fruits ; aux protestants de Chagey vinrent se joindre, avec des intentions belliqueuses, tous ceux du voisinage. La régence comprit le danger d'un attroupement dont elle était l'auteur; elle essaya de le dissoudre en ordonnant aux habitants des cinq villages des bois (2) et à tous ceux de la principauté de se retirer de Chagey, sous les peines les plus sévères.

Dans cette commune on suivit le conseil de Montbéliard.

---

(1) Archives de la Haute-Saône, E 270. Titre allemand.
(2) Les cinq villages des bois étaient : Belverne, Étobon, Frédéric-Fontaine, Clairegoutte et Magny-d'Anigon.

Les habitants signifièrent à Briot qu'ils ne l'accepteraient pas sans avoir vu auparavant la décision du roi, à qui ils venaient d'envoyer une requête, le priant d'agréer la nomination du ministre Morel. De leur côté, les membres de la régence écrivirent à Son Altesse pour la conjurer d'appuyer la demande des habitants de Chagey, dans l'intérêt d'une religion qui « attachait particulièrement les sujets des quatre seigneuries à la sérénissime maison de Wurtemberg. »

Le curé Briot ne tint pas compte de la communication qu'on lui avait faite. Le 9 février, accompagné des curés de Banvillars, de Bavilliers et des officiers d'Héricourt, il arriva à Chagey, déclarant aux échevins qu'il venait prendre possession de l'église et de la cure de ce village. Il lui fut répondu qu'on ne lui en donnerait les clefs que sur les ordres exprès du roi.

Les conseillers comprirent qu'ils avaient fait une mauvaise action. Dès le lendemain, de bon matin, ils envoyèrent à Paris l'avocat Goguel. Rien ne fut oublié pour assurer le succès de son voyage. Le 18 février, Charles-Frédéric écrivait à la régence : « Nous avons chargé notre ambassadeur près la cour de France de soutenir l'avocat Goguel. » Le même jour, cet ambassadeur donnait aux conseillers de Stuttgard l'assurance qu'il ferait toutes les démarches nécessaires dans l'intérêt des protestants de Chagey.

A Montbéliard on eut recours dans le même but à toutes les intrigues possibles. Il y avait en ce moment à Chagey un haut-fourneau, séparé de la grande partie du village par la Luzine, et une forge qui se trouvait sur la route de Chenebier, à un quart d'heure de Chagey. Les familles catholiques qui travaillaient soit dans ces usines, soit dans les bois voisins, avec celles qui habitaient Genéchier, hameau appartenant à Chagey, étaient au nombre de quarante à cinquante. Pour les conseillers de la régence, les gens de cette espèce ne méritaient pas d'église, *n'étant que de simples ouvriers rentés par mois* et n'ayant pas d'établissement fixe, de sorte que, à leur avis, la chapelle que les fermiers du séquestre avaient établie dans les bâtiments de la forge suffisait à la dévotion de ces catholiques. Le croirait-on? les plénipotentiaires wurtembergeois en cour de France durent faire valoir cette considération pour empêcher, s'il était possible, l'envoi d'un curé dans la paroisse de Chagey. Ce n'était pas flatteur pour les ouvriers.

Pendant que cette affaire se débattait en haut lieu, à Montbéliard, à Héricourt et à Chagey, on vivait dans des transes continuelles causées par différents récits. Un jour on racontait qu'un professeur de théologie « adroit et insinuant » avait été envoyé à Paris par l'archevêque. Un autre jour, et ceci était de mauvais augure, on disait que l'avocat Goguel parlait du simultané pour Chagey. Peu après on venait affirmer que le roi de France était dans l'intention de donner l'usage de l'église aux seuls catholiques, ce qui mettait le trouble dans le cœur des protestants. A la fin chacun sut à quoi s'en tenir. Le 2 mai, le pasteur d'Héricourt avertissait Bouthenot, conseiller de la régence, que Sa Majesté donnait au curé Briot la cure de Chagey et tous les revenus qui y étaient attachés. Voici la teneur de l'ordonnance portée à cet égard le 14 avril :

« Sa Majesté ayant vu l'acte signifié au nom des habitants et communauté de Chagey, le 8 février dernier, aud. sieur Claude-Louis Briot, pourvu par collation du sieur archevêque de Besançon de la cure dud. lieu pour s'opposer à sa prise de possession jusqu'à ce qu'il eût plu à Sa Majesté lui faire savoir sur cela ses intentions, et Sa Majesté voulant que lad. collation sorte son plein et entier effet, Elle ordonne et enjoint aux habitants de lad. communauté de Chagey de reconnaître led. sieur

Briot en la qualité de curé, sans le troubler, ni permettre qu'il soit troublé, sous quelque prétexte que ce soit, dans les fonctions et prérogatives et droits affectés à lad. qualité sous peine de désobéissance. Mande et ordonne Sa Majesté au sieur duc de Duras, commandant en chef dans son comté de Bourgogne, et au sieur de Vanolles, intendant en la province, de tenir la main et s'employer chacun en ce qui le concerne à l'exécution du présent ordre.   Louis. »

Cette ordonnance, malgré sa précision et sa clarté, ne parut aux conseillers de la régence qu'une pièce suspecte. La manière et les termes dont elle était rédigée ne leur permirent pas de la reconnaître pour l'œuvre du roi de France. Au pis aller, elle ne pouvait être que l'effet de la surprise, parce qu'elle gardait le silence sur la requête des habitants et sur le simultané. De là on voulut continuer l'opposition. Le 2 mai, quand la maréchaussée de Baume vint signifier aux protestants de Chagey les ordres du roi, tous, réunis autour de l'église, refusèrent de s'y soumettre et de recevoir le curé. Y eut-il dans la circonstance des paroles d'insulte ? Les cavaliers l'affirmèrent. Aussi pour empêcher dans l'esprit de Duras l'accès d'impressions trop fâcheuses, les membres de la régence envoyèrent précipitamment deux hommes lui exposer l'incident à leur manière et le prier de surseoir à l'exécution de l'ordre royal. Ils furent peu satisfaits, paraît-il, car dès ce moment ils changèrent de tactique en demandant le simultané : c'était la planche de salut qui pouvait tout sauver. « Car la religion protestante une fois éteinte, écrivaient-ils à leurs ambassadeurs à Paris, on verra cesser l'attachement des sujets des seigneuries à la sérénissime Maison de Wurtemberg. C'est ce qui doit animer de plus en plus votre piété et votre zèle pour vous intéresser à sa conservation. »

A la suite de l'exploit du 2 mai, une nouvelle requête au roi fut jugée nécessaire. Les habitants représentèrent au monarque l'abattement et la consternation où ils étaient, lui exposèrent que ses ordres « avaient fait couler de leurs yeux des torrents de larmes qu'ils ne pourraient arrêter s'ils ne comptaient sur la bonté de Sa Majesté. »

Afin d'assurer le succès de cette demande, deux hommes, l'un de Chagey, l'autre de Luze, furent délégués pour la porter au roi : « Entreprise un peu hardie pour deux pauvres manants qui n'ont jamais guère passé les limites de la seigneurie d'Héricourt.... qui ne sont guère propres qu'à exciter la pitié. Plût à Dieu que ceux à qui ils ont affaire en fussent susceptibles. » C'est ainsi que la régence, le 12 mai, parlait de cette ambassade à son chargé d'affaires. A cette même date, l'ambassadeur Fesch écrivait de Paris à la cour de Stuttgard « que dans la conférence des ministres étrangers, tenue avant-hier chez M. Amelot, il a demandé raison à ce dernier de l'ordre soi-disant royal, concernant l'enlèvement de l'église de Chagey. M. Amelot répondit qu'il ne savait pas si un tel ordre avait été donné, ou si une résolution de ce genre avait été prise. Cependant il ajouta que dans le cas où le roi aurait pris une semblable résolution, il ne voyait pas ce qui pourrait l'empêcher de la mettre à exécution, vu qu'il est le maître en son royaume et qu'il peut y agir comme bon lui semble. »

Le 18 mai, nos deux hommes de Luze et de Chagey, arrivés au terme de leur chemin, n'eurent rien de plus empressé que de voir les ambassadeurs du duc de Wurtemberg, à qui on les avait adressés. L'un des plénipotentiaires, en les voyant entrer chez lui, ne put refouler certains sentiments d'inquiétude, car on lui avait dit la veille, à la cour de France, que « quelques habitants de Chagey se trouveraient très mal de s'être opposés à l'exécution des ordres du roi, » lors même que « l'on n'ignorait pas que c'était la régence de Montbéliard qui leur donnait ces mauvais conseils. » Craignant que nos deux envoyés ne fussent « fourrés dans un cachot, » Fesch leur conseilla de ne pas se faire voir à la cour. « Pareilles gens, écrivit-il plus tard, ne peuvent s'y présenter que munis d'une lettre de l'intendant. » Lui-même se chargea de présenter au ministre du roi la requête dont ils étaient porteurs. En attendant la réponse, tous deux se tinrent cachés dans quelque coin de la capitale, sans parler à âme qui vive du motif de leur voyage. Au retour de leur mission ils avouèrent ingénument qu'ils n'avaient rien fait, mais que néanmoins il fallait espérer.

Quant aux ambassadeurs, ils ne cessèrent de harceler les ministres français, tant pour plaider la cause des luthériens de Chagey, que pour effacer les impressions défavorables produites à la cour par la révolte de leurs coreligionnaires (1).

Les ministres français agirent dans cette affaire avec une prudence consommée. Afin de résoudre d'une manière pertinente les objections que la régence de Montbéliard soulevait contre la décision prise par la France au sujet de Chagey, le marquis de Breteuil demanda à de Vanolles des renseignements concernant la religion des Quatre-Terres. Au mois de juin il reçut de cet intendant un mémoire qui fit un jour complet dans son esprit et le détermina à ne rien changer dans ce qu'il avait résolu à l'égard de Chagey. A ce mémoire était jointe la copie d'un acte, daté du 4 mai, par lequel les habitants de Luze se déclaraient étrangers à l'acte accompli, le 2 mai, dans le premier de ces villages, et désapprouvaient leurs voisins dans leur conduite à l'égard du curé nommé. Ceci n'était que le résultat de la peur.

Le marquis de Breteuil rendit compte de tout au roi, et, conformément aux ordres de son maître, il adressa, le 12 août, la lettre suivante à l'intendant :

« Monsieur, j'ai rendu compte au roi des deux lettres que vous m'avez fait l'honneur de m'écrire, le 22 du mois dernier,

---

(1) Archives de la Haute-Saône, E 270.

et du mémoire qu'elles accompagnaient, à l'occasion de ce qui s'est passé dans les paroisses de Chagey et de Seloncourt. Les éclaircissements qu'il contient sur l'état actuel des différentes paroisses dépendantes des quatre seigneuries d'Héricourt, Blamont, Clémont et Châtelot, séquestrées sur la succession du feu prince de Montbéliard, et sur ce qui s'est passé depuis l'an 1700, en exécution des ordres que le feu roi donna pour lors de rétablir les curés à la place des ministres luthériens qui s'y étaient introduits de l'autorité des ducs de Wurtemberg, seigneurs particuliers des quatre seigneuries, pendant que le comté de Bourgogne était sous la domination de l'Espagne, fortifient de plus en plus la résolution où est Sa Majesté de se conduire, à cet égard, dans les mêmes principes que son bisaïeul.

« Les lois fondamentales du comté de Bourgogne n'y permettent l'exercice d'aucune autre religion que la catholique ; elles doivent, sans difficulté, avoir leur exécution dans les paroisses des quatre seigneuries qui en font partie. Plusieurs paroisses sont déjà pourvues de curés ; et si, dans les autres paroisses situées dans le comté, il est encore des ministres, c'est par pure tolérance qui a dû cesser lors du décès de ceux qui étaient en place en 1700, d'autant plus que, n'ayant point été agréés par les souverains, ils ne peuvent être regardés que comme des intrus. Sa Majesté cependant, toujours portée à user des voies de douceur pour ramener ses sujets à une religion qu'ils n'ont abandonnée que par l'autorité, veut bien ne pas faire tout à la fois un changement général, mais elle veut absolument qu'à mesure qu'un ministre viendra à manquer, on lui substitue un curé ; les paroisses de Chagey et de Seloncourt sont actuellement dans ce cas. M. l'archevêque de Besançon a nommé à la première ; mais le curé s'étant présenté pour en prendre possession, les habitants s'y sont opposés, sans égard aux ordres réitérés qui leur ont été notifiés au nom de Sa Majesté. Il faut commencer par les faire exécuter ; et comme il ne conviendrait pas de laisser l'autorité plus longtemps compromise, je mande à M. de la Tour de Mance de vous donner, sur la réquisition que vous lui en aurez faite auparavant, un détachement de sa garnison pour accompagner le curé dans la prise de possession de l'église et du presbytère et l'y faire recevoir. Cet exemple suffira, à ce que je pense, pour mettre les gens de Seloncourt à la raison. En tout cas, on les obligera à obéir par la même voie ; ce sera à vous de choisir l'officier de justice qui sera chargé de dresser le procès-verbal de ce qui se passera à cette occasion. A l'égard des revenus affectés à ces cures, comme vous me marquez qu'ils sont déposés dans une caisse particulière du séquestre, la subsistance de ces nouveaux curés se trouvera naturellement établie. BRETEUIL (1). »

Le gouvernement français, jusqu'alors si calme en face de la double révolte des habitants de Luze et de Chagey, se décida enfin à l'action. Le 24 août, l'intendant, conformément aux ordres précédents, adressa à Bassand d'Anteuil l'ordonnance suivante :

« Nous, intendant, avons commis et commettons le sieur Bassand d'Anteuil, conseiller du roi, lieutenant général au bailliage de Baume, pour se transporter aud. lieu de Chagey, mettre et installer le sieur Briot en possession de lad. cure, église et presbytère, appartenances et dépendances, même pourvoir à ce qu'il ne lui soit fait aucun obstacle ni empêchement dans ses fonctions et résidence aud. lieu, et l'y faire reconnaître, obéir et entendre, comme au seul vrai et unique curé, aux prérogatives lui appartenant en cette qualité : ordonnons à l'exempt, commandant la brigade de maréchaussée résidante en lad. ville de Baume et à deux cavaliers de lad. brigade, d'accompagner le sieur d'Anteuil pour lui prêter main-forte et suivre ce qui lui sera par lui

---

(1) *Montbéliard agrandi*, p. 311.

ordonnné dans l'exécution de lad. commission; et aux échevins et habitants dud. lieu de Chagey de recevoir et loger tant le sieur commissaire que led. exempt et cavaliers, et de leur faire fournir, en payant sur le pied des troupes, tout ce qui leur sera nécessaire pendant le séjour qu'ils y feront.

« Fait à Besançon, le 24 août 1740.

« De Vanolles (1). »

Le 24 août, il fut enjoint aux échevins de Luze et de Chagey de préparer tous les vivres nécessaires à la subsistance des soldats. Mais dans ces villages on songea à tout autre chose. Parmi les habitants, les uns s'empressèrent de cacher les provisions du ménage; les autres, en petit nombre, comme nous l'apprend l'enquête qui suivit le drame que nous allons raconter, parcoururent les villages voisins, recrutant des hommes de bonne volonté, capables de fortifier la résistance aux ordres du roi. Au fond leur intention n'était pas de repousser la force par la force, nous croyons plutôt qu'ils voulaient, par la vue d'un grand rassemblement d'hommes, prêts à en venir aux mains, intimider l'autorité française, et l'amener à composer avec eux.

Dès le 25 août, les protestants entourèrent l'église de Chagey. On en comptait de tous les villages de la seigneurie d'Héricourt et de celle d'Étobon; la ville de Montbéliard avait fourni elle-même son petit contingent de guerriers. Dans les rangs de la foule se trouvaient quatre ministres luthériens. Cependant cette journée, comme celle du lendemain, se passa sans exploit. Le 27 au matin, tout le monde était à son poste, attendant d'un pied ferme les soldats français. Cinq à six cents personnes, tant hommes que femmes, les premiers armés de fusils, de pistolets, de bâtons, de pierres, occupaient les abords de l'église et de la

(1) Archives de la cure de Tavey.

cure, les vergers et les chènevières situés au-dessus de ces deux édifices. Ce fut de cette position dominant de beaucoup la place où devaient bientôt s'arrêter les soldats français que nos opposants virent arriver, vers les huit heures du matin, le détachement qui venait, par ordre du roi de France, rétablir le culte catholique dans la paroisse de Chagey.

Une fois arrivé en vue de ses adversaires, le commandant Grassin fit arrêter sa troupe pour se disposer à remplir sa mission. A son ordre, une avant-garde, composée d'un lieutenant et de dix hommes, ayant la baïonnette au bout du fusil, se dirigea sous sa conduite vers le peuple. Après quelques pas, elle fit halte. En ce moment le bailli d'Héricourt alla de la part du commandant parlementer avec les luthériens et les engager à la soumission. Tous répondirent qu'ils voulaient mourir pour la défense de leur église.

En apprenant cela le commandant fit avancer l'avant-garde d'environ vingt ou trente pas. De là, découvrant une multitude d'hommes et de femmes qui leur jetaient des pierres, les dix soldats qui la composaient présentèrent « les armes, prêts à faire feu sur ces mutins pour les engager à se retirer (1). »

(1) Les Notaux de la mairie de Montbéliard donnent un récit faux de cette circonstance de la bataille de Chagey. « Quelques paroissiens, disent-ils, qui se trouvaient sur la place publique, demandèrent les ordres du roi et déclarèrent qu'ils étaient prêts à s'y soumettre. On leur répondit que les ordres étaient au bout des fusils et là-dessus on fit feu sur eux. » Cela n'est pas même vraisemblable. Voici la vérité :
Deux jours après cet événement, les conseillers écrivirent à Son Altesse : « Il arriva que dans la foule et le tumulte l'un des officiers fut atteint légèrement d'une pierre jetée par quelque enfant, et un autre d'un bâton dans le dos, ce qui anima tellement cette troupe déjà en furie qu'elle commença tout de suite à faire feu. » (Archives de la Haute-Saône, E 270.) D'après ce récit, les habitants de Chagey auraient été légèrement agresseurs; c'est déjà un com-

C'est alors qu'une bande qui stationnait dans le chemin longeant l'église et une seconde placée sur le cimetière s'avancèrent contre les soldats, et « le chef des rebelles, » Pierre-Antoine Bouteillier, ne fut pas plus tôt à la portée de M. Lebrun, chef de l'avant-garde, qu'il lui déchargea un coup de bâton ferré sur la tête. « Comment! tu frappes mon officier? » s'écria le sergent, lequel en même temps, d'un coup de fusil, fit tomber ce téméraire à côté du lieutenant « qui saignait à la tête et chancelait du coup qu'il avait reçu[1]. »

A peine le sergent eut-il tué Bouteillier qu'il reçut un coup de pierre à la tête. Le lieutenant, revenu à lui-même, tua aussitôt celui qui l'avait jetée. Alors la foule qui était sur le cimetière envahit les vergers avec des intentions visiblement agressives. A cette vue, le sergent cria à haute voix : « Face à droite, feu! grenadiers. » Une décharge d'environ vingt-six coups de fusil blessa vingt et une personnes et en tua encore trois. Six coups de pistolet furent tirés par les luthériens qui étaient dans les vergers ; un seul homme fut blessé. Trois pierres furent également jetées du même endroit, mais pas un soldat n'en fut atteint. « Malgré le feu, les paysans assaillirent vivement la troupe et tentèrent de se saisir des fusils dont elle était armée ;

mencement d'hommage à la vérité. Pour le compléter, consultons le procès-verbal de l'enquête que l'on fit à la suite de cette malheureuse journée. Georges Tisserand, maire de Coisevaux, liait des gerbes dans les champs, le 27 août 1740, lorsque « quantité d'habitants du village de Tremoins » revenant de Chagey, vers dix à onze heures, lui dirent « qu'un particulier dudit lieu ayant assailli d'un coup de tricot sur la tête l'officier qui commandait l'avant-garde du détachement, l'avant-garde aurait fait sa décharge ; que c'était le coup de tricot qui avait fait tout le mal »

Mêmes dépositions pour le fond de la part de Pierre Maillot, de Bussurel, et de Daniel Georges, de Brevilliers. (Archives de la cure de Tavey.) L'offensive, comme on le voit, ne vint pas des soldats français, mais bien des protestants. Le récit des Notaux est donc faux.

[1] Relation de Georges Juliard, curé de Villers-le-Sec, canton de Baume, témoin des actes accomplis dans cette funèbre journée.

elle s'en défendit par les baïonnettes et les sabres, en se retirant sur le gros des compagnies dont il y a eu quatre grenadiers blessés(1). »

De Grassin reçut un coup de pierre au moment où il faisait cesser le feu. Ayant voulu tirer un coup de fusil sur celui qui l'avait blessé, son arme rata, mais de suite il défendit aux soldats de tuer son agresseur. Au même instant parut une femme percée d'une balle, écumant de rage, marchant contre les soldats et menaçant de les battre. On la fit conduire chez elle, où elle expira trois heures après.

Le bailli d'Héricourt, sur les ordres du commandant, alla parlementer une seconde fois avec les habitants de Chagey et les supplier de se soumettre au roi de France. On lui répondit comme la première fois.

De Grassin, pour épargner l'effusion du sang, remit au maire de Chenebier, témoin de cette lutte, une lettre de la Tour « pour la porter et la faire lire à ces mutins et les engager à la soumission, mais ils refusèrent de la recevoir et continuèrent à jeter des pierres, à tirer des coups de pistolet et de fusil (2). »

La troupe entière alors s'avança, la baïonnette au bout du fusil, sur le cimetière et vers l'église. Ce mouvement s'exécuta avec tant de célérité que la multitude se dissipa. Ouvrir les portes de l'église barricadées à l'intérieur, faire monter quatre hommes au clocher pour observer les allées et les venues du peuple, fut l'affaire d'un instant. Le commandant ayant placé un corps de garde sur le cimetière, entra à la cure, d'où le ministre était parti aux premiers coups de fusil, avait traversé la Luzine et gagné les bois. Une fois qu'il se fut prémuni contre toute espèce de sur-

---

(1) Déposition de Jacques de Tartarin, d'Argentville, capitaine.
(2) Déposition du commandant. Voir Pièces justificatives, n° IV.

prises, il fit appeler les maires et les échevins de Luze et de Chagey et leur ordonna de trouver des vivres pour les soldats. Cela fait, on alla reconnaître les morts, au nombre de cinq : Pierre-Antoine Bouteillier, le vieux; Pierre-Antoine Bouteillier, le jeune; Pierre Dormois, de Chagey; Jean-Nicolas Vuillot et Jacques Dormois, de Luze. Le commandant ayant défendu de les enterrer à Chagey, les uns furent inhumés à Couthenans, les autres à Échenans-sous-Montvandois.

Le samedi, dans l'après-midi, on prépara à l'église tout ce qui était nécessaire pour y célébrer la sainte messe le lendemain. Pendant ce temps-là, le lieutenant de Baume ordonna aux maires et aux échevins des deux villages de faire comparaître devant lui, à six heures du soir, tous les habitants de Luze et de Chagey, retirés alors dans les bois. Tous à peu près firent défaut. Alors Bassand d'Anteuil remit la réunion au lendemain, à sept heures du matin, déclarant que ceux des habitants qui ne se présenteraient pas seraient punis comme rebelles au roi.

Le dimanche de bon matin (1), le curé de Chagey, aidé de celui de Villers-le-Sec, dressa un autel au milieu du chœur, puis réconcilia l'église et le cimetière. On célébra ensuite quelques messes. La dernière avait été dite le 29 août 1565. Cent soixante-quinze ans après, à un jour de différence, la grande Victime du Calvaire y était de nouveau immolée. Si

(1) En rentrant à l'église le lendemain, les curés n'y trouvèrent plus ni la chaire à prêcher, ni la petite loge à claire-voie placée au bas des degrés et où se tient le pasteur pendant une partie de l'office. Étonné de cette disparition, le curé de Villers demanda aux grenadiers ce qu'étaient devenus ces objets. L'un répondit : Une chaire de menterie comme celle-là était méritait-elle autre chose que le feu ! Je l'avons brûlée cette nuit avec le confessionnaire du ministre. Mais, Monsieur, dit le même grenadier au curé de Villers-le-Sec, les chaires des ministres sont noires, d'où vient cela ? « Hé ! b.... de bête, répondit un autre, ces chaires-là portent le deuil de la vérité ! »

tous les catholiques qui avaient assisté à la dernière messe avec l'émotion d'une profonde et amère douleur avaient pu secouer la poussière du tombeau, avec quelle allégresse ils auraient fait retentir en ce jour les accents du *Gloria in excelsis* et du *Credo!* A ce moment, leurs descendants, victimes involontaires et inconscientes du luthéranisme, étaient plongés dans la plus grande terreur « pour avoir osé lever la main contre les troupes du roi. » Rassemblés, dès les sept heures du matin, devant Bassand d'Anteuil, ils consentirent à implorer la clémence du roi et à prendre tous les engagements exigés par Sa Majesté en pareilles circonstances. L'acte de leur soumission était à peine rédigé que la grand'messe vint à sonner. Le lieutenant y assista avec une foule de catholiques des villages voisins. En son absence et conformément à son désir, le curé de Villers-le-Sec fit signer aux hommes de Luze et de Chagey la pièce écrite par Bassand.

C'est alors qu'eut lieu une scène émouvante ; elle arracha les larmes de celui qui en fut témoin. Quand les protestants se virent seuls avec ce prêtre, ils se jetèrent à ses genoux, le suppliant de les protéger. Mais bientôt ils se relevèrent après avoir entendu les paroles les plus rassurantes.

Une fois la messe dite, Bassand d'Anteuil vint retrouver les habitants de Luze et de Chagey, qu'il congédia lorsqu'il eut constaté que tous avaient signé. Cette journée se termina par le chant des vêpres et celui du *Te Deum*.

Pendant que se déroulaient toutes les suites de cette affaire, les conseillers de Montbéliard, ayant conscience de la part qu'ils y avaient prise, essayèrent de faire croire à leur innocence en publiant à la date du 28 août, dans toutes les terres de la souveraineté, un édit par lequel il était défendu à tous les sujets du prince de se mêler ni directement ni indirectement des affaires de Chagey. Personne ne fut dupe de leur zèle. Les pasteurs présents à Chagey dans la matinée du 27 août se hâtèrent de gagner le comté, dans la crainte de poursuites bien méritées; mais, sur les représentations qu'on leur fit sans doute, ils rentrèrent immédiatement dans leurs paroisses.

Le lundi, une croix fut placée au cimetière et une potence à l'endroit le plus élevé du village; les jours suivants, neuf autres croix furent érigées tant à Luze qu'à Chagey. Cela fait, on voulut savoir sur qui retombait la responsabilité de cette déplorable affaire. Une enquête fut ordonnée par l'Intendant. Bassand d'Anteuil entendit vingt-neuf témoins pendant trois jours (1). En envoyant le procès-verbal de ses informations, il ajouta : « Vous ne trouverez pas une preuve bien entière du complot de la rébellion et de ceux qui l'ont excitée, le peu de temps que j'ai eu ne m'a pas permis de faire une plus ample recherche, et j'ai eu bien de la peine, en tournant et retournant les témoins de tous les côtés, d'en tirer ce qu'ils ont dit dans leurs dépositons, dans la crainte où ils étaient de se compromettre et de compromettre avec eux leurs frères et leurs ministres. » De Vanolles, de son côté, écrivait au marquis de Breteuil en lui communiquant une copie de l'enquête précédente : « Vous y verrez que les témoins, presque tous luthériens, n'ont parlé qu'à demi du complot qui avait été formé non seulement parmi les luthériens de Chagey, mais encore parmi ceux de la plupart des autres villages des Quatre-Terres et du comté de Montbéliard, de résister ouvertement aux troupes qu'ils savaient qu'on y faisait marcher; mais qu'il y en a cependant assez pour constater cette mutinerie préméditée et qu'elle était conseillée par les ministres, tant dans leurs prêches publics que dans leurs entretiens particuliers, et aussi par les gens de Montbéliard (2).

---

(1) Voir Pièces justificatives, n° IV.
(2) Archives de la cure de Tavey.

Le 1er septembre, le curé prit possession de la paroisse, selon toutes les règles prescrites par le rituel, en présence du corps des officiers, des maires et des échevins de Luze et de Chagey. Bassand d'Anteuil ayant appris que la coupe que l'on employait à l'administration de la cène était le même calice qui avait autrefois servi à dire la messe, la fit remettre entre les mains du curé (1). On reconnut avec satisfaction que la cloche était antérieure au protestantisme. Elle portait encore les effigies de la sainte Vierge tenant l'Enfant Jésus, de saint Michel et de saint Martin, patron de la paroisse. Entre chaque effigie étaient ces mots : *Te Deum laudamus* (2).

Le vendredi, les soldats quittèrent Chagey, emmenant avec eux onze otages pris dans les villages de la seigneurie. Un seul, regardé comme l'auteur de la rébellion, fut mis en prison ; les autres purent circuler dans l'enceinte de la ville de Besançon. Malgré cette liberté relative, tous étaient impatients de rentrer chez eux. Souvent le curé de Chagey intervint en leur faveur. Sa dernière lettre à Monseigneur de Philadelphie est datée du 16 octobre. Elle sollicitait le crédit du prélat pour la mise en liberté d'un otage de Chenebier, Jean-Pierre Jeanmaire (3).

Si à Chagey le calme se rétablit un peu, en revanche la cour de Stuttgard s'agita auprès des ambassadeurs des différentes puissances, afin de les engager à intervenir pour le rétablissement de l'ancien état de choses à Chagey. Tout fut

---

(1) Ce calice, qui était doré, portait sur le pied l'inscription suivante en lettres gothiques : Ce calice appartient à la paroisse de Chagey.

(2) A la partie supérieure de la cloche on lisait : Je fus faite par Martin (nom illisible), l'an mil cinq cent vingt cinq.

(3) Étaient otages : Jacques Tournu ; Pierre Pillot, de Chagey; Jean-Jacques Nocher, de Luze ; Georges Tisserand, maire de Coisevaux; J.-B. Melluey ; J.-Urbain Canel, de Bians; J. Monnier, de Trémoins ; le maire de Bussurel; Jeanmaire, de Chenebier, etc.

inutile. Les protestants du village durent se résigner à fréquenter le temple de Couthenans.

Les conseillers de la régence, de leur côté, vivaient dans de mortelles inquiétudes, s'attendant à un coup imprévu de la part de la France. Fesch, ambassadeur wurtembergeois, fut chargé de sonder, à cet égard, les intentions du ministre français. Il lui dit, le 20 septembre, « qu'on préparait une inquisition audit Chagey contre les conseillers du prince de Wurtemberg, et, pour amener par la ruse, les promesses et les menaces, les sujets à accuser ces conseillers ou au moins à les rendre suspects d'avoir été les seuls qui auraient provoqué ces habitants à leur rébellion, qu'on se serait entendu en différents endroits pour faire publier un décret de prise de corps contre lesdits conseillers, partout où l'on pourrait les surprendre. » La réponse du ministre de Louis XV fut de nature à les tranquilliser. « Nous ne savons rien de tout cela, dit-il, nous ne donnerons jamais de pareils ordres. »

S'il fut satisfait de cette parole, il n'en fut pas de même dans une autre circonstance. Un mois après, Fesch ayant représenté l'entreprise de Chagey et celle de Seloncourt, que nous allons raconter, comme étant toutes deux en opposition tant avec les traités de paix qu'avec les déclarations, il lui fut répondu : « Que le roi était maître et seigneur de ses terres et de ses sujets, que jamais dans les quatre seigneuries on n'avait rien promis pour ce qui concerne la religion, et que les traités de paix ne les regardaient pas (1).

Tout cela était vrai. Dès lors les rois de France, seigneurs

« On les chargea de chaînes, disent les Notaux, et on les obligea par les menaces de donner des déclarations contre le ministre Morel et les paroissiens de Chagey. Ceux qui refusaient de le faire étaient serrés à l'église qui leur servait de prison. Quelques-uns furent conduits aux prisons de Besançon, où ils restèrent détenus environ six semaines sans qu'on leur dît de quoi ils étaient accusés. » Les Notaux sont à côté de la vérité.

(1) Archives de la Haute-Saône, E 270. Titre allemand.

légitimes des Quatre-Terres, pouvaient y appliquer dans une mesure laissée à leur discrétion, une législation qui avait servi de prétexte aux princes de Wurtemberg pour arracher au catholicisme et courber sous le joug luthérien des sujets sur lesquels ils avaient usurpé la souveraineté.

Le rétablissement du culte catholique dans l'église de Seloncourt suivit de près les événements de Chagey. Jean-Nicolas Binninger, d'abord diacre à Héricourt, ensuite ministre à Montécheroux, puis à Seloncourt dès 1694, était mort le 22 mars 1740, âgé de soixante-dix-huit ans. Il n'eut pas de remplaçant. Bassand d'Anteuil, avant de quitter Chagey, avait mandé près de lui le maire et les échevins de cette première commune, afin d'apprendre de leur propre bouche quels étaient les sentiments des habitants touchant le changement qu'on se proposait d'établir dans le culte religieux. Le 5 septembre, il reçut, en conséquence de ses ordres, la déclaration suivante :

« Les maires, échevins et autres membres de la communauté du village de Seloncourt, terre de Blamont, assemblés en corps, délarent que ce fut de leur consentement et ensuite de délibération entre eux que leurs deux députés mandés en dernier lieu à Chagey répondirent à M. le lieutenant général de Baume qui leur demanda s'ils voulaient se soumettre à un curé, qu'ils auraient toujours une parfaite soumission aux ordres du roi, et que si tel était son ordre, ils ne pourraient s'y opposer ; c'est ce qu'ils ont l'honneur de répéter encore, suppliant en profond respect Sa Majesté que si son intention est de faire établir un curé à Seloncourt, quoique dans ce lieu il n'y ait de catholique que le seul fermier du comte de Coligny, par un effet de sa grâce et de sa clémence, elle veuille bien ordonner que la nef de leur église leur soit laissée. »

L'autorité française n'ayant pas trouvé cette déclaration satisfaisante en rédigea une autre, que les habitants ne voulurent pas signer. Cela n'empêcha pas l'archevêque de Besançon, Antoine-Pierre II de Grammont, de nommer à la cure de Seloncourt et de Bondeval Desle-François Larrère, de Raddon. Le 28 septembre, vers les huit heures du matin, ce prêtre, accompagné du curé de Blamont, du vicaire de Mandeure, de Parnin, notaire à Mathay, et de deux autres témoins, vint prendre possession de l'église et de la cure de Seloncourt. A son arrivée dans le village, tout le monde se tint à l'écart, excepté le maire, les échevins et deux autres particuliers, qui, après quelques pourparlers, lui donnèrent la clef de l'église; la veuve du ministre lui remit celle de la cure, où elle eut la permission de rester encore quinze jours.

On fixa au 9 octobre la réinstallation du culte catholique à l'église de Seloncourt. Ce fut pour tous les fidèles du voisinage un jour de fête et d'allégresse; de tous côtés ils voulurent y prendre part. Après la bénédiction de l'église, le nouveau curé chanta la messe, celui de Blamont prêcha. A la fin de son discours, où il rappela les violences dont les catholiques avaient été autrefois victimes, appliquant fort à propos à la circonstance les sentiments des patriarches relatifs à la venue du Messie, l'orateur s'écria : Combien de catholiques ont désiré voir ce jour et ne l'ont pas vu! S'ils avaient pu en effet sortir de leur tombe, ces vaillants catholiques de Seloncourt qui, après l'abolition de la messe au milieu d'eux, versaient des larmes au souvenir des solennités disparues, parcouraient processionnellement, en 1544, les rues du village tapissées de verdure, chantant, avec des accents qui trahissaient la douleur, nos hymnes de la Fête-Dieu, avec quels transports ils se seraient associés à la fête de ce jour! Bondeval faisait partie de la paroisse de Seloncourt. Son église, réconciliée le 16 novembre, revit, après un intervalle de cent soixante-dix-sept ans, l'offrande du sacrifice eucharistique.

A son arrivée, le curé Larrère retrouva encore quelques monuments du catholicisme ; il vit la croix au clocher de l'église, de même que sur plusieurs tombes du cimetière ; la voûte du chœur gardait encore l'image du gril de saint Laurent, patron de la paroisse. A Bondeval était l'ancien tabernacle sur la porte duquel on voyait un bas-relief de la sainte Vierge, patronne de ce village, sous le titre de l'Assomption ; la croix était également au clocher ; la pierre du maître-autel gisait en morceaux, l'un d'eux servit à faire le bénitier de l'église de Seloncourt.

Le rétablissement du culte catholique dans ces villages nécessitait des dépenses qui dépassaient de beaucoup les ressources des quelques fidèles de la paroisse. L'archevêque de Besançon fit, en faveur de cette œuvre, un appel à la charité de ses diocésains. Dans un mandement, daté du 1er novembre 1740, il disait :

« Le roi vient de nous accorder le rétablissement des curés et de l'exercice de notre sainte religion dans les églises de Chagey, Seloncourt et Bondeval. Nous venons d'y nommer des pasteurs ; ils sont en possession de ces églises, ils y offrent déjà l'auguste sacrifice de nos autels ; les sources de la grâce si longtemps fermée y sont rouvertes, la vérité y prend la place de l'erreur, on y conserve et on distribue le vrai pain de vie et nous ne croyons pas que les saints, anciennement inhumés dans ces temples, puissent être insensibles à cet heureux changement.... Mais ces églises, dont nous avons désiré la restitution avec tant d'ardeur, sont dans un état de pauvreté et d'indécence qui seraient l'opprobre de la religion si nous les y laissions plus longtemps ; il n'y reste que des murs absolument nus et presque en ruine ; il y faut des calices, des vases sacrés, des tabernacles, des croix, des images, des livres, des linges, des habits sacerdotaux et des autres ornements.... Les catholiques y sont en trop petit nombre pour en attendre du secours, et nous n'en pouvons espérer que des pasteurs et des prêtres du diocèse (1). »

Chacun, paraît-il, se piqua de générosité pour cette œuvre sympathique à toute la Franche-Comté. Ces églises furent décorées et dotées des objets nécessaire au culte. Les administrations communales prirent part de force ou de gré à ces dépenses. Les habitants de Seloncourt s'engagèrent pour une période de dix ans à donner chaque année quatre-vingts francs au curé de la paroisse pour les besoins de l'église et du cimetière. Les frais du luminaire et le traitement du maître d'école étaient à part.

Le pape Benoît XIV applaudissait de tout cœur à la restauration du culte catholique dans les Quatre-Terres. Il félicita le roi de France de son zèle à cet égard par le bref suivant :

« Notre très cher fils en Jésus-Christ, salut. La vraie religion de Dieu, greffée en Votre Majesté et étendant si profondément ses racines en vous, porte chaque jour des fruits de plus en plus grands, pour la gloire de Dieu et l'utilité de cette même religion, comme il nous plaît d'en constater le fait en toute simplicité. Car notre joie a été indicible quand la nouvelle nous est parvenue que Votre Majesté avait décrété et expressément recommandé que les trois églises paroissiales de Chagey, Seloncourt et Bondeval, du territoire de Montbéliard et du diocèse de Besançon, devenues vacantes par la mort des ministres hétérodoxes, fussent rendues au pouvoir des pasteurs catholiques qui ont enfin commencé à y célébrer les cérémonies saintes et à nourrir le peuple fidèle de la grâce des sacrements. De quelle joie nous en avons été comblé! Vous pourrez mieux en juger vous-même que nous ne pouvons le dire, etc. (2).... »

---

(1) Bibliothèque de Besançon, Mandements épiscopaux.
(2) Mss. Duvernoy.

L'église de Longevelle-sur-le-Doubs ne devait pas tarder à s'ouvrir au culte catholique. Le pasteur de la paroisse, Macler, mourut le 26 octobre 1741. Sa place, d'après les dispositions de la cour de France, devait être occupée par un curé. Ce fut André Brocart, de Clerval, qui y fut envoyé. Le 30 novembre, à huit heures du matin, ce curé, accompagné du lieutenant général de Baume et d'une nombreuse suite de catholiques du voisinage, alla prendre possession de son poste. En arrivant dans la commune, le lieutenant mit pied à terre chez le maire du lieu, fit assembler les habitants et leur demanda s'ils étaient disposés à recevoir le curé qu'il leur amenait de la part du roi. Ceux-ci, encore pleins du souvenir des affaires de Chagey, répondirent qu'ils étaient bien obligés de se soumettre. Comme compensation ils sollicitèrent l'établissement du simultané. On rejeta leur demande.

Après cette entrevue, le lieutenant se transporta à la cure, où il trouva Vallet des Barres, diacre, originaire d'Héricourt, qui avait continué les exercices du culte protestant après la mort de Macler ; il lui ordonna, de la part du roi de France, de cesser ses fonctions dans l'église de Longevelle, et d'évacuer la cure. Le diacre demanda d'abord à voir les ordres du roi, puis sollicita le simultané et enfin la permission d'exercer ses fonctions dans une maison particulière et de garder un maître d'école. A toutes ces demandes l'agent français répondit que c'était une grande faveur que le roi permît aux protestants de Longevelle la célébration de leurs offices dans les églises du voisinage.

De la maison curiale le lieutenant se rendit à l'église ; il la trouva fermée. La serrure allait être forcée lorsque les habitants, dans la crainte de plus grands désagréments, apportèrent la clef de bonne grâce. On procéda à la prise de possession. Quand le procès-verbal fut rédigé, on demanda aux habitants de le signer ; chacun s'y refusa. En revanche ces gens firent toutes sortes d'observations et de réclamations touchant le rétablissement du culte catholique. A cela le lieutenant répondit invariablement que « Sa Majesté était libre de faire dans ses États tels changements qu'elle trouvait bons (1). »

L'archevêque de Besançon fit un nouvel appel à la généreuse piété de ses diocésains pour l'ornementation de cette église. Sa lettre est du 20 novembre 1741 : « Nous venons, disait-il, de recouvrer l'église de Longevelle, dont le ministre qui vient de mourir servait encore de pasteur aux luthériens de six villages voisins. Cette église nous avait été enlevée dès le même temps que les précédentes (Chagey, Seloncourt, Bondeval), profanée par les mêmes erreurs et par le même culte, mais elle se trouve dans les mêmes besoins de vases sacrés, de linges, d'ornements et de meubles d'église, pour lesquels nous n'avons que la même ressource, qui est celle de la charité et du zèle des catholiques. Nous y eûmes recours avec succès l'année dernière ; la Providence ne veut pas laisser refroidir les dispositions que vous nous marquâtes alors, et la récompense qu'elle vous en promet est de vous donner plus de bien à distribuer et plus de cœur à répandre (2). »

Vallet des Barres, en quittant Longevelle, se retira à Héricourt, d'où il desservit Lougres. Le 3 mai 1744, on lui défendit de continuer ce service. La régence de Montbéliard réclama contre cette défense. De Sérilly n'écouta rien ; il répondit que Vallet des Barres était « une tête échauffée, un homme qui parlait légèrement (3). » Ces paroles prouveraient que ce diacre avait blessé l'autorité française. L'année suivante, le même intendant défendit à Sahler, ministre de Beutal, et à tout autre « de s'immiscer à faire les fonctions de ministre

(1) Mss. Duvernoy.
(2) Bibliothèque de Besançon. Mandements épiscopaux.
(3) Archives du Doubs, E 751.

dans l'église de Beutal, jusqu'à ce qu'il ait plu à Sa Majesté d'en accorder la permission, à peine de cinq cents francs d'amende (1). » Cette défense n'eut pas de suite ; le temple de Beutal continua à être ouvert au culte luthérien. Personne, pas même l'intendant, ne devait outrepasser les ordres du roi.

Deux autres églises, celles de Glay et de Villars-lez-Blamont, desservies par le même pasteur, Charles Duvernoy, se rouvrirent au culte catholique, à la mort de ce dernier, arrivée le 29 octobre 1745. Deux mois après, le 28 janvier 1746, le lieutenant de Baume se rendit à Glay, vers l'heure de midi ; il était suivi de deux cents soldats, venus les uns de Blamont, les autres de Belfort. A la place du maire et des échevins que demanda le lieutenant de Baume, il ne vit arriver à lui « que deux hommes, des moindres du village, les autres s'étant réfugiés dans les lieux voisins. » On les y laissa tranquilles et les soldats français se logèrent dans les maisons des plus obstinés, où ils vécurent à discrétion. Les habitants rentrèrent immédiatement et se décidèrent à signer l'acte par lequel ils faisaient abandon de l'église et de la cure à Claude-François Convers, nommé curé de la paroisse.

Le jour même de l'arrivée du lieutenant, malgré l'heure avancée, le culte catholique fut inauguré dans cette paroisse par la célébration de nos saints mystères. La cérémonie s'accomplit en présence de nombreux fidèles accourus de différents côtés.

Le premier prêtre qui ralluma dans l'église de Glay la lampe éteinte depuis deux siècles fut Claude-François Convers, qui ne garda que peu de temps l'administration de cette paroisse. En 1750 il avait déjà pour successeur C.-P. Arnoux. Le ministre Flamand dit de lui : « Son zèle, dont

(1) Archives du Doubs, E 371.

il est comme rongé pour la religion catholique, ne lui permet pas de laisser tranquilles les protestants.... il voudrait faire absolument des prosélytes. Cependant il est assez traitable (1). » Nous verrons plus tard que les révolutionnaires de 1793, frappés de respect pour ce prêtre chargé d'années et de vertus, le protégeront contre un membre du fameux clergé national.

En même temps que l'archevêque Antoine-Pierre II de Grammont envoyait un curé à Glay, il y transféra le titre de cure, qui avait appartenu jadis à Meslières, et y attacha les biens de la fabrique de cette église, dont la commune se dessaisit après y avoir été condamnée par l'intendant de Beaumont.

Quant à Villars, où le maître d'école faisait des prières et des catéchisations depuis la mort du pasteur, le curé de Damvant en fut nommé administrateur. Cette paroisse n'eut de curé résidant qu'en 1780, après que le presbytère tombé en ruines eut été suffisamment réparé.

L'année qui précéda la réinstallation du culte catholique à Glay et à Villars, l'église de Montécheroux, par suite de la mort du pasteur Pierre Doriot, fut donnée aux seuls catholiques, à l'exclusion des protestants.

(1) Archives du Doubs, E 675.

CHAPITRE VI

Convention du 10 mai 1748. — Levée du séquestre. — Décision des avocats. — Les ministres rentrent dans les églises. — Ils en sont expulsés. — Lettre du 10 juillet 1749, non enregistrée par le Parlement. — Population catholique en 1748.

L'affaire qui depuis vingt ans exerçait plus que toute autre la sagacité des ambassadeurs wurtembergeois à Paris, obtint enfin un dénouement favorable aux intérêts des princes de Wurtemberg. Nous voulons parler de la levée du séquestre mis par la France sur les Quatre-Terres après la mort de Léopold-Éberhard. Le duc Charles-Eugène, voyant que ce régime se prolongeait sans profit pour ses peuples, prit le parti de se reconnaître vassal du roi de France pour les quatre seigneuries. C'est ce qui amena la convention du 10 mai 1748, signée à Versailles entre les plénipotentiaires du Wurtemberg et ceux de Louis XV.

Par l'article II de cette convention, le duc de Wurtemberg reconnut tant pour lui que pour ses successeurs la souveraineté du roi sur les seigneuries de Blamont, Clémont, Châtelot, Héricourt, Granges, Clerval et Passavant, situées dans le comté de Bourgogne, et sur celles d'Horbourg et de Riquewihr, situées en Alsace, s'engagea à prêter foi et hommage pour elles, quand il en serait mis en possession et à toutes les mutations qui pourraient arriver. De son côté Sa Majesté s'engagea à accorder l'investiture des sept seigneuries comme fiefs relevant du comté de Bourgogne.

En ce qui a trait à la question religieuse, voici ce que portait l'article III, que nous abrégeons :

« Il a été expressément convenu entre le roi et le Sérénissime duc de Wurtemberg que les lettres de Louis XIV, en date du 9 juillet 1707, seront maintenues dans leur force et vigueur, de sorte que les principes et les dispositions qui y ont été insérés en grande connaissance de cause continueront de servir de règles invariables par rapport à l'exercice des droits, de part et d'autre, dans les divers objets qu'elles renferment et spécialement pour ce qui regarde la tolérance et l'exercice de la religion luthérienne dans les quatre seigneuries contiguës au comté de Montbéliard ; bien entendu que ce qui a été fait de contraire aux principes contenus dans lesd. lettres sera réformé. Le Sérénissime duc de Wurtemberg promet pour soi et ses successeurs de n'avoir jamais recours à l'Empire pour les difficultés qui pourraient naître dans l'exercice des droits de Son Altesse Sérénissime dans lesd. terres et seigneuries, et de s'en rapporter entièrement à la justice et à la bienveillance de Sa Majesté et de ses successeurs ; les difficultés devant être décidées soit par les voies ordinaires de la justice, suivant l'exigence du cas, soit par les voies de communications entre l'intendant de la province de Franche-Comté et un des officiers du Sérénissime duc de Wurtemberg autorisé à cela. »

L'article IV ajoutait que Sa Majesté ferait régler à l'amiable, selon les droits et l'équité, les points auxquels on aurait contrevenu depuis les lettres de Louis XIV, du 9 juillet 1707. Il fut entendu que l'arrangement serait étudié et conclu entre l'intendant, autorisé à cet effet par le roi, et entre un des officiers de la régence de Montbéliard (1).

Pour ce qui se rapporte à notre étude, tels furent les points réglés dans la convention du 10 mai 1748, que les

---

(1) *Recueil des Édits de Bourgogne*, t. IV, p. 59.

protestants de notre pays accueillirent comme un triomphe et qu'ils voulurent mettre de suite à profit. C'est pourquoi, dit un manuscrit du temps, les agents du duc de Wurtemberg, fins et rusés, rassemblèrent un certain nombre d'avocats afin de les consulter sur l'étendue des droits que leur accordait cette convention. Nos hommes de loi « décidèrent que les luthériens étaient en droit de rentrer dans les églises et en possession des revenus de la recette ecclésiastique ; comme si des avocats étaient les interprètes des intentions du roi. Mais il y allait de leurs intérêts, ils tendaient à avoir des emplois de ce prince ou à être ses avocats, parce qu'on sait qu'il paie grassement. La décision des avocats fut bientôt publique, on en introduisit des copies à l'intendance, au parlement et partout ailleurs (1). »

A vrai dire, il n'y avait pas deux manières d'interpréter la convention de Versailles : tout ce qui, pendant la durée du séquestre, avait été établi à l'encontre des lettres de Louis XIV, du 9 juillet 1707, devait être réformé, mais seulement *après une entente, une discussion amicale entre les délégués des deux parties contractantes.* Cette restriction ayant échappé aux plénipotentiaires du duc de Wurtemberg, ceux-ci s'empressèrent de nommer et d'établir des pasteurs dans tous les endroits où on les avait supprimés pendant la durée du séquestre. C'est le 9 juillet qu'eurent lieu ces nominations. Le lendemain, l'autorité montbéliardaise prit possession de l'église de Longevelle, où elle installa, comme ministre, le sieur Sahler. Bourquin, curé de Clerval et doyen d'Ajoie, présent ce jour-là à Longevelle, ne put empêcher, malgré ses protestations, ce pasteur d'exercer ses fonctions de prédicant.

Le 11 juillet, dès les six heures du matin, les agents du prince arrivèrent à Seloncourt avec l'intention de s'emparer

---

(1) Mss. Duvernoy.

de l'église. Le curé de la paroisse était absent. Les catholiques, avertis assez tôt par celui de Glay des machinations protestantes, refusèrent les clefs. Les luthériens ne s'en émurent pas. En possession de trois douzaines de passe-partout, ils forcèrent les portes de l'église et installèrent le pasteur Masson. Quand ils eurent achevé cette besogne à Seloncourt, ils allèrent faire la même chose à Glay et à Villars-lez-Blamont. Dans ces deux endroits ils ne rencontrèrent aucun obstacle. Il n'en fut pas de même à Blamont, où ils se trouvèrent en face de la Tour de Mance, commandant de la place. Lorsqu'ils lui eurent fait connaître leur dessein : « Avez-vous des ordres de la cour ? » leur dit-il. Les agents du duc lui présentèrent la convention du 10 mai. La Tour de Mance leur fit observer qu'ils méconnaissaient un point de ce contrat, c'est que les difficultés devaient être réglées à l'amiable entre l'intendant de la Franche-Comté et un des officiers du Sérénissime duc de Wurtemberg. A des paroles aussi mesurées les commissaires protestants répondirent par la promesse de ne rien entreprendre avant que le roi se fût expliqué. Néanmoins les ministres, rétablis par suite de l'interprétation un peu hâtive du traité de Versailles, firent leur prêche à la porte des églises pendant cinq ou six semaines. Dans l'intervalle, le commandant de Blamont, ayant recueilli tous les procès-verbaux faits par les catholiques sur les dernières entreprises de leurs adversaires, les envoya à la cour de France [1]. La lecture de ces documents produisit un grand mécontentement dans l'esprit de tous les ministres. C'est l'impression qui ressort de la lettre que le comte d'Argenson écrivit, de la part du roi, à la Tour de Mance, en date du 4 août 1748 :

« J'ai reçu, Monsieur, votre lettre du 26 du mois dernier. Rien n'est plus irrégulier que la conduite des ministres

---

[1] Mss. Duvernoy, *Règne de Charles-Eugène.*

luthériens dans les paroisses dépendantes des seigneuries cédées par le roi à M. le duc de Wurtemberg. Il suffit que Sa Majesté, qui a incontestablement sur tout le pays le droit de souveraineté, n'y ait pas fait connaître ses intentions par rapport à la tolérance de la religion prétendue réformée, pour que les gens du pays, ni les agents de M. le duc de Wurtemberg, ne soient pas en droit de rien innover au dernier état où étaient les choses à cet égard, lorsque ce prince en a pris possession ; vous devez donc faire entendre à tous ceux qui ont eu part aux entreprises de ce genre, qui viennent d'être faites, que le roi en a été mécontent et que, jusqu'à ce que vous ayez des ordres précis de la cour sur cette matière, vous ne souffrirez pas le moindre changement dans l'exercice de la religion, et que vous ferez mettre en prison ceux qui voudront en apporter. Vous ne vous en tiendrez pas même aux menaces, le cas arrivant ; l'intention de Sa Majesté est que vous fassiez arrêter ceux que vous apprendrez être les auteurs de pareils troubles, ou qui y auront eu part (1). »

Le secrétaire d'État ajouta que l'objet des demandes relatives à la dernière convention serait traité par le roi.

Rien n'était plus clairement formulé que la volonté de Louis XV. Aussi les ministres rétablis dans les paroisses n'avaient qu'un parti à prendre : celui de s'en aller. Le 13 août, le maire de Montécheroux, accompagné de deux témoins, se transporta chez Vallet des Barres, pasteur envoyé depuis peu dans le village, et lui ordonna de la part de la Tour, commandant à Blamont, et du curé du lieu, de cesser toutes fonctions et de quitter le pays dans quatre heures, sous peine d'être arrêté et conduit en prison. L'ordre ne souffrant pas de réplique, le pasteur obéit le jour même (2).

(1) Archives du Doubs, Correspondance du Parlement. — Archives de la Haute-Saône, E 275.
(2) Mss. Duvernoy et *Montb. agrandi*, p. 311.

Il est à présumer que les autres ministres indûment rétablis n'opposèrent pas une plus grande résistance aux ordres du roi.

La question cependant n'était pas encore tranchée ; on l'agita de nouveau à la cour de France, où chaque parti travailla éperdument à la faire résoudre selon ses vues. L'archevêque de Besançon fit de sérieuses représentations, mais les agents de Montbéliard trouvèrent à Paris des influences favorables à la cause protestante, lesquelles manœuvrèrent si secrètement que « plusieurs personnes de crédit ne purent avoir connaissance du traité qui se faisait sous la cheminée. » A la fin le triomphe fut pour les intrigues des ambassadeurs de Prusse, de Danemark et de Suède. Gagné par ces influences et par les sollicitations du procureur général de Montbéliard, Rossel, Louis XV adressa, le 10 juillet 1749, au parlement de Franche-Comté des lettres de cachet expliquant celles de 1707 et le traité du 10 mai 1748. Voici cette pièce, qui souleva les protestations les plus énergiques de la part du parlement de Besançon :

« Toutes les dispositions des lettres de 1707 ne tendaient qu'à maintenir la religion catholique et à rapprocher les choses, autant qu'il se pouvait, du droit commun du royaume. Mais quant au culte luthérien, le feu roi ne jugea pas à propos de s'expliquer positivement et se contenta de le faire tacitement, en n'interdisant que quelques églises aux habitants des quatre seigneuries et en ne changeant rien à l'égard des autres. Il est évident que cette tolérance n'est fondée sur aucun droit de la maison de Wurtemberg, puisque les quatre seigneuries n'ayant été ni de la souveraineté de cette maison, ni terres de l'empire, les dispositions du traité d'Osnabruck, qui étaient favorables aux luthériens, ne leur étaient nullement applicables, et qu'au contraire, ces seigneuries sont soumises de droit non seulement aux lois générales de notre royaume, mais aux ordonnances particulières de notre comté de Bourgogne, qui n'admettent, dans les terres de son étendue, d'autre religion que la catholique. Cette tolérance donc ne tenait son principe que du désir qu'avait le feu roi d'entretenir la bonne intelligence avec un prince voisin et ne formait point de sa nature une obligation qui lui liât les mains; aussi n'avons-nous pas fait difficulté, pendant la durée du séquestre, d'ordonner qu'il serait substitué des curés catholiques aux ministres luthériens, à mesure qu'il en viendrait à manquer; le cas est arrivé dans plusieurs paroisses; notre amé et féal conseiller, le sieur archevêque de Besançon, les a pourvues de curés, et vous les avez appuyés de l'autorité que nous vous avons confiée, en leur accordant des arrêts d'envoi en possession.

« Dans les engagements que nous avons pris avec le duc de Wurtemberg, par la convention du 10 mai de l'année dernière, nous n'avons point entendu nous départir de ce nouveau rétablissement des curés. L'aveu solennel que ce prince a fait de notre souveraineté sur les quatre seigneuries est une reconnaissance formelle de sa part, du droit que nous avons eu de l'ordonner; mais en même temps que nous donnons des preuves de notre attention à protéger la religion catholique, et à lui conserver les moyens que nous lui avons procurés de prendre de nouveaux accroissements, à l'exemple du feu roi notre bisaïeul, elle nous porte, comme lui, à tolérer la religion luthérienne dans les églises des quatre seigneuries, où elle avait lieu au temps de la mort du feu prince de Montbéliard.

« Notre intention est, dans ces circonstances, que les dispositions des deux lettres de 1707 continuent de servir de lois pour les églises où le feu roi avait rétabli les curés, soit pour celles dont il a interdit l'usage aux luthériens.... Quant aux curés dont le rétablissement s'est fait en conséquence de nos ordres, ils conserveront la paisible possession de leurs cures sans pouvoir y être troublés, sous quelque prétexte que ce soit, lesquelles lorsqu'elles viendront à vaquer par mort ou autrement, le sieur archevêque de Besançon continuera de pourvoir en la forme ordinaire. Et comme nous sommes résolus de leur accorder des pensions pour leur subsistance, nous entendons qu'à l'avenir ils ne demandent rien des dîmes et des autres revenus ecclésiastiques....

« Nous voulons bien tolérer cependant, et cela sans tirer à conséquence, que les luthériens exercent leur culte dans les églises dont ils ont été exclus depuis la mort du feu prince de Montbéliard, à condition qu'ils ne dérogeront en rien à l'exercice de la religion catholique dans les mêmes églises, ni les fonctions des curés, et qu'ils éviteront exactement tout ce qui pourrait blesser le respect dû à cette religion ou donner atteinte à la tranquillité publique.

« Nous entendons, au reste, que les églises des quatre seigneuries, qui, depuis la mort du prince de Montbéliard, auraient été rétablies aux dépens des seuls catholiques, leur demeurent en propre, à l'exclusion de tous autres, en sorte qu'eux seuls en aient l'usage.

« A l'égard des réparations des églises, les luthériens établis dans chaque paroisse y contribueront ainsi que les habitants catholiques, soit que ces églises ne soient affectées qu'à l'exercice de la religion catholique, soit que l'usage en soit commun aux deux cultes ; il en sera de même des réparations des presbytères (1). »

Cette lettre renfermait des dispositions favorables au luthéranisme ; elle le tolérait positivement. Le conseil de régence s'empressa d'en faire part aux protestants des Quatre-Terres. Tous s'en réjouirent. Heureusement pour les catholiques, les concessions faites par le roi aux luthériens demeurèrent sans effet. Les conseillers du parlement, se considérant comme les gardiens-nés des intérêts catholiques

(1) *Montbéliard agrandi*, p. 317.

de la province, adressèrent au roi des remontrances dont voici la substance :

Par la nouvelle convention, les luthériens rentreront dans ces mêmes églises dont ils ont été si justement bannis par Sa Majesté, depuis la mort du prince Léopold-Éberhard. La chaire uniquement réservée aux vérités de l'Évangile deviendra tout ensemble le siège du mensonge, et les lieux saints serviront tour à tour, ici, à la célébration des mystères augustes de la religion catholique, là, à la profanation des mêmes mystères par le fait de l'hérésie. Dans la douleur que cette clause a excitée dans leur cœur, ils osent venir exposer à Sa Majesté qu'en 1699, sur des plaintes portées au feu roi par le premier président du Parlement, touchant quelques infractions faites à la pureté des lois par les religionnaires de Montbéliard et de la Suisse, Sa Majesté fit répondre par ses ministres que son intention était que ces lois fussent ponctuellement exécutées en tout ce qui concerne la religion, de même que cela a eu lieu dans le passé, et il chargea le chef de son parlement de lui rendre un compte exact à cet égard.

Du reste, aux yeux du parlement, aucune raison ne peut autoriser les conseillers de Montbéliard à suspendre l'effet des lois générales du royaume, ni le traité d'Osnabruck, applicable aux seules terres d'Empire, ni le traité de Ryswick, qui, en soumettant la principauté à l'immédiateté de l'Empire, conserva pareillement les Quatre-Terres sous la domination française, et les assujettit par là, en matières religieuses, aux lois de l'État et à celles de la Franche-Comté ; pour les conseillers du parlement, la convention de 1748 ne pouvait pas même favoriser les protestants.

Ensuite le parlement nia la tolérance qu'on disait avoir été donnée au culte luthérien par Louis XIV. Ne trouve-t-on pas la preuve du contraire dans la conduite de ce roi à l'égard du rétablissement du culte catholique ? Ne conserva-t-il pas les curés dans les paroisses où il les avait rétablis, et cela, malgré les reclamations du duc? Ne défendit-il pas aux luthériens de rentrer dans les églises d'où ils avaient été une fois chassés? Ne fit-il pas condamner solennellement, le 16 mai 1713, par un commissaire royal, les tentatives faites par ces derniers pour y rentrer? Les membres du parlement ajoutèrent que si Louis XIV avait laissé quelques églises à l'usage des luthériens, c'était pour conserver la bonne intelligence avec un prince voisin. Puis terminant leurs remontrances, ils dirent que « sur le bruit d'une loi permissive de leur tolérance, ils se répandent déjà jusqu'au pied de nos autels pour insulter, par leurs postures indécentes, aux mystères les plus augustes de notre sainte religion, faits consignés dans les procès-verbaux dressés le 27 et le 31 août 1740, les 10, 14, 22 juillet et 13 août 1748 et 3 août 1749. Que d'inconvénients si les ministres rentraient dans les églises ! »

Dans cette circonstance, le parlement de Besançon, pour enchaîner l'autorité royale et lui enlever toute sa force, refusa d'enregistrer les lettres de Louis XV. En face d'une opposition aussi inflexible, le roi fut obligé de céder. Le ministre des affaires étrangères, marquis de Puyzieulx, informa les plénipotentiaires du duc de Wurtemberg, le 4 mars 1750, « que les choses relatives à la religion resteraient dans leur état actuel et qu'absolument, ni la convention de 1748, ni la lettre de cachet de Sa Majesté, ni celle du feu roi de 1707, ne seraient exécutées à cet égard (1). » C'est ainsi que le Parlement sauva la situation. Sa fermeté, son courage, son attachement à la foi catholique, valurent aux églises de Chagey, Seloncourt et Bondeval, Glay, Villars et Montécheroux, le maintien des privilèges que les règlements antérieurs leur avaient accordés.

(1) Archives nationales, K. 1143.

A cette époque où le culte protestant, malgré les intrigues sans cesse renaissantes de Montbéliard, était condamné à rester dans les limites où les derniers événements l'avaient relégué, faisons connaître l'état matériel et numérique du catholicisme dans les Quatre-Terres, d'après les renseignements laissés par les pasteurs luthériens exerçant alors le ministère.

La seigneurie de Blamont avait six églises ouvertes au culte catholique : celle de Blamont, à l'usage exclusif des catholiques de la ville, au nombre de cent trente-huit [1], et de ceux de Pierrefontaine, au nombre de huit; celle de Glay, à l'usage des catholiques de ce village, de Meslières et de Dannemarie [2], au nombre de cent cinq; l'église de Seloncourt, qui servait à huit personnes, et celle de Bondeval, à cinq; l'église d'Autechaux, à l'usage des quarante-huit catholiques de ce lieu et des vingt d'Écurcey, et celle de Villars-lez-Blamont, desservie par le curé de Damvant au profit de quatre-vingts catholiques. Le simultané n'existait qu'à Autechaux.

[1] Chefs de familles catholiques de Blamont : Jean Boutier, soldat invalide ; Pierre Carlet, établi depuis soixante ans ; veuve Nicolas Carlet, établie depuis six ans ; Pierre Viette, Colas Viette, Louis Viette, fils d'un père soldat, établi depuis soixante ans ; Pierre dit Castellane, soldat, établi depuis trente ans ; Pierre Perrone, fils d'un Savoyard, établi depuis soixante ans ; Catherine Bardon, née Perrone, veuve d'officier ; Jacques Dubail, établi depuis douze ans ; Pierre ? lor, huissier ; Jeanne Besson, veuve d'un soldat ; Jean-Jacques Monnin, de Reclère, établi depuis neuf ans ; Georges Girardin, huissier ; Germain Vernerey, établi depuis vingt-huit ans ; Louis Masson, fils d'un ancien bourgeois ; Jean-Georges Masson, item ; Nicolas Stoffel, établi depuis dix ans ; Pierre Babin, fils d'un soldat ; Pierre Delac, item ; Denis Bulliard, procureur fiscal, établi depuis vingt-huit ans ; Ignace Parveney, greffier ; Jacques Têtu, soldat ; Pierre-François Bouton, fils de soldat ; Jean Sordey, brebisier, établi depuis vingt-quatre ans ; Jean-Ignace Duman. (Archives nationales, K 2191.)

[2] Chefs de familles catholiques de Dannemarie en 1750 : Pierre Carrot ; J.-Henri Mathiot, converti ; Jacques Bertel, laboureur ; Henri Quailin ; Pierre Mathiot, converti.

Les frais du culte et le traitement des maîtres d'école catholiques étaient à la charge des habitants des deux cultes.

La seigneurie de Clémont ne possédait qu'une église, celle de Montécheroux, où le simultané exista de 1700 à 1745, année qui vit mourir le ministre Doriot. Pierre Bonnot, curé de la paroisse, n'avait que trente-quatre paroissiens (1). Tout le monde sans distinction de culte contribuait au traitement du maître d'école et au luminaire de l'église, offrait le pain bénit et balayait l'église. Les catholiques de Liebvillers, au nombre de quarante-huit, allaient aux offices à Dampjoux.

Arrivons à la seigneurie du Châtelot. Les protestants n'y étaient alors en possession que d'une seule église : celle de Beutal, desservie par le ministre Sahler. En revanche les catholiques en possédaient quatre : celle de Saint-Maurice, paroisse de trente-deux catholiques (2), et celle de Colombier-Fontaine, où l'on en comptait vingt. L'église de Longevelle ne réunissait que sept catholiques. Les protestants de Blussans, compris dans le châtiment infligé à ceux de Saint-Maurice, fréquentaient le temple de Beutal. Le curé, qui à un moment donné avait fixé sa résidence à la Prétière, d'où il administrait encore Médière, se retira après l'expulsion du ministre de Saint-Maurice, dans le village de Blussans, où il se fit construire une cure. Il avait quatre paroissiens dans

---

(1) Familles catholiques de Montécheroux en 1718 : Laurent Loichot, père, originaire de Porrentruy, établi depuis vingt-huit ans ; François Loichot, son fils, maire ; J.-Germain Bretchet, établi depuis vingt-quatre ans ; Jean-Pierre Vaugier, établi depuis trente ans ; J.-F. Jourand, Pierre Verrenchon, Pierre Maccabre, Joseph Fallot, cinq nouveaux venus.

(2) Familles catholiques de Saint-Maurice : le maître d'école ; Joseph Viot, vigneron ; le meunier.
Familles catholiques d'Échelotte : Pierre Michaud, fils d'un père converti ; Richard Cuvier ; Nicolas Charles ; André Jacquemin ; Nicolas Genin. (Archives du Doubs, E 921.)

la terre du Châtelot. Quant à l'église de Lougres, village où habitaient dix-sept catholiques, elle était dans un état de délabrement tel, à cette époque, qu'on n'y célébrait plus la messe. En attendant qu'elle fût réparée, le maître d'école protestant y faisait la prière et le catéchisme.

Passons en dernier lieu dans la seigneurie d'Héricourt. Là se trouvaient trois églises catholiques, y compris celle de Tavey, qui faisait partie de la terre de Lure et où s'exerçait le culte catholique pour trente et un fidèles, répandus dans les villages de Verlans, Coisevaux, Byans et Tavey. A Héricourt l'église était commune aux personnes des deux religions. Le curé ayant cent vingt-sept paroissiens, dont quatre étaient de Saint-Valbert, jouissait de l'ancienne cure et des dîmes novales, comme tous ses collègues. Si l'on en croit le pasteur Surleau, l'harmonie la plus parfaite régnait alors entre les différents cultes. « Les services religieux, écrivait-il en 1750, se font actuellement assez paisiblement et avec assez d'ordre dans l'église d'Héricourt, en laquelle on ne se gêne pour ainsi dire point ; les catholiques vont à l'église les premiers, les jours de fêtes et de dimanches, tant le matin qu'après midi, mais les jours ouvriers, les luthériens font leur service à sept heures ou à huit, avant les catholiques.

« Le sieur curé actuel et son maître d'école nous donnent plutôt lieu à nous louer de leurs politesses que de porter des plaintes contre eux (1). »

Dans cette seigneurie était aussi l'église de Chagey, fréquentée par vingt et un catholiques de ce village, dit le pasteur de Couthenans (2), mais dans ce chiffre ne figuraient pas

---

(1) Archives de la Haute-Saône, E 274.
(2) Catholiques de Chagey : Claude-Louis Briot, curé, et cinq personnes de sa famille ; Bobilière, Pierre, maître d'école, et sa femme ; François Verchot, sa femme et six enfants ; Nicolas Lacour, sa femme et deux filles. — A la Forge : Ivelin, cinq fils, une fille et

les ouvriers de la Forge et d'ailleurs, ni les quinze familles de Genéchier.

Ce hameau ayant servi d'asile, quelque temps après sa fondation, à des familles catholiques de la dernière pauvreté, faisons une petite digression en donnant sur lui les notions monographiques puisées aux archives.

Genéchier a été détruit depuis si longtemps, dit un manuscrit des premières années du xviiie siècle, qu'on n'y voit presque plus aucun vestige, aucune masure, ni forme de bâtiment. Il y a apparence que le village d'Échenans-sous-Montvandois ne faisait qu'une même communauté avec Genéchier, ou bien ce village, dès sa ruine, fut incorporé à Échenans. Ce qui le fait penser, c'est qu'Échenans possède les deux petites forêts et le pâturage qui sont dans le vieux Genéchier, comme les particuliers possèdent les prés et les champs de ce territoire.

Quelques années après la paix de Ryswick, Léopold Nardin, conseiller de Léopold-Éberhard, « ayant obtenu gracieusement » les droits que Son Altesse Sérénissime avait sur Genéchier, il prit cette terre à titre de fief du comté de Montbéliard. Une fois cette acquisition faite, Nardin voulut y joindre le terrain de l'ancien Genéchier, séparé du sien par un petit ruisseau, et y faire construire des baraques pour les sujets qu'il avait l'intention d'y établir. Les habitants d'Échenans, forts de leurs titres, résistèrent aux vues ambitieuses de Nardin, et l'issue d'un procès engagé, à cet égard, entre eux et le conseiller, les confirma dans la propriété de l'ancien Genéchier.

une servante; Jacob Gentil, son frère et deux sœurs; Jacques Grandjean, sa femme et un enfant; Baptiste Pierre, sa femme, un fils et une fille; J.-B. Pierre, sa femme et quatre enfants. — En la Renaudière : Michel Glinglin et sa femme; Georges Maillard. — Au Fourneau : Roussin et sa femme; Henri Grandjean. En tout cinquante et un catholiques. Ce dernier dénombrement diffère de celui donné par le pasteur de Couthenans.

Nardin, ne pouvant pas relever le premier village de ses ruines, fit couper et défricher la forêt qu'il avait achetée, s'y fit construire une maison de peu de valeur, et ses sujets y élevèrent quelques baraques. C'est le 29 janvier 1704 que la seigneurie de Genéchier fut définitivement constituée. A cette date les habitants, réunis à Héricourt, après avoir, durant l'espace de huit jours, examiné un petit recueil des droits seigneuriaux, s'obligèrent à les acquitter tous, sans exception, tels qu'ils appartenaient à Son Altesse Sérénissime, envers Léopold Nardin, qu'ils reconnurent pour leur maître et seigneur [1].

Les premiers sujets ne restèrent pas longtemps à Genéchier. La pauvreté du sol les avait-elle forcés à chercher des moyens d'existence dans des lieux plus fortunés? Il est permis de le supposer quand on examine le tableau que le pasteur Friés, de Couthenans, a laissé de ce hameau en 1748. Rien n'est plus sombre :

« Genéchier est un hameau dont la disposition est singulière en toute façon ; il est composé de dix-sept maisons, baraques ou huttes, suivant le nom qu'on voudra leur donner, mais celui qui désignera la plus grande misère sera le plus convenable à la plupart. Il y a deux raisons pour lesquelles il n'a pas été possible de faire de ce hameau un dénombrement aussi exact que ceux qu'on a rapportés de Chagey, de Luze et de la Forge : premièrement, les demeurances sont si éloignées les unes des autres, qu'il doit y avoir une grande demi-heure de distance depuis la première du côté de Chagey jusqu'à celle qui est la plus proche de Châ-

---

[1] Ces sujets étaient : Pierre Cuire, de Montbéliard ; Pierre Richard, originaire du Marquisat ; Guillaume Gardet, de Ballem, en Suisse, bailliage de Morgen ; Abraham Lambelet et Jean Lambelet, de Moudon, comté de Neuchâtel ; Jean-Jacques Richardot, Suisse ; Abraham Combet, de Sainte-Croix, bailliage d'Yverdon ; Georges Certier, de Lougres ; Daniel Grix, de Bulle, en Suisse.

lonvillars, ce qui fait que les habitants eux-mêmes ne savent pas combien nombreuse est la famille de ceux qui sont domiciliés loin de chez eux ; d'un autre côté, l'endroit n'est pas beaucoup engageant et il n'arrive pas souvent qu'on y fasse un long séjour, ou pour apprendre à en connaître toutes les familles, ou pour se faire connaître soi-même de toutes les autres maisons ; il est rare de voir des jeunes gens qui s'y établissent parvenir à un âge avancé et y finir leurs jours ; la plupart délogent de Genéchier avant de déloger du monde. Il y a déjà depuis longtemps des catholiques dans ce hameau.... Avant que l'église de Chagey fût prise aux protestants, les habitants catholiques étaient paroissiens de Châlonvillars. Le curé de Chagey les revendiqua pour ses paroissiens. Le seigneur et les habitants de Genéchier refusèrent de se soumettre à cette prétention....., ce qui fit naître un procès, à la suite duquel les gens de Genéchier furent obligés, la plupart malgré eux, d'être paroissiens de Chagey, » 26 avril 1748. De là, cette paroisse eut quinze familles catholiques de plus (1). Que chacune d'elles ait été composée de quatre personnes, c'est le moins qu'on puisse dire, il nous sera permis de fixer à cent onze le nombre des catholiques de Chagey.

Dans cette statistique générale ne figurent pas les quatre-vingt-trois catholiques de Chenebier et d'Échavanne, ni ceux de Champey, au nombre de douze.

En somme, dans les seigneuries de Blamont, de Clémont, Héricourt et Châtelot, où le protestantisme seul eut droit de cité, pendant un siècle et demi, quarante-huit ans après que le catholicisme y eut été rétabli, cette religion y comptait neuf cent trente-huit fidèles. Ce chiffre est loin d'être exagéré. Avec les soixante-quatre catholiques répandus dans

(1) Archives nationales, K 2175.

les villages du comté (1), non compris ceux de la ville de Montbéliard, nous arrivons, pour l'époque, à un chiffre qui dépasse mille (2).

(1) Sujets catholiques de Genéchier : François Frédéric, maire ; Joseph Bérard ; Jean-Baptiste Bourgeois, meunier ; Notoire Piguet ; Jean-Pierre Jacob ; P.-François Jacob ; Jean-François Jacob ; Pierre Bérard ; Antoine Bérard ; Jean-Valentin Belot ; Jean-Baptiste Dupont ; Frédéric Lallemand ; la veuve de Pierre Lachèze ; veuve de Bastien Lachèze. Archives de la Haute-Saône, E 373.

(2) Population catholique du pays de Montbéliard en 1748 :

Seigneurie de Blamont	412
Seigneurie de Clémont	82
Seigneurie du Châtelot	80
Seigneurie d'Héricourt	364
Villages du comté de Montbéliard	64
	1,002

Archives nationales, K 2190 ; du Doubs, E 794, 924, etc. ; de la Haute-Saône, E 270, 373, etc.

CHAPITRE VII

Tracasseries suscitées aux curés de Montbéliard : Magnin, Rutillard, Jobin, Maîtrugue, Démoly, Annel; aux curés de Vougeaucourt : Métoz, Malcuit, de Senargent. — Rivalités à Héricourt entre curés et pasteurs; à Chenebier, Echavanne et à Chagey, à l'occasion des maîtres d'école.

Après avoir raconté les principaux incidents auxquels fut soumis le catholicisme lors de son rétablissement dans le pays de Montbéliard, après avoir fait connaître ses développements successifs, nous allons compléter ce récit par le chapitre des rivalités que produisit la rentrée des curés dans les paroisses nouvellement reconstituées.

A Montbéliard, l'exercice du culte avait été confié au ministère de Julien Relange, doyen de Rougemont et curé de Mandeure. Les premières années il y eut peu de catholiques au chef-lieu du comté; les paroissiaux ne mentionnent que fort peu de baptêmes et de sépultures (1). Malgré cela, le curé y résidait habituellement et sa première paroisse était administrée par un vicaire.

Cette organisation ne pouvait pas durer longtemps. En 1706, Julien Relange fut nommé curé de Porrentruy; il eut pour remplaçant, à Mandeure, Barthélemy Bland, de Besançon, et à Montbéliard, Joseph Magnin, ancien aumônier du château, qui fut doyen d'Ajoie (2).

(1) Mairie de Montbéliard. Registres catholiques.
(2) Abbé Bouchey, *Mandeure*, t. II, p. 605.

L'archevêque de Besançon, François-Joseph de Grammont, informa Léopold-Éberhard de la nomination du nouveau curé à l'église du collège par la lettre suivante, qui respire de la part du prélat la plus grande déférence pour le prince :

« Très illustre et très puissant prince, ayant jugé à propos d'envoyer à Montbéliard le sieur Magnin, mon doyen du décanat de Rougemont, pour remplacer le sieur Relange, ci présent curé de Porrentruy, et y rendre, suivant les intentions du Roi, les mêmes services aux catholiques, c'est avec un plaisir sensible que je profite de cette occasion, tant pour renouveler à Votre Altesse Sérénissime les assurances de mes respects, que pour lui marquer en même temps les sentiments de ma reconnaissance pour toutes les bontés qu'elle a eues pour le sieur Relange, et la prier de vouloir bien les continuer à celui qui doit succéder à son emploi. Je me flatte que son mérite et sa probité ne lui étant pas tout à fait inconnus, s'étant déjà procuré l'honneur de sa connaissance, du temps qu'il était déjà aumônier de la garnison du château de Son Altesse, elle voudra bien aussi lui accorder celui de sa protection, qu'il tâchera de mériter de tout son possible. C'est la grâce que je lui demande avec celle d'être persuadé de l'empressement que j'aurai toujours à lui marquer par tout ce qui dépendra de moi, mon attention particulière pour tout ce qui regarde ses intérêts, étant aussi parfaitement que je suis, très illustre et très puissant prince, le très humble et très obéissant serviteur. Signé : F.-J. de Grammont, archevêque. Besançon, 4 octobre 1706(1). »

Le prince répondit d'un ton bien différent :

« Montbéliard, ce 9 octobre 1706. Monsieur, j'ai reçu hier la vôtre du 4 courant qu'il vous a plu de m'écrire, dans

---

(1) Archives nationales, K 2187. La suscription de cette dernière lettre était ainsi formulée : A Monsieur, Monsieur l'archevêque de Besançon, à Besançon.

laquelle je remarque la continuation de l'exercice de la religion catholique dans la ville de Montbéliard. Vous savez bien, Monsieur, que c'est une affaire qui ne me regarde pas seul, et à quoi je ne peux répondre autrement que comme mon devoir m'y oblige, lequel vous est assez connu. Au reste, je ne souhaite rien plus que de vous marquer dans toutes les circonstances, autant qu'il dépendra de moi, l'attachement particulier que j'ai pour vous, étant véritablement, Monsieur, votre très humble et très obéissant serviteur. Signé : Léopold-Éberhard [1]. »

Le premier curé de Montbéliard avait occupé l'église du collège par l'autorité du Roi de France; le deuxième n'en prenait possession que sous les mêmes auspices. D'abord aumônier de la garnison de cette ville, ensuite curé de Vellechevreux, où le premier acte de son ministère eut lieu le 9 janvier 1685, Magnin fut curé de Montbéliard et doyen d'Ajoie, à la fin de 1706. Ce qu'il essuya dans ce poste fut une preuve que le culte catholique n'avait rien moins besoin, dans ce milieu, que de l'appui tout-puissant du roi de France.

Il y avait à peine deux ans que ce curé était installé au collège, lorsqu'on tira un coup de fusil contre une fenêtre de l'appartement qu'il habitait. La balle alla se fixer au plancher supérieur de la chambre. L'enquête qui se fit à cette occasion ne fut que pour la forme.

Plus tard, il fut aux prises avec l'autorité du pays pour une affaire que l'historien Goguel raconte assez mal. Voici le fait dans toute sa simplicité. La garde de nuit de Montbéliard avait arrêté un criminel, né en Bourgogne, et coupable de nombreux forfaits; on le condamna à être décapité. Sontag, forestier du comte, chargé de présider l'exécution, reçut de son maître l'ordre formel de lui faire

[1] Archives nationales, K 2187.

savoir si des ecclésiastiques étaient déjà allés trouver le condamné pour le confesser et le communier, puis d'empêcher, fût-ce par la force, quelqu'un d'entre eux de l'assister à ses derniers moments.

A la suite de tels ordres, Sontag conseilla au doyen d'abandonner le pauvre pécheur à son malheureux sort, que pour lui il était obligé d'observer les ordres de son souverain.

Le doyen répondit qu'il ne connaissait d'autre seigneur que l'archevêque de Besançon, et qu'il était obligé de donner sa vie plutôt que d'abandonner un condamné à mort.

Le forestier reprit qu'il n'avait d'autre maître que le sérénissime duc, dont il ne transgresserait jamais les ordres, même au péril de sa vie; que si le doyen obtient du prince la permission d'assister le coupable à ses derniers moments, il s'y conformera lui-même, autrement il ne lui fera pas la moindre concession.

A plusieurs reprises, le curé fit valoir les mêmes revendications, et toujours sans succès. Quand le criminel allait subir la peine capitale, il essaya encore d'arriver jusqu'à lui; pour cela il ne reçut que des insultes, et « le pauvre pécheur fut décapité sur la place du marché, devant les halles, sans l'assistance d'un prêtre catholique. »

Le curé, dont le ministère avait été entravé, alla conférer de cette affaire avec l'archevêque. Quel fut le résultat de cette audience? On peut le supposer d'après ce qui se passa. Le 8 mars, le curé revint à Montbéliard avec un procureur du roi; celui-ci venait demander satisfaction de ce qui avait eu lieu. Les choses étant devenues sérieuses, il fut décidé par le prince que, le 9 mars, à dix heures du matin, Sontag ferait des excuses au curé en présence du conseil. De la part de Léopold-Éberhard c'était une perfidie envers un sujet qui n'avait d'autre tort que son obéissance. Sontag prit le seul parti que lui imposaient les circonstances : il dit adieu à sa femme, à ses enfants et se retira à Stuttgart, après avoir demandé au prince de le recommander au duc de Wurtemberg. A Montbéliard on fut peu touché de la conduite de ce serviteur. Léopold-Éberhard le recommanda, il est vrai, au comte de Graevenitz, mais Son Altesse Sérénissime de Stuttgart ne put même obtenir du conseil de régence la lettre testimoniale qu'elle exigeait pour prendre Sontag à son service. Personne ne songea à l'indemniser. En 1720, les frais de voyage et d'exil étaient encore à sa charge. A la fin Sontag, fatigué de ses épreuves, donna entière satisfaction au doyen ; cela lui permit de rentrer à Montbéliard (1). Arriva le moment où les injures à l'égard de M. Magnin furent incessantes. Le duc de Lévy, en ayant été informé, pria, le 13 juillet 1728, les membres du conseil de les faire cesser. Tous, à la lecture de cette lettre, affectèrent un étonnement, une stupéfaction, que volontiers on aurait crus sincères ; ils écrivirent au doyen, caressèrent son esprit de justice pour en obtenir le témoignage qu'ils avaient agi envers lui de manière à être à l'abri de tout reproche. Ils furent déçus dans leur espoir, mais ils n'étaient pas dans l'ignorance de ce qui se passait à Montbéliard pour être surpris de la réponse que le curé Magnin adressa à Rossel :

« Monsieur, si on a fait des plaintes à M. le duc de Lévy, sur les insultes que j'ai reçues ici, je peux vous protester que ce n'est pas moi qui les ai portées, et que je n'ai donné commission à personne de le faire; elles ont été assez

---

(1) Mss. Duvernoy, *Règne de Léopold-Éberhard*, t. II, p. 40. Titre allemand. Goguel, ministre protestant, parle ainsi de cet incident : « Un an après, Sontag, prévôt et forestier du comte, dut prendre la fuite afin d'échapper aux vengeances dont il était menacé, faute d'avoir condescendu à la volonté d'un prêtre catholique, qui prétendait exercer dans les rues de Montbéliard certaines fonctions de son ministère. » *Précis de la Réf.*, p. 115. Tout cela est à côté de l'histoire !....

criantes et assez publiques pour obliger quelqu'un à parler pour moi. Je reçus, il y a quelque temps, sur la place, où je passais avec M. Coste, un coup de pierre au visage, laquelle se cassa sur l'os de ma joue et tomba en deux morceaux à mes pieds, j'en ai porté longtemps la marque. On jeta, l'été passé, dans la cour du collège, des vers, les plus infâmes qui se puissent faire contre notre religion ; on tira deux coups de fusil chargé à plomb, le mois de février, contre les fenêtres de mon appartement, et je sais qu'on a fait des informations pour rechercher les auteurs. On a cassé les fenêtres de mon église à coups de pierres, assez souvent, mais surtout à deux fois différentes ce carême dernier, pendant que j'étais à l'autel. J'ai eu l'honneur d'en parler à M. le baron de Negendauk et l'ai prié de n'en point prendre satisfaction. On m'insulte de temps en temps par les rues où des petits garçons courent après moi en chantant : *Dominus vobiscum* ou *Kyrie eleison*. Voilà, Monsieur, tout ce que l'on peut avoir écrit et dont je ne demande nulle justice, vous priant seulement de faire connaître à Messieurs du conseil, qu'ils aient la bonté de prendre les mesures qu'ils croiront nécessaires pour que de pareilles choses n'arrivent plus dans la ville. 17 juillet 1728 (1). »

Ces outrages n'empêchèrent pas le curé de solliciter la grâce de Méquillet, incarcéré au fort Griffon. « Le sieur Magnin, écrivait le duc de Lévy aux conseillers, a eu la générosité de s'intéresser à la liberté du sieur Méquillet, il m'en a écrit avec de fortes instances ; j'espère que cette conduite, remplie de charité, vous engagera à avoir pour lui plus d'égards à l'avenir. »

Les conseillers, en remerciant le duc de Lévy d'avoir mis en liberté le pasteur de Chagey, avouèrent que l'action judiciaire, commencée au sujet des insultes faites au curé de

---

(1) Archives nationales, K 2187.

Montbéliard, n'avait cessé que par les instances de ce dernier. Touchés de tels procédés, ils promirent d'empêcher et même de prévenir tout ce qui pourrait le blesser dans la suite (1).

Ce prêtre, dont la présence à Montbéliard était vue de très mauvais œil, parvint à un âge fort avancé. Pendant la dernière occupation française, on lui donna un vicaire, tant à cause de sa vieillesse qu'à cause d'un ministère devenu plus laborieux. C'est au milieu de ces circonstances, le 7 juin 1735, que Joseph Magnin, octogénaire, rendit à Dieu son âme, aussi riche de vertus que de mérites, et le lendemain il fut enterré avec les plus grands honneurs dans le chœur de l'église de Vellechevreux, où son neveu lui avait succédé comme curé. Là se voit encore sa tombe.

Quand il fut mort, de toutes parts on se plut à lui rendre hommage. Le 17 juin, l'intendant de Vanolles en parla en termes très flatteurs à Angervilliers : « Le sieur Magnin est mort il y a quinze jours; c'était un homme de mérite et qui avait les qualités requises pour une place aussi délicate dans les conjonctures présentes (2). » Plus tard, le marquis de Paulmy lui rendait un semblable hommage : « Le sieur Magnin, dit-il, s'attira bientôt l'estime et le respect du prince et du magistrat; les catholiques reçurent sous lui toutes les marques de protection qu'ils pouvaient désirer; il faisait écouter ses plaintes avec attention et on le laissait presque toujours le maître de la punition, si l'on commettait quelque insulte envers un catholique (3). » Les membres du conseil mirent à ce concert une note à peine un peu plus faible : « M. Magnin, dirent-ils en 1753, n'a fourni que peu ou point de sujets de plaintes (4). »

Le choix de son successeur préoccupa vivement l'auto-

---

(1) Archives de la Haute-Saône, E 270.
(2) Archives du Doubs, E 1069.
(3) Archives du Doubs, E 1076.
(4) Archives nationales, K 2187.

rité française, alors maîtresse à Montbéliard. L'archevêque de Besançon, après en avoir conféré avec elle, nomma à l'église du collège Claude-Antoine Rutillard, de Censeau, docteur en théologie et supérieur du grand séminaire de Besançon. L'intendant écrivit de ce prêtre à Angervilliers : « Je le crois très propre à bien remplir deux bénéfices qui ont presque toujours été unis.... où il faut dans les circonstances de la division qui règne parmi les sujets de ce pays, un homme sage, modéré et qui ne se mêle de rien. » Ailleurs, il était appelé « homme de bonnes mœurs, bon controversiste, très sage. » Tel était le nouveau curé de Montbéliard. Ses qualités promettaient à son ministère d'abondantes bénédictions. Son traitement, réglé par l'autorité française, fut fixé à six cents francs, à percevoir sur les revenus ecclésiastiques du comté de Montbéliard. Une somme égale lui fut promise pour l'ameublement de sa cure. Malheureusement il ne la toucha pas, car il mourut au moment où l'intendant venait d'en prescrire le paiement (1).

Quelle fut la cause de cette mort si prématurée, si imprévue?.... D'après le cardinal de Choiseul, il faudrait l'attribuer à des tracasseries qui auraient frappé très désagréablement le cœur de ce prêtre. Ce prélat dit, en 1763: « Il n'y a qu'à se rappeler la triste fin de M. Rutillard, curé de Montbéliard, et celle de M. Devincey, curé d'Héricourt, pour se convaincre de tout ce qu'on aurait à craindre du fanatisme et du faux zèle de ces sectaires (2). » Nous ne savons rien de plus à cet égard.

Son successeur, P.-Cl. Jobin, ne fut en butte, à notre connaissance, qu'à une seule contrariété. Le 29 avril 1738, il entra tout à coup dans la salle du conseil ecclésiastique, avec des sentiments de profond mécontentement parfaite-

(1) Archives du Doubs, E 1067 et 1069.
(2) Archives nationales, K 1143.

ment justifiés. Il se plaignit que deux jours auparavant, lorsqu'il allait mettre le pied hors de la ville, conduisant à Besançon une fille anabaptiste qui demandait à se faire catholique, des bourgeois avaient enlevé cette personne en pleine rue (1).

Les documents ne mentionnent aucun incident grave sous le curé Huguenet. L'orage ne devait éclater avec fracas que sous le successeur. Il fut amené par des actes religieux que le curé accomplit en dehors de l'enceinte assignée au culte. Que le culte catholique sorte du lieu saint et aille, sous forme de procession, s'exercer dans les rues, accompagné de ses croix, de ses bannières, de ses flambeaux, du saint Sacrement se dérobant sous la soie d'un dais aux panaches argentés, au chant de ses hymnes et de ses cantiques, ce spectacle si beau, si touchant, si plein de vie, a été en tout temps pour le protestant de nos pays un vrai sujet de torture. Ne soyons pas surpris si, à Montbéliard, on poussa tant de cris de fureur contre les curés qui se permirent quelquefois de porter le viatique aux malades ou de présider des convois funèbres dans la forme prescrite par le rituel.

Le premier qui eut la pensée de prendre cette liberté fut le neveu de M. Magnin, le curé de Vellechevreux. En l'absence de son oncle, il fit à ciel ouvert un enterrement, y compris la levée du corps, avec toutes les cérémonies et le décor en usage en pays catholique. Les habitants de Montbéliard en furent outrés. Aussi l'oncle était à peine de retour que deux conseillers de la régence, délégués par leurs collègues, s'empressèrent d'aller lui faire connaître l'écart de son neveu. Durant le ministère du curé Magnin, ce fut probablement l'unique plainte qu'on fit à ce sujet. Ses deux successeurs sortirent de temps à autre des limites

(1) Archives nationales, K 2187.

ordinaires, mais porter processionnellement le saint Viatique, avec les cérémonies reçues dans l'Église, fut le fait du curé Maîtrugue. Quel bruit ! quelle colère dans la ville de Montbéliard à cette occasion ! Devenu curé du collège dès 1751, Maîtrugue avait le cœur martial, il était capable de briser une lance, tellement qu'il passait à Montbéliard pour avoir servi dans un régiment de dragons. Vif, fort, robuste comme un chêne de la montagne, d'une foi à toute épreuve, il ne pouvait se résigner à cacher le viatique sous son manteau quand il le portait à un malade. Dès 1752, sans tenir compte d'un usage qu'il considérait à bon droit comme impie, il porta la sainte communion à un Italien, logé dans une auberge protestante, avec les cérémonies usitées en pareil cas : il marchait sous un dais, précédé de deux enfants de chœur revêtus d'un surplis, chacun d'eux ayant un cierge à la main, et il était suivi de plusieurs catholiques. Il fit mieux. Un jour qu'il portait les sacrements à un ouvrier de la forge d'Audincourt, à mi-chemin, il rencontra des protestants qui se disposaient à passer sans donner aucune marque de respect au saint Sacrement. « A genoux ! » leur cria-t-il. Aussitôt tous, saisis d'une crainte irrésistible, se prosternèrent par terre. Dans les enterrements il marchait à la tête du convoi funèbre, se conformant pour le chant aux prescriptions du rituel. Tout Montbéliard trépignait d'indignation.

Les conseillers entreprirent de mettre des bornes au zèle de ce curé ; ils l'appelèrent au conseil, la veille de l'enterrement d'un ouvrier. On lui représenta que les innovations dont il était l'auteur pouvaient lui attirer du désagrément, de vifs reproches de la part de ses supérieurs et des insultes de la part d'une populace déraisonnable, malgré l'attention du conseil à les prévenir. Maîtrugue répondit que, suivant les intentions de ses supérieurs, il était obligé d'observer les rubriques prescrites pour les funérailles, qu'il ne pouvait s'en dispenser d'aucune manière. On insista. Le curé, dit-on, promit d'engager les compatriotes du défunt à transporter le corps de ce dernier à la porte du collège, où lui-même commencerait la cérémonie funèbre ; mais tout se passa dans cet enterrement comme dans les précédents ; ce qui porta la colère du conseil à son comble. Lettres sur lettres furent écrites à l'ambassadeur de Son Altesse en cour de France, toutes ayant pour but d'amener le curé de Montbéliard à renfermer l'exercice de son culte dans les limites du collège.

Le curé envoya au ministre de Louis XV, à la fin de mars 1754, une série de griefs contre plusieurs protestants de Montbéliard. Des informations secrètes furent prises sur place, à la requête du ministre, par Brenas, subdélégué de l'intendant à Héricourt. Le rapport, qui en fut fait, accusa le curé d'avoir menti sur tous les points et de chanter la palinodie. Sans les actes souverainement outrageants dont fut victime le vénérable M. Magnin, ancien curé, et sur lesquels le conseil, feignant d'en ignorer l'existence, lui demandait naïvement un blanc-seing, nous serions porté à souscrire au jugement du subdélégué. Mais comment admettre que le curé Maîtrugue, avec son caractère bouillant, ait été à l'abri d'actes analogues à ceux que subit un de ses plus pacifiques prédécesseurs ? Au lecteur de répondre à cette question.

Quant au curé de Montbéliard, sa présence seule faisait naître toutes sortes de rumeurs. A la Fête-Dieu de 1754, le bruit ayant couru qu'il voulait faire solennellement la procession dans la ville, il en résulta pour tous les protestants une crainte agitée d'anxiété. Tout en traitant cette entreprise de répréhensible, que la cour de France ne pourrait approuver, de Gemmingen, gouverneur du comté, se rappelant que Maîtrugue était curé de Montbéliard « pour le roi de France, » concluait néanmoins que, dans le cas où ce prêtre exécuterait un tel dessein, il faudrait rester tranquille et prévenir toute insulte. La procession n'eut pas lieu, mais le curé ne se concilia pas pour autant la bonne grâce de la régence.

Ici, il était jugé sans miséricorde; c'était à qui travestirait ses intentions. Il cherchait, disait-on, à quitter un poste peu lucratif, ou à se recommander pour un plus avantageux. En butte aux critiques ou aux blâmes de l'opinion, il gardait un aplomb imperturbable, un sang-froid qui déconcertait les conseillers de la régence. Si on lui faisait craindre les violences du peuple, il répondait que le martyre lui ferait honneur. Si on lui disait qu'il allait beaucoup trop loin et qu'aucun de ses prédécesseurs n'avait agi de la sorte, il répondait que si ses prédécesseurs avaient oublié les intérêts de la religion, il n'avait nullement la prétention de les imiter. Lui faisait-on craindre les reproches de ses supérieurs? sa réponse était « qu'il n'entreprenait rien sans en avoir communiqué à l'archevêque et sans y être autorisé de sa part. » Les conseillers étaient aux abois; impossible à eux d'en imposer à une âme de cette trempe. Dans leur embarras ils tentèrent d'indisposer contre lui l'autorité française. En cela ils réussirent assez bien. L'intendant le traita de génie aussi borné que turbulent, et de Brenas l'accusa de ne pas faire de démarches assez mesurées.

Montbéliard, Besançon et Versailles avaient beau trouver de l'exagération dans le zèle du curé Maitrugue, lui-même ne s'en troublait pas. Dans son patriotisme, il ne pouvait sentir d'entraves à une religion placée sous la protection du roi de France; il était prêtre et Français.

A Montbéliard, où l'on était toujours sur le qui-vive, on ne redoutait rien tant que la vue de ce curé, vêtu d'un surplis, présidant dans les rues de la ville une cérémonie religieuse. Cette crainte porta les Montbéliardais à des actes étranges.

Ainsi le 25 juillet 1757, deux hommes, sans avoir averti le curé, apportèrent à la porte de l'église catholique le corps d'un ouvrier de Besançon, mort depuis une heure, au plus, à l'auberge du Lion Rouge. Cet acte, ordonné par le maître d'hôtel, était en lui-même blâmable, puisque les luthériens ne faisaient la levée du corps de leurs défunts qu'au bout de vingt-quatre heures de décès. Il y eut même dans cette circonstance quelque chose d'odieux. Les registres disent « qu'une quarantaine de personnes, de l'un et de l'autre sexe, accompagna ce mort, dès le milieu de la ville jusqu'à la porte du collège, avec des huées, des exclamations ridicules, contrefaisant le chant de l'Église catholique et romaine (1). »

L'année suivante, le 6 juin, un fait du même genre se passa encore à Montbéliard. Jean-Nicolas Leconte, maître paveur, de Grange, en Lorraine, vint à mourir. Un maître-bourgeois recommanda au fils de déposer le corps du défunt dans le cercueil aussitôt qu'on l'aurait achevé, et de le transporter au collège, afin d'éviter à la ville le scandale des cérémonies catholiques. Le curé fut averti de ces machinations par le fils. Afin que ce jeune homme ne fût pas exposé au danger de faire quelque concession, il l'enferma et le garda chez lui. Cette mesure n'arrêta rien. Sur le soir, quatre hommes, escortés de deux agents de police revêtus de leurs insignes, apportèrent à l'église le corps de Jean Leconte. A la vue de ce convoi, le curé s'emporta et, saisissant au collet les deux agents, il les mit sous les verrous dans un appartement de sa cure.

La régence se plaignit amèrement à l'archevêque du curé de Montbéliard. Le 21 juin, le prélat répondit aux conseillers :

« Vous n'ignorez pas, Messieurs, la lettre de M. le mar-

---

(1) Mairie de Montbéliard, registres catholiques.

quis de Barbézieux, ministre et secrétaire d'État, en date du 11 février 1699, et la convention qui fut faite avec le magistrat de Montbéliard, le 14 du même mois : par cette convention le sieur curé doit n'être point troublé dans les fonctions de son ministère, et l'intention du roi est qu'il ne soit rien changé à ce sujet. Aussi, Messieurs, il est juste que le sieur Maitrugue, comme ses prédécesseurs, ait la liberté de faire le service divin dans le lieu où il est établi, et d'administrer dans la ville les sacrements aux catholiques, et que ceux-ci puissent en remplir les devoirs dans l'église du collège, le tout sans y être troublés ni directement, ni indirectement ; ce sont là les bornes qui ont été prescrites et j'ai marqué au sieur curé de s'y conformer, et je lui ferai encore savoir de ne point s'en écarter.

« A l'égard des voies de fait que le sieur Maitrugue pourrait avoir employées, je suis bien loin de les approuver et je ne le lui laisse point ignorer, mais s'il venait à être inquiété, comme il paraît qu'il l'a été en dernier lieu, je ne doute point, Messieurs, de votre attention à mettre le curé à l'abri de toute insulte ; c'est le moyen de concourir au maintien de la paix et de la bonne intelligence, et vous me trouverez toujours disposé à entrer dans ces vues. Je suis, etc.

« Signé : Ant. Cler, archevêque de Besançon. »

Par sa lettre l'archevêque blâmait avec beaucoup de ménagements les entraves mises au libre exercice du culte catholique dans la ville de Montbéliard ; aussi ne réussit-il pas à concilier au curé l'esprit des conseillers, car le curé fut en butte à des accusations d'un nouveau genre. On l'accusa de donner asile « à des déserteurs, à des fabricateurs de fausse monnaie, à des personnes de mauvaise vie. » Deux membres de la régence, Faber et Gropp, pour montrer que son changement était nécessaire, inventèrent un autre grief contre lui. « Il ne favorise pas seulement la contrebande, dirent-ils, il l'exerce lui-même, mais nous ne sommes pas sûrs de ce fait. » Cette restriction put, non pas sauvegarder l'honorabilité du curé de Montbéliard, mais la considération des deux conseillers accusateurs.

Enfin, à la suite de tant de réclamations, l'autorité archiépiscopale, cédant à des influences venues de bien des côtés, retira Maitrugue de Montbéliard et l'envoya à Mont-sur-Lison, près de Quingey. En quittant ce poste, il emportait la consolation d'avoir été en butte à la même haine que ses prédécesseurs, avec la certitude de ne pas l'avoir épuisée tout entière.

Son successeur, Louis Démoly, que nous ne connaissons que de nom, et qui fut curé de Montbéliard de 1758 à 1764, eut un léger démêlé avec l'autorité de la ville. Un négociant de la Champagne, ayant fait de mauvaises affaires, s'enfuit à Montbéliard, dans un des logements du collège. Sa retraite ayant été découverte par un de ses créanciers, il fut l'objet de poursuites judiciaires. La saisie de ses meubles fut ordonnée. L'inventaire, en ayant été commencé à huit heures du soir, n'était pas encore terminé à minuit. Le curé, dont toute la paroisse était troublée par cet exploit, s'en prit aux agents du prince et leur soutint qu'ils n'avaient pas le droit d'exercer un acte de ce genre dans un bâtiment où les ordres seuls du roi de France devaient être en vigueur. Les conseillers, fâchés de cette attitude, écrivirent à l'archevêque. Le prélat essaya de tout calmer, en justifiant son subordonné : « S'il y a eu quelque vivacité de la part du sieur curé, dit-il, ce n'a été que l'effet de la crainte qu'il a eue d'être accusé de négliger les droits de sa place ou de manquer de fermeté. Sa délicatesse sur ce point ne doit pas diminuer vos bontés à son égard. » La lettre du prélat rétablit la paix pour le moment.

En 1764, Louis Démoly, devenu curé de Danjoutin et doyen de Granges, fut remplacé, à l'église du collège, par J.-B. Annel, de Rennes. Sous le ministère de ce nouvel élu arriva un fait que nous citons sans commentaire. Jean-Claude Dutoy, catholique d'Uzelle, fut assassiné sur le territoire de Sainte-Suzanne, à la fin de février 1765. Le curé de Montbéliard, ayant connu la religion de la victime, alla sur-le-champ réclamer le corps pour lui donner la sépulture ecclésiastique. On refusa d'écouter une demande si juste, sous prétexte que ce n'était pas l'usage d'agir de la sorte, et le lendemain l'enterrement de cet homme se faisait secrètement. En même temps on prévenait le curé qu'il n'aurait plus la permission d'administrer les sacrements aux catholiques, hors de l'enceinte de sa résidence. Cela fit beaucoup de bruit dans le pays de Montbéliard ; il y eut même à cette occasion échange de lettres entre la France et la cour de Stuttgart. Ces négociations aboutirent à une ordonnance portant « que le curé établi à Montbéliard pourrait continuer, sans troubles, à porter sous son manteau le viatique et les onctions aux malades catholiques, qui seront dans la ville et son territoire, et à lever et faire porter les corps des catholiques qui seront décédés, en les accompagnant sans cérémonie. » Il fut ensuite enjoint au conseil « d'empêcher qu'on n'enlève à l'avenir les corps desd. catholiques du lieu où ils seront, pour les transporter au collège ou ailleurs, sans la participation du curé (1). » Cette défense était sans doute nécessaire.

Les rivalités ne furent cependant pas quotidiennes ; il y eut des moments de trêve, pendant lesquels l'administration de Montbéliard témoigna quelque bienveillance aux curés de la ville. Ainsi elle leur accorda la jouissance d'un petit terrain, situé devant le collège, pour en faire un jardin qu'elle entoura d'une palissade ayant une porte fermée à clef. Chaque année elle leur donna une portion de quatre cordes de bois ; un avantage de ce genre fut même accordé aux ca-

(1) Archives nationales, K 2187.

pucins de Belfort. Nous le disons à l'honneur du conseil de régence.

Nous ne quitterons pas le comté sans exposer les graves dissentiments qui régnèrent entre les deux communions dans le village de Vougeaucourt. Les catholiques de cette paroisse, doués d'une patience souvent mise à l'épreuve, échouèrent pendant longtemps dans toutes les tentatives qu'ils firent pour arriver à célébrer leur culte avec les prescriptions canoniques.

En 1715, l'autel où se disait la messe servait également à la cène luthérienne. C'était une anomalie dont tout catholique désirait la fin. Métoz, curé de Dampierre et de Vougeaucourt, mourut sans avoir pu y mettre un terme, malgré tout le zèle qu'il déploya dans ce but. Aux premiers jours de 1717, il eut pour successeur J.-B. Malcuit, né à Senargent, le 14 septembre 1685. Le subdélégué de l'intendant trouvait en ce dernier un modèle. « Si M. le curé de Montbéliard, disait-il, consultait M. Malcuit, curé de Dampierre, son voisin, qui, depuis quarante ans, est dans l'usage de faire à Montbéliard les fonctions curiales, soit en l'absence du curé, soit pendant la vacance de la cure, il ferait des démarches plus mesurées (1). » Les protestants de Vougeaucourt n'eurent pas pour Malcuit autant de dévotion que Brenas, ils lui firent une opposition systématique. Voici comment ce curé en parlait en 1733. Dans l'église de Vougeaucourt où Sa Majesté fit rétablir le service divin, ses prédécesseurs furent obligés de dire la messe sur une table de pierre, où les luthériens prenaient la cène. Les curés, malgré les ordres de Sa Majesté, n'ont jamais pu établir un cimetière dans la paroisse, fermer le chœur de l'église par une balustrade, y mettre un confessionnal et un buffet destiné à recevoir les ornements, ce qui a causé beaucoup de profanations. Afin de faire cesser ce

(1) Archives du Doubs, E 1076.

désordre, M. Malcuit, dès son arrivée, commença par mettre l'autel à la place où il était avant le protestantisme, déplacement qui allait lui permettre de fermer le chœur. Le même jour, 19 mars 1717, à onze heures du soir, les protestants replacèrent l'autel où il était avant.

L'église demeurait ouverte jour et nuit. Le curé voulut la fermer et donner une clef aux protestants; ceux-ci la refusèrent nettement. Et comme c'était chez eux un parti pris de faire de l'opposition, ils ne souffrirent sur l'autel ni tabernacle ni autre décoration, et au chœur, ni confessional, ni bénitier, ni fonts baptismaux.

Mais de tous les faits qui se passèrent à Vougeaucourt, à l'occasion du catholicisme, voici celui qui eut alors le plus de retentissement. Un beau crucifix dont la croix avait huit pieds de haut et le Christ, de quatre à cinq, placé au fond du chœur contre une fenêtre, et appuyé à la base sur le banc des anciens, fut trouvé par terre, le 19 novembre 1733, la croix brisée en quatre morceaux, les bras et les jambes du Christ cassés. Aux cris d'indignation poussés par les catholiques, les protestants répondirent par des paroles de moquerie.

Cette affaire était assez grave pour mettre en émoi les supérieurs ecclésiastiques. L'archevêque, en ayant été informé, ordonna une enquête pour savoir si la chute du crucifix était l'effet ou de la malice, ou de l'usure du bois, ou d'un accident fortuit. Nous ne connaissons pas le résultat de l'information. Ce que nous savons, c'est que l'intendant prit des mesures pour prévenir de nouveaux attentats contre notre culte exercé à Vougeaucourt. Il fit reconnaître au cardinal de Fleury la nécessité de fermer le chœur de l'église et d'en donner l'usage aux seuls catholiques, d'établir des fonts baptismaux dans l'une des nefs et des confessionnaux en nombre suffisant(1).

(1) Archives de la cure de Vougeaucourt.

Cette intervention fut-elle efficace? Nous le croyons.

Traités en parias sous le rapport religieux, les catholiques de Vougeaucourt ne furent pas dédommagés sous le rapport matériel. Éloignés des comtes de Bourgogne, leurs défenseurs-nés, ils « étaient foulés avec une vexation criante » à Montbéliard. Ils se virent exclus du partage des revenus communaux, de leur portion de bois dans une forêt d'environ vingt arpents. Pour y être allé chercher une voiture de bois, Pierre Demaison se vit saisir ses deux chevaux, comme caution d'une amende de deux francs. Des catholiques grièvement blessés par des luthériens furent condamnés à dix livres d'amende. L'un souffrit quelque chose de plus dur. Ayant rempli d'arbres fruitiers un verger en friche, acheté d'un protestant, il ne put conserver cette propriété que son travail avait fait doubler de valeur: il en fut dépouillé par celui-là même qui la lui avait vendue. Le tribunal de Montbéliard ratifia l'iniquité et, de plus, fit payer tous les frais du procès au catholique. Les vexations que subirent les sujets de Bourgogne mirent ceux-ci dans un état de découragement et de désespoir tel, qu'ils eurent un moment la pensée d'abandonner leurs foyers et leurs biens pour chercher la paix et la liberté sur une terre étrangère. Voilà le sommaire des plaintes que les catholiques de Vougeaucourt firent entendre à l'intendant de Franche-Comté, le 8 juin 1728 (1).

De la Neuville eut pitié d'une telle situation. Le 29 juillet, il publia un arrêt défendant aux luthériens de troubler les catholiques dans l'exercice de leur religion par paroles, voies de fait, dans l'église ou ailleurs, de les empêcher de célébrer les offices ordinaires, de sonner l'*Angelus* chaque jour aux heures accoutumées, à peine d'être procédé contre

---

(1) Archives de la cure de Vougeaucourt. Archives nationales, K 2188.

eux extraordinairement ; il ordonna aux luthériens de faire jouir les catholiques du bois et des revenus communaux, leur défendit de les distraire au préjudice de ces derniers, à peine de cinq cents livres d'amende, obligea en outre ceux qui avaient eu la gestion des deniers et des affaires de la communauté, pendant les dix dernières années, d'en rendre compte dans la quinzaine, à partir du jour de la signification de la présente ordonnance, par-devant Colin, bailli d'Héricourt.

Le 31 août, Negendanck et Rossel, officiers de Montbéliard, prenant auprès de l'intendant la défense des protestants de Vougeaucourt, soutinrent que leurs sujets étaient innocents du mal qu'on leur reprochait. La situation des catholiques ne fut pas meilleure qu'auparavant (1). C'est le curé Malcuit qui nous l'apprend (2).

Pour épuiser le chapitre des rivalités entre protestants et catholiques du siècle dernier, exposons ce qu'il y eut de plus saillant sous ce rapport dans les seigneuries.

Si l'on en croit Eberhard-Georges Méquillet, qui fut pasteur d'Héricourt, les curés furent les auteurs des troubles religieux de cette ville. Busson fut insatiable dans ses revendications; il voulut pour le culte catholique la même liberté d'action et les mêmes avantages matériels qui lui étaient réservés ailleurs. Le curé Malcuit obtint les revenus de la fabrique et de la confrérie de Saint-Christophe. Cette prétendue usurpation, ordonnée par le gouverneur de la province, ne put que mécontenter les protestants. Pierre-François Devincez, « qui avait quitté l'état militaire pour se couvrir de la robe du prêtre, entra par contre dans son ministère comme un tourbillon qui veut tout enlever, et il

---

(1) Archives nationales, K 2188.
(2) Archives de la cure de Vougeaucourt.

aurait causé la ruine des protestants si la mort n'était venue à temps trancher le fil de ses jours. » Méquillet, pour qui le zèle dans un prêtre était un crime, nous rappelle involontairement ce qu'une mort si subite fit écrire au cardinal de Choiseul. On ne doit pas le commenter (1).

Desle-Eugène Busson obtint qu'une maîtresse d'école catholique fût établie à Héricourt pour *six filles*, sur une demande approuvée par l'intendant, le 17 mai 1745. Circonstances graves, le gage de cette maîtresse, fixé à cent livres par an, fut mis à la charge de la ville, tandis qu'à la maîtresse protestante le budget n'alloua que vingt livres. Néanmoins, pour une raison personnelle, Méquillet écarta les ombres de la figure de ce prêtre. « Animé d'un esprit de douceur et de paix, dit-il, le curé Busson vécut pendant treize ans en bonne harmonie avec les protestants (2). »

Son successeur ne fut pas aussi aimable tout d'abord. Pierre-François Petit fut « dans les commencements plein de mauvais vouloir à l'égard des protestants. Il leur interdisait les cloches et l'église, lorsqu'il se trouvait dans le chœur après ses services religieux; il leur empêchait même la reconstruction de leurs bancs, mais enfin, ayant eu besoin et du ministre et des protestants dans une affaire que les catholiques eux-mêmes lui suscitèrent, ses tracasseries prirent fin. »

Arriva ensuite Servois Saulnier, qui eut le talent d'indisposer le pasteur Éberhard-Georges Méquillet. « Ce prêtre, animé d'un esprit de méchanceté et de fanatisme, fut tracassier pendant huit années consécutives. Il ne suivait aucune règle pour les offices. Les jours de fêtes les plus solennelles, pour retarder le service protestant, il tenait souvent l'église jusqu'à midi pour son service du matin. Ce

---

(1) Voir plus haut, p. 160.
(2) M. Chenot, *l'Église d'Héricourt*.

fut sous son dur ministère qu'Héricourt, pendant deux années de suite, se vit inondé de missionnaires, qui, comme des sauterelles, pensaient brouter l'héritage du Seigneur. Mais les précautions que le ministre et le consistoire prirent furent de si grands empêchements à leur dessein, qu'ils furent obligés de s'en retourner sans avoir fait aucun prosélyte dans la paroisse. »

Son successeur, Jean-Baptiste Foureault, lui ressembla en tous points. « Avec une parole et un air pleins de douceur, ce prêtre fut le digne émule du terrible Servois Saulnier. On ne savait jamais quand il voulait aller à l'église, ni quand il en voulait sortir. Aux jours de fêtes solennelles, il prenait plaisir à ne terminer son dernier service qu'à cinq heures du soir, et même après, hiver comme été, ce qui obligeait les protestants de Tavey, Laire et Byans à se rendre ailleurs qu'à Héricourt pour pouvoir entendre le sermon d'action de grâces (1). »

Il faut avouer que le portrait de ces curés, à première vue, n'est pas de nature à plaire. L'un fut un *tourbillon*, l'autre fut hargneux; celui-ci, *dans sa méchanceté et son fanatisme, fit brouter la ville par une nuée de sauterelles;* celui-là n'était qu'un *bigot féroce;* tous mirent obstacle à l'exercice du culte luthérien. Il nous semble que ce tableau est quelque peu chargé. D'abord on doit se rappeler que l'intendant de Besançon, quand il s'agit de donner un successeur au pasteur Surleau, si apprécié de tout le monde par l'aménité d'un caractère qui le fit vivre en bonne harmonie aussi bien avec les curés qu'avec les administrateurs du pays (2), repoussa la candidature de Méquillet, l'auteur des notes précédentes, parce qu'il était *séditieux, turbulent* (3),

---

(1) Notes du pasteur Méquillet, citées par M. Chenot dans son ouvrage sur l'église d'Héricourt.
(2) Archives du Doubs, E 1079.
(3) Archives de la Haute-Saône, E 275.

que néanmoins le poste qu'il convoitait lui fut accordé, grâce au curé Busson, dont il réclama la protection auprès de l'intendant. Un caractère aussi mal fait pouvait-il vivre en paix avec les curés catholiques ?

Quant à l'accusation portée contre eux de n'avoir observé aucune règle pour l'heure et la durée des offices du dimanche, elle se réduit à peu de chose. La plupart du temps il n'y avait à Héricourt qu'une messe que le curé était obligé de retarder quelquefois, afin de ne pas en priver les employés des fermes, tenus à faire la visite du coche d'Alsace qui passait, ce jour-là, en ville (1). Cette irrégularité pouvait également provenir des confessions nombreuses, d'une procession, d'une exposition du saint Sacrement, quelquefois d'un baptême à célébrer, d'un malade à administrer, en un mot, d'une cause indépendante de la volonté des curés, qui apportaient la plus grande attention à ce que les luthériens n'éprouvassent aucun trouble (2). La réciproque exista-t-elle ? L'église d'Héricourt, dit l'ouvrage que nous venons de citer, vit chaque jour irrévérences, ironies, attitudes indécentes, imitations dérisoires des cérémonies, crachements dans les bénitiers. Ces actes, qui valurent parfois des condamnations à leurs auteurs, ont sans doute échappé à l'impartialité de Méquillet et de M. Chenot (3).

L'établissement des maîtres d'école fut également une cause de troubles et de rivalités. Par une ordonnance du Roi, 14 mai 1724, il fut enjoint à toutes les paroisses d'établir des maîtres et des maîtresses d'école et de leur donner un traitement à répartir sur tous les contribuables. Les catholiques de Chenebier et d'Echavanne, pour profiter de l'avantage de la loi, firent venir, dès 1753, un jeune homme

---

(1) Réponses d'un Franc-Comtois au mémoire d'un ministre, p. 27.
(2) Réfutations des réponses de M. Kilg, p. 17.
(3) Id., *loc. cit.*, p. 45.

de Frahier, qui, pendant quelques mois de l'hiver, fit l'école à leurs enfants dans une maison particulière, et qui, chaque soir, s'en retournait chez ses parents. Les protestants des deux villages, bien que forcés à contribuer au traitement de cet instituteur improvisé, s'y refusèrent. L'autorité recourut aux moyens de contrainte. Un commissaire, envoyé par le receveur des finances de Baume, entra chez un protestant d'Échavanne avec l'échevin du lieu et somma la personne qu'il rencontra de payer une livre dix-neuf sols, somme due par la famille pour le traitement du maître d'école de Chenebier. Sur le refus d'obéir à l'injonction du commissaire, celui-ci voulut prendre quelques objets mobiliers pour la valeur de ce qui était dû. C'est alors qu'eut lieu une scène assez comique. La fille de la maison, avec toutes les filles et femmes du village, assaillirent nos deux hommes, leur jetèrent des cendres à la figure, terrassèrent l'échevin qu'elles poussèrent ensuite hors de la maison, de même que son compagnon d'infortune, puis leur signifièrent leur congé à coups de pierres et de bâton. Les protestants de Chenebier se refusèrent aussi à fournir leur quote-part de la même dépense, sans toutefois faire usage des mêmes armes.

Pour procurer le paiement, de nouveaux ordres furent nécessaires. L'intendant les envoya, le 1er octobre 1757, à son subdélégué de Baume, avec permission de mettre en prison celui d'entre les protestants qui se ferait le plus remarquer par son opposition. Cette fois tout le monde se soumit (1).

Les luthériens de Chagey et de Luze, condamnés aussi à payer le traitement du maître d'école catholique, s'en vengèrent par des voies de fait. Aidés de leurs coreligionnaires des villages des bois, qui, chaque samedi, allaient au marché de

(1) Archives de la Haute-Saône, E 271.

Montbéliard, ils voulurent enfoncer les portes de la maison de l'instituteur, les uns à coups de pierres, les autres avec des bâtons. C'est encore pour le même motif que les sujets de la seigneurie d'Étobon faisaient entendre, dans les mêmes circonstances, des hurlements et des chansons tellement obscènes que le curé de Chagey se vit contraint de porter plainte au conseil de Montbéliard (1).

(1) Archives de la Haute-Saône, E 270.

CHAPITRE VIII

Rivalités entre protestants : le piétisme, son origine, ses adeptes dans le pays. Jean-Jacques Pelletier, Jean-Frédéric Nardin, Jean-Nicolas Vallet des Barres, Léopold-Georges Pelletier, Duvernoy, Jacquin, Friès. — Troubles causés par la secte. — Les anabaptistes, leurs doctrines, leur établissement dans le pays, leur expulsion des Quatre-Terres. — Mesures prises contre eux par le gouvernement de Montbéliard.

Des querelles qui, à l'occasion du rétablissement de la religion romaine, éclatèrent entre catholiques et protestants, passons à l'exposition des rivalités dont furent témoins chez les luthériens nos coreligionnaires nouvellement établis dans le pays de Montbéliard. Jusqu'alors, dans ce camp, la guerre avait été en permanence; à peine y avait-il eu quelques moments de trève, amenés par des événements politiques d'une gravité à frapper tous les esprits. Aussi pendant deux siècles à peu près, on se battit sur l'article de la communion, luthériens et calvinistes se damnant les uns les autres. Le conseil ecclésiastique, le premier, provoqua la paix, en prenant la résolution de recevoir à la cène les partisans de Calvin « et de ne plus les comprendre sous la rubrique de sectaires (1). » Cependant Rayot, pasteur de Clairegoutte, souleva encore à ce moment un incident qui fit grand tapage. Dans un discours prononcé à Montbéliard, le 14 juillet 1726, il traita les calvinistes de fanatiques, d'enthousiastes, de

(1) Archives nationales, K 2175.

gens qui n'étaient pas dans la voie du salut. On se plaignit de cette sortie. Rayot voulut se justifier et, pour montrer qu'il y avait scission complète entre lui et ses adversaires, il emprunta contre eux les arguments des catholiques. Les deux partis oublièrent peut-être alors leurs ressentiments réciproques pour porter leur attention sur une nouvelle secte qui venait d'apparaître au milieux d'eux; nous voulons parler du piétisme, l'une des mille formes prises par le protestantisme depuis sa naissance. Avant de constater sa présence dans notre pays, disons de quelle manière et où prit jour cette nouvelle religion.

La réforme, par la violence des discussions dogmatiques qu'elle avait inaugurées, avait puissamment contribué à exclure la morale et le mysticisme des spéculations théologiques et à donner aux mœurs des églises protestantes cette allure froide et sèche qui distingue encore la plupart d'entre elles. Ce défaut fut aperçu de bonne heure par certains docteurs protestants, qui sentirent la nécessité de fournir un aliment religieux à cet esprit de dévotion que les catholiques appellent la piété et que leurs adversaires ne connaissent pas. Ces efforts aboutirent au piétisme. Ce fut Jean-Jacques Spener qui l'inaugura.

Ce théologien luthérien naquit le 13 janvier 1635, à Ribeauvillé. A quinze ans, il était élève au collège de Colmar, et, à seize, il étudiait à l'université de théologie de Strasbourg. Nous le trouvons ensuite prédicateur à Francfort, en 1666. Convaincu que les prédications qui constituaient l'essence du culte protestant ne peuvent pas produire beaucoup d'effet sur les masses, il institua chez lui, en 1670, des assemblées particulières dans lesquelles, après des actes de dévotion, il répétait d'une manière populaire et sommaire le contenu de ses sermons et expliquait quelques versets du Nouveau Testament. Les femmes étaient admises à ces exercices de piété, mais elles ne pouvaient pas y prendre part directement, elles étaient même soustraites à la vue du reste de l'auditoire. On appelait ces réunions des collèges de piété.

En 1686, Spener devint prédicateur de l'électeur Jean-Georges de Saxe, à la cour de Dresde ; là il travailla par ses écrits et ses sermons à la réforme des mœurs de tous les états de la société. D'après ses exhortations, quelques jeunes docteurs instituèrent, en 1689, des cours bibliques dans lesquels les livres de Spener étaient interprétés. La jeunesse nombreuse qui fréquenta ces cours se fit remarquer non seulement par des mœurs régulières et une grande assiduité aux exercices religieux, mais aussi par la sévérité avec laquelle elle refusait les plaisirs et les amusements, même les plus innocents, et, il faut l'avouer, par une certaine affectation dans le costume et l'extérieur. On les désigna par le sobriquet de piétistes.

Au milieu de ces succès, Spener perdit les bonnes grâces de l'électeur de Saxe ; il quitta la cour et accepta la place de premier pasteur de Saint-Nicolas, de Berlin. Frédéric Ier, son nouveau souverain, ayant fondé l'université de Halle, la réforme proposée par Spener y fut complètement introduite, à la suite des disciples du réformateur, qui y obtinrent des chaires de théologie. Halle devint alors le centre du piétisme et tous les théologiens de l'Allemagne se partagèrent en deux camps.

C'est de Halle que le piétisme vint à Montbéliard, où on le trouve au début du XVIIIe siècle. Le premier qui en fut imbu fut Jean-Jacques Pelletier, ministre à Vandoncourt. Il reçut, dit-on, cette religion de son fils, élève, pendant trois ans, à l'université de Halle [1]. Une fois qu'il l'eut adoptée, il en devint l'apôtre, tant par ses discours que par ses exemples.

Un jour il dit à l'un de ses paroissiens : « Si vous étiez

---

[1] Duvernoy, *Éphém.*, p. 6. — Archives du Doubs, E 80.

véritablement chrétien et véritablement régénéré, dans un an vous prêcheriez comme moi. — Et comment cel pourrait-il se faire pour un homme qui n'a point étudié ? » lui répliqua un des assistants. Le fils présent répondit : « L'Esprit de Dieu vous viendrait en aide. Ainsi, par exemple, si j'avais à faire le voyage de Montbéliard ou d'ailleurs, je demanderais à l'Esprit de Dieu s'il veut que je le fasse ou non, et l'Esprit de Dieu me révélerait ce que j'aurais à faire. »

Dans ses sermons il ne préconisait que les régénérés, chez lesquels il ne trouvait de mal que le péché originel. Pour ceux qui n'étaient pas régénérés, ils ne devaient avoir en partage que les tourments de l'enfer, aussi ne devaient-ils pas s'approcher de la communion. « Je crois, disait-il en 1701, avant Noël, je crois avoir trois cent seize communiants, je ne crois pas qu'il y en ait seize qui soient dignes de la cène, je ne suis pas même assuré de dix dans tout le pays, et je prie qu'il ne s'y en présente pas davantage cette fois-ci ; il faut changer ou il faut périr éternellement. » A ses yeux, il n'était pas même nécessaire aux régénérés de recevoir la cène. « Quand même, leur assurait-il, vous ne participeriez à la cène que dans trente ou quarante ans, vous ne seriez pas damnés. » Cela explique pourquoi, en administrant la cène, il tenait parfois la coupe avec tant de raideur que certaines femmes s'en retournaient sans avoir pu tremper leurs lèvres dans le vin de la communion.

Pelletier prétendait que tout le monde, hommes et femmes, jeunes et vieux, devait exercer les fonctions de prédicateur. Les sermons bien étudiés des docteurs n'étaient nullement nécessaires, il donnait la préférence à ceux des plus ignorants, soutenant que des lèvres de ces derniers tombaient les meilleures et les plus nerveuses prédications.

Sa doctrine touchant la propriété et l'usage des biens matériels était celle de beaucoup d'anciens hérétiques ; il enseignait que tout devait être en commun, comme dans la primitive Église.

Sa première préoccupation était la prière. Il avait un oratoire en pleine campagne, c'était un buisson. Chacun le visitait, si bien que le chemin qui y conduisait était parfaitement frayé. Avant de pénétrer dans ce bocage sacré, Pelletier ôtait respectueusement son chapeau; à peine s'y trouvait-il qu'il se mettait à genoux et priait les mains et les yeux élevés vers le ciel; son oraison durait un quart d'heure. A son avis, la meilleure prière était celle qui se faisait ainsi dans un lieu isolé (1). Telles furent les premières apparitions du piétisme dans le pays de Montbéliard.

Ces semences jetées dans ce petit coin de terre germèrent et donnèrent des fruits chargés de tempête, grâce à la parole de Jean-Frédéric Nardin.

Ce nouvel apôtre du piétisme, fils de Daniel Nardin et de Marie Duvernoy, naquit, le 29 août 1687, à Montbéliard, où son père était ministre. Après ses études théologiques, pendant lesquelles il fut en relation avec les professeurs de l'Université de Halle, il devint, en 1714, diacre à Héricourt et bientôt, nous dit son biographe, « un sujet de confusion pour les ministres relâchés. » En peu de temps, il fit accepter sa doctrine à « la plupart des gens d'Héricourt. » Voilà ce que nous apprend Gabriel Crémet, chef du magistrat de cette ville, qui, en 1716, se plaignit du tumulte causé par les piétistes : « On ne voit jour par jour, tant le dimanche que pendant la semaine, que des assemblées particulières de certaines gens qui, étant d'un esprit faible et connaissant très peu leur religion, se sont laissé insensiblement engager dans le parti du sieur diacre, par ses manières pharisaïques et par l'air doucereux dont il se sert pour les attirer. »

Avant d'aller chez le diacre, les nouveaux religionnaires

---

(1) Archives du Doubs, E 1015.

se réunissaient par groupes, en trois ou quatre places, soit à l'intérieur de la ville, soit à l'extérieur, où ils commençaient à chanter des cantiques composés par Nardin. Un soir, une de ces bandes, attendant l'heure de la réunion, fit des menaces à deux passants que l'on savait hostiles aux nouvelles opinions. Gabriel Crémet, peu éloigné du lieu, accourut pour empêcher des voies de fait, mais sa bonne volonté fut récompensée par toutes sortes d'insultes. De là, entendant une autre bande qui par ses chants faisait « un carillon à faire peur au plus résolu, » il alla la trouver pour la faire taire afin qu'il ne fût pas dit que les Héricourtois avaient « les sabbats du diable. » Ici nouvel étonnement; des moqueries et plus de quinze coups de pierres récompensèrent son amour de l'ordre.

Aussitôt que l'obscurité était complète, les piétistes se glissaient dans la maison de leur chef, où ils restaient dès neuf heures jusqu'à dix et onze heures du soir. Une fois que l'enthousiasme s'était emparé de l'assemblée, chacun, suivant l'inspiration qui l'agitait, priait, chantait, criait, hurlait.

De telles assemblées avaient lieu tous les jours et plutôt deux fois qu'une. Les luthériens, étrangers à ces nouveautés, en étaient extrêmement froissés, parce qu'ils supposaient bien que les catholiques, inaccessibles à toute variation, riaient sous cape.

Pour ses partisans, le diacre Nardin n'était pas un homme ordinaire, mais un ange et un prophète, envoyé par Dieu pour retirer le monde de la corruption, tandis que les autres pasteurs n'étaient que des ministres d'erreur dont il fallait fuir les sermons. Comme Tavey était desservi par Nardin, le dimanche, ce village était le rendez-vous de tous les piétistes du pays. On y accourait même de Montbéliard; c'était inévitable (1).

(1) Archives de la Haute-Saône, E 271.

Crémel, qui, en qualité de chef du magistrat, envoya les détails précédents au duc de Wurtemberg, un jour prit la fuite devant un attroupement de piétistes, en entendant dire au diacre Nardin qu'on ferait bien de lui charger le cou de bois et de l'assommer à coups de pierres.

Ce désordre ne pouvait manquer d'éveiller l'attention du gouvernement français. Le procureur de Baume fut chargé de faire une enquête à Héricourt sur les prédications de Nardin, au grand mécontentement des protestants, qui en firent des reproches sanglants à Crémel. Le chef du magistrat ne put se justifier de ce grief ni calmer le bruit qui régnait à Héricourt.

Par un mandement du 29 janvier 1717, Nardin fut cité par Le Guerchois, subdélégué de l'intendant, à comparaître, le 12 février, devant lui, en son hôtel, à Baume. Dans cette entrevue, le diacre gagna si bien sa cause que son juge lui dit : Si vous n'êtes coupable que de cela, vous êtes innocent ; votre doctrine me paraît d'autant meilleure, que c'est cela même qu'enseignent les plus pieux et les plus zélés de nos docteurs catholiques. Je prévois que vous avez des ennemis que votre doctrine effraie et auxquels votre exemple donne de la confusion ; ainsi, soyez sur vos gardes et comptez sur ma protection aussi longtemps que vous n'entreprendrez rien contre la religion, ni contre les intérêts du roi, mon maître [1].

Un encouragement, venu de si haut, donna une nouvelle vitalité au piétisme. Cucuel, pasteur d'Héricourt, en fut offusqué. Il s'en expliqua au conseil ecclésiastique, le 26 janvier 1718, dans une lettre empreinte des sentiments d'un amour-propre horriblement froissé.

« Ci-devant il fut ordonné au diacre Nardin de ne mener

---

[1] Bibliothèque nationale, biographie de Nardin, en tête de ses sermons.

personne à Tavey les jours de dimanche ; il y en a toujours eu qui, au mépris de cet ordre, ont continué d'y aller, et à présent le nombre augmente autant que jamais. Pour se justifier, ils chargent le ministre de blâmes, l'accusent d'être un vieil ignorant, dont les sermons sont maigres, sans aucune onction, comme un nommé Daniel Mairot a fait en plusieurs endroits de la ville, aux villages, et en allant aux foires de Bourgogne, pourquoi il y a eu de grosses querelles qui auraient été suivies de bâtures, sans la prudente retenue de quelques-uns de la compagnie.

« Le sieur diacre dit aux anciens et à Cucuel qui lui faisaient quelques remontrances : Vous n'êtes tous que des ivrognes.... Il se vante d'avoir fait de grandes conversions, d'avoir fait renoncer beaucoup de personnes à leurs habitudes. Plût à Dieu qu'il eût réussi ! mais, hélas ! qu'il s'en faut que cette conversion soit sincère et entière. On voit que ceux qui se disent régénérés et sanctifiés ont de terribles défauts ; ils s'abstiennent de jouer, jurer, ivrogner, pour paraître bons piétistes, comme ils se nomment ; ils se trouvent si remplis d'amour-propre, de présomption, de haine, médisance et calomnie, qu'il semble qu'ils n'aient quitté des péchés que pour se jeter en de plus grands qui causent le trouble, le scandale et le désordre de la ville et de l'église. Comme ils se croient seuls avoir de la piété et droit au bonheur éternel, ils jugent les autres tous impies et méchants, les envoient irrémissiblement en enfer. A leurs dires, toutes les prières qu'on a apprises dès son jeune âge et qu'on fait ordinairement soir et matin, avant et après les repas, quelque attention qu'on y apporte, ne sont rien.... Quand ils sont ensemble, le pauvre prochain est toujours sur le tapis, le chargent de tous péchés, sans aucune charité ; il est damné, le diable le possède, le tient enchaîné.... Des enfants regardent leurs parents comme esclaves du diable, refusent de leur obéir ; un sermon par un irrégénéré est sans fruit.

Et une nommée Catherine Guyon, en ayant entendu louer un de l'humble remontrant, dit, il y a quelque temps : Le diable prêche bien. De là ce séparatisme scandaleux qui nous est déjà reproché par nos adversaires (1). »

Le conseil ecclésiastique, en considération des plaintes qui pleuvaient sur Nardin, destitua ce diacre. Cette peine ne dura qu'un moment. Le 22 juin 1718, l'apôtre du piétisme fut nommé diacre de Blamont. Il alla s'y établir avec ses chères croyances. Nous ne savons pas s'il renouvela ses assemblées secrètes pour les simples fidèles ; en revanche il tint des conciliabules avec ses collègues, Duvernoy, de Glay, Surleau, de Roches, et Blanchot, de Vandoncourt. C'est ce qu'apprit au conseil ecclésiastique, en 1724, Binninger, ministre de Seloncourt (2). Dès lors il fut impossible d'arrêter le courant des doctrines nouvelles, qui en plusieurs lieux avaient suscité d'ardents défenseurs.

A Laire, en 1726, le théologien Jean-Nicolas Vallet des Barres les prêchait dans des assemblées de jour et de nuit.

---

(1) Il est à noter : 1° Que Goguel est dans le faux quand il voudrait nous faire croire que les piétistes « se livraient à des pratiques d'une austère dévotion. » Crémet et Cucuel, témoins des extravagances de ces religionnaires, le contredisent formellement. (*Précis historique*, p. 111.)

2° Que les catholiques, sans reprocher aux protestants leurs variations religieuses, se bornaient alors à constater une fois de plus que des gens qui rejettent l'autorité de la véritable Église doivent naturellement aboutir à des absurdités analogues à celles où se jeta le diacre Nardin. Car le principe du libre examen, tel qu'il est pratiqué par les luthériens, renferme en lui-même une quantité de produits religieux, aussi exotiques les uns que les autres, et qui tous, à un moment donné, peuvent paraître au grand jour et prendre une place plus ou moins large dans le protestantisme, selon la valeur des hommes qui les préconisent et selon qu'ils se rapprochent plus ou moins de la vérité catholique. Si le piétisme du diacre Nardin a eu son temps de vogue, c'est parce qu'il confinait avec ce que nous appelons la piété.

(2) Archives nationales, K 2178.

Sommé par le conseil ecclésiastique de cesser ses enseignements, il obéit en apparence, car il usa d'un autre moyen de propagande : ce fut de parcourir, une à une, les maisons de Laire, de Trémoins et de Tavey, pour y débiter ses doctrines dans des conversations privées. En peu de temps, il se forma dans la dernière de ces communes deux partis bien tranchés (1).

Montbéliard n'attendait qu'un pasteur imbu des nouvelles doctrines pour devenir un foyer de piétisme. Cela ne pouvait tarder. Le fils de l'ancien pasteur de Vandoncourt, Léopold-Georges Pelletier, d'abord ministre à Étobon, où il avait, pendant la nuit, tenu des assemblées dans sa maison, alla ensuite avec le même titre au Ban-de-la-Roche. Ici il fut accusé de piétisme. Le consistoire de Strasbourg le cita à sa barre et, après l'avoir examiné, le condamna comme hérétique. « Il fut dégradé, chassé de sa cure et réduit à la dure nécessité de se faire maître d'école de village pour avoir de quoi vivre et fournir aux besoins de sa femme et de ses enfants. » Le consistoire de Stuttgart, devant lequel il en appela probablement, le reconnut pour orthodoxe. Proposé aux fonctions de diacre à Montbéliard, Pelletier, après avoir vu sa candidature fortement combattue par le conseil ecclésiastique, obtint néanmoins, le 13 mars 1725, la place qu'il désirait (2). Le piétisme en bénéficia, mais au détriment de la bonne harmonie, témoin la scène qui se passa le 8 août 1728. Le ministre de Mandeure, dans un sermon à l'église Saint-Martin, déclamait contre le piétisme, « se plaignait amèrement que des gens qui se glorifiaient de l'auguste nom de luthérien abandonnaient si facilement la doctrine de leur patriarche pour en suivre une autre toute contraire, et de ce que le mépris qu'on faisait de la doctrine de Luther ne se bornait

---

(1) Archives nat., K 2178.
(2) Archives nationales, K 2178. Bibliothèque de Besançon, manuscrit n° 257.

pas au simple peuple, mais passait même jusqu'aux ministres chargés de la perpétuer par leurs instructions, de sorte que la plupart ne savaient plus ni ce qu'ils devaient croire, ni de quelle religion ils étaient, et qu'il était obligé de dire, à la confusion de leur ministère, qu'il restait presque le seul vrai disciple de Luther. Le sieur Pelletier, qui était au banc des ministres, ne s'accommodant pas de ce discours, dit assez haut que le prédicateur parlait comme un âne ; ce que le sieur Surleau ayant entendu, il se tourna du côté du sieur Pelletier et lui dit, tout transporté de colère, qu'il en avait menti comme un.... Le compliment était trop poli pour demeurer sans réplique. Le beau feu qui enflammait le sieur Surleau gagna en même temps le sieur Pelletier, de sorte que ces deux ministres, l'un depuis la chaire, l'autre depuis le banc des ministres, étant tous deux inspirés de l'esprit particulier, se régalèrent en vrais disciples de Luther, se déchirant par toutes sortes d'invectives, avec des termes qui ne seraient pas supportables dans la bouche des plus grands libertins. Le peuple s'en divertit au commencement, mais les jurements et les paroles sales que proféraient ces deux ministres donnèrent tant de frayeur à la plupart des auditeurs qu'ils sortirent du temple (1). »

« Pelletier, disait l'intendant Macler, a une imagination vive, capable d'impressionner des cerveaux faibles et sans discernement. » Aussi, sous le feu de sa parole, le piétisme fit de rapides progrès en ville. Montbéliard eut deux camps, où les uns furent appelés impies, irrégénérés, gens à qui on n'avait jamais fait connaître Dieu ; les autres, hypocrites, enthousiastes, visionnaires (2).

Pelletier eut un collègue qui fortifia puissamment la nouvelle secte : ce fut Jean-Jacques Duvernoy, né en 1709, à

---

(1) Frédéric Fallot, manuscrit de la bibliothèque de Besançon, n° 257, p. 261.

(2) Archives du Doubs. E 80.

Étupes, où son père était pasteur. L'auteur des *Éphémérides* en parle en ces termes : « Après s'être voué à l'étude de la théologie, il devint pasteur de l'église allemande de Montbéliard, puis surintendant des églises de la principauté. Attaché de bonne foi aux opinions religieuses professées par les Moraves ou piétistes, il contribua de tout son zèle à les faire prévaloir dans sa paroisse et au dehors (1). » Mais dans son œuvre de propagande, il trouva une forte opposition de la part du conseil ecclésiastique. Le 20 janvier 1745 il fut cité à ce tribunal. Là on lui reprocha le scandale de ses assemblées où se rendaient nombre de personnes des deux sexes; on lui parla des conséquences funestes qui pouvaient en résulter, du danger de créer des divisions entre luthériens et piétistes ; on lui représenta que les partisans de la nouvelle secte négligeaient les offices luthériens et parlaient irrespectueusement des ministres de cette religion. Duvernoy se justifia victorieusement sans profit pour la paix (2). Les deux partis s'envenimèrent plus fortement que jamais l'un contre l'autre.

Dans le but de calmer l'orage le duc Charles transmit, le 20 janvier 1747, au conseil de régence, un rescrit où il recommanda au ministre de l'église allemande de n'avoir aucun commerce avec les personnes attachées à l'église d'Herrenhut, ni d'introduire dans la paroisse des livres que n'auraient pas approuvés les théologiens. Après avoir permis au pasteur « de s'édifier dans sa maison avec ses auditeurs, en observant certaines règles de prudence, » il termina son rescrit en exhortant « les autres ministres à s'acquitter dignement des fonctions qui leur incombent, de ne point prendre de scandale mal fondé sur leurs collègues, d'user entre eux de modération, de cultiver un amour réciproque

---

(1) Duvernoy, *Éphém.*, p. 59.
(2) Archives nationales, K 2178.

et d'exercer avec union l'œuvre du Seigneur, sans aucune mésintelligence, ni passion masquée (1). »

L'intervention du duc Charles-Eugène ne put ni enrayer la marche des nouvelles doctrines, ni réprimer les divisions qu'elles avaient fait naître à Montbéliard. Les assemblées de nuit se multiplièrent, tant en ville qu'au dehors. On s'y rendait avec ardeur de toutes parts. Certains pasteurs de la campagne n'avaient pas plus tôt achevé leur service du dimanche, qu'ils y accouraient avec un empressement fébrile, sans se préoccuper de l'abandon où demeuraient leurs paroisses (2).

Les anciens de l'église de Montbéliard, personnages dont l'âge avait calmé la fougue du tempérament, s'alarmèrent à la vue de ces mouvements désordonnés. Dans une lettre au commissaire de la cour, ils attaquèrent vivement le piétisme, qu'ils comparèrent à un torrent, à une épidémie, à un chancre (3).

Chacun, à cette époque, prit parti pour ou contre. Il n'y avait partout qu'invectives, disputes, débats. Les pasteurs hostiles à la secte s'élevèrent contre ceux de leurs collègues qui faisaient de la propagande parmi leurs paroissiens. Jacquin, de Vandoncourt, allait prêcher dans des maisons de Montécheroux et y faisait chanter des cantiques. On venait chez lui d'Abbévillers, de Dasle, d'Hérimoncourt, d'Allenjoie, de Brognard, de Nommay et de Grand-Charmont (4), au grand mécontentement des pasteurs qui ne partageaient pas ses idées (1747-1751).

Le piétisme comptait des partisans trop notables pour qu'il dût disparaître devant l'opposition, soit de la cour, soit de quelques pasteurs. Placé sous le patronage de Pelletier et de Duvernoy, de Montbéliard; de Jacquin, de Van-

---

(1) Manuscrits Duvernoy, règne de Charles-Eugène.
(2) Archives du Doubs, E 80.
(3) Manuscrits Duvernoy, règne de Charles-Eugène.
(4) Archives du Doubs, E 1015.

doncourt ; de Friès, de Couthenans, et d'autres encore, il se fortifia en faisant une recrue dans la personne de Mme de Gemmingen, épouse du gouverneur du comté. Cet exemple entraîna dans le parti la plupart des dames de la ville. Ce fut le triomphe du piétisme (1).

Dès ce moment les ministres attachés à la secte en prêchèrent ouvertement les doctrines. Le premier qui emboucha la trompette fut Pierre-Conrad Friès, de Couthenans. En 1753, dans un sermon qu'il fit à Montbéliard, il outrepassa toutes les défenses faites contre le piétisme : « Jésus est mort, disait-il, Jésus a été enseveli, imitons-le ; nous n'avons plus à apprendre la religion, ni à faire des prières, ni à pratiquer des bonnes œuvres ; nous n'avons qu'à jouir et à rester en repos, pour imiter le repos de Jésus dans le sépulcre. Laissons agir l'Esprit de Dieu dans nos âmes ; il n'y a que des vérités de sentiments, et s'il me fallait dire une seconde fois les vérités que j'expose, je ne le pourrais pas, etc. »

Comme il était à prévoir, le sermon de Friès fit du bruit en ville et à la campagne. Le surintendant ordonna une enquête. Cinq témoins, parmi lesquels on compta quatre pasteurs, exposèrent la doctrine du ministre de Couthenans telle qu'ils l'avaient entendue. L'un d'eux, Morel, la réfuta en reconnaissant la nécessité des bonnes œuvres. Friès, dit-il, saisit une proposition qui servait de refrain à toutes les périodes de son discours : Jésus est mort, Jésus a été enseveli, et cela, non sans de violents accès d'enthousiasme, autant qu'il me le paraissait. Dire que parce que Jésus est mort, nous sommes par là même dispensés de nous appliquer à l'étude des vérités de la religion ; avancer à la faveur du même prétexte, d'une manière crue, sans restriction, sans limitation, sans distinction, que l'aumône, le jeûne, la

(1) Archives de la cure de Tavey.

prière même et toutes les œuvres qui découlent de la foi et qui produisent (je veux dire qui démontrent) la sanctification du cœur, sont autant d'abominations aux yeux de la divinité et d'outrages aux mérites de Jésus-Christ, c'est vouloir retenir les chrétiens dans l'aveuglement et dans l'ignorance la plus dangereuse...., c'est faire du sacrifice et de la justice de Jésus une source de relâchement, d'indolence, de paresse, de sécurité et de libertinage(1). » Les autres témoins parlèrent dans le même sens. Friès fut désapprouvé par le conseil ecclésiastique, mais il s'en consola en voyant les progrès que faisait sa doctrine.

Les dames de Montbéliard se firent les apôtres de la nouvelle religion ; cet appui lui procura un nouveau développement. Dans le désir de voir des prosélytes dans la seigneurie d'Étobon, elles usèrent de leur crédit pour faire nommer un ministre piétiste à Clairegoutte. Elles réussirent à y envoyer Léopold-Emmanuel Schafferstein, qui en était sorti en qualité de pasteur depuis quatre ans.

La doctrine des piétistes n'était pas uniforme ; les uns excluaient du salut les irrégénérés, les autres sauvaient tout le monde. « Le grand principe de ces sectaires, dit un curé de Tavey, est la charité envers le prochain. Dès lors toutes les religions sont bonnes, dès qu'on croit un Dieu en trois personnes et le mystère de la rédemption ; on peut faire son salut partout, il y aurait dureté et même impiété à condamner les autres religions. Ce serait vouloir mettre des bornes aux miséricordes infinies de notre Dieu, qui veut sauver tous les hommes, de quelque nation qu'ils soient, c'est-à-dire luthériens ou calvinistes, anabaptistes ou catholiques, et ces religionnaires répètent presque mot à mot ce qu'Appelle, fameux disciple de Marcion, répondit quand il se vit vaincu par Rodon, docteur catholique : Que chacun doit

---

(1) Archives de la Haute-Saône, E 231.

demeurer ferme dans la créance qu'il a une fois embrassée et que ceux qui ont mis leurs espérances en Jésus crucifié seront sauvés. Néanmoins ils s'offensent du nom de piétistes, détestent Luther aussi bien que les luthériens, ils s'appellent entre eux les frères en Jésus-Christ; vulgairement, ils sont appelés : frères Moraves. Ils affectent la douceur dans leurs conversations, la piété dans les paroles, nommant le Christ l'aimable Sauveur; leur extérieur est dévot, leurs manières sont doucereuses, affables. Entrez chez eux, vous verrez un crucifix suspendu au mur de leur chambre.

Ces religionnaires eurent recours aux pratiques du catholicisme, à la confession auriculaire, à laquelle les filles et les femmes se soumirent avec un empressement qui les eût rendues dignes d'être catholiques, si tout s'était passé régulièrement. Mais cette pratique, s'accomplissant dans le secret d'une chambre, donna lieu à la critique. On entendit quelques hommes s'écrier :

Ce bloc enfariné ne me dit rien qui vaille.

A défaut de ministres, les femmes du parti furent chargées d'entendre les confessions. A Héricourt, Henriette-Marguerite Minal eut cette commission plusieurs années. Elle fut remplacée par un chamoisier qui eut, dit-on, une nombreuse clientèle parmi les filles et les femmes de la secte.

En 1758, Friès résigna sa cure de Couthenans et s'expatria dans un but de propagande. On le vit, accompagné d'une femme, qu'il avait recueillie dans son apostolat, travailler à inculquer aux hérétiques d'Allemagne la doctrine des piétistes (1).

Il y eut de simples fidèles qui s'érigèrent en apôtres de la

---

(1) Archives de la Haute-Saône, E 231, et de la cure de Tavey.

nouvelle religion. Pelletier, teinturier à Montbéliard, sous un prétexte de dévotion, présida chez lui des assemblées formées de personnes venues « des différentes églises de la ville et de la campagne. » Malheureusement il fut contrarié dans ses actes de piété par le conseil de régence, qui déclara Pelletier et ceux qui fréquentaient ses assemblées passibles d'amendes arbitraires, 23 mars 1775 (1). Nous ne savons pas si ces mesures mirent fin à des actes qui n'étaient pas du goût des conseillers de Montbéliard. Ce que nous pouvons dire, c'est que le piétisme conserva jusqu'à la Révolution de nombreux adhérents dans tous les villages du comté et des quatre seigneuries. Dans certaines périodes du xixe siècle, nous le verrons revivre avec grand fracas pour reprendre, tel qu'il est aujourd'hui à Montécheroux et ailleurs, le tempérament doucereux de ses moments de calme.

Lorsque le piétisme commençait à agiter le pays de Montbéliard, une autre secte, issue des révolutions religieuses du xvie siècle, cherchait à s'y implanter sans bruit. Nous voulons parler de la secte des anabaptistes, qui, chassés, au commencement du xviiie siècle, des cantons de Berne et de Schaffhouse, se réfugièrent, le plus grand nombre en Alsace, et le reste dans le pays de Montbéliard.

Leur présence en Alsace ne fut pas vue d'un bon œil par les catholiques. D'abord leurs doctrines religieuses étaient assez étranges. Admettant un Dieu en trois personnes, ils avaient pour principe de ne baptiser leurs enfants qu'à l'âge de raison ; avant cet âge ils les laissaient mourir sans baptême, car à leurs yeux ce sacrement ne peut effacer ni péché originel ni péché actuel. Qu'un enfant vienne à mourir sans baptême, le péché originel lui est remis; pour les grandes personnes, elles peuvent en obtenir le pardon par le bien qu'elles font.

(1) Archives nationales, K 2187.

Il paraît que leurs mœurs étaient très dissolues. Chez eux point de registres, ni de baptêmes, ni de mariages, ni de sépultures. Dans leurs mariages clandestins, ils foulaient indignement aux pieds les lois du sang; sous prétexte que tout doit être commun, ils permettaient l'inceste. Superstitieux sans mesure, ils usaient de sortilège pour les hommes comme pour les bêtes; des catholiques assez simples devenaient même les victimes de ces sortes de guérisseurs (1).

Tous les hommes étant égaux, il s'ensuivait que les rois et leurs ministres n'étaient que des tyrans également haïssables. Aussi tout anabaptiste refusait de porter les armes. Ce fut là un des principaux motifs qui les fit chasser de Berne, au commencement du xviiie siècle.

Impossible de faire prêter serment à ces sectaires. Lever la main était pour eux un acte de provocation à l'égard de Dieu. L'un d'eux fut expulsé pour avoir refusé son témoignage sous la foi du serment (2). A Verlans, un autre obtint du conseil de régence de Montbéliard de dire simplement,

---

(1) Aujourd'hui encore, beaucoup d'anabaptistes du pays de Montbéliard font usage de pratiques *abracadabrantes* pour guérir les gens et les bêtes. Voici comment l'un d'eux, il y a huit ans, a opéré pour une entorse. Entre onze heures et minuit, il arriva auprès du lit du patient, ouvrit un grimoire, sur lequel il lut quelques formules cabalistiques, en touchant, de temps à autre, le pied malade avec le bord de sa main étendue, de manière à former une croix; ensuite, sur un ton grave et caverneux, il alla continuer sa lecture sous la cheminée de la cuisine. C'est ainsi qu'il opéra pendant une demi-heure, allant, tantôt près du malade, tantôt sous la cheminée. La guérison ne pouvait avoir lieu qu'après une seconde opération de ce genre, à la suite de laquelle on lui aurait dû 50 fr. Mais on fit dire au guérisseur de ne pas revenir.

Le même, pour guérir un cheval de Mignavillers, fit pendre au cou de la bête un sachet doublé d'étoffe et préparé par lui. Le maître, n'osant sortir avec un coursier porteur d'un pareil joujou, eut la curiosité de connaître, malgré la défense du guérisseur, en quoi consistait le remède. Il y trouva un grain d'avoine emmailloté de sciure de bois.

(2) Archives du grand séminaire. Procès-verbal d'une enquête.

en justice, oui ou non, sous prétexte qu'on ne pouvait pas l'astreindre à faire un acte contraire à sa religion (1).

Timides et réservés pendant les premières années qui suivirent leur installation en Alsace, peu à peu ils se mirent à faire du prosélytisme, surtout dans les endroits où ils étaient nombreux, cherchant à endoctriner leurs domestiques et leurs ouvriers catholiques, à leur inspirer du mépris pour nos pratiques, de la haine pour l'Église, de l'aversion pour les pasteurs et les supérieurs. Des principes de cette nature constituaient un vrai danger pour la religion et la société.

De plus, ces sectaires causèrent un préjudice matériel aux habitants au milieu desquels ils s'établirent. Avides de richesses, ils accaparèrent la moitié des fermes des campagnes. Dans une seule paroisse, vingt ménages d'anabaptistes exploitèrent treize métairies appartenant à un seigneur. Pour priver les habitants du bénéfice de ces entreprises, ils louèrent les fermes à un prix très élevé. S'ils y perdirent les premières années, ils ne tardèrent pas à réparer leurs pertes, soit par des entreprises détaillées qu'ils enlevèrent à l'industrie des habitants, soit par de nombreux troupeaux de bétail qu'ils répandirent sur les communaux.

Les cultivateurs furent ainsi privés de l'exploitation des fermes et des ressources dont ils avaient besoin, soit pour cultiver le peu de terres qui leur restaient, soit pour faire les corvées royales et seigneuriales. Ce qui rendait encore pénible la situation de ces paysans, c'est que toutes les charges pesaient sur eux, tandis que les anabaptistes n'en avaient qu'une faible partie.

Le gouvernement français décréta parfois contre ces étrangers des mesures de proscription sans jamais en poursuivre l'accomplissement. Le 7 juin 1728, d'Angervilliers écrivait à l'intendant d'Alsace : « Sa Majesté a bien voulu,

(1) Archives nationales, K 2178.

quant à présent, et pour ne point faire trop de peine à plusieurs personnes de considération, ne pas se porter à chasser les anabaptistes de la province, comme la règle l'exigeait, à condition que le nombre n'en pourrait être augmenté par la suite (1). »

Si l'on excepte un cas d'expulsion, on ne voit pas que ces sectaires d'Alsace aient été obligés de chercher ailleurs un lieu de résidence. Au contraire, leurs familles se multiplièrent au point que, vers 1777, il y en avait plus de trente autour de Belfort, dans les paroisses appartenant au diocèse de Besançon. C'est de quoi le curé Démoly, de Danjoutin, se plaignit alors à l'archevêque. Et ses plaintes étaient parfaitement justifiées, car, outre que ces étrangers ne participaient à aucune charge, ils avaient trompé l'opinion qu'on avait eue d'abord sur eux. Regardés au commencement comme des cultivateurs tranquilles, ils n'avaient pas tardé à devenir insolents et à dénigrer les pratiques de l'Église catholique (2).

Dans les terres de Bourgogne, ils furent traités moins bien qu'en Alsace. Quelques-uns, en quittant la Suisse, demandèrent au prince de Montbéliard la permission de se fixer dans ses États. Léopold-Éberhard, avant d'y consentir, examina et fit examiner le livre qu'ils lui avaient présenté et où étaient renfermées leurs doctrines. Le comte n'y trouva aucun motif de leur fermer les portes du pays. C'est pourquoi il établit neuf familles d'anabaptistes dans ses fermes de Clémont et Liebvillers (3).

L'autorité française, informée de la présence de ces étrangers sur les terres de la souveraineté du roi, voulut connaître les doctrines professées par eux. Poussemann, résidant à Clémont, et Ulric Brumer, à la métairie d'Adam,

(1) Archives du grand séminaire.
(2) Archives du grand séminaire, BII 145.
(3) Archives du Doubs, E 165.

territoire de Liebvillers, furent interrogés, au nom de tous leurs coreligionnaires, par le procureur de Baume. Leurs déclarations ne furent que la répétition des doctrines citées plus haut. A la fin de l'enquête, ils avouèrent qu'ils n'étaient point instruits de la religion catholique, apostolique et romaine, qu'ils ne voulaient point s'y faire instruire ni l'embrasser, qu'ils aimaient mieux sortir du comté de Bourgogne et des États de Sa Majesté.

Le procureur, voyant dans les doctrines des anabaptistes un danger pour la société, leur ordonna « de sortir dans un mois, au plus tard, après la signification du jugement, avec toutes leurs familles, domestiques ou autres sectaires, ou suspects de ladite religion des anabaptistes, hors desdits terres et bailliages du comté de Bourgogne, avec défense à eux et à tous autres de même secte et religion, ou suspects d'icelle, d'y rentrer et s'y rétablir sous quelque prétexte que ce soit. »

Ces familles, avec celles qui furent expulsées plus tard, se retirèrent dans le comté de Montbéliard. Ici ces religionnaires portèrent ombrage à grand nombre d'habitants. Il semblerait même que l'autorité ne savait quelle conduite tenir à leur égard. Au mois de septembre 1724, le conseil dit au prince qu'on pourrait leur confier l'exploitation des fermes seigneuriales du Magny-d'Anigon, lors même que ces étrangers en offraient le quart de moins que d'autres agriculteurs, parce que les premiers étaient à même de leur faire produire plus de fruits. La différence de religion ne devait pas empêcher ce choix, puisque les anabaptistes ne différaient des luthériens que par l'article du baptême. Alors la décision d'Éberhard-Louis fut qu'il fallait non seulement les tolérer, mais les favoriser dans l'intérêt de ses domaines.

Quelque temps après, le procureur Jeanmaire exprima l'avis qu'on ne devait pas laisser s'accroître le nombre des fermiers anabaptistes, introduits frauduleusement à Audincourt, sous le titre de calvinistes.

Lorsque ces religionnaires purent se compter, ils sollicitèrent auprès du conseil la permission d'établir une école. Les conseillers firent observer à Son Altesse qu'ayant toléré les anabaptistes on pouvait leur accorder ce qu'ils demandaient, mais sans permission expresse et pourvu que l'école se fasse sans éclat, en dehors de la ville, à la Petite-Hollande ou ailleurs (1). Cette création eut lieu. Il arriva même qu'elle inquiéta les pasteurs allemands, parce que quelques-uns de leurs paroissiens y envoyaient leurs enfants. On demanda la suppression de ce désordre (2).

Malgré les différentes mesures dont ils furent l'objet, les anabaptistes devinrent plus nombreux. On leur afferma des terres et on les reçut dans des maisons particulières. Alors les conseillers de la régence, voyant en cela un danger pour le pays, défendirent à toute personne « de recevoir en leurs maisons et d'affermer leurs terres aux anabaptistes, sans en avoir obtenu la permission expresse, à la peine irrémissible de cent livres par chaque contravention (8 août 1727). Il paraît qu'à la suite de cette ordonnance ces étrangers furent traités avec beaucoup de sévérité. Il fallut même que le gouverneur de Montbéliard prît leur défense, en invitant le magistrat de la ville à cesser toutes vexations à leur égard. A ses yeux deux raisons réclamaient cette mesure d'indulgence : les anabaptistes avaient favorisé les intérêts du prince en cultivant ses terres, et ensuite, ils avaient servi d'exemple, par leur amour du travail, au peuple paresseux et peu laborieux du pays.

Au fond, les anabaptistes n'étaient guère moins détestés à Montbéliard que les catholiques ; ils étaient un peu plus

---

(1) Archives nationales, K 2178.
(2) Archives du Doubs, E 80.

tolérés à cause de leur séparation de l'Église romaine. Ainsi Suzanne-Valériane Vuillemin, de Grand-Charmont, s'était mariée à un anabaptiste, meunier à Baldenheim. Parce qu'elle avait adopté les croyances de son mari, le procureur Rossel, le 5 janvier 1758, requit contre elle la confiscation du quart des biens qui lui venaient de son père. Les considérants de cet acte prouvent notre assertion. « Ladite Vuillemin, y est-il dit, en préférant par une horrible impiété les erreurs détestables des anabaptistes à la vraie religion, doit être absolument privée de la portion prémise que son père défunt lui avait destinée dans sa succession.... Cette privation doit être considérée comme l'effet d'une entière indignité, résultante du crime énorme de ladite Vuillemin. Son mari n'est pas moins indigne qu'elle, car c'est lui-même qui a communiqué à ladite Vuillemin le venin de l'hérésie qu'elle a embrassée. »

Lorsqu'ils se crurent un domicile acquis dans le comté, ces hérétiques songèrent à un local séparé où ils pourraient tenir leurs assemblées religieuses. C'est dans ce but qu'ils demandèrent, sous forme d'accensement, une ferme seigneuriale située à Montbéliard. La réponse ne leur fut pas favorable : « Si on a souffert les anabaptistes jusqu'ici, répondit Binninger, c'est en vue d'avantages à tirer d'une meilleure culture des terres et surtout des censes du domaine, mais les princes n'ont pas autorisé leur culte; en leur laissant la liberté de s'assembler dans les habitations, cette tolérance a enflé l'audace de ces gens-là.... Autrefois pleins d'une douceur et d'une débonnaireté extérieure, changées depuis en une arrogance qui les a rendus méconnaissables, ils en sont venus au point de faire des prosélytes. Si on approuvait leur culte, on augmenterait et leur fierté révoltante et leur zèle entreprenant. 8 avril 1780[1]. »

---

(1) Archives nationales, K 2178.

Cette opposition n'empêcha pas les anabaptistes de posséder une salle de réunions religieuses, dont les bancs furent employés, en 1794, à l'organisation de l'hôpital militaire de Montbéliard (1).

Pendant que les hérétiques de notre pays continuaient à se morceler en autant de sectes qu'il s'y trouvait d'individus capables d'arracher une opinion religieuse au principe du libre examen, les catholiques, témoins muets de ces divisions, serraient de plus en plus leurs rangs autour de leurs curés, qu'ils considéraient, à bon droit, comme les organes autorisés à leur distribuer les enseignements de la vraie foi. On les vit tenir cette conduite pendant tout le xviiie siècle, et même aujourd'hui beaucoup ne s'en écartent encore pas. N'y a-t-il pas là une des raisons de cette forte constitution religieuse qui, malgré l'épidémie d'incrédulité qui fait tant de victimes, distingue encore la la plupart des catholiques de nos paroisses mixtes ?

(1) Archives du Doubs, I. 1311.

CHAPITRE IX

Tentatives pour ramener les protestants des Quatre-Terres à la religion catholique. — L'autorité civile. — Les archevêques. — Les curés. — Dubois, curé de Villars-sous-Écot.

Henri IV consulta un jour Sully sur les moyens qu'il devait employer pour régner sur la France entière. Le célèbre ministre lui répondit qu'il n'y avait que deux moyens : « La subjuguer par la force des armes, ou bien se faire catholique, comme la plupart de ses habitants. Le premier moyen, excessivement difficile, demande des résolutions fortes et constantes, des sévérités, des rigueurs, des violences contraires à votre honneur.... au lieu que par l'autre voie, qui est de vous accommoder à la religion de la plupart de vos sujets, vous n'aurez pas tant de difficultés en ce monde, et quant à l'autre, je tiens pour infaillible que vous vous sauverez dans la religion catholique.... de quoi j'ai autrefois discouru avec nos ministres, lesquels se trouvaient bien empêchés de blâmer cette opinion (1). »

Ainsi le plus grand diplomate protestant qui ait été au service de Henri IV, après avoir pris part aux débats et aux discussions théologiques entre ministres huguenots, proclamait cette vérité, recueillie par lui-même sur leurs lèvres, que chacun peut faire son salut dans l'Église romaine. C'est un fait indéniable. Si, au contraire, nous demandons aux théologiens catholiques si l'on peut faire son salut dans le

(1) Rohrbacher, t. XII, p. 806. Éd. Gamme.

protestantisme, tous, d'une voix unanime, répondent que cela n'est pas possible, à moins qu'on n'ait l'excuse certaine de la bonne foi. Ce sentiment, élevé à la rigueur dogmatique chez les docteurs catholiques, engagea Louis XIV, les archevêques de Besançon et les curés à travailler à la conversion des luthériens de notre pays.

Pour la procurer, les rois de France parurent méconnaître l'esprit de l'Église catholique qui se manifesta dans une circonstance bien critique pour la patrie française. C'était en 1595. Une conférence, réunie à Suresnes, se composait de délégués du parti royaliste et de députés du parti de la Ligue. Les premiers proposèrent, entre autres choses, aux catholiques d'adresser à Henri de Navarre l'invitation de rentrer dans le sein de l'Église. Pierre de l'Espinac, archevêque de Lyon, répondit au nom de tous ses collègues qu'on ne pouvait songer à une telle invitation, parce que la conversion à la foi était une œuvre de Dieu et qu'on n'y parvenait point par sommation (1). Louis XIV, au lieu de se conformer à l'esprit de l'Église pour ramener les protestants à la vraie foi, eut recours à des édits successifs, imitant en cela les princes luthériens, qui avaient étouffé le catholicisme dans l'esprit de leurs sujets sous une multitude d'ordonnances d'une sévérité à déconcerter les plus fiers courages.

Quoique les arrêts émanés à cet égard de la cour de France n'aient pas eu d'exécution dans les quatre seigneuries, ils y ont suffisamment inspiré de crainte pour que nous ne les passions pas sous silence. Les voici un peu résumés :

Défense aux catholiques de se faire protestants, sous peine, pour eux, de bannissement avec confiscation de leurs biens; pour le pasteur, d'être privé de l'exercice de ses fonctions; pour le temple, théâtre de l'apostasie, d'être fermé au culte protestant (1680).

(1) Rohrbacher, t. XII.

Défense aux religionnaires de quitter le royaume pour aller s'établir dans les pays étrangers; aux protestants convertis de retourner à la religion prétendue réformée.

Défense aux pasteurs, sous peine de bannissement, de recevoir les catholiques à faire profession de la religion protestante, de les recevoir dans les temples, de même que ceux qui ont abjuré la réforme.

Ordre de réserver dans les temples une place aux catholiques instruits qui, pour le bien de leur religion, désirent assister aux prêches, afin, non seulement de pouvoir les réfuter, s'il en est besoin, mais encore d'empêcher, par leur présence, les ministres d'avancer aucune chose contraire au respect dû à la religion catholique.

Ordre d'élever les enfants dans la religion catholique, de placer ceux de cinq à seize ans dans des familles catholiques.

Permission à tous les religionnaires déplorant leur sortie du pays d'y rentrer dans six mois, à condition de faire profession de la religion catholique.

A côté de ces édits portés pour tous les protestants du royaume, il y en eut d'autres qui ne concernaient que ceux de la principauté :

Exemption de toutes impositions royales et logement de gens de guerre, pendant le temps de trois ans, depuis leur conversion, en faveur des luthériens qui abjureraient leurs erreurs (1685).

Ordre d'élever dans la religion catholique les enfants illégitimes nés de parents luthériens.

Défense d'élever dans le luthéranisme les enfants de quatorze ans et au-dessous, issus de pères protestants, mais dont les mères catholiques vivaient encore.

Il régnait alors un temps de calme qui donnait lieu à de saines réflexions. Bon nombre de protestants reconnurent « le trop de facilité avec laquelle leurs aïeux s'étaient si légèrement séparés de l'Église. » On parla de ces dispositions au roi en lui représentant que beaucoup se convertiraient s'ils « avaient un lieu de refuge où ils puissent vivre en paix. » Louis XIV, qui n'avait pas de plus grand désir que celui de faciliter le retour des dissidents à la religion de leurs pères, permit « aux religionnaires des pays étrangers de s'établir dans le comté de Bourgogne, » à la condition pour eux de se convertir deux mois après leur établissement dans ce pays, étendant à dix années l'exemption de toutes impositions royales, logement de gens de guerre et dettes des communautés (1).

Peu après la promulgation de cette ordonnance, deux habitants de la ville de Montbéliard abandonnèrent le lieu de leur naissance, à quelques années d'intervalle, pour aller se fixer à Cuse, où ils firent leur abjuration : le premier, François-Joseph Bernard, le 23 juillet 1700 ; le second, Jean-Germain Bernard, le 23 janvier 1708 (2).

Le gouvernement français attira également les habitants de l'Alsace à la religion catholique par des promesses de tous genres. Il arriva même que ses agents exécutèrent fort mal les instructions de leur maître. Le bailli de cette province, afin d'obtenir le retour des protestants, usait de menaces à leur égard, logeait force cavaliers chez les ministres qui faisaient du zèle pour retenir leurs paroissiens dans la religion luthérienne, il en mit quelques-uns en prison, les menaçant même des galères. L'intendant, informé de la conduite de son bailli, la condamna énergiquement. S'il ne voulut pas qu'on dissuadât le peuple d'embrasser la religion catholique, il réprouva dans ce but l'emploi des moyens violents. Aussi le duc Georges, s'étant plaint des tentatives faites par le gouvernement français pour convertir les pro-

(1) Archives du Doubs, E 1016.
(2) Registres de Cuse. Mairie.

testants de Montbéliard, reçut-il de l'intendant de la Grange ce loyal aveu : « Les habitants ont été exhortés et prêchés de la manière que l'on en use pour faire revenir les gens avec douceur, ce qui est permis (1). »

L'installation du culte catholique à Montbéliard et à Blamont, accomplie au profit des soldats alors en garnison dans ces places, y fut, après le traité de Ryswick, définitivement maintenue par la volonté du roi de France, malgré l'énergique opposition du comte Georges. Aux yeux de Louis XIV elle n'était pas assez complète. C'est pourquoi ce monarque ordonna, en vertu de sa souveraineté sur les Quatre-Terres, que la messe fût rétablie aux chefs-lieux des seigneuries. Personne ne put contredire à ses lettres de 1707, dans lesquelles il revendiqua la responsabilité de tout ce qu'il avait fait jusqu'alors en ce sens. « Nous avons jugé, disait-il, que comme seul souverain nous avons été en droit de rétablir, depuis la paix de Ryswick, des curés dans les quatre seigneuries, et comme souverain de rétablir celui de Vougeaucourt dans l'église de ce lieu, qui est de souveraineté commune entre nous et le prince de Montbéliard. » Également si le catholicisme rentra à Chagey, Seloncourt, Bondeval, Glay, Villars et Longevelle, il en fut redevable à l'autorité de Louis XV, qui décida qu'à mesure qu'un ministre viendrait à manquer, il serait remplacé par un curé.

Une fois ce rétablissement fait, il y eut de la part de l'administration française une vigilance continuelle pour que les ordres du roi ne fussent jamais transgressés. Nous en avons quantité de preuves. L'intendant de Sérilly, longtemps après le décès du ministre de Montécheroux, ayant appris que Daniel Gueutal, maître d'école, malgré la défense de l'autorité, se permettait non seulement d'instruire la jeunesse dans les

(1) Mss. Duvernoy.

principes de la religion luthérienne, mais encore d'assembler les habitants dans la maison commune pour faire des prières publiques et accomplir d'autres cérémonies, renouvela toutes les défenses qui condamnaient ces exercices, sous peine de prison et de trois cents livres d'amende (1).

Les luthériens de Colombier-Fontaine étaient compris dans la punition infligée par Louis XIV aux habitants de Saint-Maurice. Aucun acte religieux, ni privé ni public, ne devait s'accomplir chez eux; c'est à quoi ils ne pouvaient se résigner. La Tour de Mance apprit un jour que depuis quelque temps ces protestants prenaient la liberté d'enterrer leurs morts dans un terrain du village, qu'ils avaient entouré d'un mur. Au mois d'octobre 1754, il leur enjoignit de mettre un terme à cette innovation et de continuer à porter leurs morts à Beutal ou à Bavans. Informé que ces gens cherchaient à éluder sa défense, il ordonna, au mois de novembre de cette année, la démolition des murs d'enceinte de ce cimetière. Quelque temps après, le secrétaire d'État écrivait à l'intendant au sujet de cet incident : « J'ai d'autant plus approuvé la conduite de la Tour de Mance qu'il a eu la circonspection de n'agir que d'après le plan que vous et M. de Randans lui avez tracé. La régence de Montbéliard n'a encore fait aucune réclamation à ce sujet, mais elle serait dénuée de fondement (2). »

Ainsi ce qui ressort, soit des ordonnances citées plus haut, soit des faits établis dans le cours de ce travail, c'est que le gouvernement français prit l'initiative de toutes les mesures et de toutes les exclusions que virent les Quatre-Terres, au siècle dernier, pour la réinstallation du catholicisme. Toute autre ingérence fut rejetée.

Mais le roi de France, en cherchant à restreindre l'exercice

---

(1) Archives du Doubs, E 794.
(2) Archives nationales, K 1143.

du culte protestant, en le supprimant dans un certain nombre de paroisses, poursuivait-il sincèrement la conversion des hérétiques du pays ? Il n'y a pas à en douter, cela est d'une évidence qu'on peut toucher du doigt. Et si pour arriver à son but, il avait employé des moyens plus efficaces, sans aucune violence, il est probable qu'aujourd'hui les quatre seigneuries seraient entièrement catholiques. Un des premiers moyens à employer était de soustraire les habitants de ces terres à l'action du gouvernement de Wurtemberg et de ne pas laisser les princes de cette maison exercer dans ces terres une autorité qui contre-balançait celle des gouverneurs de la province. Cette politique permit aux Wurtembergeois, en usant des pouvoirs épiscopaux qu'ils s'étaient arrogés, de conserver intact le luthéranisme et, par lui, l'attachement des habitants à leur dynastie.

Les archevêques de Besançon applaudirent aux ordres des rois de France pour le rétablissement du culte catholique à Blamont, à Clémont, Héricourt, Châtelot et ailleurs. Afin de développer cette œuvre, ils eurent recours à tous les moyens que pouvait prescrire le zèle apostolique. Le premier fut d'envoyer dans ces parages des prêtres recommandables sous tous les rapports. Notre conviction, basée sur l'étude des annales du pays, est qu'ils réussirent toujours en cela. Le second ne fut pas moins l'objet de leur sollicitude : ce fut de faire exposer la doctrine catholique avec la plus grande lucidité et de la dégager des fausses interprétations par lesquelles ses adversaires ont toujours cherché à l'obscurcir ; ce second but fut atteint par la prédication de chaque dimanche dans les paroisses et par les missions.

Antoine-Pierre de Grammont, témoin des merveilleux résultats obtenus à la suite des missions faites dans différentes églises de son diocèse, voulut qu'on donnât de semblables exercices à Saint-Maimbœuf de Montbéliard. Nous ne connaissons ni les noms des missionnaires, ni la date où ces exercices eurent lieu. Il paraît cependant que ces prédications se firent en 1786 et attirèrent le concours des paroisses les plus rapprochées du comté, car Perdrix, dans sa chronique, à la date du 5 juillet de cette année, s'exprime de cette manière : « Nous vîmes en nostre ville ce que nous n'avions jamais vu depuis la réformation de Luther, c'est que nous avons vu les catholiques, nos voisins, venir en procession, portant des croix et des images, chantant hautement et publiquement. Le bon Dieu veuille avoir pitié de son Église (1) ! »

Un des effets connus de cette mission fut de mécontenter les pasteurs protestants. On les entendit défendre publiquement à leurs fidèles d'y assister, conduite dont se plaignit l'intendant auprès des conseillers de la régence. Le prince lui-même ne vit pas d'un bon œil la présence des missionnaires catholiques à Montbéliard, car parmi les griefs qu'il crut avoir contre la France, il compta les efforts tentés par elle pour ramener à la véritable religion les habitants luthériens de la ville.

L'autorité française se justifia en ne dissimulant rien. « Il est vrai, dit-elle, qu'on a exhorté autant qu'on l'a pu le peuple de Montbéliard à se convertir à la foi catholique, mais on n'a exercé aucune rigueur. Les anciennes ordonnances qui défendent aux catholiques de changer de religion, sous peine de vie, ont été enregistrées au parlement de Besançon et publiées dans la province et comté de Bourgogne, mais cela ne fait point de tort aux sujets du comté de Montbéliard, puisqu'il y a très peu de catholiques qui se soient convertis depuis deux ans. » Elle termina en disant « que si on avait soulagé les nouveaux convertis, soit des logements militaires, soit des impositions, la charge n'en est pas retombée sur les luthériens, puisque les communautés ont été

(1) Duvernoy, *Éphémérides*, p. 252.

favorisées sous ce rapport, à raison des nouveaux convertis (1). »

A ce moment, une communauté dont la création rend hommage à l'esprit religieux d'Antoine-Pierre de Grammont venait, après avoir séjourné les six premières années de son existence à Besançon, de s'établir à Beaupré : c'était en 1682. Composée exclusivement de prêtres du diocèse, elle avait pour but l'œuvre des missions paroissiales. Ses débuts, signalés par des succès étonnants, lui gagnèrent en peu de temps l'estime et la sympathie du clergé et des fidèles, et aujourd'hui encore les catholiques du diocèse, qui ont vu à l'œuvre ces ouvriers apostoliques, continuent à les entourer d'un respect et d'une confiance bien mérités. Naturellement ces missionnaires devaient faire sentir leur influence à quelques âmes protestantes du pays de Montbéliard.

Par les ordres de l'archevêque, ils donnèrent une mission à Mandeure en 1693. Ce fut un succès dont les annales religieuses ont perpétué le souvenir. « Il y eut une immense affluence, raconte l'histoire de Beaupré. Les protestants et les ministres y assistèrent. Un très grand nombre furent ébranlés ; la crainte seule de voir leurs biens confisqués les retint dans l'erreur. L'empressement fut si grand que M. Regnaud, curé de Mathay, fit jeter à ses frais un pont sur le Doubs, pour faciliter l'accès à ses paroissiens et à ceux des pays voisins (2). » Six ans après ce fut le tour de Damvant. La curiosité plutôt que tout autre motif conduisit d'abord les protestants à ces exercices. Quelques-uns ensuite furent touchés. « Le seul intérêt, dit la chronique, les empêcha de quitter leur fausse religion. » A Morteau, en 1738, la mission fut suivie par plusieurs hérétiques de la

---

(1) Mss. Duvernoy.
(2) Bergier, *Histoire de la communauté de Beaupré*.

Suisse, dont quelques-uns furent ébranlés et demandèrent à faire abjuration. Aux Fourgs, les protestants de Sainte-Croix allèrent avec empressement écouter les missionnaires en 1741. En 1752, à Belfort, une compagnie de dragons luthériens donna le même exemple. Plusieurs officiers, éclairés d'un jour nouveau, condamnèrent les auteurs du protestantisme. « Luther et Calvin, disaient-ils, n'ont fait que tout brouiller; ils devaient laisser les choses comme elles étaient. » A Saint-Pierre-la-Cluse, en 1757, grande affluence d'hérétiques aux sermons de nos missionnaires. A Saint-Hippolyte, en 1759, grand empressement de la part de tout le monde. Les protestants de Montécheroux furent si touchés qu'ils se plaignirent de ce que les missionnaires n'allaient pas prêcher dans leur église, comme dans les paroisses voisines. Aux Verrières-de-Joux, en 1762, les protestants suisses mirent autant d'empressement que les catholiques à assister à la mission. Le dimanche, l'instruction se faisait en plein air; on y voyait de 1,500 à 2,000 huguenots, tous les jours cinq à sept pasteurs. Les missionnaires reçurent des uns et des autres les témoignages les plus flatteurs de l'estime et du respect (1).

A Héricourt, une mission faite par d'autres prêtres que ceux de Beaupré ne fut pas accueillie avec le même enthousiasme par les protestants, lors même qu'elle se fit au milieu de circonstances propres à les frapper. C'est Méquillet, alors pasteur, qui nous a laissé touchant cette mission les détails qui suivent.

Le 5 octobre 1765, sept missionnaires arrivèrent dans cette ville; de Desnes, chanoine de la cathédrale, et Grisot, directeur du grand séminaire, étaient du nombre. Ils furent reçus au son des cloches et au bruit du canon. A peine installés au presbytère, ils allèrent trouver le pasteur Méquillet

(1) Maison d'École, procès-verbaux des missions.

pour s'entendre avec lui sur l'heure des offices des deux cultes.

La première instruction se fit le dimanche matin 6 octobre. Ce jour-là même, Méquillet rendit sa visite aux missionnaires. On discuta quelques points de doctrine, dit-il, mais sans résultat. Invité à souper le 8 octobre, il y alla. Sur quel sujet roula la conversation pendant le repas? on n'en sait rien. Toujours est-il qu'à la fin le pasteur se retira avec quelques convives, scandalisés, dit-il, du procédé qu'employa M. Grisot.

A l'église il y avait plusieurs confessionnaux continuellement occupés; le monde arrivait de toutes parts. Les prédications attiraient une foule d'auditeurs.

Le dimanche 13 octobre, le nombre des assistants dépassa celui des autres jours; les abords de l'église en étaient couverts; il y en avait jusque sur les fenêtres, le ministre put à peine entrer pour son service religieux.

Cette journée excita des soupçons étranges dans l'âme de Méquillet. Il crut voir chez les catholiques un projet d'émeute, car les uns lui auraient fait des grimaces, d'autres tiré la langue; quelqu'un aurait même frappé à une fenêtre avec des baguettes. A l'en croire, les mêmes scènes se renouvelaient chaque fois qu'il entrait à l'église, « où il était obligé de percer à travers une foule de bigots insolents. » On aurait même dit de lui : « Voilà le grand diable !!! »

De tels faits, supposé qu'ils soient vrais, n'ont pu avoir pour auteurs que quelques malappris, inévitable engeance de toute grande assemblée, mais leur odieux n'a pu atteindre ni la mission, ni les missionnaires, dont l'un d'eux, M. Grisot, a laissé une réputation éclatante de vertus et de dignité sacerdotales. Après la Révolution, son souvenir éveillait encore l'émotion du respect.

Néanmoins écoutons ce qu'en dit Méquillet : « Peu de

jours avant leur sortie, le sieur Grisot, accompagné d'un Père de la mission, vint chez moi pour me faire les reproches les plus vifs et les plus sanglants. Ils m'accusèrent d'avoir défendu à mes paroissiens d'assister à leurs services, ajoutant que je répondrais devant Dieu de cette conduite.... Quand j'eus répondu à ces impertinences, ils disputèrent grossièrement sur plusieurs points de la religion, et après avoir voulu m'enlacer subtilement pour me faire des affaires particulières, sans avoir pu parvenir à leur fin, ils se virent obligés d'abandonner le champ de bataille et de prendre la porte, chargés de confusion. » Quelle modestie dans le pasteur Méquillet! A la suite d'un échange de quelques phrases avec deux missionnaires catholiques, il éprouva le besoin d'emboucher la trompette pour annoncer à tous les échos du pays de Montbéliard qu'il se décernait à lui-même l'honneur d'un triomphe. Quelle modestie!

Enfin, cette mission, si remarquable de toute manière, reçut son couronnement, le samedi 26 octobre, par la plantation d'une croix sur le glacis du château, et le lendemain dimanche, par une procession à laquelle assistaient, au dire des connaisseurs, plus de neuf mille personnes. En face de cette vie exubérante dont témoigna alors à Héricourt la religion catholique, qu'aurait fait le scribe qui, en 1561, avait couché sur le premier feuillet des actes judiciaires de la justice de la ville cette inscription funèbre: « Fin de la Catholicité!! » Sans doute, désabusé de ses préventions, de ses préjugés, il aurait pris place dans les rangs de la procession pour rendre hommage à une religion qui n'entre au tombeau que pour en sortir plus puissante et plus glorieuse, à l'exemple de son divin fondateur.

L'année suivante, il y eut, dans la même paroisse, une revue de mission dont les catholiques firent encore leur profit. « Messieurs de la mission, dit le pasteur Méquillet, furent plus polis cette fois à l'égard du ministre. » Un tel témoignage dut singulièrement relever l'honorabilité de nos ouvriers apostoliques (1).

Blamont reçut à son tour les mêmes missionnaires. Ce fut au mois d'octobre 1768 qu'eut lieu la mission. Elle fit tout le bien qu'on en attendait. « Le ciel, dit M. Grisot, a béni le travail de ces missionnaires. La divine parole a porté des fruits sensibles, même parmi les protestants. Plusieurs d'entre eux sont entrés dans le sein de la véritable Église, trois desquels ont eu le bonheur de mourir en bons catholiques, peu de temps après leur conversion. Beaucoup d'autres, ébranlés par les instructions des missionnaires, par les deux lettres qu'on leur a mises en mains et par le spectacle édifiant de nos augustes cérémonies, s'occupent sérieusement du projet important de travailler à leur salut, sous l'étendard de l'Église romaine (2). »

Pendant leur station à Blamont, les missionnaires eurent l'idée de faire arriver à l'esprit des ministres protestants quelque vive lueur de la vérité catholique. Pour cela, ils leur présentèrent publiquement une copie collationnée du miracle de Faverney, raconté en détail dans notre premier ouvrage (3). On les exhorta à examiner ce document, qui demeura plusieurs mois dans la maison curiale, mais aucun ministre ne daigna en prendre connaissance. En voulez-vous savoir la raison ? écrivait M. Grisot à une dame protestante. C'est que les ministres craignent les approches de la vérité, ils ne cherchent qu'à l'écarter, à l'obscurcir, à la combattre.

Ces missions, au dire du pasteur Méquillet, n'eurent qu'un piteux échec. Le lettres de M. Grisot disent le contraire. Après ces pieux exercices, on vit chez les catholiques plus de ferveur et d'attachement à leur religion : le premier but

---

(1) M. Chenot, l'*Église d'Héricourt*.
(2) Grisot, *Lettre à une dame protestante*, p. 5.
(3) Voir le *Protestantisme dans le pays de Montbéliard*, p. 298.

qu'on recherchait était donc atteint. Quant aux protestants, sur lesquels on fondait peu d'espoir, quelques-uns cependant, réfléchissant plus sérieusement sur les caractères purement humains de la réforme du xvie siècle, abandonnèrent une religion qui n'avait eu pour berceau que le libertinage d'un moine bouffi d'orgueil.

Mais de toutes les entreprises qui furent tentées au xviiie siècle dans notre pays pour la conversion des hérétiques, il en est une qui dénote dans son auteur un esprit excessivement pratique, en même temps qu'un zèle admirable, c'est celle dont la première pensée fait honneur à la mémoire de M. Dubois, curé de Villars-sous-Écot. Rien de sage comme son œuvre. Arrivé dans cette paroisse vers 1706, ce curé travailla à faire rentrer dans le sein de l'Église les luthériens des villages voisins. Il eut le bonheur et la consolation de recevoir l'abjuration de quelques-uns d'entre eux. Son zèle n'en devint que plus vif et en même temps que plus prudent. Ayant remarqué que parmi les protestants revenus à la vraie foi, certains, faute d'asile et de retraite, étaient obligés de retourner dans leur pays d'origine où, succombant à la puissance de la séduction, ils ne tardaient pas à renoncer aux pratiques du catholicisme, ce curé songea à assurer aux nouveaux convertis les moyens de se soutenir dans la voie qu'ils avaient embrassée; pour cela, il voulut supprimer le danger. C'est dans ce but qu'en 1720, il forma le dessein d'établir à Villars-sous-Écot une maison spéciale où seraient reçus et instruits les hérétiques du pays de Montbéliard et d'Alsace, disposés à se convertir, et où ils seraient mis en état de gagner leur vie, sans être obligés de rentrer dans leur village. Ce plan, qui faisait l'éloge de son auteur, sourit à beaucoup de monde.

Les habitants de Villars-sous-Écot furent les premiers à en seconder l'exécution. Par contrat, daté du 21 juin 1721, ils firent don à leur curé d'un communal en friche, dit la

Touière, pour servir d'emplacement à l'oratoire qu'il se proposait d'élever, et qui dès l'instant fut nommé Notre-Dame des Ermites. Ensuite, avec l'autorisation du ministre, ils lui permirent de couper quelques pieds d'arbres dans leurs bois. On lui fit un procès pour avoir usé de cette faveur, mais un arrêt de la cour, à la date du 10 mars, donna gain de cause à ce curé.

Une fois sorti de cette première épreuve, M. Dubois se mit à construire les bâtiments qu'il avait projetés. Lorsque la chapelle fut finie, il la décora d'une manière convenable, l'assortit d'ornements, puis demanda la permission d'y célébrer la messe. Il l'obtint de M. Hugon, vicaire général, le 17 décembre 1726.

Cette œuvre était trop belle pour ne pas provoquer le concours de quelques âmes dévouées. Jean-Paul Sémonin, curé de Saint-Maurice, par son testament du 7 février 1730, légua à cet établissement tous les biens provenant de son bénéfice. Citons les motifs de son legs, rien n'est plus édifiant. « Comme je ne souhaite rien tant que la conversion des hérétiques, surtout de Saint-Maurice, et qu'il y ait une société de prêtres.... qui par leurs prières, messes, bons exemples, ramènent les pauvres égarés dans le chemin de l'Église, ayant reconnu dans led. François Dubois un caractère d'honneur, un grand fonds de piété, un zèle ardent pour la conversion des hérétiques, et les mêmes sentiments que moi pour lad. société, dont il est le principal auteur, je donne mesdits biens à condition que mon héritier universel et ses successeurs diront ou feront dire douze messes par année à perpétuité durant lad. société, tant pour le repos de mon âme que pour la conversion des hérétiques. » Également à la même époque, Laurent Ménecier, d'Écot, vieillard de soixante-dix-huit ans, rendant hommage au « caractère d'honneur, de désintéressement...., au fonds de piété et de droiture » du curé de Villars, établit ce dernier légataire de tous ses biens, « dont il ne manquera pas de faire un bon usage, » dit-il.

Quand il vit son œuvre dans cet état de prospérité, le curé de Villars voulut la mettre sous la sauvegarde de l'État. C'est dans ce but qu'il écrivit au cardinal Fleury, le 21 novembre 1730 : « Le suppliant représente à Votre Éminence que possédant en propre, à deux cents pas de Villars-sous-Écot, une maison spacieuse, attenante à une petite église consacrée à la sainte Vierge, accompagnée de jardin, vergers et vignes, à la contenance d'environ quatre arpents de terre, estimée à dix ou douze mille livres, il désirerait faire de cette maison une retraite pour les hommes ou garçons luthériens des Quatre-Terres qui voudraient être instruits, où l'on tâcherait de les instruire quand ils n'auraient pas d'asile assuré ailleurs et jusqu'à ce qu'on ait trouvé l'occasion de les placer, leur apprenant même quelque métier pour les aider à subsister, led. sieur Dubois offrant de faire un don irrévocable de lad. maison et clos joignant, pour cet établissement. »

Après avoir ensuite rappelé les largesses déjà faites à son œuvre, son intention de prendre avec lui deux ou trois ecclésiastiques, l'approbation reçue de l'archevêque, du Parlement et de tous les gens de bien, M. Dubois « demande à Sa Majesté de vouloir autoriser par lettres patentes et prendre sous sa protection led. établissement, et, en conséquence, déclarer qu'il sera permis auxd. prêtres de recevoir les vieillards, hommes et garçons luthériens des Quatre-Terres et sujets du roi, qui de leur plein gré demanderont à être reçus dans lad. maison pour y être instruits et mis en état de faire abjuration sans que personne puisse les inquiéter. » Il sollicite de plus la permission d'établir quelque industrie pour occuper les nouveaux convertis, le privilège de l'amortissement de tous les biens précédents et de tous ceux qui seront donnés à l'avenir, jusqu'à concurrence de trois mille livres de rente.

la supplique se terminait par ces considérations : « Cet établissement paraissant d'autant plus important que le lieu de Villars-sous-Écot étant dans un climat écarté et à plus de douze lieues de Besançon et des autres villes considérables de la province, cette maison ne peut être d'aucun préjudice aux établissements de charité qui se trouvent dans lesdites villes; il n'y a d'ailleurs aux environs de Villars-sous-Écot, même à plus de six lieues, aucun monastère, ni communauté ecclésiastique de qui les hérétiques voisins puissent recevoir quelque secours. »

Sur ces entrefaites, le comte de Coligny, seigneur de Villars-sous-Écot, suscita une vive opposition à l'entreprise du curé de la paroisse. L'affaire fut portée devant le parlement, où le demandeur fut désapprouvé par tout le monde. Le comte reconnut ses torts et se réconcilia franchement avec le curé.

Mais le roi de France ne se pressait pas d'approuver le précédent établissement. Au mois de juillet 1731, M. Dubois fit de nouvelles instances auprès du cardinal, le suppliant de faire céder la volonté du roi à des vœux dont la réalisation devait amener la conversion de quantité d'hérétiques[1]. Nous estimons que le curé de Villars reçut pleine satisfaction à cet égard. En l'absence d'une preuve authentique, nous avons des actes d'abjuration où figure la signature de prêtres appartenant à la Maison de la Foi, située à Villars-sous-Écot. C'est de ce nom qu'aurait été appelé l'établissement de M. Dubois, œuvre admirable qui, aujourd'hui encore, rendrait plus de services qu'on ne peut le supposer.

Tous les curés du pays de Montbéliard avaient à cœur la conversion des protestants. Ce fut pour en éloigner les obstacles qu'ils travaillèrent par tous les moyens possibles

---

[1] Archives du Doubs, E 1066.

à mettre en honneur la religion catholique et tout ce qui touchait à son culte.

Le saint Sacrement étant la première gloire de l'Église, ils revendiquèrent pour lui tout le respect qui lui est dû et, sous ce rapport, ils ne pouvaient rien céder sans trahir leur foi. Le jour de la Fête-Dieu 1704, le curé de Montécheroux défendit aux protestants du lieu « d'entrer dans le temple pour y faire leurs dévotions, à moins de vouloir bien adorer le saint Sacrement pour lors exposé [1]. » En 1761, le curé de Saint-Maurice se plaignit des irrévérences commises envers l'Eucharistie à la Fête-Dieu des années précédentes : « Pendant le trajet de la procession, dit-il, j'ai été témoin de dérision, troubles et scandale de la part des luthériens, les uns refusant de se mettre à genoux, d'autres faisant des risées, tous refusant de rendre les rues propres, les orner de verdure, se répandant en blasphèmes contre un des points principaux de notre religion ; le suppliant ne peut souffrir plus longtemps une telle audace, car il se verrait obligé de cesser toute procession, si on ne veut y mettre ordre. » En réclamant ce que prescrivent les sentiments de la plus vulgaire convenance, ce curé exigeait peu. Le bailli d'Héricourt fit droit à une telle requête. Le 15 mai, il enjoignit aux protestants de Saint-Maurice et de Colombier-Fontaine de balayer les rues de chaque village, pour la procession du saint Sacrement, et d'éviter toute irrévérence. Un homme d'Étobon, ayant refusé de se découvrir devant le saint Sacrement, dut faire des excuses au curé de Chagey. On eut beau dire que ce qui avait empêché le sieur Bouteiller de se découvrir, c'était le saisissement où il s'était trouvé à la vue du viatique [2]. Sous un prince catholique, le conseil de régence de Montbéliard mit en prison le maître

---

[1] Archives du Doubs, E 794.
[2] Archives de la Haute-Saône, E 233.

d'école de Bretigney, en punition de l'attitude insolente gardée par lui en présence du saint Sacrement que le curé de Montenois portait à un malade. Grâce à l'intervention de ce prêtre, les arrêts furent abrégés (1). Il faut dire que les dispositions de l'autorité française, connues de tout le monde, secondèrent puissamment le zèle que les curés déployaient en l'honneur de l'Eucharistie. Le curé de Chagey, pour apporter le viatique aux malades de Chenebier, passait sur des ponts d'une solidité suspecte. L'administration condamna les habitants à en faire la réparation (2).

Les curés ne furent pas moins zélés à procurer, selon leur pouvoir, l'observation des fêtes de l'Église et parfois à ranimer à ce sujet la sollicitude du gouvernement, quand le parti adverse oubliait par trop la loi du pays. Ainsi, à Seloncourt, en 1780, le mépris de cette obligation était général. Aux fêtes de saint Laurent, patron de la paroisse, et de l'Assomption, on allait au bois, au moulin, on faisait des échalas, sans dissimuler l'intention où étaient les délinquants d'insulter à la religion catholique et aux édits du roi de France. Le curé se plaignit de ce désordre. Le surintendant, en ayant été informé, pria Meyer, ministre à Audincourt, d'engager les gens de Seloncourt à s'abstenir de tout travail les jours de fête. La crainte, plutôt que la dévotion, soumit ces habitants (3).

Dans la seigneurie du Châtelot, les protestants en vinrent non seulement à ne plus travailler aux principales fêtes catholiques, mais à se réunir au temple pour entendre un sermon de leur pasteur, Jean-Jacques Lalance (4).

Un autre sujet de zèle qu'on trouva chez les curés à leur rentrée dans le pays de Montbéliard fut de remettre la croix

---

(1) Archives du Doubs, E 375.
(2) Archives de la Haute-Saône, B 2913.
(3) Archives du Doubs, E 950.
(4) Archives nationales, K 2175.

à une place d'honneur, et quoi de plus louable? puisque la croix, depuis qu'elle a été l'instrument du salut de l'homme, est devenue l'étendard le plus glorieux de la civilisation. En agissant de la sorte, ces prêtres croyaient accomplir un acte agréable à tout le monde.

En 1703, le jour de Pâques, à deux heures après midi, Sansépée, curé de Médière et de Blussans, accompagné d'un grand nombre de ses paroissiens, marchant processionnellement, alla dresser une croix devant Blussanjeaux, au lieu dit *Es Prélot* (1). Quelques années après, les catholiques de Mandeure, afin de célébrer convenablement l'Invention de la sainte Croix, érigèrent solennellement, en ce jour, une croix de bois près du four de la ville. Les officiers de Montbéliard en furent choqués, irrités; ils demandèrent « par qui et pourquoi cela avait été fait. » Le maire répondit que les catholiques étaient en droit d'ériger des croix sur tous les communaux. Les protestants s'y résignèrent.

A Blamont, en 1731, on érigea sur la place principale de la ville une croix en pierre. Pour cela on exhuma au bas du faubourg un piédestal qui avait servi avant le protestantisme à porter trois croix, comme l'indiquaient les tailles faites à ce monument. Cette pierre, devant laquelle s'étaient agenouillées tant de générations, reprenait, après bien des années d'interruption, son ancienne destination (2). En 1750, à la demande du curé d'Héricourt, on érigea, aux frais de la caisse municipale, deux croix aux deux portes dites de Brevilliers et de Saint-Valbert, au delà desquelles il fut défendu aux bourgeois de bâtir. Plus tard elles furent reculées et continuèrent à marquer la nouvelle enceinte de la ville (3). Les habitants de Montenois, sous ce rapport, se piquèrent d'un beau zèle. On les vit ériger une croix à cin-

---

(1) Archives du Doubs, E 1821.
(2) Archives de la cure de Blamont.
(3) M. Chenot, *L'Église d'Héricourt*.

quante pas de Lougres, sur les confins de leur territoire, une seconde près de Beutal et une troisième près de Sainte-Marie.

La sollicitude des curés s'étendit à tous les détails du ministère sacerdotal. Quelques-uns même procurèrent à leurs paroisses la construction d'une nouvelle église. Le ministre de Chagey nous apprend, à la date du 30 juillet 1748, « que le curé du lieu est venu à bout de se faire bâtir une église à neuf, à laquelle on est actuellement occupé; le prix de l'adjudication se monte à six mille sept cents livres(1). »

L'église de Glay, reconstruite par les protestants après l'invasion des Guises, fut rebâtie à neuf en 1765, aux frais du curé Arnoux et de la fabrique, sans la moindre coopération de la part des luthériens. C'est ce qui est indiqué par l'inscription placée au-dessus de la porte d'entrée : *Impensis parochi et fabricæ* (2).

Celle de Montécheroux, après avoir subi la même transformation, fut bénite solennellement par Binétruy, curé de Blamont, le 29 juin 1770(3).

A côté de tous ces actes de zèle, de dévouement, accomplis pour la gloire de Dieu, l'honneur du catholicisme et en vue de la conversion des luthériens, combien d'autres échappèrent aux regards des hommes. Puissent-ils un jour trouver tous l'efficacité désirable!....

(1) Arch. de la Haute-Saône, E 270.
(2) Registres de la cure de Glay.
(3) Registres de Montécheroux. Voir Pièces justificatives, n° V.

CHAPITRE X

Opposition à la politique de la France dans les Quatre-Terres : de la part des Wurtemberg, du conseil de régence, des pasteurs, des bourgeois.

Lorsque Louis XIV entreprit de rétablir le catholicisme dans les Quatre-Terres, il y avait près de cent cinquante ans que le protestantisme, armé de toute la puissance matérielle des princes de Wurtemberg, avait suspendu le cours de la sève catholique dans la vie religieuse des habitants. Après deux ou trois générations, l'esprit du pays, sans cesse nourri des produits luthériens, était arrivé à se modifier entièrement, au point de ne voir dans le catholicisme qu'un ennemi implacable. C'est la raison pour laquelle l'ordre de choses que le grand roi se proposa d'établir dans les seigneuries où il venait de rentrer en maître, suscita une opposition acharnée qui persévéra jusque sous ses successeurs. Cette opposition, sortie de tous les points à la fois, prit toutes les formes, fut dirigée contre toutes les entreprises que le gouvernement français méditait pour le bien religieux des habitants. On vit les Montbéliard s'occuper de la question la moins importante avec autant d'application et de soin que de celle dont la solution intéressait la république tout entière.

S'agissait-il pour le gouvernement français de donner sur un coin de ce pays une petite place au catholicisme, immédiatement tous les lettrés du pays y faisaient opposition. Et sur ce terrain on peut dire que la France, dans bien des cas, fit à la diplomatie montbéliardaise des concessions que nous ne qualifierons pas. Ainsi, en ce qui concerne deux paroisses, Chenebier et Brevilliers, de la seigneurie d'Héricourt, on peut dire qu'elles furent soustraites par l'importunité des ambassadeurs wurtembergeois à la législation que le gouvernement français mettait alors en vigueur dans les Quatre-Terres.

Pour la première de ces paroisses, il fut question, en 1717, d'y établir le culte catholique. François-Joseph de Grammont, archevêque de Besançon, en tournée pastorale à Belfort, confia, le 21 avril, à la sollicitude de Pierre Jacques, curé de Châlonvillars, quatre familles catholiques de Chenebier et autant d'Échavanne, lui donnant la jouissance des droits, honneurs, revenus, émoluments qui dépendaient de cette cure, pour une durée dont le prélat demeurait juge. Le curé, ayant accepté la charge de la paroisse, en informa le receveur des cures, amodia les dîmes ecclésiastiques, fit mettre des barres sur celles relevées en 1717 et exprima l'intention d'occuper le chœur du temple pour l'exercice du culte catholique. Au mois de mars 1718, cette affaire fut portée par le prince devant la justice d'Héricourt et jugée à l'avantage du curé de Châlonvillars. Son Altesse eut gain de cause au bailliage de Vesoul où elle en avait appelé, mais le parlement, ayant eu à juger l'appel de cette cause, ratifia, le 15 mai 1719, la décision de l'archevêque par le décret dont voici la teneur : « Nous accordons aud. suppliant l'administration de la cure de Chenebier avec les droits, honneurs, revenus et émoluments en dépendant, et ce pour autant de temps que nous trouverons convenir. » L'appelant fut de plus condamné à une amende de 75 livres et aux dépens (1). Malgré cette décision le protestantisme continua à jouir des revenus de cette paroisse.

(1) Archives de la Haute-Saône, E 271.

Quelques années après, à l'occasion de la même localité, un triomphe plus éclatant fut remporté par la diplomatie protestante de Montbéliard. Voici ce qui eut lieu. Au mois de mai 1753, l'abbé Beaumet, de Morvillars, vicaire de Châlonvillars, obtint de la cour de Rome des bulles, et du roi de France des lettres d'attache, qui le nommaient à la cure de Chenebier. En conséquence de ces lettres, le 18 août, il fut envoyé par le parlement « en possession de la cure, aux honneurs, fruits, profits et droits y attachés, à la charge par lui de la bien et duement desservir au spirituel et de prêter le serment en pareil cas accoutumé. » Cette dernière prescription fut accomplie le même jour entre les mains du premier président du parlement. C'est pourquoi le 23 août, ce vicaire, accompagné de Gabriel Levin, curé de Châlonvillars, et de plusieurs autres témoins, prit possession de l'église de Chenebier; pour toute formalité il en toucha la porte. Le procès-verbal de cet acte fut rédigé par un notaire de Lure et signé des personnes présentes. Aussitôt il fut procédé à une barre et saisie des dîmes de Chenebier et d'Échavanne entre les mains des adjudicataires. On ne pouvait pas trouver quelque chose de plus régulier et de plus fortement sanctionné qu'une prise de possession revêtue de la triple autorité du Pape, du roi de France et du parlement de la province. Il ne devait venir à la pensée de personne de soulever contre elle la moindre opposition, à moins de vouloir tenter l'impossible. La résistance fut résolue et, disons-le, ses efforts furent couronnés de succès.

Montbéliard, qui avait plus d'une flèche à son arc, qui comptait même des intelligences dans la place ennemie, mit tout en œuvre pour que la nomination de Beaumet n'eût pas de suite. A ce moment, le sieur Ligey, receveur des revenus ecclésiastiques d'Héricourt et du Châtelot, entretenait des relations assez intimes avec la régence, dont il ambitionnait les bonnes grâces. Appuyé par le curé de Longevelle-sur-le-

Doubs, son ami, qui possédait le tiers des dîmes de Chenebier, il commença la lutte. Comme, de sa part, tout se passait administrativement, il ne tarda pas à obtenir un premier succès. Par un ordre de l'intendant, daté du 30 octobre, il eut commission de garder les dîmes et les redevances de la cure de Chenebier. C'est ce qu'il s'empressa d'annoncer au conseil de Montbéliard ; il le fit en termes qui dévoilaient en lui un familier. « Cette ordonnance, dit-il, arrêtera les saillies du sieur Beaumet. » Et pour que la régence le considérât comme un allié, il ajouta qu'il irait prendre ses ordres ultérieurs. Montbéliard usa de cet auxiliaire. Le 2 février 1751, les conseillers, pour flatter Ligey, chargèrent Méquillet, diacre à Héricourt, de recommander au receveur « dans un tête-à-tête » de faire valoir pour les dîmes de Chenebier les motifs qui lui avaient si bien réussi au mois d'octobre.

L'intendant de Beaumont, circonvenu tant par Ligey que par Wernicke, représentant du prince à Paris, au lieu de déclarer définitive la nomination de Beaumet, s'arrêta au régime de l'indécision, ce qui entrava pour longtemps les intérêts catholiques de ce village. Il fit comparaître devant le subdélégué de Lure le vicaire de Châlonvillars, les pasteurs de Brevilliers et d'Héricourt, ainsi que le curé de Longevelle. Dans cette entrevue, chacun des intéressés défendit ses droits respectifs à la perception des dîmes qui étaient en litige. Le mémoire de cette conférence fut envoyé au ministre à Paris.

Pendant ce temps-là, l'ambassadeur de Montbéliard, de Wernicke, intriguait de toutes manières pour faire annuler la nomination du curé nommé à Chenebier. Ayant rencontré de Beaumont à Paris, il ne lui dissimula pas l'étonnement où il était d'entendre, d'un côté, l'autorité française protester de son intention de conserver les luthériens dans la possession de leurs églises, et d'un autre côté, de la voir établir des curés titulaires qu'elle aidait même à recouvrer les dîmes. « Il n'y avait rien à répondre à ceci, écrivait de Wernicke à Gemmingen, aussi M. de Beaumont se borna-t-il à me donner de grandes assurances de son désir de complaire à Son Altesse Sérénissime, en tout ce qui pourrait dépendre de lui. Je crois qu'il est bien intentionné, mais qu'il désire encore plus de ménager la prêtraille et que c'est sur son avis que les lettres d'attache, dont il s'agit, ont été expédiées. Je suis aussi très certain que c'est lui qui est l'auteur des difficultés qu'on nous a suscitées par rapport à la souveraineté de certains villages mi-partis (1). »

L'ardeur que mettait de Wernicke à faire rapporter la nomination de l'abbé Beaumet n'avait d'égal que le courage des catholiques de Chenebier à la faire maintenir. Dans une supplique à l'intendant, ils exposèrent fort justement qu'ils avaient vu « avec satisfaction le rétablissement des légitimes pasteurs, parce qu'ils se *figuraient* que leur église aurait le même sort ; leur confiance était d'autant plus raisonnable et fondée que leur paroisse méritait une attention particulière par le nombre des habitants catholiques qui y résident ; il n'y en a point dans les Quatre-Terres où il y en a autant. » Il y avait, en effet, trente-deux familles que Beaumet desservait depuis 1742 avec un désintéressement admirable. Pendant douze ans, ce prêtre ne reçut, comme le dit humblement la requête des gens de Chenebier, « que d'infructueuses actions de grâces (2). » La reconnaissance ne suffisait pas, il fallait autre chose.

La solution du démêlé demeurait en suspens et cependant la moisson approchait. Alors le vicaire de Châlonvillars, établi d'après toutes les formes canoniques curé de Chenebier, songea à recueillir les revenus de sa cure. Le 22 juillet, il donna l'adjudication des dîmes à deux particu-

---

(1) Archives de la Haute-Saône, E 271.
(2) Archives du Doubs, E 1076.

liers d'Échavanne pour trente bichots, moitié seigle, moitié avoine. Ligey les avait données à d'autres pour quatre bichots de plus. Dès lors on ne pouvait les lever sans briser une lance. C'est ce qui eut lieu. Le 21 juillet, le vicaire de Châlonvillars, monté sur un cheval fringant et armé de pistolets, se fit accompagner de trois gardes des bureaux de Belfort ; avec ce renfort il alla protéger la levée de ses gerbes. Il y eut, dit-on, coups de fouet ; un amodiataire de Ligey fut renversé, contusionné. L'histoire dit que Beaumet demeura maître de la place ; les catholiques de Chenebier l'en félicitèrent, dans le camp opposé on cria au scandale.

A la fin, le succès fut pour les protestants. Le 3 août, de Wernicke fit part au gouvernement du comté de la décision prise, le 29 juin, par le gouvernement français, touchant la question des dîmes de Chenebier. Voici la dernière partie de ce document qui mettait toute l'autorité française en contradiction avec elle-même :

« Par provision ordonne Sa Majesté que le produit desd. dîmes continuera d'être distribué ainsi qu'il a été d'usage par le passé ; fait Sa Majesté, à cet effet, en tant que de besoin, mainlevée des saisies faites par le sieur Beaumet, avec défense de s'immiscer dans la jouissance des fruits de lad. cure, jusqu'à ce que par Sa Majesté il en ait été autrement ordonné. »

Cet arrêt, « annoncé avec tant de jactance, disait de Wernicke, et qui peut-être ne vaut pas les frais des sceaux et encore moins ceux que j'ai été obligé de faire en voyage, » n'était pas absolument décisif ; il laissait subsister le point principal : les lettres d'attache et les feuilles de pouvoir données pour l'administration de la cure. Cela suffit pour affaiblir la joie des Montbéliard, car le vicaire de Châlonvillars demeurait en possession des titres au moyen desquels il pouvait un jour revendiquer non seulement les dîmes, mais encore l'usage du chœur de l'église de Chenebier. Ce n'était là qu'une crainte purement chimérique. L'indécision de l'autorité française, plus que les intrigues des luthériens, avait retardé d'un siècle, pour le malheur des catholiques, le rétablissement de la messe dans ce village.

Six ans après l'incident que nous venons de raconter, le 23 décembre 1760, le ministre de Brevilliers mourut. Chacun se demanda si on le remplacerait par un curé. Le plénipotentiaire de Wurtemberg, à Paris, lui désigna un successeur dans la personne du diacre Belot, vicaire du défunt. Ce candidat réunissait, aux yeux de l'administration française, les deux conditions exigées par elle pour cet emploi : il était sujet du roi et avait un caractère pacifique. La proposition du baron de Thunn eut pour opposant le cardinal de Choiseul, archevêque de Besançon. Le prélat demanda au gouverneur de la province de retarder la nomination précédente, jusqu'à ce qu'il eût pris les informations nécessaires pour savoir si la cure de Brevilliers continuerait à appartenir aux luthériens, ou si elle devait revenir aux catholiques. A ses yeux, ce délai, loin d'avoir de l'inconvénient, puisque le service luthérien se faisait par le diacre, comme à l'ordinaire, procurait au cardinal l'occasion d'obtenir une règle uniforme pour les cas semblables (1).

Quand la pensée de l'archevêque fut connue, les chargés d'affaires du Wurtemberg et de Montbéliard, à Paris et ailleurs, redoublèrent de zèle pour le succès de la cause protestante. Ils ne furent pas seuls à y travailler. Méquillet, pasteur d'Héricourt, porta la simplicité jusqu'à écrire à l'archevêque, le priant de favoriser une nomination que sa qualité d'évêque lui faisait un devoir de combattre. En cela le prélat était d'accord avec le duc de Choiseul, ministre d'État (2).

---

(1) Archives nationales, K 1143.
(2) Archives de la Haute-Saône, E 262.

En voyant l'opposition qui leur était faite en haut lieu, les membres de la régence, pour arriver à leur fin, songèrent à un moyen de séduction. Ils firent offrir de l'argent à quelque personnage influent de la cour. De Thunn, à la date du 3 mars 1762, leur répondit par une lettre à jamais mémorable qui mérite d'être citée en entier comme rappelant le temps béni où les ministres de France étaient incorruptibles :

« Si j'avais cru, Messieurs, praticable d'accélérer ou d'améliorer nos affaires à Versailles par un présent, il y a longtemps que j'aurais proposé ce moyen. Mais on y est si bien rétribué par le roi et le point d'honneur à cet égard est si bien établi, surtout à l'égard des princes étrangers, qu'on se ferait une mauvaise affaire par une pareille offre. Toute peine, comme vous le dites, mérite récompense, mais c'est le roi qui la donne par de bons appointements. D'ailleurs nos affaires n'y donnent pas plus de peine que celles des seigneurs français, qui possèdent des terres dans le royaume. Ils seraient donc tous dans le cas de faire des présents et cela ne se pratique pas. J'ai mandé là-dessus les chargés d'affaires d'autres princes d'Allemagne qui en ont dans le même bureau, mais aucun ne pratique cette voie ni ne la croit praticable. Je parle d'une somme d'argent qui en vaudrait la peine, car on recevrait bien d'autres galanteries de peu de valeur, comme quelques bouteilles d'excellent vin, mais cela ne produirait rien pour l'avancement de nos affaires.

« Afin de m'assurer si mon sentiment à cet égard était entièrement fondé, j'ai engagé M. Treislinger à demander là-dessus l'avis d'un de ses amis, employé et distingué dans les bureaux de Versailles.

« Voici ce que cet ami lui a répondu et qu'il m'a communiqué en propres termes par sa lettre du 19 février dernier :

« Vous me demandez mon avis sur une marque de reconnaissance à donner à M. M.... Je suis très embarrassé à vous donner un avis là-dessus, je sais combien on est délicat sur cet article. Vous savez que cela se réduit ordinairement à quelques vins qu'on présente, mais je sais bien que M. M.... est fourni de toutes espèces et je craindrais que cette offre ne serait pas reçue (1). »

Voilà des hommes d'État vraiment modèles. Quelle intégrité que celle qu'on ne pouvait mettre à l'épreuve sans compromettre toute espèce de négociations. S'ils eussent ressemblé à quelques-uns de nos jours, les Montbéliard auraient été maîtres absolus dans les Quatre-Terres au siècle dernier; tandis qu'ayant affaire à des caractères que l'argent ne pouvait entamer, tous furent obligés de compter avec la justice de Bourgogne.

L'affaire de Brevilliers n'avançait pas. Le cardinal désirait un curé dans ce village pour plusieurs raisons; la paroisse était très ancienne, l'église et le presbytère remontaient à l'époque catholique, la grande route qui traversait le village y rendait nécessaire la célébration de la messe. On avait beau objecter qu'il n'y avait point ou fort peu de catholiques. De Choiseul répondait « qu'il y en aurait davantage si les protestants ne les chassaient pas, » ajoutant même qu'il « ne faut pas attacher le rétablissement du culte au nombre des catholiques, car les protestants se feraient un mérite de les détruire (2) » (1763).

Un mois avant cette lettre le diacre était mort. Lors de cet événement, qui était prévu, un autre diacre occupait déjà la place, c'était Cuvier. Que d'instances auprès du gouvernement français pour obtenir sa nomination! Que de lettres de la part des ambassadeurs wurtembergeois! Le duc de Wurtemberg intervint lui-même indirectement, en demandant, le 6 novembre, au roi de France d'ordonner que rien

---

(1) Archives de la Haute-Saône, E 262.
(2) Archives nationales, K 1143.

ne soit changé à l'exercice de la religion luthérienne dans les Quatre-Terres. Cette fois encore, grâce à l'importunité avec laquelle les chargés d'affaires de Montbéliard harcelèrent les ministres français, le triomphe, quoique très lent à se produire, demeura aux protestants. La nomination de Cuvier, en qualité de pasteur de Brevilliers, fut ratifiée par l'autorité française en 1765. C'était une inconséquence.

Mais on peut dire que des succès de ce genre coûtaient cher, soit aux ducs de Wurtemberg, soit aux Montbéliard. Pour les obtenir, rien n'était épargné. Des chargés d'affaires étaient envoyés partout où un intérêt était en jeu ; il y en avait à Paris et ailleurs, en relations continuelles avec les princes et les membres de la régence quand une affaire était en voie de négociation. Pour stimuler leur zèle on leur accordait de généreuses récompenses. Le baron de Wernicke, ministre de Son Altesse Sérénissime en cour de France, outre les appointements annuels de 20,000 fr. perçus sur les revenus du comté, toucha à titre de gratification en 1751 la somme de 10,000 fr. A la même époque, le prince avait à Besançon avocat et procureur dont on chatouillait les oreilles par des sons argentins. Sous ce rapport rien de moins déguisé qu'une lettre écrite de Montbéliard à l'avocat Pouhat, de Besançon, touchant le clocher de Buc et la cure de Tavey, dont il a été question plus haut. Voici le début de ce chef-d'œuvre : « Du 12 novembre 1718. Je vous suis très obligé des soins que vous avez pris pour ces deux sujets de Blamont qui ont obtenu la remise de l'amende : je ne sais s'ils ont eu le sens assez juste pour vous satisfaire, le paysan n'est grossier qu'en habit, mais fin et rusé en toute chose, particulièrement sur le point de son intérêt. Si cela n'est pas arrivé, faites moi, je vous prie, le plaisir de me le dire, afin que j'y mette ordre, car lorsque j'ai l'honneur d'écrire en faveur de quelque sujet de Son Altesse Sérénissime, et particulièrement où elle n'est point partie, ce n'est point pour que vous le faisiez en considération de la part que vous prenez pour Son Altesse Sérénissime, mais pour avoir votre puissant secours en payant grassement vos peines, autrement mes recommandations vous deviendraient onéreuses et le recommandé mal recommandé, ce que j'éviterai au possible (1). »

C'est encore aux mêmes conditions que, jusqu'au sein du parlement, les Montbéliard trouvaient des appuis. Claude-Joseph Perrinot, conseiller de cette cour, le 4 décembre 1718, eut la délicatesse de remercier le duc de Wurtemberg de lui avoir accordé une gratification de deux mille livres. Quel aliment pour son zèle ! Dans sa soif de semblables générosités, il s'aplatit devant Sa Grâce, fait jouer tous les ressorts de l'adulation, exalte ses mérites personnels, son habileté ; que de services il lui rendrait s'il avait l'honneur d'être son chargé d'affaires (2) ! A Montbéliard on savait que la plus mauvaise cause pouvait devenir bonne en l'exposant au miroitement de l'or ou de l'argent. Boyvin, un des plus honnêtes hommes que la Franche-Comté ait eus, lors du procès de Grenoble de 1613, touchant la mouvance des Quatre-Terres, s'alarmait sur les dangers que courait le droit parce qu'on lui avait donné l'assurance que le chancelier de Montbéliard distribuait de « grands deniers (3). » Ces moyens de séduction, familiers aux gouverneurs de cette ville, tout en faisant triompher une cause, ne la marquaient pas moins au coin de la félonie.

Le conseil de régence était l'atelier où s'élaborait en général tout l'échafaudage de la résistance à la politique française. Composée de bourgeois de la ville, qui trouvaient dans leurs fonctions honneur et profit, la régence ne voyait qu'un moyen de maintenir l'influence de ses maîtres et la

(1) Mss. Duvernoy.
(2) Archives du parlement.
(3) Voir *le Protestantisme dans le pays de Montbéliard*, p. 13.

sienne propre, soit dans le comté, soit dans les Quatre-Terres : c'était d'y conserver le protestantisme. Deux fois elle exprima ce sentiment au duc de Wurtemberg, lors des affaires de Chagey. Aussi tous ses efforts ne tendirent qu'à cela.

Voyait-elle un curé accomplir un acte religieux sur la terre du comté? Elle en éprouvait des crises nerveuses. En 1720, un sieur Fendt de Taubenheim, chambellan de Léopold-Eberhard, établit un moulin d'écorces à Sochaux (1). Cet industriel était de la religion catholique. En 1725, il eut un enfant que, pour une raison inconnue, le curé de Montbéliard baptisa au domicile des parents. Un tel acte parut si gros de conséquences qu'il devint l'objet d'une délibération solennelle où furent émis différents avis. Un conseiller opina qu'on devait faire rendre compte d'une entreprise qui choquait le *droit épiscopal* et souverain de Son Altesse Sérénissime, tant au sieur de Fendt, qu'au doyen, qui s'était permis l'exercice de sa religion dans un lieu où jamais on n'avait vu semblable chose. Deux autres regardèrent ce baptême comme une innovation à laquelle on devait s'opposer, à moins qu'on ne demandât la permission de faire un acte de ce genre. Enfin, le 2 août 1725, le conseil avisa Son Altesse Sérénissime qu'il n'était pas « à propos de faire gros bruit d'une action faite en secret (2). »

Voyait-on quelques catholiques s'établir dans le comté? Immédiatement la régence prenait des mesures pour arrêter cette immigration. En 1726, les maires reçurent l'ordre de remettre dans les huit jours au conseil de Son Altesse la liste exacte de toutes les personnes arrivées dans les villages du comté, surtout depuis 1723, avec l'indication de leur âge, de leur qualité et de leur religion. Et on leur défendit, à peine

---

(1) M. Clément Duvernoy, *Montbéliard au XVIIIe siècle*.
(2) Archives du Doubs, E 1038.

de dix livres d'amende, de recevoir un étranger dans les villages, sans la permission de Son Altesse (1).

Dans la crainte de voir augmenter le nombre des catholiques, on fit alors une vive opposition aux mariages mixtes. En 1755, Jacques Monnin, de Calmoutier, demeurant à Mandeure, demanda au duc Charles la permission de se marier avec une protestante de ce village. Le conseil de régence, appelé à délibérer sur la question, voulut, avant de donner sa réponse, consulter à cet égard le pasteur du lieu. Celui-ci ne fut pas d'avis qu'on autorisât le mariage. D'abord le sujet ne méritait aucune attention, ayant quitté le pays pour cause d'inconduite : ce qui constituait déjà une forte prévention. Après ce préambule, le pasteur, abordant la question, dit : « Quant au mariage de ces deux personnes, s'il plait au noble conseil qu'il se fasse, il est fort à craindre qu'il n'en résulte de fâcheuses suites, d'autant plus qu'à la faveur de cette gracieuse permission, plusieurs personnes du sexe, cultivées par des habitants catholiques romains, pourraient s'engager avec eux par les liens du mariage, comme il est arrivé à huit personnes qui ont abandonné dans les années passées leur religion par des vues de mariage, et qu'elles ont communié dans la communion de leurs maris.

« Enfin on n'ignore pas que ces sortes de mariages bigarrés sont accompagnés ordinairement d'angoisses et de perplexités pendant la vie des conjoints, surtout à l'article de la mort, puisque le mari, de son côté, et, par les sentiments que sa religion lui inspire, doute du salut de ses enfants, s'ils sont baptisés dans notre communion ; la mère est dans la même pensée, si ses enfants sont baptisés catholiques et s'ils doivent faire profession de cette religion, raisons très solides qui ont porté nos théologiens à dissuader ces sortes de mariages. » 6 juin 1755.

---

(1) Archives nationales, K 2201.

Le sentiment du pasteur prévalut. Le même jour, le suppliant reçut l'ordre de sortir dans les vingt-quatre heures du village de Mandeure. Sa vie dissolue en fut le prétexte, mais la principale raison fut la crainte, à peine dissimulée, qu'il ne fît partager sa foi à une fille protestante devenue son épouse (1).

Toutes les mesures que le gouvernement français ordonnait à l'égard des Quatre-Terres portaient immédiatement la régence à étudier les moyens de les écarter. En 1735, il avait été décidé que tout pasteur qui viendrait à mourir serait remplacé par un curé. Aussitôt les conseillers s'ingénièrent à prévenir les effets de cet arrêt, en donnant un auxiliaire au pasteur que l'âge ou la maladie exposait à la mort. Sous ce rapport, la régence mit en jeu toutes ses finesses. Emmanuel Piguet, pasteur fort âgé, desservait Abbévillers et Hérimoncourt; ses jours étaient comptés. Afin qu'au moment de sa mort, la cure ne fût pas considérée comme vacante, on donna à ce ministre, dans la personne de Flamand, un vicaire chargé de desservir Hérimoncourt. Quand il en fut informé, l'intendant défendit très expressément à ce diacre de continuer l'exercice de son ministère sans les ordres du roi, à peine de trois cents francs. Les ambassadeurs du Wurtemberg parvinrent à faire lever cette défense. Flamand mourut avant le vieux ministre. On s'empressa de lui donner pour successeur Charrière, de Brévilliers. « La Tour de Mance, écrivit de Gemmingen, fit mine de s'opposer à l'installation de ce vicaire par les instances des curés et peut-être par son propre mouvement (2). » En 1753, le roi de France, révoquant ces défenses, confirma aux luthériens d'Hérimoncourt la possession exclusive de leur église et permit de donner des vicaires aux ministres qui desser-

(1) Archives du Doubs, E 774.
(2) Archives de la Haute-Saône, E 275.

vaient la paroisse, sans qu'il fût permis de les inquiéter dorénavant (1).

L'intendant reçut même de la régence une supplique par laquelle on lui demandait de donner un successeur à un pasteur encore vivant. « La demande est bien prématurée, » dit-il avec un ton d'ironie. Lorsque Georges Surleau, pasteur d'Héricourt, celui dont il s'agissait, fut descendu dans la tombe, Éberhard Méquillet, le candidat présenté par Montbéliard, accusé d'être un séditieux, un turbulent, ne pouvait faire agréer sa nomination par la France. Pour obtenir l'assentiment tant désiré, il implora le crédit de Busson, curé de la paroisse catholique; quelque temps après, il était nommé pasteur d'Héricourt. Cela ne l'empêcha pas, dans son autobiographie, de mettre à la charge de certains curés de la ville une série de brillants défauts; mais ce qui était prévu arriva, ces dessins ne froissèrent personne (2).

Les pasteurs luthériens ne pouvaient manquer d'apporter une forte et vigoureuse résistance à la politique que la France avait inaugurée dans les Quatre-Terres. Pour cette lutte, ils trouvèrent que Léopold-Éberhard n'avait ni l'habileté ni l'ardeur nécessaires. Ce fut pour le stimuler qu'ils lui écrivirent, le 15 janvier 1699.

Après avoir fait mention de ce qui avait été accompli en faveur de la religion romaine à Montbéliard, à Dannemarie et à Blamont, ils se firent l'écho des bruits qui circulaient touchant la saisie des églises et des revenus ecclésiastiques d'Héricourt, de Saint-Maurice et de Montécheroux, éventualité qui devait, en cas de réalisation, causer la ruine du protestantisme et de l'État, par suite des dispositions du clergé romain. Après ce préambule longuement formulé, les pasteurs en vinrent aux avis :

(1) Archives nationales. K 1143.
(2) Archives de la Haute-Saône, B 275.

« Nous croyons oser dire, comme nous le faisons dans un profond respect, à Votre Altesse Sérénissime, qu'il est de sa conscience de ne négliger rien en cette partie, comme il y va sans doute aussi de la gloire, de l'intérêt, de la générosité et de la charité de Votre Altesse Sérénissime, aussi bien que du salut de ses peuples, qui, ayant le bonheur de vivre sous sa douce domination, attendent tout après Dieu de ses favorables secours. »

Ayant ensuite constaté que les moyens jusqu'alors employés n'avaient empêché aucun mal, ces pasteurs suggérèrent au prince les suivants :

« S'il nous était permis, Sérénissime Prince, de nous expliquer en la présence de Votre Altesse Sérénissime, nous lui dirions volontiers que notre pensée et celle de tous ses fidèles sujets est qu'il est de l'intérêt de l'État et de l'Église d'engager la Sérénissime maison de Stuttgart à seconder par ses secours les soins fidèles que Votre Altesse Sérénissime fait servir pour ce sujet ; cette maison n'étant pas sans considération dans l'empire, ni sans crédit auprès du roi, aussi bien que la Sérénissime maison de Montbéliard, le concours de ces deux illustres maisons ne saurait manquer d'être salutaire ; et, s'il y a eu quelques difficultés, nous supplions très humblement Votre Altesse, dans l'esprit d'un parfaitement attachement à Sa Sérénissime personne, de faire céder le ressentiment aux mouvements de sa piété, à la gloire de Dieu, à la conservation de la religion et au salut de ce grand nombre d'âmes qui soupirent après son gracieux secours (1).... »

Que les ministres luthériens aient pris parti contre le régime que le gouvernement français voulait établir dans les Quatre-Terres, on ne doit pas en être étonné. Ils étaient étrangers à la Franche-Comté, plus par principes religieux

---

(1) Mairie de Montbéliard. Notaux.

que politiques. Élevés en Allemagne, dans la haine de la France et de sa religion, attachés à la maison de Wurtemberg, comme à la colonne de leur foi, ils n'avaient pas de plus grand souci que de faire partager leurs sentiments à leurs paroissiens. Leurs efforts ne tendaient continuellement qu'à convaincre ces derniers que le roi n'était pas leur souverain légitime, qu'il avait usurpé le pays, et que les princes de Wurtemberg, qui en étaient propriétaires, y seraient un jour rétablis. Qu'un sujet ait témoigné de quelque sympathie envers la monarchie française, sans tenir compte de l'autorité de son pasteur, aussitôt ses dispositions étaient mises à l'épreuve ; on le menaçait de garder bon souvenir de lui, lorsque le pays aurait fait retour à la domination wurtembergeoise. Qu'on juge des effets que produisait sur les personnes de la campagne, si accessibles à la crainte, un fantôme pareil, ayant un visage prêt à lancer la foudre. La dévotion à la religion catholique, supposé qu'elle ait eu le désir de se manifester chez quelques âmes, devait naturellement s'évanouir devant une telle représentation.

Arrivait-il un événement, se passait-il un fait de nature à procurer quelque satisfaction au parti luthérien, on entendait aussitôt les pasteurs annoncer qu'avant peu leur religion reprendrait le dessus. C'est ce qui eut lieu lors de la nomination de Méquillet à la place de Georges Surleau et après que l'intendant eut nommé des maires luthériens à Roches, Villars-lez-Blamont, Bondeval et Chenebier, villages où étaient des catholiques capables d'exercer cet emploi.

Une résistance d'un genre particulier, ayant son origine dans la nature du pastorat protestant, obtint beaucoup de succès. Ce pastorat, comme on le sait, n'a jamais pu conférer le caractère sacerdotal à celui qui en remplit les fonctions. Le premier sujet venu, dès qu'il est accepté par un groupe quelconque, peut prêcher, baptiser, distribuer la cène en toute souveraineté, et, disons-le, avec la même autorité spirituelle que le ministre hérétique qui siège dans le plus vaste temple de l'univers. L'histoire, qui a maintes fois signalé cette ingérence individuelle dans l'exercice du culte protestant, reconnait en même temps l'avantage que le luthéranisme en a retiré dans les paroisses des Quatre-Terres, où l'on vit les maitres d'école, à défaut de pasteurs, remplir les fonctions ecclésiastiques avec une compétence égale à celle des ministres. A Seloncourt l'instituteur prêchait, donnait la cène à un malade en danger de mort, sans que personne songeât à élever le moindre doute sur la validité ou la licité de l'acte. Celui d'Hérimoncourt, sauf cette dernière cérémonie, se comportait en tout comme un vrai pasteur : il enterrait les morts, prêchait avec autant d'autorité qu'un ministre. A Autechaux, Colombier-Fontaine et Saint-Maurice, même conduite de la part des régents d'école (1).

Cette résistance aux vues de l'administration française prit une autre forme. Nous voulons parler de l'immigration de quelques sujets de la principauté en pays où régnait en maître le protestantisme. On vit quelques sujets du roi de France passer de la seigneurie de Blamont et de celle d'Héricourt dans les terres souveraines de Montbéliard. Cet abandon du lieu natal leur fut-il inspiré par la crainte de voir la religion catholique y prendre un tel ascendant qu'il deviendrait impossible de s'y soustraire ? Ou bien cette conduite leur fut-elle suggérée par les pasteurs ?.... On est porté à croire à cette dernière hypothèse, quand on connait la part que prit un pasteur de Montbéliard à l'émigration de plusieurs familles du pays dans le nouveau monde. Les circonstances de ce fait ne manquent pas d'intérêt.

Un premier départ, formé de Montbéliardais et d'Allemands, eut lieu en 1750. Arrivés à leur destination, ces

---

(1) Archives de la cure de Blamont, mémoire de M. Binétruy.

émigrés exaltèrent l'imagination de leurs compatriotes par l'envoi de lettres où le pays était peint sous les plus brillantes couleurs. L'appât des avantages matériels qu'on exagérait à dessein en fit partir d'autres. Il y en eut plusieurs d'Étobon qui, à l'exemple de leurs devanciers, représentèrent à leurs parents et amis leur nouvelle patrie comme une véritable terre promise. Rien de curieux comme la lettre que l'on fit signer à l'un d'eux, pour être envoyée à sa famille. Nous la citons en entier; elle prouve que ce n'est pas d'aujourd'hui qu'on exploite Jacques Bonhomme.

« Mes très chers frères et sœurs, ces lignes sont pour vous faire savoir l'état de notre santé, laquelle est fort bonne, grâces au Seigneur, souhaitant qu'il en soit de même de vous et de vos chères familles, et pour vous faire savoir en même temps notre arrivée à Boston, qui a été le 7 novembre, à bon port et heureusement; notre voyage a été assez long, mais nous avons été obligés de rester quelquefois en plusieurs villes, tant pour attendre le temps favorable que pour munir le vaisseau de vivres; pour ce qui concerne la navigation, il n'y a point de risque, il y a même du plaisir; quand le temps est calme, vous avez le plaisir de voir bien des choses remarquables, ce qui vous fait passer le temps. Ceux qui seront dans le dessein de venir peuvent venir sans crainte; pour ce qui nous concerne, si nous n'avions pas fait le voyage et savoir ce que nous savons, nous serions prêts à faire ce que nous avons fait. L'on nous a promis cent arpents de terre devant nous embarquer à Rotterdam, c'est-à-dire cent arpents qui font cent vingt de chez nous, par le sieur Joseph Crellius qui était notre commissaire, et cela nous est octroyé par le gouvernement de la province et cela franc, à perpétuité, pour nous et nos descendants, à la réserve d'un grain de poivre par an, si on nous le demande, c'est-à-dire franc de toutes dîmes, taille et capitation, en un mot, nous ne sommes obligés de payer aucune chose, quel nom elle puisse avoir ; la chasse nous est permise, la pêche de même, haute et basse, dans ruisseau et rivière. Voyant que nous sommes arrivés un peu tard, nous avons été obligés de rester à Boston cet hiver et l'on nous entretient bien, la viande en abondance et la plus belle que l'on puisse souhaiter et voir, d'un goût délicieux ; on nous fournit du bois pour nous chauffer. Vous seriez surpris de voir la viande qui entre dans la ville aussi bien que les volailles et cela prêt à faire cuire et à bon marché : la livre de viande, six liards, et celle de cochon deux sols avec la graisse et ce qu'il y a de plus remarquable, les poules de bois trois sols la pièce, les têtes de bœufs ne sont rien estimées, les foies on les donne aux chiens ; les bestiaux y sont aussi abondants qu'aucun endroit de l'Europe, les pâturages sont abondants et de l'herbe aussi bonne qu'on en puisse trouver ; le terrain est aussi fort bon ; il produit toutes sortes de grains de toutes sortes de qualités ; le lin et le chanvre y excèdent celui de l'Europe ; le lin, trois pieds de haut et le chanvre jusqu'à huit pieds ; pour le pain il est meilleur marché que chez nous, du pain blanc comme la neige ; pour ce qui est du jardinage, il est en abondance et pour le moins plus beau qu'en Europe : choux, pommes de terre, raves, en un mot, toutes sortes en abondance ; pour les fruits, ils y abondent ; il n'y a point de vin, mais d'excellent vin de pommes ; si l'on va au bois, vous trouverez des noix en abondance, que les cochons s'engraissent avec, il semble quand vous sortez de la ville pour aller aux champs que les arbres fruitiers sont de hautes forêts et vous trouverez plus de fruits que les paysans laissent que l'on en recueille chez nous ; pour ce qui concerne les journaliers, ils gagnent douze livres et sont nourris, et cela l'hiver, et l'été le double et même davantage, c'est suivant la profession. Si l'on voulait placer les enfants, on trouve assez d'occasion et dans de bonnes maisons ; j'ai mis ma Marie chez un des principaux de la ville pour sept ans, à un louis par an ; ils la nourrissent et l'entretiennent d'habits et l'ont habillée de double habit en entrant ; nous avons une église française et un ministre français, fort brave homme qui nous a rendu de grands services ; nous l'avons même établi notre agent pour faire ce qui nous concerne en notre absence, et ceux qui voudront venir pourront s'adresser chez lui en arrivant, mais il faut se munir de bons certificats autrement on ne reçoit personne ; nous y avons communié dimanche, le 12 décembre ; dans la ville il y a quantité de nègres esclaves, fort dociles ; il y a bien vingt paroisses dans la ville, parce qu'elle est fort grande, il faut bien une heure pour la traverser ; la ville est fort marchande. La province de la Nouvelle-Angleterre où nous sommes est située sous le 42e degré de latitude, l'air y est fort sain, à peu près comme chez nous ; l'hiver n'y est pas tout à fait si long ; il faut s'adresser au commissaire Joseph Crellius qui fait sa résidence à Francfort, c'est lui qui nous a emmenés, il est fort brave homme et étant avec lui vous ne manquerez pas, il a son logement chez le sieur docter Louter, il vous fera savoir lui-même par lettres qu'il écrira chez nous comment vous devez vous conduire, mais n'écoutez pas les lettres de M. Dick (1), regardez à ce que nous vous écrivons. Il y a fort bonne police dans le pays ; on ne vend rien le dimanche, ni pour or ni pour argent.

« Nous avons vu brûler le SAINT-PÈRE LE PAPE, avec Monsieur le prétendant le DIABLE, avec le sabre au côté, qui les escortait dans un carrosse de papier, traîné par des enfants, au bruit du canon. Je finis.... et vous embrasse tous. Quoique nous n'ayons pas écrit la lettre de notre main, elle est écrite par un homme qui a fait le voyage avec nous et

(1) M. Dick était Anglais, à la tête d'une exploitation analogue à celle de Joseph Crellius.

qui est un de nos amis et voisins et qui formera avec nous la colonie française que nous espérons former et qui nous est promise. On donne au pasteur deux cents arpents de terre et au maître d'école autant, sans ce qu'on leur accordera que nous ne savons pas. — Signé : Daniel Goux. »

Dans la même lettre, chaque émigré d'Étobon adressait, en quelques lignes, à ses parents, un mot d'affectueux souvenir, déclarant que tout était pour le mieux dans le nouveau monde (17 décembre 1751) (1).

Les promoteurs de ces émigrations continuèrent avec ardeur leur genre de commerce. Afin de séduire les bonnes gens, ils firent signer à bon nombre de ces expatriés, soit allemands, soit français, un écrit qui fut envoyé ensuite dans le pays de Montbéliard. A les croire, la province de Massachusets-Baie offrait aux habitants toutes les délices de la vie, on ne pouvait mettre les pieds dans ce pays sans éprouver « une joie mêlée d'admiration (2). »

Beaucoup de protestants des Quatre-Terres se laissant piper à ces peintures imaginaires, échangèrent le sol où ils étaient nés contre une nouvelle patrie qu'on leur représentait comme un véritable éden. Lorsque le gouvernement français eut connaissance de ces émigrations provoquées à son insu, il se hâta d'y mettre opposition, mais il était trop tard. Cette intervention eut cependant un résultat. La correspondance qui s'établit à cet égard, entre les pouvoirs hiérarchiques de la province, fit connaître que Duvernoy, ministre de Montbéliard, était seul l'auteur « de cette séduction. » Lui-même avait accompagné les émigrants à leur départ jusqu'à Bâle, les berçant de l'espoir de faire fortune en dix ans, leur donnant en même temps l'assurance qu'ils auraient la liberté de rentrer chez eux quand bon leur semblerait.

(1) C'étaient Jean Pochard, Jacques Bugnon, Pierre Goux, Daniel Malbon, Joseph Bas et Jean-Georges Goux.
(2) Mss. Duvernoy, *Règne de Charles-Eugène*, t. I, p. 21.

Ces bonnes gens eurent le temps de déplorer l'entrainement dont ils avaient été victimes. Ceux qu'on avait défrayés pendant le trajet furent vendus comme esclaves à leur arrivée en Amérique, pour indemniser le chef de l'entreprise des avances qu'il avait faites. Les lettres envoyées au pays natal n'étaient qu'un tissu de mensonges ; toutes avaient été écrites sous la dictée du commissaire de cette exploitation ou contrôlées par lui, elles ne disaient que ce qu'il voulait. C'est aux informations du subdélégué de l'intendant à Héricourt qu'on dut ces renseignements (1).

Le peuple lui-même combattait à sa manière la politique religieuse de la France ; c'était en maltraitant ceux qui s'étaient convertis au catholicisme ou semblaient disposés à le faire. La perspective de la souffrance peut arrêter l'effet d'une généreuse résolution. On l'a toujours su dans le pays de Montbéliard, aussi on suspendait partout cette épée de Damoclès.

Pierre Eméry, de Fribourg (Suisse), retiré à Étobon, avait épousé en 1673 une protestante de ce village. Le mariage avait été bénit dans une maison d'Étroitefontaine par le curé de Gouhenans. A tout ce qui avait été dit et fait pour engager cet étranger à abjurer la religion catholique, il avait invariablement répondu qu'il était dur de renoncer à sa religion pour l'amour d'une femme. A la fin, le conseil ecclésiastique de Montbéliard, dont l'autorité se trouvait froissée par cet acte de résistance, cita nos deux récalcitrants à sa barre (2). Eut-il raison de leur mauvaise volonté? Nous l'ignorons.

(1) Archives du Doubs, E 1821, et archives de la cure de Blamont.
(2) Archives de la Haute-Saône, E 335. Certain sous-préfet, dit-on, n'a pas eu des sentiments aussi délicats que notre Suisse. Dans un lieu secret de la sous-préfecture qu'il habite, il a renoncé à sa religion en épousant protestan*tiquement une* apôtre du protestantisme. O trahison ! ô vénalité !

Plus tard, dans le même village, deux femmes furent en butte à de mauvais traitements pour un motif religieux. Jeanne Marage, élevée dans le protestantisme, se maria, à l'âge de dix-sept ans, à un catholique. Peu après elle embrassa la religion de son mari. Devenue veuve, elle alla habiter le lieu de sa naissance ; elle n'eut pas à s'en féliciter. Le 10 octobre 1699, revenant avec sa fille de la campagne, toutes deux furent accostées par un homme d'Étobon, qui, à coups de pierres et de pied, les couvrit de contusions, criant « qu'il se moquait de son prêtre, de ses capucins et de son intendant, que Son Altesse ne voulait point d'apostat dans sa religion et dans ses terres. » Quelques jours après, l'intendant, dans une lettre aux conseillers de la régence, protesta contre un acte aussi sauvage :

« Vous savez, Messieurs, dit-il, que selon le traité de Ryswick et l'exécution qui en a été faite ces jours passés par les ordres de Sa Majesté, les catholiques, qui sont dans le comté de Montbéliard, doivent être laissés libres dans l'exercice de leur religion, sans pouvoir être inquiétés à ce sujet. Il y a vingt-quatre ans que cette femme ainsi que sa fille en font profession, ce nonobstant elle est maltraitée. Je sais d'ailleurs que le sieur Parrot, ministre, chagrine chaque jour les catholiques qui sont aux environs d'Étobon, qu'il les menace de les faire sortir de la comté et que le feu et les précipices seront les moindres peines. » Ces plaintes firent condamner le coupable à vingt-quatre heures de prison (1).

D'après le témoignage du cardinal de Choiseul, les faits de ce genre n'ont pas été rares. « Tout récemment, écrivait le prélat en 1763, un ancien habitant de Byans, paroisse de Tavey, qui avait fait abjuration dans les troupes, s'étant ensuite marié, n'a pu tenir contre les persécutions des luthériens du lieu, et après quinze années de patience, il a été

---

(1) Archives de la Haute-Saône, E 335.

réduit, lui et sa famille, à quitter sa maison et sa patrie pour chercher en Suisse une sûreté parmi les parents de sa femme. On pourrait produire bien d'autres exemples. » Ayant dit ensuite que les luthériens iraient jusqu'aux derniers excès pour détruire le catholicisme, de Choiseul ajoute : « L'expérience a déjà appris qu'un catholique serait assassiné, au su et au vu de tout le village luthérien, sans qu'un seul, interrogé juridiquement, voulût en déposer, c'est de quoi on trouverait dans le greffe d'Héricourt plusieurs preuves encore toutes récentes (1). »

A combien de vexations ne fut pas en butte Georges Métin, de Laire, qui embrassa la religion catholique en 1754. Il en fut tellement abreuvé qu'il se vit forcé de quitter son village pour se retirer à Tavey, où il trouva un peu plus de calme. Et Éléonore Carpet, d'Héricourt, sa nièce, devenue orpheline, pour avoir parlé de se faire catholique et avoir prié le curé de Tavey de l'instruire, en l'absence du curé de la ville, n'attira-t-elle pas de nouvelles persécutions à son oncle, qui fut accusé d'avoir influencé cette jeune personne? Elle-même fut l'objet de menaces sanglantes dans le cas où elle en viendrait à réaliser le projet qu'elle nourrissait (2). Ces procédés d'intimidation, toujours familiers aux adversaires du catholicisme et en particulier aux hérétiques de tous les pays du monde, ont eu pour résultat d'empêcher le retour à notre religion de quantité de protestants des Quatre-Terres et du comté de Montbéliard. Beaucoup cependant, doués d'une énergie supérieure, ont abjuré les erreurs qui avaient enveloppé leur berceau et sont entrés dans la pleine lumière de la religion de Jésus-Christ.

(1) Archives nationales, K 1143.
(2) Archives de la Haute-Saône, E 276.

CHAPITRE XI

Conversion de quelques protestants du pays de Montbéliard : Éléonore-Charlotte de Wurtemberg. Hedwige de Wurtemberg. Charles Alexandre. Prince-Georges-Léopold. Charles Léopold de Sandersleben, comte de Coligny. Frédéric Fallot. Léonard de Nardin. Le père de l'historien Rollin. Jean Harer, de Sultgart, etc.

Reconnaissons qu'il est très difficile aux protestants de briser les chaînes qui les attachent à la religion de Luther. La première éducation leur a fait contracter l'habitude de détester le catholicisme et ses pratiques ; leur esprit, à peine ouvert aux lueurs de la raison, a été nourri de préventions et de préjugés contre l'universalité de ses dogmes. Surgissent plus tard d'autres obstacles. Les protestants sont attachés naturellement à leur famille : qu'un changement de religion ait lieu, ils se la mettront tout entière à dos, c'est inévitable. Il se présente ensuite le respect humain, la peur de l'opinion, du qu'en dira-t-on, des railleries, et mille autres considérations mesquines qui enserrent un protestant qu'un secret malaise et de généreuses aspirations semblent prédisposer à entrer dans l'Église catholique, à l'âme de laquelle il appartient déjà.

Autre chose. Dans le protestantisme, même parmi les pasteurs, et sous ce rapport on peut admettre le sentiment du cardinal Manning [1], quantité d'âmes n'ont pas la moin-

(1) En présence du cardinal Manning, un prêtre anglais se permit de dire que dans le protestantisme les simples fidèles sont dans la bonne foi, mais qu'il n'en est pas de même des pasteurs.

dre inquiétude au sujet de leur religion. Elles vivent sans arrière-pensée au sein d'un système religieux qu'on leur a présenté dès l'enfance comme l'expression de la vérité. Si un jour leurs illusions commencent à tomber, que se passe-t-il en elles, au moment où la vérité jette son premier rayon sur leur esprit? Y a-t-il étonnement, stupéfaction, allégresse? — Pour nous, nous devons féliciter celles qui ne reculent devant aucun obstacle pour en venir à la profession de cette vérité.

Le pays de Montbéliard a vu un certain nombre de protestants revenir à la véritable Église; chaque classe de la société en a fourni des exemples; on en a trouvé dans les plus modestes familles aussi bien que dans la maison princière. Beaucoup de ces conversions provoqueraient notre admiration, si elles étaient connues dans la série des circonstances au milieu desquelles elles se sont produites. Voici celles que nous avons pu recueillir, avec quelques détails édifiants. Nous les citons telles que les documents nous les ont fait connaître.

Éléonore-Charlotte, fille du duc Georges de Montbéliard, naquit le 20 novembre 1656. Dans sa jeunesse elle épousa, le 7 mai 1672, Silvius, duc de Wurtemberg-Œls, que la mort lui enleva, en 1697, après plusieurs années de mariage, et dont la perte lui fut d'autant plus sensible qu'elle avait trouvé en lui toutes les rares qualités qui font l'honnête homme et le héros. Veuve et sans enfants, elle fut frappée de la pensée d'abandonner le luthéranisme, qui n'avait pas su lui procurer la consolation et le repos désiré, et de rentrer dans le sein de la Mère-Église. Deux ans après la mort de

---

A ces paroles, le cardinal, autrefois ministre protestant, répondit : Ah! mon ami, oubliez-vous que vous parlez devant un converti? Or, jusqu'à quarante ans, j'ai été pasteur anglican et je vous affirme que c'était avec conviction. (Était présent le P. Feysot, dominicain franc-comtois.)

son mari, elle partit précipitamment de Silésie pour venir à Montbéliard, où son père était atteint d'une maladie mortelle. Elle n'y arriva que pour arroser de ses larmes le cercueil de ce père si tendrement aimé.

Après lui avoir rendu les derniers devoirs, elle alla à la cour de Vienne, où plusieurs affaires importantes l'attirèrent. Accueillie avec joie par Leurs Majestés Impériales, dont elle avait déjà conquis l'estime auparavant, et qui ne désiraient rien tant que de la voir catholique, elle fut mise par l'impératrice en relation avec des personnes de foi et de piété. Dans les conférences qu'elle eut avec des savants catholiques, Éléonore-Charlotte chercha de bonne foi la vérité, se montrant, en toute circonstance, remplie de gratitude envers une bienfaitrice pour laquelle son salut était l'objet de toute sa sollicitude. Mais son heure n'était pas encore venue. Avant d'abjurer le luthéranisme, elle voulait être convaincue de la fausseté de cette religion. Une telle grâce lui était réservée en France. La marquise de Mailly, sa cousine, la sollicitait à faire ce voyage, lui offrant l'hospitalité à Paris. Cette amitié la détermina enfin à quitter Montbéliard, où elle était de retour depuis quelque temps. A peine fut-elle arrivée à Paris, qu'on travailla avec le même empressement qu'à Vienne, à enlever à l'hérésie une si excellente princesse. Un prêtre de l'Oratoire, disposé à l'instruire, trouva bien des obstacles à surmonter ; il en parla même au cardinal de Noailles, archevêque de Paris, qui fit preuve dans la circonstance d'un zèle apostolique pour la conversion de la princesse. Il la visita et la charma par son entretien plein de piété, d'onction et de force. En la quittant il lui dit : Votre maison est beaucoup plus ancienne que votre religion, je vais intéresser le ciel en votre faveur, j'espère vous voir en peu de temps une excellente fille de l'Église. Le Père de l'Oratoire, présent à cette conversation, retint tout ce que le prélat avait dit en peu de mots et il en fit le sujet de longues et sérieuses conférences. Plusieurs luthériens et luthériennes de distinction alors présents à Paris firent tout ce qu'ils purent pour retenir la princesse dans la religion protestante. Le Père s'offrit à entrer en lice avec eux, en présence de la princesse, et poussa même la chose jusqu'à s'engager par écrit à embrasser le protestantisme si on pouvait lui montrer un seul article de la foi catholique contraire à la parole de Dieu, que pour lui il en montrera un grand nombre dans le protestantisme. Ce pacte, qu'on fit plusieurs fois semblant d'accepter, fut néanmoins rejeté. Alors le Père remit à la princesse un billet contenant quatre questions qu'il faisait aux plus savants luthériens présents à Paris, persuadé que des questions si précises se trouvant sans réponse solide, il n'en faudrait pas davantage pour jeter de sérieux soupçons dans l'esprit de la princesse contre le luthéranisme :

1° On demande si Jésus-Christ a fait un précepte formel de communier sous les deux espèces, de telle sorte qu'il ne soit jamais permis aux laïques de communier sous la seule espèce du pain.

2° On demande si la doctrine de la concomitance du sang de Jésus-Christ avec son corps, dans l'Eucharistie, est une doctrine pure, orthodoxe et qui n'a rien de contraire à la foi.

3° On demande si les principaux docteurs, qui eurent part à la Confession d'Augsbourg, étaient des hommes intelligents dans l'Écriture et avaient assez de probité pour que l'on puisse s'en rapporter à leur décision.

4° On demande à qui l'on doit s'en rapporter pour le sens des Écritures, quand des docteurs, d'une égale érudition et d'une égale probité, y donnent des interprétations directement contraires et opposées les unes aux autres.

Le docteur qui répondit à ces questions était un des plus instruits du parti. La princesse, après avoir lu l'un et l'autre, demeura tout à fait en suspens. Sur ces entrefaites le Père fut obligé de se rendre à l'abbaye de Jouarre, où il resta trois semaines. Une si longue absence lui donna beaucoup d'inquiétude pour la princesse, qu'il avait laissée seule aux assiduités des docteurs protestants. Une lettre de Mme de la Chaboissière, qui avait engagé les premières conférences, rassura le Père ; elle écrivit que la princesse méditait et pesait sérieusement toutes choses, qu'elle marquait même quelque impatience de le revoir. Là-dessus tout Jouarre se mit en prière et le Père revint à Paris, où il trouva la princesse encore indéterminée et flottante. Elle le reçut avec bonté. Mais l'ouvrage de sa conversion n'avançait toujours pas. Elle avouait qu'elle trouvait bien des choses suspectes dans la prétendue réforme, qu'elle méprisait les dissolutions de Luther, mais aussi qu'il ne lui était pas aisé de revenir des calomnies qu'elle avait entendues contre la religion catholique. Il fallut donc en venir aux détails et aux preuves. Elle demanda qu'on lui montrât quatre choses dans les premiers siècles : 1° l'adoration de la sainte Eucharistie ; 2° la réservation du corps et du sang de Jésus-Christ ; 3° la vérité du sacrifice ; 4° la communion sous une seule espèce. On le promit. On lui donna à lire et on lui expliqua les endroits décisifs des auteurs qui se trouvaient dans la bibliothèque des Pères de l'Oratoire, rue du Louvre. Elle lut, elle écouta tout, mais ne crut pas devoir s'en rapporter aux éditions récentes dont on s'était servi. Pour ôter ce faux-fuyant, suggéré à la princesse par des luthériens, on eut recours à la bibliothèque du Louvre, où l'on emprunta les ouvrages de Tertullien, de saint Cyprien, de saint Augustin, de saint Ambroise et de saint Jérôme, tous imprimés depuis plus de cent cinquante ans en Angleterre et en Suisse. Elle vint à la bibliothèque de l'Oratoire, amenant avec elle un homme, bon luthérien et capable de juger. Lorsqu'on eut trouvé les preuves des quatre articles précédents, la princesse avoua que son esprit était rendu, mais qu'elle avait encore bien des combats à soutenir dans le cœur, qu'elle aurait recours à Dieu et qu'elle espérait trouver dans la prière une prompte et salutaire résolution. Elle trouva dans Mme d'Alleral, autrefois protestante, qu'elle connaissait particulièrement, une personne qui tâchait de la convaincre et de lui procurer le bonheur dont elle jouissait elle même. Elle alla voir les nouvelles catholiques, elle fut charmée de la conversation de ces filles, de la manière dont elles répondaient au zèle du roi pour la conversion des dames encore protestantes et pour l'instruction de celles qui étaient récemment converties. Quelques jours après, elle entendit prêcher le Père. Ce sermon fut pour elle le coup de grâce, sa conviction devint complète. Elle emprunta la main de Mme d'Alleral pour déclarer par écrit tout ce que Dieu lui avait déjà inspiré. Dès le lendemain, elle remit le billet entre les mains du Père, dont la joie fut extrême en apprenant que cette âme était convaincue de la vérité de la religion catholique. L'archevêque de Paris lui fit une seconde visite dans laquelle il lui parla avec une nouvelle force. Pour toute réponse, Éléonore-Charlotte se déclara fille de l'Église et fixa elle-même le jour de son abjuration. Le lendemain le Père partit pour l'abbaye de Maubuisson, où devait avoir lieu la cérémonie, rendit compte de tout à l'abbesse, princesse autrefois protestante, puis devenue catholique et religieuse presque en même temps. Éléonore-Charlotte s'y rendit peu après pour abjurer le protestantisme. C'est le 3 août 1702 qu'eut lieu la cérémonie, qui commença par une invocation solennelle au Saint-Esprit. Ensuite la princesse, le visage rayonnant de joie et de bonheur, se présenta à la grille du chœur et donna une attention toute religieuse au discours que fit le Père, délégué par le cardinal de Noailles pour la circonstance; elle fit ensuite son abjuration et la profession de foi, reçut l'absolution canonique de l'hérésie, pendant que tous les assistants fondaient en larmes de joie. Le *Te Deum* chanté en action de grâces termina la solennité. Ensuite l'abbesse, toutes les religieuses et toutes les dames présentes embrassèrent la nouvelle convertie, qui ne cessait de dire à haute voix qu'elle était catholique de tout cœur. Quand vint le moment de prendre congé de l'abbesse, elle la suppplia d'être sa mère et de lui accorder le secours de ses prières.

Au milieu du bonheur dont son âme était enivrée, elle s'empressa d'écrire au pape et au roi de France, en publiant les miséricordes dont Dieu l'avait favorisée. Dès lors elle se prépara avec tous les soins possibles à sa première communion ; elle la fit le 25 août, fête de saint Louis, dans l'église de l'Abbaye aux Bois, des mains du Père de l'Oratoire. Quelles douces émotions son cœur ressentit en ce jour ! On peut en juger par ses propres paroles. Elle affirma à son confesseur que de sa vie elle n'avait goûté de pareilles joies. En cela rien d'étonnant. C'est la première récompense réservée à ceux qui abandonnent les régions du péché ou de l'hérésie pour revenir à Dieu [1]. Sa conversion au catholicisme en produisit une autre.

Éléonore-Charlotte avait pour sœur la princesse Hedwige, qui mourut, le 24 décembre 1715, au village de Carlsbourg, en Silésie, dans une maison de jardinier. Elle fut enterrée le 4 mars 1716, à Breslau, chez les dominicaines. On ne sait si elle mourut catholique ou luthérienne, dit Duvernoy [2]. On peut affirmer qu'elle avait embrassé le catholicisme, autrement elle n'aurait pas reçu la sépulture dans un cimetière de religieuses. Sa sœur, avec laquelle elle habitait, lui avait sans doute ménagé ce retour à une religion qui avait inondé son âme de douceurs et de lumières.

[1] Mss. Duvernoy, *Règne de Léopold-Éberhard*.
[2] Mss. Duvernoy. *Règne de Georges II*.

Charles-Alexandre, duc de Wurtemberg, fils du duc Frédéric-Charles et d'Eléonore-Julienne de Brandebourg, naquit le 24 janvier 1684. De bonne heure il prit les armes dans l'armée autrichienne, et à cause de sa valeur guerrière et de ses mérites civils il fut nommé chevalier de la Toison d'Or, lieutenant général et président de l'administration de la Servie.

Le 28 octobre 1712, le prince abjura le protestantisme dans la chapelle de la cour de Vienne pour embrasser le catholicisme. Il avait vingt-huit ans. Tuefferd, dans l'*Histoire des comtes souverains de Montbéliard*, attribue la conversion du prince à la crainte que sa qualité d'hérétique n'eût fait obstacle à son avancement dans les armées impériales. Cette explication, qui n'a pu être inspirée à son auteur que par la période de lâcheté et de couardise que nous traversons, ne convient nullement au caractère martial de notre héros. Dans une brochure consacrée à cet événement, la baronne de V.... dit à une de ses amies ; « Madame, comme bonne catholique, vous ne pouvez pas douter que le conversion du feu duc ne fût un coup de la grâce de Dieu et un fruit de la persuasion. Depuis le premier jésuite jusqu'au dernier capucin, il n'y a pas dans toute l'Autriche un seul moine qui ne puisse vous en donner la preuve. »

Alors régnait sur le Wurtemberg Éberhard-Louis dont le fils unique mourut en 1732, sans laisser d'enfants. Charles-Alexandre fut reconnu comme héritier du trône ducal, dont la succession lui échut le 31 octobre 1733, par la mort du duc régnant. Il était à Belgrade quand lui arriva la nouvelle de cet événement. Immédiatement il prit la route de Vienne. Arrivé là, il eut une entrevue avec l'empereur. C'est de cette ville, le 14 novembre, qu'il annonça son avènement aux conseillers de Montbéliard par la lettre rapportée plus haut.

Le duc s'était marié, le 1ᵉʳ mai 1727, avec la princesse

catholique Marie-Augusta de Turn et Taxis. C'est pour cela que les habitants du duché, attachés à leurs privilèges religieux, lui firent signer, dès le 28 février 1733, un « revers » pour la sécurité de la religion protestante. Il dut le renouveler le 27 décembre suivant, et en donner, le 12 janvier 1734, une nouvelle assurance devant l'assemblée évangélique de Ratisbonne.

Lorsqu'il fut à la tête du Wurtemberg, il exécuta le programme plein de sagesse qu'il avait donné au sujet de l'administration. Il fit poursuivre et mettre en prison tous les créanciers du duché, commença un procès criminel contre la courtisane que son prédécesseur avait gardée vingt-deux ans, confisqua tous les biens de cette créature. Malheureusement, il fut contrecarré dans l'exécution de son plan par l'intervention de l'empereur d'Autriche et du roi de Prusse, qui lui firent accepter une transaction avec les coupables.

Charles-Alexandre apporta un soin particulier dans l'administration des affaires civiles. Il confia le gouvernement du comté de Montbéliard à un catholique, de Tornaco, choix qui mécontenta grandement les protestants. Pour le Wurtemberg, il eut le malheur de s'entourer d'un mauvais génie, Güs de Oppenheimer ; c'était un juif qu'il avait amené avec lui. Avec les meilleures intentions, il avait institué une commission financière pour rechercher le tort des administrateurs et recevoir les plaintes des administrés. Mais le juif sut faire nommer, comme commissaires, ses créatures, qui ne firent que pressurer les administrés et les administrateurs et en extraire de grandes sommes d'argent. Il parvint à vendre les charges publiques et à corrompre la justice. Toutes ces déprédations excitèrent un mécontentement général, d'autant plus grand qu'on se sentait à la merci d'un juif. L'historien Mensel fait remarquer que le peuple s'imagina que toutes les malversations de ce juif étaient autorisées par l'entourage catholique du prince, afin de se procurer par là les moyens d'opprimer la religion protestante. Le général de Remchingen, que le duc avait amené avec lui d'Autriche, devait réaliser ce plan pendant l'absence du duc : arrêter les prélats luthériens, les membres du consistoire et les pasteurs, puis les expulser du pays, s'ils ne voulaient pas consentir au rétablissement du culte catholique dans les églises. Plus ces soupçons étaient invraisemblables, plus ils obtinrent créance auprès du peuple naïf et crédule. Voilà comment cet infâme juif, par son insatiable cupidité, accumula les souffrances là où auraient dû régner, sous un prince débonnaire et affectionné au peuple, une confiance réciproque et une paix profonde.

Sur ces entrefaites, Charles-Alexandre, voulant visiter le comté de Montbéliard, signa, le 9 mars 1737, une ordonnance pour confier pendant son absence la régence du gouvernement à son épouse, assistée de quelques hauts fonctionnaires, parmi lesquels le général de Remchingen. Le 12 mars, il se trouvait à Louisbourg, où il signa, le matin, de nombreux décrets, donna des audiences, fit même une partie de chasse. Dans la soirée, pris d'une inexprimable angoisse, il appela son valet de chambre et s'écria : « Que je suis oppressé ! la respiration me manque ; qu'on appelle le médecin, qu'on appelle le P. Caspar ! » C'était son confesseur. Un moment après, il mourait d'un coup de sang, avant l'arrivée du prêtre dont il avait réclamé le ministère. Tout allait changer de face.

Le lendemain, de Tornaco, alors à Stuttgart, écrivait de cette ville à Fesch, ambassadeur du Wurtemberg, à Paris : « Le coquin de juif est arrêté avec tous ses adhérents. » « La même chose se serait faite, écrivait-il le 25 aux conseillers de Montbéliard, si le prince était resté en vie, ayant résolu d'expédier les ordres nécessaires à cet égard à son arrivée à Montbéliard. Ce fripon de juif et ses adhérents passeront très mal leur temps (1). » Cette arrestation avait été ordonnée par la duchesse et par l'administrateur Charles-Rodolphe, de la branche de Wurtemberg-Neustadt.

Les pasteurs espéraient que ce dernier prince, qui était protestant, ramènerait au luthéranisme la famille ducale, qui comprenait trois fils et une fille. Le dimanche suivant, le premier prédicateur, Œchslin, exprima publiquement cette espérance. Mais Charles-Rodolphe laissa l'éducation des princes et de la princesse à leur mère, avec l'assistance de l'évêque de Wurtzbourg, du roi de Pologne et du prince de Saxe.

Toute la colère populaire retomba sur le juif Güz Oppenheimer, qui dut avaler jusqu'à la lie l'amer calice de la vengeance des foules. Tous les torts de la précédente administration lui furent personnellement imputés et il fut condamné à mourir au gibet. Il fut pendu revêtu des habits luxueux avec lesquels il s'était présenté au tribunal : robe de pourpre avec ornements d'or, souliers et bas de soie, perruque et chapeau (2). Ce châtiment rendit hommage à la mémoire de Charles-Alexandre, dont la descendance fournit un autre exemple de conversion.

Le troisième de ses fils, marié à une princesse protestante, outre deux fils, eut trois filles, qui grandirent au milieu du luthéranisme de Montbéliard, sans en faire une profession franche et définitive. On ne trouve leurs noms dans aucun registre de communions (3). La plus jeune, Élisabeth, demandée en mariage, en 1781, pour le grand-duc de Toscane, héritier du trône impérial, eut en perspective la dignité d'impératrice. En acceptant cet honneur, la princesse prenait parti pour la religion catholique. Son instruc-

---

(1) Archives nationales, K 1791.
(2) Mgr Ress, *Conversions au catholicisme*, ouvrage en allemand.
(3) M. Clément Duvernoy, *Montbéliard au XVIIIe siècle*.

tion religieuse, commencée au château de Montbéliard, se continua à Vienne, où elle fut conduite peu après.

Le 20 décembre 1782, elle fit son abjuration et édifia par ses vertus la cour d'Autriche. Son mariage n'eut lieu qu'en 1788. Malheureusement, dit Mgr Bœss, cette jeune, digne et vertueuse princesse, sur laquelle l'empereur Joseph II fondait, comme impératrice, de grandes espérances, devint subitement malade et mourut au commencement de 1790. L'époux de la pieuse convertie devint, en 1792, empereur d'Autriche, sous le nom universellement aimé de François II.

De nombreuses conversions éclatèrent parmi les descendants de Léopold-Éberhard. Citons celle de son fils Georges-Léopold. Celui-ci, évincé de la succession de son père, se retira à Lons-le-Saunier et, en 1731, abjura le protestantisme et fit, ainsi que son épouse Éléonore-Charlotte de Sandersleben, profession de la foi catholique. C'est le seul acte édifiant que nous puissions, faute de documents, relever à son honneur. Vécut-il toujours en bon catholique? Nous l'ignorons (1). Ce que nous pouvons dire, c'est que Georges-Léopold eut une fille dont les qualités enfantines projetèrent sur lui une douce lumière.

Cette enfant, appelée Marie-Nicole, naquit le 28 octobre 1728. Elle avait cinq ans lorsque sa sœur aînée la fit entrer avec elle, après avoir obtenu l'autorisation de l'archevêque de Besançon, au cloître des Annonciades de Nozeroy (2).

« Quelque répugnance qu'éprouvassent les religieuses à recevoir parmi elles une enfant de cinq ans, elles crurent devoir céder à l'invitation des supérieurs. La récompense ne

---

(1) Voir pièces justificatives, n° VI.
(2) On lit dans les comptes du séquestre, année 1737 : De Vanolles, par arrêt du roi du 28 juillet 1736, a ordonné de payer au prince de Montbéliard la somme de 10,000 livres sur les revenus des terres du séquestre pour lui donner le moyen de faire une de ses filles religieuse au couvent des Annonciades de Nozeroy. (Archives du Doubs, E 1084.)

se fit pas attendre. » Elles reconnurent bientôt que la Providence leur avait envoyé un trésor. A un air de dignité, mêlé d'une grâce ravissante, Marie-Nicole joignait une grande vivacité d'esprit. Un peu de vanité, contre laquelle elle luttait, donna occasion d'admirer en maintes circonstances son désir d'arriver à la perfection.

Des récréations et des jeux où elle se distinguait par un entrain communicatif, cette enfant passait sans transition aux occupations sérieuses, à l'étude et à la prière, toujours sous la direction de sa sœur Éléonore, qu'elle appelait sa mère-maîtresse.

Une de ses dévotions était de visiter les images de la sainte Vierge, d'orner ses autels, de lui composer des bouquets de fleurs et de lui tresser des couronnes.

D'une grande charité pour les pauvres, elle ne se distinguait pas moins par sa bienveillance envers les sœurs converses et par sa compassion envers les malades du couvent. Que de témoignages d'affection son âme tendre et généreuse leur prodigua !

Son vœu le plus ardent était de recevoir la sainte Eucharistie. « Aux jours de l'exposition du saint Sacrement ou pendant la célébration du saint sacrifice, l'admirable enfant s'approchait le plus près possible de la grille, comme pour mieux goûter le voisinage de son Dieu. Si elle voyait les religieuses s'avancer à la sainte table, elle les suivait, puis, arrivant la dernière, elle s'agenouillait comme les communiantes, prenait de sa main délicate la blanche nappe de communion qu'elle baisait avec amour. Il lui tardait tant de s'unir à l'adorable Hostie. Chaque jour elle faisait la communion spirituelle, mais cet exercice ne suffisait pas à sa piété, il lui fallait Jésus dans son cœur. Enfin sa première communion fut fixée au jour de l'Ascension 1738. »

Cette journée fut pour elle un jour du ciel passé sur la terre, car, quand elle eut communié, « elle courut verser ses premières impressions de bonheur dans le cœur de sa sœur : « Ma mère, lui dit-elle, j'ai demandé à Dieu de mourir dans mon enfance plutôt que de m'exposer à perdre la grâce. »

Dix jours après la première communion, Mgr l'archevêque de Besançon, Antoine-Pierre II de Grammont, visitait le monastère de Nozeroy. Marie-Nicole communia de sa main, puis fit à Sa Grandeur les honneurs du monastère. La distinction et la grâce qu'elle montra en cette circonstance attirèrent l'attention du prélat, qui ne manqua pas de féliciter les Révérendes Mères du trésor qu'elles possédaient.

Quinze jours après, cette enfant tomba malade. Deux mois durant elle souffrit avec la résignation d'une sainte, disant çà et là des paroles d'une merveilleuse sagesse. Sa maladie était mortelle. Quand l'heure de la délivrance fut sur le point de sonner, elle fit dresser près de son lit un autel sur lequel on déposa une statue miraculeuse de Notre-Dame et elle expira en tenant ses regards fixés sur la Madone (1). Telles furent la vie et la mort de Marie-Nicole, fille de Georges-Léopold de Sponeck et petite-fille de Léopold-Éberhard de Montbéliard. Sa figure, si recommandable par sa candeur et son innocence, est comme une lumière pleine d'attraits sur un tableau chargé d'ombres.

De cette famille passons à celle de Coligny en nous appuyant sur les documents puisés aux sources. Un gentilhomme de la Silésie, Jean-Louis de Sandersleben, épousa en 1697 Henriette Hedwige Curie, baronne de l'Espérance, de laquelle il eut trois enfants, les seuls dont il revendiqua la paternité, comme le porte le certificat de M. Magnin, curé de Montbéliard, à la date du 28 octobre 1722 : « Je

---

(1) M. l'abbé Chamouton, directeur au grand séminaire de Lons-le-Saunier, *Les Annonciades de Nozeroy*.

soussigné, doyen rural du doyenné d'Ajoie, du diocèse de Besançon, pasteur de l'église catholique de Montbéliard, certifie par les présentes que led. Jean-Louis de Sandersleben, de son vivant conseiller intègre du sérénissime prince de Montbéliard, m'a dit souvent que MM. Charles-Léopold[1] et Ferdinand Éberhard de Sandersleben, comtes de Coligny, et Mme Éléonore-Charlotte de Sandersleben, à présent princesse héréditaire de Montbéliard, sont ses propres enfants, ce que j'assure d'autant plus affirmativement que led. sieur de Sandersleben m'a déclaré très souvent qu'il voulait prendre les mesures nécessaires pour mener ses fils dans la patrie, pour les faire instruire dans la religion catholique, qu'il était très mortifié de les voir dans une cour protestante, où ils étaient élevés dans cette religion, qu'il ne voyait d'autre remède à ce mal que de les mener chez lui, où ils professeraient la religion catholique,

---

(1) De son union avec la princesse L.-E. de Wurtemberg, Ch.-Léopold de Sandersleben, comte et marquis de Coligny, eut plusieurs enfants, qui sont :

1° *Léopold-Ulrich*, né le 18 mai 1721, capitaine de cavalerie (rég^t de Bourbon-Busset), décédé sans alliance.

2° *Frédéric-Eugène*, mort en bas âge en 1724.

3° *Charles-Ferdinand*, né en 1724, décédé sans alliance.

4° *Éléonore-Charlotte*, née au château de Montbéliard le 5 juin 1720; mariée au château de Coligny, le 4 avril 1752, à Louis-Joseph-Christophe de Faucigny, marquis de Lucinge, syndic général de la noblesse de Bresse aux États (celui qui proposa un jour de *sabrer* le côté gauche de la Chambre).

5° *Anne-Élisabeth-Hedwige*, née au château de Montbéliard le 3 septembre 1722; mariée au château de Coligny, le 16 novembre 1747, à Thomas de Pillot, écuyer, seigneur de Chenecey, Charnois, Marnoz, Brans, etc.

Ces deux dames, par suite de la mort sans alliance de leurs trois frères, et en vertu des lettres patentes royales antérieures (1718) qui prévoyaient le cas d'extinction du nom dans les mâles, transmirent à leurs enfants les titres, noms et armes pleines de la maison ducale de Coligny-Châtillon (voir, pour Faucigny-Lucinge, l'Almanach de Gotha, années 1836 et suivantes.... et pour Pillot-Chenecey, les Annuaires de la noblesse, années 1859 et 1891).

apostolique et romaine, laquelle il a toujours professé lui-même et dans laquelle il s'est endormi dans le Seigneur après que je lui eus administré tous les sacrements de l'Église. Il est enterré dans l'église catholique de Mandeure où il a choisi lui-même sa sépulture. J'atteste encore que, la veille de sa mort, il donna son épée à Ferdinand-Éberhard en lui disant : Voici l'épée que j'ai portée avec honneur, je te l'abandonne, sers-t'en pour la gloire de Dieu et de ton prince. Il ajouta qu'il souhaitait très fort que son fils aîné, Charles-Léopold, alors à Paris, fût présent pour qu'il lui pût faire les mêmes commandements et dire les derniers adieux. Je certifie outre cela avoir entendu que le sieur de Sandersleben agonisant appelait très souvent Madame la princesse héréditaire sa très chère fille (1). »

Les vœux de ce gentilhomme, exprimés avec l'émotion d'une foi admirable, se réalisèrent au moins en partie. Les registres de l'hôtel de ville de Lons-le-Saunier en fournissent la preuve. « Le 13 février 1729, disent-ils, Charles-Léopold de Sandersleben, comte de Coligny, s'est présenté à l'église paroissiale de Saint-Désiré de Lons-le-Saunier, assisté de très haut et très puissant seigneur Monseigneur Louis Bénigne, marquis de Beauffremont, âgé de treize ans, duc du Pont-de-Veau, chevalier de la Toison d'Or, brigadier des armées du roi, colonel des dragons, et de D. D. Louise-Gasparine de Pra, abbesse de la royale abbaye de Lons-le-

(1) Archives nationales, K 1782. L'auteur du *Protestantisme dans le pays de Montbéliard*, p. 323, s'appuyant à tort sur l'historien Tuefferd, dit que Léopold-Éberhard maria ensemble les rejetons de son libertinage : Georges-Léopold avec Éléonore-Charlotte ; Charles-Léopold de Sandersleben avec Léopoldine-Éberhardine. En ce qui concerne ces deux unions, l'assertion de Tuefferd, reproduite dans le livre précédent, est souverainement erronée. Ce qui le prouve, ce sont les dernières paroles de Jean-Louis de Sandersleben recueillies par Magnin, curé de Montbéliard. Si Tuefferd a voulu jeter une honte sur les descendants de ce gentilhomme, ne serait-ce pas à cause de leur conversion au catholicisme ?

Saunier, pour y abjurer l'hérésie luthérienne et embrasser la religion catholique, apostolique et romaine, ce que led. comte de Coligny a fait entre les mains de M. Rutillard, prêtre, docteur en théologie et directeur du Séminaire de Besançon, avec toute la dévotion et édification possible, en présence d'un grand concours de noblesse et de peuple (1). Le comte de Coligny mourut à Paris en 1793, ne laissant que des enfants catholiques.

Avant de quitter la maison des comtes de Montbéliard, il est bon de dire que la plupart des descendants illégitimes de Léopold-Eberhard suivirent l'exemple du comte de Coligny par leur conversion au catholicisme.

De là, entrons au conseil de régence, où nous trouvons deux membres qui firent profession de la foi catholique. Le premier fut Frédéric Fallot, de Montbéliard, dont la vie fut bien ballottée. Fils de Jean Fallot, tanneur, et d'Elisabeth Mathiot, il fut baptisé dans sa ville natale, le 24 décembre 1690. Après ses études classiques au collège de Montbéliard, il alla étudier la théologie à l'université de Tubingue, d'où il sortit, en 1711, muni de tous les titres nécessaires pour être prédicant luthérien. En exerça-t-il quelque temps les fonctions? Nous l'ignorons. Mais de bonne heure, il se dirigea vers une autre carrière; il devint conseiller de la régence, l'homme de confiance de Léopold-Éberhard, le confident de toute la maison. En 1722, il épousa Élisabeth-Marguerite Rossel.

Le prince, à sa mort, ne laissait pour héritier de son trône ducal que Georges-Léopold, qu'il avait eu d'Anne-Sabine Hedwiger, comtesse de Sponeck. Le magistrat de Montbéliard refusant de prêter serment de fidélité au jeune prince, Fallot fit quantité de démarches auprès des membres de cette administration pour les décider à reconnaître Georges-

(1) Communiqué par M. l'abbé Chamouton. Ont signé : Beauffremont, Gorrevod, Charles-Léopold de Sandersleben-Coligny, Moustier, de Pra, abbesse; C.-A. Rutillard, prêtre.

Léopold pour prince héritier. Ce zèle lui valut l'indignation des officiers du duc de Wurtemberg, qui poussèrent si loin leur ressentiment contre lui, qu'ils mirent sa tête à prix. Fallot faillit être victime de cette mesure, dit-il. Dans sa crainte, il quitta la ville et le comté de Montbéliard et se réfugia à Besançon. A peine fut-il parti qu'on saisit ses titres et ses papiers. Objet d'une persécution qu'il considérait comme injuste, entouré de toutes parts d'adversités, cet homme se mit à réfléchir sur les vérités de la religion catholique; éclairé d'une lumière qu'il implorait avec ardeur, il reconnut les erreurs du protestantisme et prit le parti de rentrer dans le giron de la véritable Église. Son abjuration eut lieu dans l'église du grand séminaire, le 29 octobre 1728. Le duc de Lévy, qui l'honorait de sa bienveillance, voulut être son parrain (1).

(1) Dans un manuscrit, on trouve, écrits par lui-même, les « motifs de conversion ou raisons qui ont déterminé M. Frédéric Fallot, ancien conseiller de feu S. A. S. Mgr Léopold-Éberhard, duc de Wurtemberg-Montbéliard, à faire abjuration du luthéranisme pour rentrer dans le sein de l'Église catholique. » Il fit ce travail pour satisfaire le désir qu'avaient beaucoup de personnes de Montbéliard de connaître les raisons de son changement de religion. « Quand j'ai commencé, dit-il, à me défaire des préventions et des préjugés de la naissance et de l'éducation et que j'ai examiné sérieusement ma religion, un des principaux motifs qui m'a porté à la quitter, c'est la diversité de sentiments et d'opinions que j'ai remarquée parmi les protestants dans les choses même les plus essentielles, et cela non seulement dans les sectes différentes qui les partagent entre elles.... mais encore dans une même secte et dans une même ville, comme par exemple dans celle de Montbéliard, où il y a presque autant d'opinions différentes que de ministres, parce que chacun veut dogmatiser à sa mode et qu'il n'y a pas jusqu'au simple peuple qui ne s'attribue le droit de juger et de raisonner sur les affaires de la religion, ce qui fait qu'il n'y a rien de fixe, qu'on ne sait ce qu'on doit croire ni à quoi on doit s'en tenir, et que toute la religion se tourne en problème parmi eux. » Bibliothèque de Besançon, manuscrit n° 257. Il est à regretter pour les catholiques que ce travail volumineux n'ait pas été édité. Sa lecture serait utile à beaucoup.

Les beaux-frères de Frédéric Fallot, ayant eu connaissance de cette conversion, furent transportés de colère. Leur indignation fut telle qu'ils le considérèrent comme mort civilement ; la jouissance et l'administration de ses biens échurent à sa femme, qui dès lors fut dégagée de tout lien de subordination à l'égard de son mari ; aussi lui refusa-t-elle impitoyablement les choses nécessaires à la vie. Dépourvu de toutes ressources, réduit à la plus grande indigence, notre nouveau catholique « aurait été fort à plaindre si Monseigneur le duc de Lévy ne l'avait secouru et protégé auprès de Son Éminence le cardinal de Fleury. » Un moment il se crut au terme de ses épreuves. Le 10 avril 1734, la France ayant pris possession de la ville et du comté de Montbéliard, Fallot vit avec satisfaction les portes de sa patrie s'ouvrir devant lui, mais ses maux n'étaient pas finis. Rentré à Montbéliard, il ne trouva plus son épouse. Celle-ci avait pris la fuite et s'était retirée à Bâle, sous la conduite de ses frères, qui ne voulurent pas souffrir qu'elle vécût avec un mari catholique. Le 29 août, il demanda la protection du cardinal de Fleury pour obtenir un emploi dans la nouvelle conquête du roi de France. « Les personnes zélées pour la gloire de Dieu, disait-il, s'intéressant à ce qui me regarde, m'ont engagé à demander à l'intendant la charge de lieutenant général, pour rendre mes services au roi, contribuer, du moins par mon exemple, à la conversion de mes compatriotes. » Un mois après, le cardinal manda à de Vanolles de donner un emploi à Fallot, qu'il qualifiait de bon sujet (1). L'intendant le fit procureur fiscal et maître particulier des eaux et forêts du bailliage de Montbéliard. Mais ces fonctions durèrent peu. A l'époque de la restitution du comté à la maison de Wurtemberg, Frédéric Fallot dut les abandonner en même temps que sa patrie pour retourner à Besançon,

---

(1) Archives du Doubs, E 1068.

où il avait vécu en bon catholique depuis son abjuration, disait d'Angervilliers, en 1738. Mais ces déplacements, très onéreux pour lui, le réduisirent à une pénurie plus grande qu'auparavant. Son état ne fut adouci que grâce aux générosités que lui procura le cardinal Fleury. Le roi de France, touché de pitié pour une si grande infortune, que diverses relations lui avaient fait connaître, accorda à Fallot, sur les revenus des terres séquestrées, un secours de deux mille francs (1). Le reçu de cette somme fut signé à Paris par notre exilé, le 6 septembre 1738 (2). Nous ne savons pas dans quelle année ni dans quelles circonstances termina sa carrière ce protestant converti.

Une autre conversion non moins édifiante que celle dont nous venons de donner le récit se produisit dans les mêmes circonstances. Léonard de Nardin, seigneur de Genéchier, conseiller de la régence de Montbéliard, sous Léopold-Éberhard, se retira, après la mort de ce prince, dans la ville de Besançon. Ce fut là que la grâce de Dieu l'éclaira, le toucha et lui fit prendre la détermination de revenir à la foi de ses pères. Plus heureux que Frédéric Fallot, son ancien collègue, Nardin eut la consolation de voir son épouse et tous ses enfants se ranger sous la même bannière que lui, sauf l'aînée de ses filles, qui reçut une pension des princes de Wurtemberg. Son abjuration, comme celle de sa famille, eut lieu à Besançon. Après un séjour de quelques années dans cette ville, il se retira dans la seigneurie de Genéchier et choisit l'église de Châlonvillars pour sa paroisse, car alors il n'y avait encore point de curé à Chagey. Sa ferveur de catholique ne se démentit pas un instant. C'est M. Levin, son curé, qui lui rend ce témoignage. « Il a vécu, dit-il, avec beaucoup d'édification dans notre sainte religion, souffrant

---

(1) Archives du Doubs, E 1073.
(2) Archives du Doubs, E 1081.

avec patience toutes ses incommodités. Il reçut les derniers sacrements avec beaucoup de piété, mourut le 4 février 1741, âgé environ de quatre-vingt-huit ans, et fut inhumé le surlendemain en l'église de Châlonvillars, devant l'autel de Sainte-Radegonde, lieu qu'il avait choisi pour sa sépulture. » Son fils aîné, Léopold de Nardin, fit dans cette église une fondation de quatre messes annuelles pour le repos de l'âme de son digne père (1). Ses descendants ont quitté le pays pour aller s'établir nous ne savons pas dans quels parages.

Toutes ces conversions que nous avons racontées n'ont pu s'accomplir que grâce à une volonté de fer. En voici une qui exigea des sacrifices surhumains : elle a été consignée dans les registres de la paroisse d'Abbenans, à la date du 10 mai 1767. « Claude-Antoine Bourrelier, maire et juge dans les terres du prince de Montbéliard, né, nourri et élevé dans l'hérésie luthérienne, jusqu'à l'âge d'environ quarante-sept ans, par un effet de la miséricorde de Dieu, a été instruit dans la religion catholique, apostolique et romaine, par nous Anatole-Antide Goisset, prêtre et curé d'Abbenans, pendant plusieurs mois. Ayant reconnu la religion catholique, la vraie et seule où l'on puisse se sauver, nonobstant toutes sollicitations à lui faites par les partisans de Luther, il a quitté les emplois, charges honorifiques, femmes, enfants et tous ses biens considérables pour embrasser la religion catholique ; il a fait d'un cœur sincère, à la face de l'Église, abjuration de toutes les hérésies où il avait vécu (2). »

Cette dernière conversion avait été précédée longtemps auparavant d'une autre dont la littérature, l'histoire et l'Église devaient retirer les plus précieux avantages. Qui n'a entendu prononcer le nom de Rollin, une des gloires de l'Université de France ? Suivant une tradition constante,

---

(1) Registres de Châlonvillars.
(2) Registres de la paroisse d'Abbenans.

dit Duvernoy, son père, coutelier, était originaire du pays de Montbéliard, il abandonna sa patrie pour aller s'établir en France, où il renonça à la religion protestante pour adopter celle qui était dominante dans le royaume. A ce récit, qui est sujet à caution, doit être substitué le suivant : Le père de Rollin, originaire de Montbéliard, en fut chassé à cause de son attachement au catholicisme (1). Par cette rectification la conversion du père du chancelier de l'Université conserve tout son prestige.

Dans des conditions non moins humbles que celles de l'exilé de Montbéliard, on vit des âmes revenir au catholicisme. Un rapport sur l'état du diocèse de Besançon, écrit sous le pontificat d'Antoine-Pierre Ier de Grammont, en fournit un surprenant exemple. Le prélat arriva à Saint-Hippolyte-sur-le-Doubs, le 26 avril 1665, pour y faire sa visite pastorale. Le désir de voir les cérémonies qui devaient s'accomplir dans cette circonstance attira des lieux voisins un certain nombre d'hérétiques. Heureuse curiosité ! Il y avait deux jours que l'archevêque était là, lorsque dix d'entre eux déclarèrent qu'ils voulaient se faire catholiques. Aussitôt des hommes compétents, désignés par Antoine-Pierre, furent chargés de sonder les dispositions de ces néophytes. L'examen fit découvrir qu'ils avaient tous une connaissance suffisante des mystères de la foi. C'est pourquoi au cours des solennités de la visite pastorale, ces hommes, que la grâce de Dieu avait éclairés, abjurèrent publiquement leur hérésie à la porte de l'église et firent de la même manière profession de la foi catholique, à la grande joie de tout le peuple, accouru en foule pour la circonstance. Après cette confession de foi, faite à haute voix, nos nouveaux convertis entrèrent à l'église, où ils reçurent les sacrements de Pénitence, d'Eucharistie et de Confirmation. L'archevêque demeura quatre

(1) Michaud, *Nouvelles Biographies*.

jours à Saint-Hippolyte. Quand il en sortit, il confia à des hommes de foi et de piété le soin d'achever l'éducation chrétienne de nos convertis et de les affermir dans la religion qu'ils venaient de professer (1). Il est à regretter que nous ne connaissions pas les noms de ces heureux chrétiens ; en les citant, nous réveillerions dans leurs descendants un souvenir honorable, capable de resserrer les liens qui les attachent à la religion catholique.

Nous ne pouvons mieux terminer le chapitre des conversions qu'en rapportant les deux suivantes. Le récit de la première se trouve dans les registres de la paroisse de l'Isle-sur-le-Doubs, celui de la seconde, dans les procès-verbaux de la Mission d'École.

Jean Harer, de Stuttgart, et Henriette Billon, d'Héricourt, nés et instruits dans la religion luthérienne, en suivaient toutes les pratiques dans la ville de Montbéliard, où ils habitaient. Attirés par un attrait intérieur de la grâce à la profession de la vérité catholique, ils quittèrent le séjour de cette ville et s'établirent à l'Isle-sur-le-Doubs, afin de recevoir du curé et du vicaire de la paroisse l'instruction religieuse. Quand ils eurent acquis une connaissance suffisante de la doctrine catholique, ils abjurèrent le protestantisme le 24 juin 1735, et leur fille Marie-Madeleine, âgée de deux ans, reçut « les onctions de l'Église pour suppléer au baptême qui lui avait été administré dans le rite luthérien à sa naissance. »

La dernière conversion que nous citerons est un acte héroïque d'autant plus admirable qu'il fallut surmonter plus d'obstacles pour l'accomplir. Pendant une mission donnée à Saint-Hippolyte par les missionnaires diocésains, arriva dans cette ville une femme, nommée Henriette Per-

(1) Bibliothèque du chapitre. Communiqué par M. le chanoine Suchet.

rot, âgée de trente ans, née d'une famille honnête dans le village des Brenets. Par le malheur de sa naissance, elle avait sucé, avec le lait de sa mère, les préjugés injustes des protestants contre l'Église catholique, et reçu plus tard, de la bouche des ministres, les leçons de l'erreur et de l'hérésie. Mais elle ne tarda pas longtemps à ouvrir les yeux. Douée d'une intelligence plus qu'ordinaire, simple, modeste et douce, elle vivait paisiblement au sein de sa famille. A l'âge de seize ans, elle eut occasion de se trouver en rapport avec quelques familles catholiques du voisinage. Les exemples de foi et de piété qu'elle admira, la modestie et la retenue des filles catholiques, comparées à la légèreté et souvent à l'impudence des luthériennes, la froideur du culte protestant et la pompe religieuse et consolante des fêtes catholiques lui firent faire des réflexions; elle se demanda pourquoi cette diversité? Le doute et l'inquiétude entrèrent dans son âme; elle chercha la lumière, et bientôt ses préjugés furent dissipés. Dès lors, tout en restant dans sa secte, elle fut catholique par le cœur, et surtout encore par ses mœurs, qu'elle conserva irréprochables. Depuis plus de quatorze ans, elle gémissait dans les liens où la retenait la contrainte, lorsque Dieu, touché de ses prières et de ses larmes, enleva, par la mort de ses parents et du docteur Berçot, son mari, deux grands obstacles à son abjuration. Un troisième obstacle restait. Elle était logée avec ses deux petites filles chez son beau-père, homme fort riche et zélé protestant. Lui demander son agrément était chose inutile; jamais il n'y consentirait. Henriette n'avait que deux partis à prendre, rester protestante pour hériter des biens de son beau-père, ou se faire catholique, et par là consentir à être déshéritée et chassée avec ses deux enfants. Elle ne balança pas entre ces deux partis. Pressée par la grâce, elle fit passer à Saint-Hippolyte le linge qui lui était nécessaire, et, fuyant secrètement de la maison de son beau-père, elle arriva avec ses deux enfants dans le lieu de la mision. Elle fut accueillie par M. le curé et les religieuses Ursulines. On l'instruisit, et cette femme courageuse fit abjuration solennelle, le jour de la Pentecôte, au milieu des larmes d'attendrissement que versaient les pieux fidèles présents à cette cérémonie. M. Vacelet, vicaire général et ouvrier de la mission, voulut être parrain de l'abjurante, et Mme de Montjoie lui servit de marraine. Cette noble dame prit sous sa protection Henriette Perrot et ses deux enfants.

Si toutes les âmes qui, au milieu du protestantisme, sont troublées à la vue de sa fausseté et de la pénurie de ses moyens de sanctification, avaient le courage de cette héroïne, il ne faut pas en douter, beaucoup de personnes demanderaient en toute sincérité asile à l'Église catholique, où elles recevraient le centuple en cette vie et, dans le siècle à venir, la vie éternelle. C'est la récompense qu'ont sans doute trouvée les deux cents protestants environ qui, dans le pays de Montbéliard, se sont rangés sous la bannière du catholicisme, après avoir, d'un cœur joyeux, tel que Claude-Ant. Bourrelier, surmonté tous les obstacles qui les retenaient dans la région de l'hérésie (1).

(1) Voir les pièces justificatives, n° VII.

CHAPITRE XII

État du pays avant la Révolution. — Place qu'occupa le catholicisme à Montbéliard : le prince Frédéric-Eugène. — Son aumônier. — Mariage d'Élisabeth avec un prince catholique. — Les curés de Montbéliard. — Lutte religieuse dans les Quatre-Terres. — Le pasteur Kilg et les curés de Blamont et d'Héricourt. — Construction du presbytère protestant d'Héricourt. — Convention de 1786.

Depuis la mort de Léopold-Éberhard, aucun membre de la maison de Wurtemberg n'était venu fixer sa résidence à Montbéliard. Aussi l'allégresse fut grande dans le comté, lorsque le duc Frédéric-Eugène y arriva avec toute sa famille. C'était le 7 juillet 1769. Ce prince, le dernier des trois fils de Charles-Alexandre, était venu au monde au mois de janvier 1732. Il fut d'abord destiné par son père à l'état ecclésiastique ; il reçut même à dix-huit ans la tonsure et un canonicat à Constance, mais il en sortit bientôt pour entrer au service de Frédéric II, roi de Prusse. C'était le parti le plus funeste qu'il pouvait prendre. Dans ces entrefaites, il épousa, le 29 novembre 1753, Frédérique-Dorothée-Sophie, fille du margrave de Brandebourg-Schwedt et de la princesse Dorothée de Prusse, sœur du roi. La grande faute qu'il commit dans cette circonstance fut de s'engager à laisser élever ses enfants dans le protestantisme : la foi catholique, reposant sur des bases éternelles, ne doit pas être sacrifiée à l'amour éphémère d'une femme. Par cet abandon des véritables principes, la famille de Wurtemberg, rentrée au giron de l'Église catholique par la conversion de Charles-Alexandre, redevint protestante dans la postérité de Frédéric-Eugène.

L'année qui suivit son arrivée à Montbéliard, en 1770, il exécuta un projet qu'il caressait beaucoup, celui de se construire une résidence d'été à Étupes. Il s'occupa avec tant de persévérance de ce travail qu'à la fin de l'année tout était terminé. Rien ne manqua à ce palais pour en faire la demeure la plus délicieuse du pays de Montbéliard. La richesse y rivalisait avec l'élégance, ses jardins constituaient la plus riante campagne : voilà en deux mots comment parle de ce séjour enchanteur Mme d'Oberkirch, qui, par ses mémoires, a jeté quelque lustre sur le château d'Étupes, sur la famille qui l'habitait et sur les hôtes qui le visitèrent.

Mais laissons dans l'oubli le côté brillant de cette cour de Montbéliard pour montrer la place que la religion catholique y occupa. Et à cette occasion on peut dire que, malgré la situation étrange, anormale, où le prince s'était mis par son mariage mixte, il demeurait attaché néanmoins à l'Église romaine et à ses lois. Nous en avons une preuve dans ce qui se passa entre le pape Pie VI et lui-même. Frédéric-Eugène avait autrefois supporté les fatigues de la guerre, reçu plusieurs blessures dont les suites se faisaient tellement sentir que sa santé en était ébranlée. Comme l'abstinence lui était contraire, il demanda au souverain Pontife la permission d'user d'aliments gras les jours où l'usage en était interdit. Par un bref, daté du 13 mai 1775, Pie VI lui accorda dispense de l'abstinence, à la condition qu'il prendrait l'avis et de son confesseur et de son médecin [1].

Entendre la messe était une de ses principales dévotions. Pour satisfaire celle-ci, le prince voulut qu'on érigeât, au château d'Étupes, une chapelle dédiée à saint Frédéric, afin d'y faire célébrer « la messe, dit l'acte de bénédiction, toutes

---

[1] Archives nationales, K 1794. Voir pièces justificatives, n° VIII.

les fois que Son Altesse Sérénissime ou sa famille y habiteront (1). »

Le prince avait un grand aumônier : c'était le baron de Schwartzer, évêque de Bosnie *in partibus infidelium*, son compagnon d'armes en Suède, pendant la guerre de 1756. Il en avait alors reçu des services si importants, que par reconnaissance, il voulut se l'attacher à titre d'aumônier, lorsque le baron eut renoncé au monde pour embrasser l'état ecclésiastique. Pendant son séjour à Montbéliard, cet évêque demanda à Mgr de Durfort, archevêque de Besançon, les pouvoirs nécessaires pour entendre les confessions des Allemands. Il les reçut gracieusement pour tous les catholiques du diocèse.

Après avoir passé une période de jours heureux, cet aumônier tomba dans l'infortune. Possesseur dans la Hongrie de riches bénéfices, que l'impératrice-reine lui avait conférés, il se les vit tous enlever. Cette disgrâce le réduisit à la plus grande des pénuries. C'est ce qu'il nous apprend lui-même par la lettre qu'il écrivit en 1786 à l'archevêque de Besançon. Dans ce monument d'humilité, il conjura le prélat de lui « accorder gracieusement une petite aumône et en même temps sa protection auprès de son illustre chapitre et des riches supérieurs des ordres religieux, pour en obtenir un petit subside » qui lui permettra d'aller à Rome solliciter du souverain Pontife une lettre de recommandation pour Sa Majesté Catholique. Pour mieux s'assurer du crédit du premier pasteur du diocèse, il va jusqu'à dire que « ses habits avec tout ce qui en dépend sont dans un si mauvais état qu'ils ne sont presque pas présentables (2). » Quel contraste dans la vie ! Un an après, c'était Frédéric-Eugène lui-même qui cherchait à émouvoir l'archevêque en

---

(1) Mairie de Montbéliard, registres catholiques.
(2) Archives du grand séminaire, B V 851.

faveur d'une infortune qui « le peinait infiniment. » Rien de plus édifiant que le portrait qu'il faisait de son ami. « Plein de zèle pour notre sainte religion, toujours prêt à assister les malheureux, attaché sans relâche à ses exercices spirituels, il supporte ses malheurs avec une résignation vraiment exemplaire. » Tout le regret du prince est de ne pouvoir, à cause de *sa position trop limitée*, secourir cette adversité autrement qu'en l'exposant aux personnes charitables. Ces quelques mots font l'éloge des deux amis. Mais nous ne savons pas si l'intervention charitable du prince servit la cause de Mgr de Schwartzer (1).

D'après ce que nous venons de dire, la religion catholique jouissait d'un certain prestige dans la cour princière de Montbéliard. Une circonstance contribua encore à le rehausser. Frédéric-Eugène avait trois filles dont on publiait partout les grâces physiques et morales. La princesse Dorothée se maria, en 1776, sous le nom de Marie-Fœderovna, au grand-duc Paul, héritier du trône de Russie (2). La princesse Fré-

---

(1) Archives du grand séminaire, B V 791. M. Charles Roy, pasteur de Bussurel, appuyé sur quels documents ? nous l'ignorons, fait de ces deux personnages un portrait contraire à celui que nous en a laissé la véritable histoire. Dans le journal *la Vie nouvelle*, 9 janvier 1792, il dit : « Le prince Frédéric-Eugène se contentait du déisme de Voltaire et laissait sa famille exercer librement le culte protestant. Il avait à sa cour, comme grand aumônier, un ancien militaire, le baron de Schwartzer, évêque *in partibus*, qui sans doute partageait son indifférence religieuse, ou n'avait pas de croyances plus arrêtées que lui. » Un prince qui demande au pape la dispense de l'abstinence, qui érige dans son château une chapelle pour y entendre la messe ; un évêque fidèle à ses devoirs comme un jeune séminariste : de tels personnages, aux yeux de M. Charles Roy, ne sont que des voltairiens. Il faut le croire sur parole.

(2) « La raison d'État, dit à cette occasion Mme d'Oberkirch, est souvent bien cruelle, et il faut beaucoup de courage pour s'y soumettre. La princesse Dorothée, en épousant le grand-duc, fut obligée d'embrasser la religion grecque. J'en ai gémi dans le fond de mon âme, mais c'était une condition indispensable, et Dieu l'appel-

dérique épousa le prince de Lubeck, chapitre composé de vingt-deux chanoines protestants et de quatre catholiques. La princesse Élisabeth fut privilégiée. Au mois d'août 1781, l'empereur Joseph II arriva à Montbéliard la demander en mariage pour son neveu, le grand-duc de Toscane, depuis empereur sous le nom de François II. Rien ne saurait mieux nous peindre la joie de cette famille, à cette demande inespérée, que la confidence qui en fut faite après le départ de l'empereur par Frédérique-Dorothée-Sophie à une de ses amies : « Oui, ma chère, je suis bien heureuse et je ne saurais tarder plus longtemps à vous le confier : le voyage de l'empereur n'avait qu'un but, celui du mariage de l'archiduc François de Toscane avec ma fille Élisabeth. Vous jugez si le duc et moi nous sommes satisfaits (1). » Quoique l'honneur d'être impératrice obligeât cette fille à se faire catholique, sa mère, qui se proclamait bonne protestante à l'abbé Raynal, un des hôtes du château d'Étupes, n'y voyait pas la moindre répugnance. La rigidité luthérienne fléchissait dans cette âme devant l'éclat du trône impérial.

A partir de ce moment, la princesse Élisabeth se sépara entièrement de la religion de sa mère. Chaque jour, elle reçut l'enseignement catholique d'un prêtre de Vienne, que l'empereur envoya à cet effet. En faisant part de ces détails à l'archevêque de Besançon, le curé de Montbéliard ajoutait : « Cette princesse vient à la messe exactement depuis un mois et s'y comporte d'une manière très édifiante. Elle quittera probablement sa famille vers le mois de septembre prochain, pour aller à Vienne et finir ce qu'elle a commencé ici. » 24 juillet 1782.

lera à lui, à la fin de sa belle vie, malgré son signe de croix à gauche et son culte pour les images. » Cette princesse ne sortait de l'hérésie que pour entrer dans le schisme. Il n'y avait pas de quoi tant se lamenter.

(1) Mme d'Oberkirch, t. II, p. 110.

Le spectacle d'une princesse protestante qui faisait son apprentissage de la religion catholique pour la pratiquer, en qualité de reine d'un vaste empire, devait produire un singulier effet sur le peuple protestant de la ville et du comté de Montbéliard. Ne porta-t-il pas quelques personnes à ne pas détester si profondément un culte auquel allait se vouer une princesse généralement estimée ? Là se trouvait peut-être la cause des sentiments plus bienveillants que le curé constatait autour de lui pour nos cérémonies : « Les luthériens viennent en foule dans mon église, surtout depuis quelque temps. Ci-devant ils sortaient après le prône, à présent presque tous demeurent pendant la messe ; ils y vont en silence, à la vérité, mais sans se mettre à genoux (1). » Si toute la famille princière, depuis son retour dans le comté, eût donné l'exemple de l'attachement à la religion catholique, personne ne peut dire les conséquences qui en seraient résultées. Le peuple, imitateur de sa nature, éprouve plus de fierté à suivre les grands sur le chemin de la vérité que sur celui de l'erreur. A vrai dire, il y trouve plus de satisfaction intérieure.

Dans le cours de notre travail, nous avons pu constater que les curés de Montbéliard avaient été plus ou moins en butte aux tracasseries de la part de gens que la présence de ces prêtres irritait et dont la crainte de la France n'était pas capable de contenir les mauvais instincts. Comment se fait-il que tout fût calme à leur endroit à partir de 1769? C'est facile à comprendre. La présence d'un prince catholique au chef-lieu du comté devint l'égide des curés du collège. On ne les contraria plus dans l'exercice de leurs fonctions, on ne les prit plus pour des parias, crainte d'encourir la colère du prince. Ainsi le voulaient les mœurs du pays.

Au lieu de blâmes et de critiques, on les vit entourés

---

(1) Archives du grand séminaire.

de sympathies. C'est ce qui eut lieu pour Hugues-Joseph Jobin, qui succéda en 1773 à Devillard. Voici le portrait qu'en traça de sa propre main Frédéric-Eugène dans une lettre à l'archevêque de Besançon, à la date du 24 septembre 1777 :

« Monsieur, j'ai déjà pris la liberté, il y a quelque temps, de vous faire part de l'intérêt que je prends au sort du digne sieur Jobin, curé de Montbéliard. Son caractère vraiment respectable, sa piété édifiante, sa conduite exemplaire, m'ont attaché à lui, et l'idée de lui voir quitter cette cure pour en obtenir une autre où il puisse avoir sa subsistance me fait une peine que je ne saurais exprimer. C'est pourtant, Monsieur, ce que ce digne ecclésiastique ne pourrait s'empêcher de désirer, si son sort ici ne devient pas plus riant qu'il ne l'est, car il est impossible que, dans la position où il se trouve, il puisse subsister avec le peu de revenus qu'il a. Ces considérations m'ont déterminé à prier par cette poste M. l'évêque d'Autun de vouloir bien avoir la bonté d'engager Sa Majesté à vouloir bien donner au sieur Jobin un bénéfice de 1,200 livres au moins ou une pension sur un bénéfice vacant ou le premier à vaquer, et que si le choix tombe sur un bénéfice, que c'en soit un qui ne demande pas de résidence. J'ose donc instamment vous prier, Monsieur, de vouloir bien avoir la bonté d'écrire par la première poste à M. l'évêque d'Autun et d'appuyer ma demande près de lui. Votre recommandation, venant de la part d'un prince de tant de mérite et si respectable par ses vertus et ses éminentes qualités, déterminera sûrement M. l'évêque d'Autun à ne pas refuser ma demande. J'ose donc, Monsieur, vous supplier de m'accorder cette grâce et j'en serai pénétré de la reconnaissance la plus vive et la plus respectueuse. Je fais les vœux les plus ardents au ciel pour qu'il daigne nous conserver jusque dans les années les plus reculées un prince et un pasteur aussi infiniment respectable et vertueux que vous l'êtes, Monsieur, et qui fait l'admiration et l'édification de tout un troupeau et surtout celle de celui qui a l'honneur d'être, avec l'attachement le plus parfait et la considération la plus distinguée et la plus respectueuse, Monsieur, votre très humble et très obéissant serviteur, Frédéric-Eugène, duc de Wurtemberg (1). »

Si cette lettre donne une idée très avantageuse du curé de Montbéliard, il faut reconnaître qu'elle fait l'éloge du prince qui l'a écrite. Quelle abnégation de lui-même ! Quelle humilité ! Quelle sollicitude pour conserver près de lui un prêtre qui possède tous les titres à sa confiance ! A côté d'un tel prince, les curés ne pouvaient plus être tracassés.

Ce qui doit surprendre, c'est que Frédéric-Eugène n'eut pas de succès dans les démarches qu'il fit pour son protégé. En 1780, pendant que celui-ci allait prendre la direction de la paroisse de Blussans, Jacques Bartholomot était mis à la tête des catholiques de Montbéliard. Sur le compte de ce dernier aucune note discordante ne se fit entendre.

L'aumônier de la cour lui rendit témoignage dans une lettre à l'archevêque : « Par ses belles qualités et par sa bonne façon d'agir il a su mériter les bonnes grâces de Leurs Altesses et l'estime des sujets de la principauté (2). » A ce curé succéda en 1781 Jacques-Antoine Cordienne, que la Révolution jettera dans toutes les extravagances.

Les Quatre-Terres ne jouissaient pas de la même tranquillité que le comté. La lutte entre les deux cultes s'y trouvait vivement engagée. D'un côté, on travaillait à conserver au culte catholique les privilèges que lui accordait la législation de la France et de la Bourgogne. Les champions de cette cause étaient l'archevêque de Besançon, les curés

(1) Archives du grand séminaire.
(2) Id.

de Blamont et d'Héricourt. D'un autre côté, on cherchait par tous les moyens possibles à faire rentrer le culte protestant en possession des avantages dont il jouissait avant la conquête. Dans la poursuite de ces revendications, Kilg, pasteur de Blamont, tenait le premier rang. Il importe de connaître ce personnage.

Kilg naquit à Montbéliard, le 7 septembre 1742, d'un père originaire d'Augsbourg. Après avoir étudié au collège de sa ville natale, il alla faire ses études théologiques au séminaire de Tubingue. Nommé, à l'âge de trente-quatre ans, vicaire de Blamont, en avril 1776, au grand mécontentement du pasteur Méquillet (1), et à l'insu du gouvernement français, il se vit défendre par celui-ci l'exercice de ses fonctions. A la fin tout s'arrangea. Méquillet étant venu à mourir au mois de juin, Kilg devint définitivement son successeur, le 25 septembre de la même année, et fut installé dans le temple de Pierrefontaine, alors chef-lieu de la paroisse de Blamont.

Dans son emploi de prédicant, il ne fut pas tendre pour son prédécesseur. N'étant encore que vicaire, il déclara que Jean-Nicolas Méquillet avait laissé croître toutes sortes de mauvaises herbes dans le champ que ce dernier avait eu à cultiver. « Je trouve partout bien des désordres, écrivait Kilg. C'est un pauvre troupeau abandonné, à qui il ne reste plus que son zèle. Les enfants sont tous à peu près dans l'ignorance la plus crasse et je gémis sur leur état (2). » En entendant ce jugement qui ne déprécie pas moins celui qui le porte que celui qui en est l'objet, on peut dire à l'avance que les adversaires religieux de Kilg n'échapperont pas aux traits de sa malignité.

En effet, dans les écrits qu'il composa pour faire cesser

---

(1) Archives du Doubs, E 398.
(2) Id., ibid.

l'état d'assujettissement où étaient les Quatre-Terres, au point de vue luthérien, il fit usage contre eux de toutes les aménités possibles. A ses yeux, les catholiques n'étaient que « des harceleurs, fanatiques, ravisseurs du bien d'autrui, tyrans, persécuteurs, imposteurs, gens en délire, passionnés, sans bonne foi ni bon sens, cagots, violateurs des domiciles, fauteurs de gaspillages, vexations, mettant les pieds sur la gorge, etc. (1). » Ces écrits pleins de fiel ne produisirent aucun résultat, tant que la Révolution n'eut pas entre les mains le gouvernement de la France. Quand elle en disposa, il en fut autrement. Kilg alors alla s'établir à Paris, afin de soutenir auprès des représentants du peuple les prétentions de ses coreligionnaires. C'est de là qu'au mois de septembre 1790, il annonça triomphalement au pays de Montbéliard le succès de ses démarches (2). Il s'exagérait considérablement la part qui lui en revenait, car que pouvaient lui refuser des hommes dont le dessein longtemps prémédité était d'anéantir la religion catholique? Néanmoins, pour faire ressortir son mérite, il écrivit à Méquillet : « Votre curé d'Héricourt a fait l'impossible pour me faire échouer. Il a répandu des écrits infâmes sur mon compte (3). » Et voilà ce qui est encore répété par les auteurs de Montbéliard. Mais qui a vu ces écrits ? Dans quelles archives sont-ils déposés ? Jusqu'à preuve du contraire nous affirmons que de tels écrits ne se sont trouvés que dans l'imagination de Kilg, car les lettres du curé Foucault, gardées dans les dépôts de la province ou au grand séminaire de Besançon, n'ont rien de diffamatoire. Disons plutôt que Kilg, pour satisfaire son penchant au dénigrement, n'a pas plus ménagé les curés que son prédécesseur.

En revanche, il sut caresser la Révolution et s'abriter

(1) Réfutations des réponses de M. Kilg, p. 2.
(2) Goguel, *Précis de la réformation*, p. 152.
(3) M. Armand Lods, *Le Pasteur Kilg*, p. 15.

adroitement sous son patronage. Pendant près de deux ans, il cumula l'emploi de pasteur [1] et celui d'administrateur du département du Doubs. Dans les fonctions civiles qui lui échurent au mois de novembre 1792, il prit part aux mesures de proscription et de spoliation qui furent ordonnées au préjudice d'honnêtes citoyens. La sœur d'un vicaire général de l'archevêché demanda pour son frère, âgé de plus de soixante ans, la faveur de rentrer sur le sol français. La loi semblait lui accorder ce bénéfice. Le conseil rejeta cette requête. On demanda que l'abbé Receveur, des Fontenelles, gardât la propriété de sa maison ; la même administration statua que les meubles et immeubles de ce prêtre étaient acquis et confisqués au profit de la nation. A Quingey se trouvaient beaucoup d'effets d'émigrés. Kilg s'acquitta de la commission d'aller les étiqueter et de désigner ceux qui seraient donnés à l'administration militaire et ceux qui seraient vendus ; il eut soin de réserver les livres pour la bibliothèque de Besançon. De pauvres femmes surprises à porter de l'argent à des émigrés furent dénoncées à l'accusateur public ; quantité de braves gens furent l'objet d'un mandat d'arrêt de la part de l'administration du Doubs. Kilg, encore ministre protestant, coopéra à tous ces actes [2]. Il donna également son concours au Comité de salut public. Or si c'est un titre de gloire d'avoir été le valet d'un régime qui se désaltérait dans les larmes et le sang des hommes de foi, d'honneur et de probité, cette auréole embellit la mémoire de Kilg. Il est vrai que ce patriote fut mis en prison à deux reprises différentes, en juin 1791 et en octobre 1793. Mais

---

[1] Le 21 mai 1796 il fut payé à Kilg « 1,716 livres 13 sols 4 deniers, pour son traitement en qualité d'ex-ministre protestant pour l'année 1793 et les sept premiers mois et 14 jours de 1794 correspondant au 27 thermidor de l'an II (14 août 1794), à raison de 1,200 livres par an. » Arch. du Doubs, L 1384.

[2] Archives du Doubs, L 54.

Marcel Pourcelot, membre du directoire de Montbéliard, par ordre de Fouquier-Tinville, subit la même peine pendant trois mois (1). En cela rien ne surprend, car on sait que la Révolution, comme Saturne, dévore ses propres enfants. Kilg cependant eut la chance d'échapper à cette dernière rigueur. Traité ensuite avec toutes sortes d'égards, il obtint le premier rang parmi les administrateurs du Doubs. Il était leur président quand, le 21 janvier 1796, il prononça un discours en la salle décadaire de Besançon pour fêter la mort de Louis XVI. Comme les plus fougueux révolutionnaires, il décocha en ce jour contre les adversaires d'un odieux régime les traits les plus aigus (2).

Cependant, étant au faîte des honneurs, Kilg conseilla des mesures de douceur dans quelques circonstances. Au mois de juillet 1795, les administrateurs du district de Saint-Hippolyte demandaient qu'on agît avec sévérité à l'égard des prêtres demeurés fidèles. L'ancien pasteur leur répondit : « Soyez prudents à l'égard des prêtres ; que ceux qui pourront se procurer des certificats de résidence et qui prendront acte de leur soumission aux lois soient tranquilles et libres d'exercer leur ministère, pourvu qu'ils ne se permettent rien contre le gouvernement (3). » Sa carrière administrative fut interrompue après le 18 fructidor (4 mai 1797). Kilg rentra à Blamont et redevint prédicant. En 1800, nous le trouvons d'abord conseiller de préfecture et ensuite sous-préfet de Baume ; tout cela prouve qu'il avait un tempérament malléable.

A cette époque, pour obtenir un emploi relativement aussi considérable, il fallait avoir donné des gages à la Révolution. Janson, un des anciens collègues de Kilg, en sollicitant la préfecture du Doubs qu'il n'obtint pas, en citait un

(1) Archives nationales, F1b II Doubs.
(2) Voir pièces justificatives, n° IX.
(3) Jules Sauzay, *Histoire de la persécution....*, t. VII, p. 581.

grand nombre à son actif; il n'oubliait pas même qu'en qualité de bon patriote il avait acheté des biens nationaux (1). Le pasteur de Blamont, appuyé sans doute sur des titres plus moraux, fut nommé sous-préfet de Baume. La nature de ses fonctions le constitua juge des curés de son arrondissement. Le 29 juillet 1801, en transmettant au préfet du Doubs l'état de ces ecclésiastiques, il le fit accompagner d'une appréciation peu élogieuse. « Je vous transmets ces renseignements, disait-il, avec l'intégrité qui me caractérise toujours.... Ce que je puis vous dire en général, c'est qu'il ne faut pas chercher de grandes connaissances dans la classe des prêtres de nos campagnes; qu'ils se sont rétréci l'esprit par la nature de leurs études; qu'ils sont plus ou moins encroûtés dans la théologie scolastique, et que, hors de là, ils ne présentent guère de ressource, etc. »

Quelle largeur de vues chez un sous-préfet qui, après avoir, pendant toute la période révolutionnaire, rempli différents emplois civils, sans préjudice de ses fonctions pastorales, traite d'esprits étroits des prêtres qui, pour ne pas se souiller les mains en recevant un salaire d'une Révolution dégouttante de sang, se sont condamnés à toutes les souffrances d'un dur exil! Ne dirait-on pas un pédant malappris qui insulte à des victimes, oubliant que, pour être fidèle à son Dieu et à sa conscience, il faut un esprit et un cœur d'une dimension autre que ceux de Kilg (2)?

Le sous-préfet de Baume ne se dessaisira pas de ses préjugés. En 1805, il chercha à imprimer une flétrissure sur le front de tous les catholiques du pays de Montbéliard en les traitant de *fanatiques* et de *bornés*. Personne ne pouvait se dérober à sa critique. Le curé de Blamont lui-même était, à ses yeux, *aussi rusé que câlin* (3).

(1) Archives nationales, F^{1b} II Doubs.
(2) Voir pièces justificatives, n° X.
(3) Archives du Doubs, V 236.

En 1811, après l'expulsion de Pie VII de la ville de Rome, le préfet ayant demandé des renseignements sur certains faits qui avaient eu lieu dans l'arrondissement de Baume, Kilg envoya à son supérieur un portrait peu flatteur de ses administrés.

« Monsieur le préfet, depuis la réception de votre lettre confidentielle du 19 décembre dernier, j'ai employé tous mes moyens discrets pour me procurer des renseignements sur les faits énoncés dans lad. lettre. Jusqu'ici je n'ai obtenu aucun succès et il n'y a pas d'apparence que j'en obtienne aucun, parce que les habitants de cet arrondissement sont généralement *cagots*, sans instruction, n'ayant d'autre foi que celle du curé, auquel ils sont servilement soumis en tout ce qui concerne la religion. Aucun d'eux ne se permettra de faire aucune révélation, quant à la doctrine, qui puisse le compromettre.

« Je sais que le *fanatisme, partage ordinaire des esprits bornés*, s'est agité depuis que le pape n'est plus à Rome et qu'il a été question de la tenue d'un concile. Il est bien certain que c'est l'effet des insinuations des prêtres. Mais ils ont tant de moyens secrets pour les répandre, ne fût-ce que la confession! ils sont si assurés de la discrétion de leurs ouailles, enchaînées par les terreurs dont ils les frappent, qu'on ne peut acquérir aucune preuve.

« Je sais encore qu'il y en a qui exercent une sorte d'inquisition dans les familles en leur faisant un crime de recevoir dans leur sein ceux des habitants dont ils se défient, qui ne vont pas régulièrement aux offices et ne se courbent pas sous leur joug.

« De ce nombre est le curé Alix, de Vercel, dont l'*austérité fanatique* est remarquable. Pendant la tenue du concile il a enjoint à tous ses paroissiens d'aller à sa suite en procession à une chapelle dite de Notre-Dame, située dans une forêt, à deux kilomètres de Vercel. J'ai cherché à connaître l'esprit du discours pathétique qu'il leur a adressé, mais je n'ai pu y parvenir. On m'a dit seulement qu'il leur avait beaucoup parlé de l'attachement inviolable qu'ils devaient avoir pour la religion catholique, apostolique et romaine, qui était attaquée par l'expulsion du pape de la ville de Rome, le centre de la catholicité.

« Je ne doute pas que les autres prêtres ne fassent de même dans leurs paroisses respectives, qu'ils n'attachent tous leur existence temporelle et spirituelle à cette maxime favorite que hors de l'Église romaine il n'y a point de salut, et qu'ils ne tentassent au besoin d'exciter le fanatisme le plus exalté pour la soutenir....

« Du reste leur manège n'a encore produit aucun trouble ; tout est tranquille dans l'arrondissement et il n'y a aucun lieu de croire que cette tranquillité cesse (10 janvier 1812) (1). »

Voilà comment Kilg agissait et écrivait.

Les traits qui précèdent, de même que ceux qui vont suivre, nous le font connaître comme un homme actif, entreprenant, audacieux, turbulent. Fut-il un administrateur impartial ? Le lecteur peut en juger (2).

Dès le début de son pastorat, Kilg fit vendre au nom du conseil l'ancienne maison curiale qui lui servait de résidence, et avec le prix il en fit bâtir une neuve (3). Son activité se déploya pour la construction d'un autre édifice. Le temple de Pierrefontaine était vieux, il résolut de le reconstruire. A cet effet, il poussa la commune à envoyer requêtes sur requêtes à l'intendant, afin d'obtenir l'autorisation nécessaire et la permission de faire des quêtes dans les cantons de Berne et de Zurich. Ce zèle aboutit à doter

(1) Archives du Doubs. Correspondance de Jean Debry.
(2) Ces détails sur Kilg n'ont pas figuré dans le travail que l'auteur a présenté à l'Académie.
(3) Archives du Doubs, E 399.

Pierrefontaine d'un temple neuf qui ne valait guère mieux, dit-on, que celui qu'il remplaçait (1).

Ce travail ne l'empêcha pas de chercher à rétablir la maison qui avait servi autrefois au culte luthérien, en vue d'y réunir les enfants du catéchisme. Au milieu des démêlés assez vifs qui éclatèrent à cette occasion entre lui et le commandant de Blamont, il dressa un mémoire que le baron de Thunn, ambassadeur du Wurtemberg, à Paris, remit, le 12 janvier 1779, au prince de Montbarrey, pour être communiqué au gouvernement français (2). Trois objets y étaient exposés : l'affaire des catéchumènes de Blamont et de Pierrefontaine, la construction d'une maison pour le pasteur d'Héricourt et l'établissement d'écoles luthériennes dans les lieux où il n'y en avait point.

La première affaire fut résolue en peu de temps. Le commandant de Blamont défendit à Kilg d'exécuter son projet de construction ; le pasteur fut forcé d'obéir.

Quant à la seconde, elle demeura longtemps en ballottage à cause des influences qui l'appuyaient dans un sens tout à fait opposé. Les adversaires les plus acharnés de la construction d'un presbytère protestant à Héricourt étaient les catholiques de la paroisse, soutenus dans l'opposition à cette œuvre par leur curé, J.-B. Fourcault, de Montagney-lez-Pesmes. Les uns et les autres s'y opposaient parce qu'il fallait employer à cette entreprise le prix d'un bois de réserve ; par là ils auraient contribué aux frais d'un culte dont la tolérance ne reposait sur aucune loi. Appuyé sur les arrêts des rois de France et principalement sur la lettre de 1707, le curé d'Héricourt défendit la cause de ses paroissiens auprès de toutes les administrations, et en particulier auprès de Mgr de Durfort, avec la ténacité dont il usa

---

(1) Archives du Doubs, E 400.
(2) Archives de la Haute-Saône, E 276.

continuellement dans sa résistance au protestantisme : qualité qui lui valut toute la haine du parti opposé.

La question de ce presbytère subit des vicissitudes. Un arrêt du 15 septembre 1778 en ordonna la construction, mais il fut annulé, le 6 juin 1780, à la requête des catholiques d'Héricourt. Les protestants se mirent à intriguer de nouveau. Pour arriver à leurs fins, ils firent signer clandestinement à tous les bourgeois d'Héricourt une requête que le président du conseil de Montbéliard envoya au conseil du roi. Aux allées et aux venues des protestants, le curé Fourcault répondit par de nouvelles lettres, il alla même trouver l'archevêque de Besançon au château de Gy [1]. Des deux côtés l'affaire était serrée de près. Au mois de juin 1783, une nouvelle faillit désespérer les protestants. Le baron de Thunn leur apprit que de la Corée, intendant de Franche-Comté, était pour les catholiques ; dès lors c'en était fait de la maison du pasteur, car « il fallait s'attendre de la part du ministre à une décision conforme à cet avis. » Un mois après cependant il relevait leurs espérances. « Un avis infiniment plus important et plus décisif a été pour vous, » écrivait-il au conseil. La cour de France, en effet, céda à cette dernière influence en ordonnant, au mois de novembre, la construction demandée par les protestants d'Héricourt [2].

Une semblable concession donna aux protestants l'espoir d'obtenir quelque chose de mieux. Kilg continua sa campagne avec plus de courage que jamais pour le rétablissement des écoles luthériennes. Sur ce champ de bataille il rencontra un antagoniste que la lutte avait depuis longtemps aguerri, c'était Binétruy, curé de Blamont dès 1748, reconnu pour un ouvrier apostolique dans toute la force du

---

[1] Archives du grand séminaire, B II.
[2] Archives de la Haute-Saône, E 276.

terme. Obligé de pourvoir à un double service, l'un dans la chapelle du château pour les soldats de la garnison, l'autre à l'église paroissiale pour les simples fidèles, dont le nombre allait s'augmentant, il obtint un vicaire afin d'établir une régularité parfaite dans la desserte de chaque église. Pendant quelque temps il fit face aux nécessités de la situation, grâce aux revenus de sa cure et à son riche patrimoine. Mais obligé de rester seul, après que ses charges se furent accrues et que ses ressources personnelles furent amoindries, il dit alors une première messe à l'église de la paroisse et une seconde au château. Il ne reprit d'auxiliaire que dans son extrême vieillesse. D'un zèle aussi éclairé qu'ardent, le curé Binétruy fut le champion infatigable du catholicisme dans les Quatre-Terres, en lutte continuelle contre toutes les entreprises ayant pour but de restreindre le rôle de nos églises. Aucune question ne le trouva muet. Ses mémoires très nombreux, et probablement tous inédits, sont de vraies apologies qui ne manquent ni d'élégance ni de feu. En 1755, il fit, sans doute à la requête de ses supérieurs, la statistique des églises de Blamont et de Clémont; on y trouve des détails concernant la date de l'installation du culte catholique, le nombre des familles qui le pratiquaient, la propagande du piétisme, les moyens employés par les pasteurs pour enrayer le mouvement catholique (1). Depuis lors, nous le trouvons toujours sur la brèche pour défendre la cause de l'Église.

Kilg appuyait toutes ses revendications sur la souveraineté des Quatre-Terres. Son adversaire prouva par l'histoire que les princes de Montbéliard en avaient usurpé le titre de souverains seigneurs. « Les comtes de Neuchâtel possédant les Quatre-Terres, dit-il, n'ont jamais pris le titre de souverains dans les actes publics. En 1308, Thiébaud de

(1) Archives de la cure de Blamont.

Neuchâtel, seigneur de Blamont, Clémont et Châtelot, affranchit les bourgeois de Blamont de la macule de mainmorte. En 1370, le 2 juillet, son fils accorda aux mêmes le droit d'angal ou de débit de vin dans la ville de Blamont et dans toute le châtellenie, sans qu'il soit fait mention du titre de souverain : ce qu'il n'aurait pas manqué d'insérer, s'il s'était regardé comme tel. Le conseil de régence ne produira jamais un acte où les seigneurs de Blamont, avant le XVI° siècle, aient pris la qualité de souverains, mais seulement celle de maréchal de Bourgogne (1). » Les autres faits cités par lui sont de la même force ; ils donnent à son travail un caractère de vérité tellement solide qu'on cherchera inutilement à l'affaiblir. De là il conclut que la demande de Kilg, tendant au rétablissement d'instituteurs introduits autrefois en vertu d'une usurpation de souveraineté, doit être mise de côté, d'autant plus que le but qu'elle poursuit est atteint depuis longtemps, car les enfants protestants, dans les paroisses où le culte luthérien a été supprimé, fréquentent les écoles catholiques, apprennent à lire sur leurs propres livres, défense ayant été faite aux maîtres d'école de faire quelque allusion au protestantisme. Pour prouver ce qu'il avance, il cite, entre autres exemples, la conduite de Méquillet, pasteur de Blamont, qui envoya lui-même pendant deux ans ses petites filles chez l'institutrice catholique, d'où il ne les retira qu'après avoir été réprimandé au consistoire de Montbéliard. Ainsi répliquait le curé Binétruy à la partie du mémoire que Kilg consacrait à réclamer le rétablissement des instituteurs luthériens.

Cette affaire, conduite avec le tempérament de feu de ce ministre, prit chaque jour plus de consistance et devint même complexe, car outre le rétablissement des instituteurs, elle enveloppa celui des pasteurs protestants partout où le

---

(1) Archives du Doubs, E 1657.

culte catholique avait été rétabli. Pour obtenir ce double objet, on prit soin de tenir continuellement les esprits dans un certain degré d'effervescence, au moyen d'assemblées clandestines, où l'on dressait des mémoires, on frondait les ordonnances, on jetait le ridicule sur tout ce qui avait rapport à l'autorité catholique. Les curés Foureault et Binétruy, sentinelles toujours vigilantes, avaient les yeux ouverts sur toutes les menées de leurs adversaires pour en montrer le danger à Mgr de Durfort. « Si le mémoire de Kilg était accueilli, écrivait à ce prélat, en 1785, le curé de Blamont, le luthéranisme serait autorisé contre les vues chrétiennes des rois de France, qui étaient de ramener peu à peu et par la douceur les sujets des seigneuries à la vraie religion qui leur inspire le respect et la soumission due au souverain légitime (1). »

A ce moment circulait dans les régions supérieures des pouvoirs civils un souffle qui commençait à se saturer de haine à l'égard du catholicisme. Les intrigues des Montbéliard, protégées par cette nouvelle atmosphère, obtinrent du gouvernement français une convention destinée à combler, autant que possible, les vœux de Kilg et de ses adhérents.

Dès l'arrivée de Frédéric-Eugène à Montbéliard, des commissaires nommés par la France et les ducs de Wurtemberg s'entendirent pour conclure une convention au sujet des limites des deux pays. Décidé en principe à Versailles en 1752, ce travail était en voie d'exécution vers 1774. A cette date le vénérable Cuvier, curé d'Héricourt, mit en garde contre ce traité Mgr de Durfort, qui venait d'arriver dans le diocèse, et le pria de s'opposer à un acte qui était un véritable attentat aux droits les plus évidents de Sa Majesté (2). Ce prélat, une fois au courant de la question,

---

(1) Archives du grand séminaire, B II, 112.
(2) Archives du grand séminaire, B II, 117.

n'hésita pas à entrer dans la lice pour défendre les intérêts religieux de ses diocésains. Dans un mémoire envoyé au ministre, il exposa que le roi avait une autorité pleine et indépendante de tout traité sur l'exercice du culte et sur la disposition des biens ecclésiastiques, tandis que le duc de Wurtemberg ne possédait aucun droit là-dessus. Ensuite, contre la convention projetée, il en appela au témoignage des hommes d'État et en particulier à celui du chancelier de France, qui, le 11 mai 1773, disait à M. d'Aiguillon que c'était un grand point que les articles concernant le luthéranisme ne fussent pas insérés dans un traité public, que la loi de l'unité de culte dans le royaume en recevrait moins d'atteinte; que quoiqu'il n'y ait point de traité public à cet égard, l'on avait cru devoir en retrancher ou adoucir les expressions qui faisaient marcher d'un pas égal le culte catholique et le culte luthérien et qui semblaient donner à ce dernier une tolérance de droit, tandis que celle-ci n'avait été que de fait et toujours dépendante de la volonté du roi, comme seul et unique souverain des quatre seigneuries. C'était déjà le sentiment de d'Aguesseau, qui, en 1731, recommandait au parlement de Besançon « de prendre garde qu'on ne pût tirer des expressions de ses arrêts la conséquence que le luthéranisme était toléré dans ces terres par le gouvernement (1). »

Les négociations touchant les limites des deux États furent interrompues quelques années, peut-être à cause des remontrances de l'archevêque de Besançon et de tout le clergé. Quand elles furent reprises, il y eut une grande joie chez les protestants. L'ambassadeur wurtembergeois à Paris ne put la dissimuler en écrivant au conseil de régence, le 30 janvier 1783 : « J'ai été charmé d'apprendre par la lettre du 23 que les conférences sur les limites ont commencé à Strasbourg,

---

(1) Archives du grand séminaire, L II.

et je vous serai très obligé, si vous voulez bien de temps en temps, et quand on sera convenu de quelque article important, ou lorsqu'il se présentera quelque difficulté, sur laquelle on ne peut se concilier, m'en faire part (1). »

Tout alla au gré des Montbéliard. La convention, poussée avec la puissance de leur génie envahisseur, fut signée trois ans après, le 21 mai 1786. Ce fut sans contredit le succès le plus important que la diplomatie du pays remporta à la cour de France. Cette convention portait en substance : que les traités de Westphalie, de Nimègue, de Ryswick et de Bade, et particulièrement les articles qui concernaient les intérêts de la maison de Wurtemberg et la principauté de Montbéliard, serviraient de base au présent traité ; que le duc de Wurtemberg renonçait entièrement et à perpétuité, en faveur du roi, à ses prétentions de souveraineté sur les villages de Dambelin, Mambouhans, Villars-sous-Écot, Dampierre-sur-le-Doubs, Luze et Genéchier ; que le roi renonçait entièrement et à perpétuité, en faveur du duc, à ses prétentions de souveraineté sur les villages de Semondans, Échenans-sur-l'Étang, Essouavre, Sainte-Marie, Désandans et Allenjoie, ainsi que sur le fief situé à Allenjoie, appartenant au sieur de Goll, et sur celui de Franquemont, situé à Tremoins ; que le roi renouvelait et confirmait l'échange passé, le 6 juin 1768, entre le duc de Wurtemberg et la duchesse de Mazarin ; que le duc cédait et abandonnait au roi ses droits de souveraineté sur les villages mi-partis d'Étouvans, Beutal, Vougeaucourt, Échenans-sous-Montvandois ; mais qu'il se réservait la propriété du péage de Vougeaucourt ; que le roi cédait au duc tous ses droits de souveraineté sur les villages mi-partis d'Audincourt, Trémoins, Laire, Bussurel, Champey, Coisevaux, Aibre, Lougres et Dasle ; que le duc cédait au roi la souveraineté des villages d'Ab...villers, avec le

(1) Archives de la Haute-Saône, E 276.

moulin de la Doue et la ferme de Marchelavillars, de Bretigney, Valentigney, Villers-la-Boissière et la ferme de Belchamp; que néanmoins les droits de justice, le domaine utile, les cens et droits seigneuriaux étaient réservés au duc dans ces localités, ainsi que le péage d'Abbévillers; qu'il devait aussi continuer à y percevoir les dîmes, cens, rentes et revenus provenant des biens ecclésiastiques sécularisés, et notamment ceux de l'ancienne abbaye de Belchamp; que le duc cédait au roi la souveraineté sur les sujets et terre qu'il avait à Mandeure aux conditions susénoncées; que le roi abandonnai au duc la souveraineté sur les villages de Thulay, Vyans, Verlans, Byans, Saint-Valbert, le hameau des Raillières près d'Étobon, Longevelle et Seloncourt; que les droits de pêche, les cours d'eau des moulins, les droits de Bac et autres de cette espèce devaient continuer à appartenir au duc sur les terres cédées par lui; qu'il ne devait être apporté aucun préjudice aux forges, moulins, usines, digues et ouvrages sur le Doubs, qui appartenaient au duc; que dans les villages cédés en tout ou en partie à la France, l'exercice de la religion protestante devait être conservé conformément aux règles prescrites par les traités de Westphalie et soumis aux mêmes règlements que dans les seigneuries de Riquewihr et Horbourg, situées en Alsace, qu'en conséquence le duc devait continuer à y nommer des pasteurs, etc. (1).

Cette convention, produit de l'intrigue, de l'astuce, de l'importunité, indigna autant les catholiques qu'elle réjouit les protestants. Un avocat de Besançon, Bailly-Briet, à l'aide de documents nombreux, d'une authenticité et d'une valeur indiscutables, n'eut pas de peine à prouver que par les concessions qu'elle faisait, sans aucune réciprocité, elle était rui-

---

(1) Tuefferd, *Histoire des comtes souverains*, p. 636, et Bailly-Briet, *Montbéliard agrandi*, p. 116.

neuse pour la Franche-Comté et portait le plus grave préjudice à la religion catholique. Ce travail, dédié aux États généraux, fut la cause d'une polémique très vive entre son auteur et Kilg, pasteur de Blamont. La révolution qui y mit un terme devait donner pleine satisfaction aux protestants. Abordons le récit de ce bouleversement, qui n'eut de grand pour la religion catholique que les blessures encore saignantes dont il la couvrit.

CHAPITRE XIII

Révolution française. — Cahiers de remontrances. — Décrets de l'Assemblée favorables aux luthériens. — Constitution civile du clergé. — Les curés des Quatre-Terres refusent de prêter serment, de lire les lettres des évêques constitutionnels. — Leur expulsion des paroisses. — Les intrus. — Les luthériens rentrent dans les églises. — Exil des prêtres fidèles, etc.

La Révolution française, issue de la famille du protestantisme, devait ralentir le mouvement que Louis XIV et ses successeurs avaient imprimé à la religion catholique dans les Quatre-Terres. Soutenue par l'impiété voltairienne, elle allait mettre celle-là sous les pieds de l'hérésie ou l'obliger à se cacher ou à prendre le chemin de l'exil dans la personne de ses ministres. Le clergé du diocèse, dans ses « cahiers de remontrances, » demandait cependant autre chose ; malheureusement, il se heurta à l'hostilité de certains hommes, qui depuis longtemps en préparaient la ruine dans l'obscurité des loges. N'ayant pas d'intérêts plus chers que ceux de la religion et animé tout à la fois du plus généreux dévouement envers le peuple, le clergé de Besançon donna à son député la mission de ne prendre aucune délibération avant que le gouvernement se fût engagé, « par un serment solennel, à protéger et à défendre la religion catholique et romaine et à ne pas permettre que les non-catholiques, de quelque sorte qu'ils soient, puissent jamais exercer en France le culte public de leur religion. » Il enjoignait de plus à son député de représenter au roi « que l'article le plus essentiel de la capitulation qui a réuni la Franche-Comté à la couronne concerne la religion et qu'il y a été expressément promis par les rois, ses prédécesseurs, de ne jamais souffrir qu'aucune secte contraire s'introduisît dans la province.... Il demandera qu'à la mort de chaque ministre protestant des Quatre-Terres, voisines de Montbéliard, il lui soit substitué des ministres catholiques (1). »

De leur côté, les protestants de notre pays, dans une adresse à l'Assemblée nationale, demandèrent à être rétablis à titre de droit dans l'exercice de leur culte, dans la possession de toutes les églises, presbytères, écoles, cimetières dont ils avaient été privés, sauf à laisser indivises les églises où il y avait des curés catholiques et à bâtir à frais communs des écoles et des presbytères, d'être autorisés à rétablir des pasteurs à Montécheroux, Glay, Seloncourt, Chagey, Longevelle et Saint-Maurice, également des instituteurs dans tous les villages dont la population serait suffisante pour les occuper; ils demandèrent la création d'un consistoire et d'un surintendant, le paiement par l'État des frais du culte. Le dernier vœu était ainsi formulé : « Que le corps législatif donne un décret solennel, sanctionné par le roi, qui consacre tous ces objets comme loi de l'État, et les mette à l'abri de toute vicissitude et entreprise ultérieure. »

Dès le début de leurs opérations, en 1789, les membres de l'Assemblée nationale laissèrent peu de doute sur les sentiments dont la plupart étaient animés à l'égard de la religion catholique. Pour mettre à profit ces dispositions, Louis-Georges Kilg alla, dans l'été de 1790, soutenir les vœux de ses coreligionnaires auprès des représentants de la nation. Sans vouloir déprécier les talents de cet apôtre du protestantisme, nous pouvons dire que le succès qu'il remporta

---

(1) Jules Sauzay, t. I, p. 114.

dans cette circonstance ne dut pas lui coûter beaucoup de frais d'éloquence, car on tenait avant tout à humilier le catholicisme. Le 9 septembre 1790, il obtint de l'Assemblée nationale le décret suivant, qui n'étonna personne :

« L'Assemblée nationale, après avoir entendu son comité de constitution sur la pétition des protestants de Blamont, Clémont, Héricourt et Châtelot, en Franche-Comté, considérant qu'ils ont toujours joui de l'exercice public de leur culte, décrète qu'ils continueront à en jouir comme ceux d'Alsace, et sur le reste de leur pétition, concernant les usurpations et spoliations de biens dont ils se plaignent, les renvoie au département, qui prendra les instructions nécessaires et les fera passer à l'Assemblée nationale pour qu'elle puisse statuer définitivement (1). »

La Révolution sourit au protestantisme comme à un ami. Après avoir déclaré « que les biens du clergé seraient mis à la disposition de la nation, » l'Assemblée nationale fit, le 1er décembre 1790, une exception en faveur des protestants de nos pays par le décret suivant, dont il suffit de citer le premier article :

« Les biens possédés actuellement par les établissements des protestants des deux confessions d'Augsbourg et Helvétique, habitants de la ci-devant province d'Alsace et des terres de Blamont, Clémont, Héricourt et Châtelot, sont exceptés de la vente des biens nationaux et continueront à être administrés comme par le passé (2). »

Le décret du 9 septembre reçut son exécution à Villars-

---

(1) Le *Moniteur*, 12 avril 1790. Kilg envoya à ses coreligionnaires un décret qui ne ressemble en rien à celui-là. Les historiens du pays le donnent néanmoins comme officiel. Qui s'est trompé ? Kilg ou le *Moniteur* ?

(2) M. Chenot, pasteur, estime que par ce décret l'Assemblée nationale sanctionnait les traités d'Augsbourg, 1555, de Westphalie, 1648. Quelle naïveté ! Il est vrai qu'on n'est pas flatté de recevoir des faveurs de certains hommes.

lez-Blamont et à Glay. Cependant, comme il ne rendait pas aux protestants l'usage des églises occupées par les catholiques, ce fut dans des maisons particulières ou à l'école que les luthériens firent l'exercice de leur culte.

Pendant que la Révolution traitait avec faveur le protestantisme, elle se préparait à faire sa proie de l'Église catholique. L'arme incisive dont elle se servit contre elle fut la constitution civile du clergé.

Cette charte, discutée et décrétée dans l'intervalle du 29 mai au 13 juillet 1790, prescrivit aux curés et aux évêques de reconnaître l'autorité civile comme juge suprême et chef réel de la religion, oracle des évêques, des papes et des conciles, enfin source et maîtresse de la juridiction ecclésiastique. Le 26 décembre de la même année, un décret obligea tous les prêtres de prêter serment d'obéissance à cette loi, sous peine d'être poursuivis comme perturbateurs, s'ils continuaient à exercer leurs fonctions. Cette loi allait jeter un brillant éclat sur le clergé catholique.

Le mois de février 1791 fut généralement fixé pour la prestation du serment. Le 4, J.-B. Fourcault, curé d'Héricourt, déclara au greffe son intention d'accomplir cet acte, le dimanche 6 février, à l'issue de la messe paroissiale [1]. Il est probable que les autres prêtres du pays de Montbéliard observèrent pareillement ce point de la loi. Mais on éprouve une grande satisfaction à dire que tous furent admirables de fidélité envers l'Église en refusant de prêter le serment constitutionnel, ou en l'accompagnant de restrictions qui mettaient leur conscience en sûreté [2].

---

[1] Mairie d'Héricourt.
[2] Parmi ceux qui refusèrent le serment constitutionnel, on compta Brisechoux, curé de Villars-lez-Blamont, Binétruy et Feuvrier, le premier, curé, le second, vicaire de Blamont; Morel, de Montécheroux; Arnoux, de Glay, et Faivre, de Saint-Maurice.
Freynier, vicaire de Glay ; Piton, curé de Tavey, et Pougnet, son

L'Assemblée nationale voulut également mettre la main sur l'épiscopat français. Il fut décidé que chaque département élirait un évêque et que cette élection se ferait par un délégué de chaque canton. Seguin, chanoine de la métropole, fut choisi pour le Doubs, et Flavigny, curé de Vesoul, fut placé à la tête du nouveau diocèse de la Haute-Saône, démembré de celui de Besançon. Seguin fut sacré le 27 mars, à Notre-Dame, par M. Gobel, archevêque de Paris, et Flavigny, au mois d'avril de la même année. Tous deux, après avoir prêté serment de fidélité à la nouvelle constitution, eurent la bonhomie de se croire évêques, au lieu de ne considérer en eux-mêmes que des intrus.

Ces deux ordinaires, une fois placés à la tête de leur diocèse respectif, envoyèrent une lettre pastorale à leurs prétendus diocésains. Seguin fit paraître la sienne le 1ᵉʳ juin et enjoignit aux curés et aux vicaires d'en faire publiquement la lecture le dimanche qui en suivait la réception. Le directoire du Doubs, soupçonnant qu'un mauvais accueil serait fait à cette pièce, prit, le 13 juin, la résolution d'envoyer une adresse à toutes les municipalités, avec ordre de la lire en même temps que la lettre pastorale. Les deux autorités réunies n'eurent pas de succès dans les terres de Blamont, de Clémont et du Châtelot. A Montécheroux, le curé déclara à la municipalité protestante, pour qui *la lettre était très instructive,* « qu'il ne voulait pas la lire, qu'il ne pouvait le faire en bonne conscience. Les autres ecclésiastiques tinrent à peu près le même langage (1).

vicaire ; Saunier, curé de Chagey ; Foureault, curé d'Héricourt, n'admirent le serment qu'autant que le permettait la religion catholique, apostolique et romaine. Ces serments furent déclarés nuls par les différents districts, parce que leur observation dépendait des restrictions dont on les faisait suivre. Boigey, curé de Longevelle, vit son serment accepté comme régulier, quoiqu'il ne l'eût prêté que conditionnellement.

(1) Archives du Doubs, L 1309. Claude-François Arnoux, de Glay,

Le nouvel évêque de Vesoul publia sa lettre pastorale le 27 juillet. Les membres du directoire de cette ville affectèrent à cette publication un grand enthousiasme; ils ne tarirent pas d'éloges sur cet écrit. C'était à leurs yeux un ouvrage de paix, de charité, une preuve que l'Église était rappelée aux jours de sa gloire et à la vigueur des premiers siècles du christianisme. Nos révolutionnaires, comédiens dans la circonstance, enjoignirent à toutes les municipalités du département de surveiller la publication de la lettre pastorale au prône et de dénoncer les curés rebelles aux ordres du directoire (1).

Devant cette injonction, nos curés demeurèrent fermes. Le dimanche 21 août, la municipalité d'Héricourt se rendit au presbytère pour communiquer au curé du lieu les ordres du directoire. M. Fourcault était absent. Cela n'empêcha pas les officiers municipaux de dresser procès-verbal contre lui, se plaignant, de plus, que jusqu'alors il n'avait point paru aux assemblées fédératives, ni assisté à aucune prestation de serment civique. Le dimanche suivant, le curé d'Héricourt fit en personne, du haut de la chaire, la déclaration suivante touchant la lettre de l'évêque : « Je vous déclare à tous, Messieurs, que ce n'est point par obstination que je ne vous lis pas cette lettre pastorale, mais uniquement parce ma conscience ne me le permet pas, et je vous prie d'observer qu'en conformité de mon serment civique et même

dit qu'il ne prêterait jamais de serment et ne reconnaîtrait jamais d'autre évêque que Mgr de Durfort. A Blamont, toutes les autorités avouèrent que, malgré leurs instances, elles n'avaient pu déterminer M. Binétruy à lire la lettre épiscopale. Larrère, de Seloncourt, dit « qu'il obéissait aux décrets de l'Assemblée nationale pour le temporel, mais pour ce qui regarde le spirituel, qu'il s'y refusait entièrement, que sa religion ne le lui permettait pas. » Brisechoux, de Villars, parla de la même façon. Faivre, de Saint-Maurice, et Flottat, vicaire de Colombier, impatientèrent par leur silence les administrateurs protestants.

(1) Archives de la Haute-Saône, L 136.

des principes insérés dans la lettre de communion écrite au pape par M. Flavigny, le 2 mai dernier, où il dit, page neuvième, qu'il approuve tout ce que l'Église catholique, apostolique et romaine approuve et qu'il condamne tout ce que l'Église condamne, je suis prêt à reconnaître publiquement M. Flavigny pour notre évêque et à vous publier tout ce qui émanera de lui, en cette qualité, dès que je serai assuré que l'Église catholique, apostolique et romaine aura reconnu M. Flavigny pour notre seul, vrai et légitime actuel évêque, et qu'en attendant cela, je resterai toujours entièrement soumis à l'autorité civile en tout ce qui la concerne, conformément à mon serment civique (1). »

Le curé de Tavey couvrit du même silence le document épiscopal; celui de Chagey dit qu'il serait humilié d'en donner lecture.

Dans le Doubs, les partisans du nouveau régime n'avaient pas attendu les lettres de nos pseudo-évêques pour décharger les effets de leur bile sur les curés fidèles.

Dès le 20 mars, Leclerc, mauvais religieux, que le couvent des capucins de Baume venait de rendre à la liberté, et trois habitants de Blamont dénoncèrent au département le curé Binétruy comme rebelle à la constitution. Leclerc songeait à se venger du respectable curé de la ville qui avait refusé de lui laisser célébrer la messe dans son église, tant que le pape ne l'aurait pas relevé de ses vœux et que l'évêque légitime ne lui aurait pas permis de célébrer. Le département se vit à la fin obligé d'imposer silence à cet énergumène.

Mais le refus de lire les lettres pastorales devint pour les curés la cause de toutes sortes de poursuites. Quelques habitants de Glay, ayant dénoncé leur vicaire, provoquèrent son expulsion, le 13 juillet 1791.

(1) Archives de la mairie d'Héricourt.

Le curé de Glay partageait entièrement les principes de son vicaire, mais c'était un vieillard très infirme et tellement respectable, que les plus malveillants eux-mêmes n'avaient pas osé attenter à sa tranquillité. Le département ayant demandé un nouveau vicaire à l'évêque, M. Seguin répondit qu'il avait un très bon sujet à envoyer et n'envoya que l'ex-capucin Leclerc, de Blamont.

A peine arrivé à Glay, ce capucin s'occupa de dresser contre le vieux curé un acte d'accusation qu'il fit signer par les officiers municipaux, et où on lui reprochait de garder chez lui les vases sacrés, ornements et registres de la paroisse, et de les refuser au nouveau vicaire, d'avoir fait vider le tronc de l'église et enfin de garder une servante qui mettait le trouble dans la commune par ses propos. On demandait que M. Arnoux fût sommé d'évacuer le presbytère pour aller habiter la maison qui lui appartenait dans le village, et que sa servante fût renvoyée dans son pays. On engageait l'autorité à se presser, parce que plus on donnerait de temps, plus on augmenterait le nombre des mécontents qui désertaient l'église pour aller se confesser et entendre les messes des réfractaires, soit à Villars, soit à Damvant, où ils étaient fort attirés. Le district lui-même fut scandalisé de cette dénonciation et écrivit aux officiers municipaux de Glay :

« Nous eussions bien désiré qu'un peu de charité de votre part eût respecté les cheveux blancs de ce vénérable vieillard qui s'est toujours montré si désintéressé, si généreux envers son église. » Il n'en arrêta pas moins que M. Arnoux serait invité à reconnaître le nouvel évêque et à en justifier ou à quitter sa cure dans huit jours. En adressant cette sommation au curé de Glay, les administrateurs du district lui écrivirent « qu'ils étaient sincèrement touchés de le voir dans une opinion qui les obligeait de faire céder au devoir les égards respectueux commandés par son âge et la conduite vraiment estimable qui avait honoré sa vie jusque-là, qu'il était libre de se retirer dans sa maison, tant que sa discrétion ne le ferait pas soupçonner de chercher à troubler l'ordre de choses établi et la soumission aux lois (1). »

Leclerc, maître de la place, se trouva trop à l'étroit : il se fit déléguer pour administrer la paroisse de Villars-lez-Blamont, qu'il obtint le 11 août 1791 (2).

Quoique la nomination des curés intrus fût le résultat de l'élection, l'ex-capucin Tournoux devint, par le choix de Seguin, administrateur de la cure de Blamont. Le département donna l'ordre, le 21 juillet, aux membres du district d'enjoindre à la municipalité de cette ville de faire sortir le curé Binétruy du presbytère dans les vingt-quatre heures, et du territoire de la paroisse dans trois jours, et d'agir de même à l'égard du curé de Villars. Le district résista d'abord vigoureusement, témoigna son mécontentement au capucin Tournoux, mais, à la fin, il se soumit aux ordres du département. Le curé Binétruy, dont le traitement fut payé jusqu'au 22 juillet, se retira dans sa maison de Blamont, d'où il fut peu après obligé de sortir.

Le curé de Montécheroux ne fut pas épargné par le district. Celui-ci, par une bizarrerie assez étrange, demanda à l'évêque de remplacer sur-le-champ le curé de ce lieu (3).

La loi du 26 décembre avait décrété que les curés insermentés resteraient en place jusqu'à leur remplacement par des prêtres constitutionnels, dans la crainte d'interrompre le culte et d'effrayer la nation. Cet article donna un moment de répit aux curés de la terre d'Héricourt, dont l'expulsion était l'objet de bien des vœux. C'était pour la procurer que la municipalité de cette ville dénonçait à tout propos le curé Fourcault. Inquiet sur le résultat de ces déla-

---
(1) Jules Sauzay, *Histoire de la persécution....* t. I, p. 578.
(2) Archives du Doubs, L 1310.
(3) Jules Sauzay.

tions, le secrétaire de la ville, Frézard, écrivit à un ami qui était membre du district :

« Les luthériens, fiers des avantages que leur procure la Révolution, en voudraient abuser. A la vérité, ils n'en sont pas encore venus aux voies de fait, mais les désirs manifestés, les menaces effrayantes et les propos outrageants des hommes, femmes et enfants, sont déjà parmi eux sans frein. Leur conduite a pour but, à notre égard, et ils s'en jactent entre eux, qu'en chassant M. notre curé, la disette qui s'en trouvera par le grand nombre de ceux du département qui ne reconnaîtront pas l'évêque, fera qu'il n'y en aura point ici, et en haine des catholiques, la cure sera supprimée, le pasteur et les paroissiens seront expulsés, et eux demeureront seuls, libres et tranquilles. Ce piège subtil est tendu, prévenez-le, faites-les rappeler à l'ordre ; la sévérité est leur aliment, l'indulgence les gâte, les enorgueillit, mais ne me compromettez pas et brûlez ma lettre, car s'ils en apprenaient quelque chose, je serais lanterné net. Héricourt, le 29 août 1791. Signé : Frézard (1). »

Les catholiques de la ville, témoins des tracasseries que l'on faisait subir à leur curé, redoublèrent de sympathie à son égard, prirent même sa défense auprès du directoire. Le curé, placé entre la haine triomphante des uns et l'affection impuissante des autres, fit part à un membre du district des sentiments que lui inspirait sa situation. Sa lettre se

(1) Extrait des jugements du tribunal criminel de Vesoul de l'an 1792 à l'an IV.
Du 9ᵉ jour du 3ᵉ mois de l'an 2 (29 novembre 1793), jugement qui renvoie devant le tribunal criminel révolutionnaire de Paris, Claude-Nicolas Frézard, notaire public à Héricourt, pour avoir tracé sur les carreaux d'une fenêtre du corps de garde d'Héricourt ces mots : Vivent les calotins! Vive Louis XVII! Au diable la République!... ; d'avoir gravé sur un carreau de ladite fenêtre une figure imitant celle de Louis Capet, et d'avoir au surplus entretenu des liaisons et des correspondances avec les prêtres déportés.
PIGUET, Grégoire, *président*; OUDOT, BRIFFAUT, *juges*.

terminait par ces paroles : « Sans l'intérêt de la religion catholique attaquée sans cesse par les luthériens, il y aurait longtemps que je ne serais plus à Héricourt, et ce n'est que pour la soutenir contre leurs entreprises que je souhaite y rester, malgré les efforts de ces protestants pour m'en faire expulser (1). »

Les curés qui n'avaient pas publié la lettre pastorale de l'évêque intrus de Vesoul furent l'objet d'un arrêté en vertu duquel le directoire, le 2 septembre 1791, exigeait que ces prêtres seraient remplacés, qu'ensuite ils se retireraient à trois lieues de leur paroisse, et qu'à partir du 1er octobre ils ne recevraient aucun traitement.

A cette époque, M. Pilon, curé de Tavey, se rendit coupable d'un délit monstrueux. Il fut accusé d'avoir dit que l'Assemblée nationale n'avait pas le droit de délimiter le territoire d'un diocèse ou d'une paroisse, que le peuple ne pouvait se choisir des pasteurs, que ceux qui étaient ainsi élus étaient hérétiques et schismatiques : toutes choses parfaitement vraies. L'accusateur public près du tribunal de Lure fut requis de prendre des informations contre ce curé et de faire les poursuites qu'il jugerait convenables (13 sept. 1791). Il parait que dans cette circonstance on ne fut pas sévère, probablement faute d'intrus.

L'autorité civile ne parvenait pas à donner du relief aux curés constitutionnels. Le peuple les méprisait, comme le laissa entendre le capucin Leclerc dans une lettre au département du Doubs, à la date du 29 septembre, disant qu'il ne voulait plus desservir la paroisse de Villars, parce que les catholiques de cette commune étaient indignes d'avoir un prêtre constitutionnel et honnête, qu'ils ne venaient point à la messe et allaient toujours aux offices de leurs prêtres réfractaires à Damvant ; il ajoutait qu'il irait résider

(1) Archives de la Haute-Saône, District de Lure, L 133.

à Glay, qui valait mieux, si le département ordonnait au vieux curé Arnoux de quitter le presbytère. Le département, prenant en considération le vœu de cet intrus, donna huit jours au curé de Glay pour évacuer la maison curiale (1).

Peu de temps après l'expulsion de M. Arnoux de la cure de Glay, M. Seguin prévint le district de Saint-Hippolyte qu'ayant chargé le curé de Villars-sous-Écot de desservir la paroisse de Saint-Maurice-sur-le-Doubs, il eût à requérir M. le curé Faivre de cesser sur-le-champ toutes fonctions et de s'éloigner de ce lieu. Tous les catholiques déclarèrent hautement qu'ils resteraient fidèles à leur ancien pasteur.

Les districts, intérieurement disposés en faveur des prêtres fidèles, se voyaient à regret forcés d'agir contre eux. Le 8 janvier 1792, celui de Saint-Hippolyte écrivit à Larrère, curé de Seloncourt : « Votre respectable vieillesse et votre discrétion nous ont fait fermer les yeux sur le cas où vous pourriez vous trouver de subir la rigueur de la loi ; mais vous flatter que cette tolérance ira jusqu'à souffrir que vous vous fassiez seconder par un jeune ecclésiastique qui ne reconnaîtrait pas l'autorité de son évêque, ce serait une erreur dont il faudrait vous défendre. » Il termina ses remontrances en engageant ce vétéran du sacerdoce à profiter de la retraite que lui offrait la loi (2).

Le carême de 1792 arriva. Nos deux évêques constitutionnels envoyèrent des mandements à leurs diocésains, en réclamant l'appui des directoires pour que les officiers municipaux, à défaut des curés, donnent eux-mêmes lecture de ces productions schismatiques aux communes assemblées entre les offices divins (3).

Le curé de Blussans ayant refusé de lire le mandement

---

(1) Jules Sauzay, t. II, p. 179. Ce prêtre mourut en 1793, dans une maison qu'il possédait à Glay.
(2) Jules Sauzay, t. II, p. 212.
(3) Archives de la Haute-Saône, L 138.

de l'évêque du Doubs, la municipalité réclama son maintien comme essentiel à la tranquillité des habitants. « Il nous importe d'autant plus de le conserver, que nonobstant la différence de religion et de mœurs qui se trouve entre les citoyens de notre commune, il a toujours maintenu l'union et la tranquillité, ce qui probablement n'arriverait pas si on nous donnait un autre curé (1). »

Comme l'année précédente, les curés d'Héricourt, de Chagey et de Tavey se gardèrent bien de lire le mandement de M. Flavigny, malgré les injonctions des municipalités (2).

Mais les protestants des Quatre-Terres profitèrent de l'o-

(1) Jules Sauzay, t. II, p. 212.

(2) Les évêques constitutionnels ne jouirent d'aucune autorité. Flavigny, dénoncé deux fois par Poirson, de Vesoul, pour avoir écrit une lettre à ses curés, reçut du ministre la verte réprimande que voici : « Paris, 16 novembre 1792. Le ministre de l'intérieur à M. Flavigny, évêque du département de la Haute-Saône.

« J'ai reçu la lettre que vous m'avez écrite le 9 de ce mois en m'envoyant l'avis que vous avez fait distribuer aux curés, administrateurs et vicaires du département de la Haute-Saône, concernant la loi du divorce et la loi relative à la manière de constater la naissance, les mariages et sépultures des citoyens français; c'est après l'avoir lu avec la plus grande attention que je suis convaincu qu'il ne doit produire d'autre effet que celui d'égarer les esprits, d'exciter des troubles. Vous n'ignorez pas sans doute que c'est à force de commenter l'Évangile que sont nés les schismes et les hérésies; si l'on se permettait des commentaires et des interprétations sur nos lois, on parviendrait à les obscurcir, à les rendre inintelligibles et inexécutables aux citoyens. En religion comme en politique, il faut présenter le texte seul à l'adoration des peuples, et vous avez eu tort de mettre en avant une opinion qui met les consciences en opposition avec les devoirs des citoyens. Je ne puis donc que blâmer fortement cette fureur épiscopale d'écrire qui trouble la tranquillité publique. » (Archives nationales, F¹⁹ 467.)

A quels tyrans on se donne quand on rejette l'autorité pontificale pour être à la merci des fonctionnaires civils! Quel avilissement du caractère sacerdotal!.... Les tracasseries, les vexations, les suppressions d'abonnements au casuel et même de traitements, sont préférables, avec l'indépendance du ministère, à une servitude aux chaines d'or.

rage déchaîné contre l'édifice de notre sainte religion pour revendiquer la possession des presbytères et des églises du pays. Le directoire de Lure, s'appuyant sur des considérants fournis par l'histoire de la Franche-Comté, en réponse aux requêtes de Kilg, établit les conclusions suivantes :

1° Que la mouvance et la souveraineté des terres de Blamont, Clémont, Héricourt et Châtelot, lorsque le luthéranisme s'y est introduit par la force, appartenaient au roi d'Espagne, à cause du comté de Bourgogne, et qu'elles appartenaient à la France, depuis qu'elle a conquis cette province en 1674 ;

2° Que la demande des protestants qui a pour objet d'être réintégrés dans les biens ecclésiastiques dont ils prétendent qu'ils jouissaient au 1er janvier 1624, ainsi que l'établissement d'un consistoire et du simultané, doivent être rejetés comme injustes et dangereux ;

3° Qu'en conséquence, il doit être ordonné que les protestants, ainsi que les catholiques, chacun en droit, continueront de jouir et d'administrer, comme ils ont joui et administré par le passé, sans innovation, des églises, sépultures, fonds et biens ecclésiastiques qu'ils possèdent actuellement et qui ne se trouvent point supprimés par les décrets de l'Assemblée nationale. » 11 avril 1791 (1).

Kilg était révolté des décisions de ce genre. Le 24 du même mois, il en écrivit au garde des sceaux : « Les protestants des Quatre-Terres ont à se plaindre de l'inexécution du décret du 9 septembre dernier. Cela ne peut être qu'un reste de cette prévention malheureuse accréditée par la *prêtraille* en Franche-Comté, plus qu'ailleurs, contre tout ce qui n'est pas catholique romain.... Des corps administratifs ne doivent pas y participer (2). »

---

(1) Archives de la Haute-Saône, L 101.
(2) Archives nat., F¹ᶜ III Doubs I.

Les protestants du Doubs furent les premiers à obtenir l'usage des églises. C'est à Villars-lez-Blamont que commença l'attaque. Le 5 décembre 1791, les protestants de cette commune demandèrent l'usage de l'église que la retraite du curé Brisechoux avait laissée déserte, s'engageant à séparer le chœur de la nef par une balustrade (1). Le simultané y fut établi l'année suivante. Glay réclama ensuite. La municipalité protestante, « prenant pour base de ses pétitions le vœu du capucin Leclerc, envoyé audit Glay par l'évêque Seguin, et ce pour faire tomber insensiblement les haines réciproques » des protestants et des catholiques, demanda, le 2 février, le libre exercice du culte dans l'église paroissiale, déclarant que les protestants n'avaient jamais cessé d'en être les propriétaires légitimes.

Le district de Saint-Hippolyte renvoya les pétitionnaires au jugement de l'Assemblée nationale. Mais le département autorisa, le 2 mars 1792, les luthériens de Glay à se servir de l'église catholique, le chœur excepté. Cette décision réjouit les protestants.

Ceux de Seloncourt et de Bondeval réclamèrent, le 27 mars, la jouissance des églises de leurs villages, disant que le curé Larrère, dans le désir de voir la fraternité régner entre ses paroissiens et les protestants, avait donné son assentiment aux délibérations prises à ce sujet. Le district de Saint-Hippolyte, qui ne connaissait pas de loi permettant le simultané dans les églises destinées à l'exercice de la religion catholique, ne voulut pas accéder aux vœux de ces luthériens. Mais le directoire départemental, animé de sentiments différents de ceux du district, décida, le 2 avril, que les protestants de ces communes célébreraient « leur culte dans les églises desd. lieux, sous condition que le chœur sera fermé par une balustrade solide, et que les

---

(1) Archives du Doubs, L 1302.

assemblées du culte protestant ne pourraient être faites qu'après celles du culte romain et aux heures qui seront réglées de concert avec le sieur curé de Seloncourt et les conseils généraux desd. communes. » Le 14 du courant, le culte protestant rentrait dans l'église de ce village, aux cris de vive la nation ! vive la loi ! vive le roi !....

Après Seloncourt vint le tour de Saint-Maurice, d'où, le 6 avril, deux officiers municipaux protestants, MM. Charles et Bourrelier, adressèrent au département une dénonciation portant que M. Faivre n'avait cessé jusqu'à ce moment de porter et de soutenir ses paroissiens contre la constitution, qu'il avait souffert chez lui des rassemblements de prêtres et de laïques rebelles. Quelques jours après ces dénonciations, les protestants de Saint-Maurice et de Colombier-Fontaine adressèrent au district de Saint-Hippolyte une demande en vue d'être mis en possession des églises de ces lieux. Le curé assermenté de Villars-sous-Écot, représenté par les protestants comme « un vrai philosophe, » d'un civisme à toute épreuve, appuya la requête de ces habitants. Le district de Saint-Hippolyte, un peu plus catholique que les prêtres jureurs, décida qu'aucune mesure ne serait prise à cet égard, sans l'avis de l'évêque métropolitain. Le directoire du département passa outre. Le 29 avril, il prit un arrêté en vertu duquel les protestants de Saint-Maurice et de Colombier-Fontaine seraient remis en possession de leurs églises, ordonnant toutefois aux municipalités d'en faire fermer le chœur. Un des considérants de l'arrêté établissait que Pierre-François Faivre, curé du lieu, pour avoir refusé de reconnaître l'évêque diocésain, avait été contraint de quitter le presbytère et que les vingt-cinq catholiques suivaient son opinion. Dans ces quelques mots était l'apologie du curé et des paroissiens de Saint-Maurice (1).

(1) Jules Sauzay. *Histoire de la persécution*. t. II.

Sur ces entrefaites, le ministre Fallot, de Beutal, demanda à la régence, le 4 mai, la permission de célébrer le culte religieux successivement à Saint-Maurice et à Longevelle. Toute autorisation lui fut accordée, haut la main (1).

Ces protestants ne furent pas encore satisfaits, ils sollicitèrent l'arrestation du curé, retiré dans une maison de Saint-Maurice. Le district, consulté par le département, ne voulut pas y consentir. Le département passa outre ; le 15 mai, il ordonna que M. Faivre serait interné à Besançon. Ce confesseur de la foi parvint à se dérober aux poursuites des révolutionnaires et des luthériens de sa paroisse.

Le directoire permit également aux protestants de Longevelle d'exercer leur culte dans l'église de ce village. Le curé en ayant refusé les clefs, le gouvernement, par un arrêté du 3 mai, autorisa la municipalité de Longevelle à mettre la gendarmerie en réquisition pour faire ouvrir les portes de l'édifice et faire fabriquer une double clef.

A Lougres, les protestants rentrèrent en possession de l'église et du cimetière, le mois suivant. Les ornements du chœur furent enlevés par le curé de Montenois. Dans le même temps l'église d'Autechaux fut à l'usage exclusif des luthériens ; le curé de Châtel n'osa plus aller y célébrer les offices.

De toutes les églises de la région où le culte catholique s'était exercé depuis Louis XIV, celle de Blamont fut la seule qui demeura, à cette époque, à l'usage exclusif des catholiques. Transformée peu après en magasin à fourrages, afin d'être soustraite, par ce stratagème, au culte protestant, elle dut néanmoins le subir. Les luthériens s'en emparèrent, nous ne savons à quel moment, et en jouirent jusqu'au Concordat (2).

Les pasteurs, nommés presque immédiatement à ces dif-

(1) Archives nationales, K 1909.
(2) Archives du Doubs, V 236. M. Chenot, *Les Églises.... pendant la Révolution.*

férentes paroisses, occupèrent déjà pendant l'année les presbytères de Glay, de Villars, de Montécheroux, et même de Seloncourt, lorsque le curé Larrère eut été obligé de quitter ce dernier endroit.

Au moment où les prêtres fidèles prenaient le chemin de l'exil, le chœur de l'église de Vougeaucourt était le rendez-vous des catholiques du voisinage, tellement qu'il n'y restait plus de place pour ceux de la paroisse. C'était un abbé Socier qui y célébrait les offices. Les officiers de Mathay et de Villars-sous-Écot exposèrent aux administrateurs du Doubs que ce prêtre soulevait les habitants des frontières contre le régime actuel, et qu'un grand nombre de leurs concitoyens allaient entendre ses déclamations contre les prêtres assermentés et fidèles à la loi. Ils engagèrent vivement le département à demander au prince de Wurtemberg l'autorisation de saisir l'abbé Socier. Le 11 juin 1792, Goguel et Jeanmaire, membres de la régence, répondirent qu'ils avaient déjà fait défense à leur maire de souffrir que ce prêtre prît son logement dans une maison dépendante de la souveraineté du prince, et, pour convaincre le directoire de la sincérité de leur témoignage, ils dénoncèrent Claude Girard de garder l'abbé Socier (1). Le 14 juin, le département décida que ce perturbateur serait arrêté et transféré à Besançon. Mais ce jeune prêtre trouva son salut dans la fuite.

A Héricourt, le catholicisme ne subissait pas moins d'humiliation. Le 6 mai, il fut enjoint à M. Fourcault de sortir de sa cure dans les vingt-quatre heures, parce qu'on venait de lui trouver un remplaçant dans la personne de M. Jacoley, de Tavey. Le district de Lure, avant d'exécuter cet arrêt, voulut qu'on attendît l'arrivée du nouveau curé (2); ce prêtre ne vint pas.

---

(1) Archives nationales, K 2188.
(2) Archives de la Haute-Saône, L 109.

M. Fourcault ne fut pas heureux pour autant. Ses derniers jours à Héricourt furent abreuvés d'amertume. A la tête de l'école catholique, était un instituteur émérite, nommé Thomas Pillard, jouissant de l'estime de tous ses coreligionnaires, comme le témoigna la pétition adressée par eux en sa faveur à la municipalité. Un seul fait suffit à son éloge : il était détesté des officiers municipaux, qui lui préféraient Damotte, maître d'école expulsé de Chagey. Aux yeux des protestants d'Héricourt, ce dernier était bien l'homme qu'il fallait. Ceux-là en firent la demande à la municipalité, qui s'empressa d'approuver ce choix, disant, avec le procureur Boigeol, que le candidat avait les talents pour enseigner à la jeunesse catholique « la religion de ses pères, les principes des vertus locales et patriotiques. » Le 18 juin, on passa un marché avec lui pour la tenue de l'école et on signifia en même temps à Pillard d'avoir, pour le 24 juin, à évacuer la maison (1).

Le directoire de la Haute-Saône, à qui ce dernier porta plainte, voulut modérer la fougue des Héricourtois. Le 22 juin, il annula la convention passée avec Damotte et ordonna aux officiers d'Héricourt de convoquer les catholiques de la paroisse « pour prendre leur vœu relativement au sujet qui doit faire les fonctions de maître d'école dans cette ville et en passer marché en conséquence avec celui qui aura réuni la majorité. » En attendant la sentence du suffrage, le titulaire devait continuer à remplir ses fonctions. Cette décision ne fut pas du goût des protestants, mais le directoire leur défendit d'y faire opposition (2). La municipalité en fut irritée. Sa mauvaise humeur se donna pleine carrière dans la lettre écrite par elle aux administrateurs de la Haute-Saône : « Lorsque nous fûmes élus officiers muni-

(1) Archives de la Haute-Saône, L 133.
(2) Archives de la Haute-Saône.

cipaux, les principes adoptés par nous devaient nous mettre à l'abri de tout désagrément et de toute altercation, si on eût extirpé du milieu de nous, comme on l'a fait dans les départements voisins, des prêtres réfractaires qui fomentent la sédition et la dissension dans notre canton, qui en est infecté, pour dévoyer le peuple et pour nous empêcher de remplir le premier de nos devoirs. »

Après ce début, la lettre parla du marché fait avec Damotte à la demande des pères de famille, ce qui était faux, puis continua :

« La publicité de l'acte passé avec led. Damotte ayant réveillé l'orgueil du ci-devant curé Foureault, qui ne peut digérer qu'il y ait une loi qui s'oppose à ses caprices, ni aucune autorité au-dessus de celle qu'il continue à s'arroger à Héricourt, forme à l'instant l'odieux projet de soulever le peuple contre le peuple et le département contre la municipalité, mais celle-ci, forte de ses principes, des avantages réels que sa convention avec le sieur Damotte procure à la commune, et convaincu qu'il ne peut y avoir que ceux dont on a surpris la religion ou les ennemis du bien public qui puissent blâmer sa conduite, nous avons l'honneur de vous annoncer, Messieurs, que nous avons pris toutes les mesures indispensables pour prévenir la méchanceté de ceux qui se déclarent contre nous, et toutes celles qui doivent donner suite à la prédite convention, persuadés, comme nous devons l'être, que l'exposé mensonger de Pillard et des suppôts du sieur Foureault ne pourra vous décider à anticiper sur les droits et les pouvoirs constitués d'une municipalité, qui se verrait alors contrainte de réclamer contre votre propre arrêté à cet égard, et contre l'inexécution du décret qui ordonne l'expulsion des prêtres hypocrites et réfractaires qui désolent et bouleversent les citoyens patriotes de notre canton (1). »

(1) Archives de la Haute Saône. L 125. Les conseillers munici-

Dans cette circonstance, la municipalité d'Héricourt, dont le patriotisme consistait surtout dans la haine des curés, eut entièrement le dessus. Six officiers municipaux choisis parmi les plus braves, prenant avec eux soixante hommes de la garde nationale, tous armés de pied en cap, envahirent le domicile du maître d'école catholique, le chassèrent de chez lui et déposèrent ses meubles dans la rue. Pillard fit d'inutiles réclamations à Lure, sa cause était perdue au même titre que celle du curé : il était trop honnête pour les conseillers d'Héricourt.

Le 26 du mois d'août, la Convention décréta que tous les ecclésiastiques ayant refusé de prêter serment, ou qui, après l'avoir prêté, l'ont rétracté et ont persisté dans leur rétractation, seront tenus de sortir, dans huit jours, hors des limites du département de leur résidence et, dans quinze jours, hors du royaume. En conséquence, chacun d'eux se présentera devant le directoire du district ou la municipalité de sa résidence, pour y déclarer le pays étranger dans lequel il entend se retirer, et il lui sera délivré sur-le-champ un passeport qui contiendra sa déclaration, son signalement, la route qu'il doit tenir et le délai dans lequel il doit être sorti du royaume. Passé le délai de quinze jours, les ecclésiastiques non assermentés qui n'auront pas obéi aux dispositions précédentes seront déportés à la Guyane française. On excepta cependant de ce décret les infirmes et les sexagénaires.

Tous les curés des Quatre-Terres se trouvaient atteints par cette mesure de proscription [1].

paux étaient : Boigeol, Schou, maire ; Gauny, Lardemer, Vaisseau, Bourquin, Bailly, Pierre Parrot, Paignot, Grandgirard, Picard, Metzquer.

[1] C'étaient : Antoine Binétruy, curé de Blamont, et son vicaire Maximin Feuvrier, de Charquemont ; J.-B. Freynier, de Soulce, vicaire de Glay ; Henri Morel, de Thiébouhans, curé de Montécheroux ; Pierre-François Faivre, du Cerneux, curé de Saint-Maurice, et

Déjà, avant le décret du 26 août, deux prêtres du canton d'Héricourt avaient entrevu l'exil comme une épreuve inévitable. Au mois de juillet, le vicaire de Tavey et le curé de Chagey demandèrent au département ce qui leur était dû à raison des fonctions de leur ministère. Le directoire donna 108 livres au premier et trois cents au second (1).

La municipalité de Chagey se montra moins bienveillante envers ce dernier curé que l'administration départementale : elle lui refusa le passeport qu'il demandait. Voulait-elle jouir du plaisir de le voir un jour aux prises avec toutes les sévérités de la loi? Le procureur syndic condamna cette conduite, dans laquelle il vit une *méchanceté inqualifiable*, une *sorte de vexation* qu'on ne devait pas faire subir à un prêtre qui n'avait manqué ni aux officiers municipaux ni à sa paroisse. En conséquence, il rendit en faveur de M. Saunier une sentence qui dut rabattre la fierté des municipaux de Chagey :

« Le directoire estime qu'il doit être ordonné aux officiers municipaux de Chagey de délivrer au suppliant, dans les vingt-quatre heures après signification qui leur sera faite à leurs frais, les certificat et passeport requis ; à défaut de quoi, led. arrêté tiendra lieu de l'un et de l'autre, en les condamnant à tous les frais de citation et autres, occasionnés par leur refus, suivant la liquidation qui en sera

---

Pierre-Clément Flottat, vicaire ; J. Boigey, de Guyans-Durn..., curé de Longevelle ; Claude-Baptiste Pilon, de Granges-le-Bourg, curé de Tavey, et son vicaire, Charles-Nicolas Pougnet, de Hyèvre ; J.-B. Foureault, de Montagney, curé d'Héricourt, et Servois Saunier, de Rang-lez-l'Isle, curé de Chagey. Arnoux, curé de Glay, mourut l'année suivante dans sa maison de Glay. Quant à Brisechoux, d'Indevillers, curé de Villars-lez-Blamont, atteint d'une fluxion de poitrine, il demanda à rester, jusqu'à sa guérison, à Montmoirou, où il résidait alors.

(1) Archives de la Haute-Saône, 2 K 131.

faite par le directoire, à vue du mémoire qui en sera fourni par led. suppliant et de toutes pièces justificatives : 20 août 1792 (1). »

Au moment où M. Saunier, l'âme navrée de douleur, allait mettre le pied sur la terre étrangère, il trouva la même malveillance qu'à Chagey : les douaniers de Goumois le dépouillèrent de trente-quatre louis, les seules ressources qu'il ait eues pour un long exil. Léger Saunier, son frère, réclama au département contre cet acte, disant que la loi qui défendait « l'exportation du numéraire à l'étranger ne pouvait être appliquée aux prêtres non assermentés, obligés de quitter le royaume. » Le directoire lui donna raison, seulement le curé dut échanger ses louis contre des assignats ou contre de la monnaie étrangère dont la sortie n'était pas prohibée (2).

Le curé de Tavey, Claude-Baptiste Pilon, à Besançon depuis le 11 mai, se présenta, le 3 septembre, à la mairie de cette ville, demandant un passeport pour se réfugier en Suisse. Trois jours après, il prenait le chemin de l'exil.

En prévision de ce qui devait arriver, le curé d'Héricourt avait, dès le mois de juin, en paiement d'une dette, donné quelques-uns de ses meubles à un créancier. Enfin il dut, lui aussi, quitter sa paroisse. Voici dans quelle circonstance il prit la fuite. Il baptisait un enfant, quand on vint lui dire que les gendarmes étaient à sa recherche. Il se hâta de terminer la cérémonie, sortit par une des fenêtres de l'église, se réfugia chez le pasteur Méquillet, d'où il parvint à se dérober aux poursuites des agents de la Révolution (3). Sa fuite eut lieu après le 2 septembre, délai accordé aux prêtres fidèles pour se retirer en pays étranger. Le 13, la municipalité fit mettre en lieu sûr, sous la surveillance de

(1) Archives de la Haute-Saône, L 102.
(2) Archives de la Haute-Saône, L 140.
(3) Notes de M. Gâtin, ancien curé d'Héricourt.

Lardemer, quelques effets mobiliers appartenant à ce confesseur de la foi.

Sur le territoire d'Héricourt on faisait la chasse aux curés qui, comme M. Saunier, quittaient la terre de France, devenue inhospitalière pour eux. Le 13 septembre, cinq ecclésiastiques insermentés passaient à quelque distance de cette ville, se dirigeant sur Montbéliard. Découverts par quelques officiers municipaux, ils furent arrêtés et fouillés ; chez tous on trouva de l'argent. Trois d'entre eux étaient coupables d'une faute nationale : au lieu d'aller en Suisse par Baume, conformément à l'itinéraire tracé dans leurs passeports, ils y allaient par Héricourt. Cette faute leur valut la gloire d'être mis au secret. Les deux autres, fidèles à leur itinéraire, purent continuer leur chemin.

Les Héricourtois s'imaginant, à l'instar de don Quichotte, qu'ils avaient réalisé un exploit capable de les signaler à l'admiration des siècles, en informèrent aussitôt le directoire [1]. Leur conduite ne fut pas approuvée. Le district de Lure, une carte géographique sous les yeux, fut d'avis que les trois voyageurs ayant déclaré vouloir se rendre à Lucerne, suivaient le chemin le plus direct pour y arriver, qu'ils avaient eu des motifs de modifier leur itinéraire, comme l'attestait une lettre dont ils étaient porteurs, qu'en réalité il ne fallait pas interrompre le voyage de ces ecclésiastiques, « qui s'exécutaient d'après la loi, » que les sommes saisies sur eux étaient indispensables à leur subsistance et ne tombaient nullement sous l'application de la loi qui défendait l'exportation du numéraire. En conséquence, il fut enjoint à la municipalité d'Héricourt de rendre à la liberté les trois ecclésiastiques Énard, Bitey et Clément, et de leur restituer l'argent trouvé sur eux [2].

---

[1] Archives de la Haute-Saône, L 139.
[2] Archives de la Haute-Saône, L 140.

Parmi les curés exilés de la terre d'Héricourt, M. Fourcault seul eut un successeur : ce fut le curé assermenté de Lomont, François-Nicolas Damotte, ex-bénédictin. Le 7 octobre, cet intrus prêta serment en qualité d'administrateur de la paroisse d'Héricourt et de Tavey, en compagnie de Georges-Frédéric Méquillet, ministre protestant du lieu (1). Son séjour en cette ville ne fut pas de longue durée, car le 13 mars 1793, Pierre-François Artus, nommé à sa place, prêtait serment et faisait sa prise de possession le 21 du même mois (2). Quant aux catholiques de Chagey, après avoir eu quelquefois la messe du curé assermenté de Buc, ils demeurèrent sans exercices religieux; cette situation les désola. Ils demandèrent un curé au directoire. Celui-ci, reconnaissant qu'il était important « de procurer aux remontrants les secours spirituels et la tranquillité, » prit la résolution de communiquer immédiatement la requête précédente à M. l'évêque de la Haute-Saône pour y être donné suite le plus tôt possible (25 août 1792) (3). Comme les prêtres constitutionnels étaient rares, il n'y en eut point pour Chagey, ce qui était de beaucoup préférable.

Ces dévoyés ne jouissaient d'aucune considération. Le curé de Glay, Leclerc, écrivait, le 10 octobre, au département « qu'il croirait voler la nation en continuant à recevoir un salaire pour la desserte d'une paroisse dont les deux tiers allaient entendre la messe et recevoir les sacrements ailleurs, et qu'il allait offrir ses services dans une contrée où les calomnies des malveillants n'auraient pas le même empire (4). » Au mois de décembre de l'année suivante, il était nommé à la cure de Châtenois, par Arbogaste Martin,

(1) Archives de la Haute-Saône, L 3.
(2) Archives de la Haute-Saône, L 103.
(3) Archives de la Haute-Saône, L 102.
(4) Jules Sauzay, *Histoire de la persécution*, t. III, p. 559.

évêque du Haut-Rhin (1), mais nous le retrouvons peu après dans le pays.

Tournoux, de Blamont, dont les procédés peu respectueux à l'égard du vénérable Binétruy avaient révolté les membres du district, ne jouissait pas auprès des catholiques d'une plus grande estime que son collègue de Glay. On l'entendit se plaindre de ne pouvoir se procurer dans sa paroisse les choses nécessaires à la vie. Ce fut pour parer à ce grave inconvénient qu'il demanda au district de Saint-Hippolyte l'autorisation de fixer sa résidence soit à Blamont, soit à Damvant, dont il était également l'administrateur (2).

Pendant quelque temps, la paroisse de Saint-Maurice eut pour curé constitutionnel l'abbé Boillon. Les catholiques n'eurent que du mépris pour sa personne.

L'atmosphère révolutionnaire donna au protestantisme de notre pays une vitalité que des circonstances semblables ne pouvaient manquer de lui apporter. Au mois de novembre 1792, Kilg, ministre de Blamont, élu membre du conseil général du Doubs, usa en faveur du luthéranisme de tout le crédit que lui procurèrent ses nouvelles fonctions. Les églises de Glay, de Villars, de Seloncourt, de Montécheroux et de Saint-Maurice n'avaient plus de curé, et il était difficile d'en élire de nouveaux pour ces paroisses, tant le clergé constitutionnel était clairsemé. Kilg réclama contre le projet d'élire de nouveaux curés pour ces communes. Le procureur-syndic s'empressa de lui répondre qu'il pouvait être tranquille, qu'on n'avait porté toutes les anciennes paroisses sur la liste que pour ne pas effrayer les catholiques constitutionnels, mais que le défaut de sujets pour remplir toutes les cures vacantes donnerait certainement satisfaction aux justes désirs des protestants (3).

(1) Archives du Doubs, L 1310.
(2) Archives du Doubs, L 1303.
(3) Jules Sauzay, t. III, p. 565.

CHAPITRE XIV

Efforts des luthériens de Chagey, de Luze et de Tavey pour rentrer dans les églises de ces paroisses. — Exploits de Perdrizet, juge de paix, à Chagey et à Tavey. — L'église de Chagey aux protestants. — Résistance des catholiques de Tavey.

Les protestants de Blamont, Clémont et du Châtelot n'eurent pas de peine à obtenir des administrateurs du Doubs la jouissance des églises et des cures. Il n'en fut pas de même pour ceux de Chagey et de Tavey ; là, la lutte fut plus longue et la résistance plus opiniâtre. On peut dire cependant que les événements qui se déroulaient étaient de nature à ne décourager aucun de ces luthériens. Ainsi, malgré la décision du 11 avril 1791, sur de nouvelles instances faites par eux, il fut décidé, le 2 septembre suivant, que le directoire de Lure communiquerait à l'évêque Flavigny la requête des habitants de Luze et de Chagey, afin de remettre à des hommes compétents l'examen des avantages ou des inconvénients qui pourraient résulter de l'exercice simultané des deux cultes dans l'église de ce dernier village (1).

La décision, qui se fit attendre plusieurs mois, aurait, dans toute autre circonstance, émoussé les espérances des protestants de Chagey. Le 30 mai 1792, le directoire de la Haute-Saône, après avoir étudié de nouveau les délibérations prises par les luthériens de Tavey et de Chagey, de même que les arrêts du département du Doubs, concernant ceux de

(1) Archives de la Haute-Saône, district de Lure, L 101.

son ressort, arrêta que les choses resteraient au même état où elles se trouvaient, « sauf à l'Assemblée nationale à y statuer pour le plus grand bien et au gré de tous les intéressés. »

Les protestants, sans se décourager, revinrent aussitôt à la charge en élevant d'autres prétentions. Car, outre le simultané dans les églises de Chagey et de Tavey, ils demandèrent de nouveau l'établissement d'un consistoire général et le paiement par la nation des frais de leur culte. Le département fit opposition à cette triple demande. Le consistoire lui parut une contravention au décret du 1er décembre 1790, une espèce de clergé, une corporation particulière et un tribunal sous la juridiction d'un prince étranger, établi pour dissoudre ou autoriser les mariages, selon les principes du luthéranisme, contre les lois de l'État. Quant au simultané, il répondit que les protestants avaient un temple à Tavey, deux dans la paroisse de Chagey et, de plus, la liberté d'élever pour leur culte tous les édifices qu'ils jugeraient nécessaires, ajoutant que le simultané pouvait devenir dangereux, impolitique et compromettre le repos et la tranquillité des citoyens. Pour la question de l'entretien du culte, le directoire constata que les biens ecclésiastiques des Quatre-Terres, ayant été exceptés de la vente générale par le décret du 1er décembre 1790, ne profitaient qu'aux protestants. Après toutes ces répliques, le département conclut néanmoins que les pièces, requêtes et mémoires des deux parties adverses seraient envoyés à l'Assemblée nationale.

A ce moment, les protestants, dont les événements stimulaient le courage, adressèrent au directoire des requêtes de tous genres; ceux de Trémoins, qui étaient sujets de Montbéliard, auraient voulu se faire rayer du contrôle de la contribution mobilière pour 1792, sous prétexte qu'ils étaient étrangers. Le directoire rejeta leur demande en s'appuyant sur des considérants frappants de vérité :

« En 1681, le duc Frédéric-Charles avouait qu'il ne possédait qu'un sujet à Trémoins : Servois Bretenier.

« Cette maison n'a cessé de vouloir empiéter pour s'agrandir et il a fallu la ramener à son vrai point par des voies de rigueur.

« Elle faillit, malgré cela, tromper encore la France par un échange en date du 21 mars 1786, mais la fermeté du Parlement la fit échouer.

« C'est par le même esprit et en morcelant ses attaques qu'elle cherche à faire tomber dans l'erreur l'administration actuelle ; il est aisé de voir que les pétitionnaires sont mus par la régence du prince, mais il est bon d'être sur ses gardes (1). »

Pour quiconque a étudié dans quelques-unes de ses sources l'histoire des souverains du comté, il sera obligé de reconnaître que l'administration de la Haute-Saône porta alors un jugement aussi juste que sévère sur l'ambition de la maison de Wurtemberg à vouloir continuellement agrandir son État de Montbéliard, au détriment des voisins.

Le district ne ménagea pas davantage les protestants de Laire et de Byans ; il les condamna à fournir leur quote-part du traitement du maître d'école de Tavey, en donnant pour raison « que leur religion ne les peut dispenser de supporter une semblable charge qui tient au culte catholique romain (2). »

La résistance du district de Lure aux entreprises des protestants ne pouvait se soutenir indéfiniment, car la Révolution, dirigée en grande partie contre la religion catholique, ne pouvait manquer de leur ouvrir les églises de Chagey et de Tavey. C'est à Héricourt que furent étudiés les moyens d'arriver à cette fin. Le juge de paix du canton, l'homme le

---

(1) Archives de la Haute-Saône, district de Lure, L 102.
(2) Archives de la Haute-Saône, district de Lure, L 101. 2 K 131.

plus retors de la ville, dirigea toutes les manœuvres entreprises à cet égard.

Jacques-Christophe Perdrizet était un stratégiste souple, ayant plus d'une corde à son arc. Soi-disant bon patriote, au fond, dans toutes ses démonstrations de dévouement au nouveau régime, il ne visa qu'à faire triompher dans le canton la cause protestante sur les ruines du catholicisme. En cela il était parfaitement secondé par les circonstances. Afin de jouir des bonnes grâces des administrateurs du département, il leur fit connaître avec complaisance les œuvres de son patriotisme. Il avait envoyé à ses frais un soldat dans l'armée du Rhin ; son unique occupation était de faire disparaître les divisions alimentées par le fanatisme d'un clergé perfide. Les protestations de civisme faites dans le langage ampoulé de l'époque laissèrent le directoire de Lure assez indifférent, elles ne furent pas prises au sérieux dans cette enceinte. Il en fut autrement à Vesoul ; là on fit l'éloge de ce magistrat sans garder de mesure. Contre de si puissants éléments les catholiques de Chagey et de Tavey ne pouvaient pas lutter avec avantage. Ouvrons les registres de Tavey.

Le 18 janvier 1793, vers les dix heures du matin, le citoyen Perdrizet entra avec son greffier chez Georges Nocher, dans la maison duquel arrivèrent des citoyens de Laire et de Byans. Ce rassemblement avait été préparé. A un moment donné, tous ces luthériens sortirent de ce lieu et s'en allèrent, sous la conduite du juge de paix, chez Georges Couturier, maire de Tavey. En l'abordant, Perdrizet lui dit qu'il venait faire exécuter la loi du 9 septembre 1790 ; puis demanda les clefs de l'église catholique, déclarant que les luthériens voulaient y exercer leur culte ; ensuite il lui remit de sa réquisition un acte signé des seize luthériens du lieu. Le maire ne voulut rien accorder. Alors le juge de paix fit rassembler tous les habitants afin de les consulter. Du côté des catholiques, chacun partagea l'avis du maire. Cette décision une fois prise, on se retira, mais de part et d'autre on informa le directoire de Lure des faits de la journée. Il en résulta un arrêté favorable aux catholiques :

« Considérant que la prétention que les protestants de Tavey renouvellent aujourd'hui n'est appuyée d'aucun motif; que n'étant intervenu aucune loi en faveur de cette prétention, les choses sont restées au même état où elles étaient à l'époque du 30 mai dernier; que l'obstination manifestée par lesd. protestants, sans vouloir attendre la loi qui doit prononcer, d'après les observations des départements de la Haute-Saône et du Doubs, sur la question du simultané dans les églises catholiques des Quatre-Terres, ne peut qu'occasionner des troubles dans les villages mi-partis; enfin que l'on doit encore observer que celui de Tavey ne fait point partie des dites Quatre-Terres;

« Et le procureur-syndic entendu :

« Le directoire, persistant à son avis du 30 mai 1792, estime qu'il doit être provisoirement défendu aux protestants de Tavey de former une demande tendante à innover l'usage observé ci-devant entre eux et les catholiques dud. lieu, relativement à leurs droits respectifs, jusqu'à ce que la Convention nationale ait statué définitivement sur leur pétition tendante à l'introduction du simultané dans les églises catholiques où il n'a point été en usage jusqu'à ce jour (1). » Le 23 janvier, les administrateurs de la Haute-Saône confirmèrent cet arrêt de Lure.

Les catholiques de Tavey envoyèrent avec empressement cette bonne nouvelle au juge de paix. Cinq jours plus tard, le 28 janvier, Perdrizet, affectant l'émotion d'une vive colère, réfuta, dans une lettre au directoire de Vesoul, tout ce que les catholiques de Tavey avaient mis en avant pour conserver seuls la possession de leur église. « Il faut, disait-il,

(1) Archives de la Haute-Saône, district de Lure, L 102.

avoir le caractère aussi méchant et aussi fourbe qu'ils l'ont pour en imposer à des supérieurs comme ils l'ont fait. » De leur part tout était mensonge à ses yeux. Mensonge, quand ils ont dit que les protestants avaient un temple à Tavey ; chacun sait que leur culte s'exerce dans une mauvaise chaumière ! Mensonge, quand ils accusent Perdrizet de mettre le trouble dans leur commune, où il n'a cherché à combattre que le fanatisme et à revendiquer l'égalité proclamée par la loi ! Mensonge, quand ils affirment qu'il n'y a que seize protestants à Tavey ! Cependant après cette explosion de colère, il s'adoucit pour faire connaître dans la faute des catholiques de ce village une circonstance atténuante : Si ces gens « n'avaient pas été soutenus et conseillés par un clergé perfide, ils se seraient conciliés avec les protestants et la paix régnerait parmi eux. »

Et pour appuyer ses dires sur un fait éclatant il cite l'exploit suivant : « Je suis parvenu à faire faire une délibération aux protestants et catholiques de Luze, Chagey et Genéchier, signée de tous les citoyens des deux religions. Les protestants ont été privés pendant cinquante-quatre ans d'exercer leur culte dans lad. église ; c'est le ministre Méquillet qui a fait les derniers services et c'est notre ministre, son petit-fils, qui a fait le premier service qui s'est fait hier. Les catholiques et les protestants ont fait une fête civique bien agréable : nous nous sommes tous embrassés, et avons juré de vivre ensemble à l'avenir fraternellement, comme les enfants d'une même famille. Après le service, il y a eu un dîner où tous les catholiques et les protestants étaient réunis dans le presbytère. L'hymne des Marseillais y a été chanté, l'on a bu à la santé de la république française, de la Convention nationale et à la bonne réunion faite entre les catholiques et les protestants de Luze, Chagey et Genéchier(1). »

---

(1) Archives de la Haute-Saône, L 125.

Ce récit, empreint d'une certaine jactance, diffère de celui que Jean Baye, catholique de Chagey, fit l'année suivante touchant le même incident. « Perdrizet, dit-il, se transporta dans la commune de Chagey, où, après avoir fait assembler les catholiques et les protestants, il leur fit voir un décret qui autorisait les protestants à exercer leur culte dans l'église ; quelques-uns parmi les catholiques consentirent sur-le-champ, mais lui et plusieurs autres ne voulurent pas y consentir ; que pendant leur absence, il fut dressé un procès-verbal qu'on leur fit voir à leur retour et par lequel l'arrangement était pris, qu'alors on les força pour ainsi dire à signer aussi le procès-verbal (1). »

Un autre catholique de la même paroisse, Pierre-François Jolidon, présent à l'acte de Perdrizet, a laissé par écrit la véritable note de la journée :

« Le maire de Chagey étant protestant, raconte-t-il, a prié les catholiques de la paroisse de venir chez lui, ayant quelque chose à leur dire. Les catholiques de Chagey et de Genéchier, arrivés chez le maire, ont vu un grand nombre de protestants qui nous ont dit que demain, jour de dimanche, ils voulaient entrer dans l'église, bon gré, malgré nous, que si on voulait tomber d'accord, ils s'obligeaient à tous les frais qu'il pouvait y avoir, et que si on refusait l'entrée, ils vont tout casser et briser.

« Les catholiques, bien embarrassés, ayant perdu leur bon prêtre, ont cédé à la violence et sont tombés d'accord pour conserver l'église telle qu'elle se trouvait ornée, et voici l'arrangement qui a été fait en ma présence : 1° Le chœur sera enfermé aux frais des protestants ; 2° la chaire sera pour les catholiques, et le cimetière de même (2). »

L'accord fait alors entre les catholiques et les protestants

---

(1) Archives de la Haute-Saône, district de Lure, L 130.
(2) Archives de la cure de Tavey.

de Chagey fut écrit officiellement, le 26 janvier 1793. Les protestants mirent pour clauses que, dès ce jour, ils exerceraient leur culte dans l'église du village, « sous condition que le chœur sera fermé par une balustrade assez haute et assez solide et réservé uniquement aux catholiques romains; les assemblées des deux cultes seront fixées et réglées par les conseils généraux des communes de Chagey, Luze et Genéchier; le cimetière sera partagé entre les catholiques et les protestants à proportion de la population; le presbytère, qui est vacant, pourra être occupé par un ministre protestant, seulement il sera évacué par lui si, à la suite de la circonscription des paroisses, Chagey doit avoir un curé. »

Les catholiques, n'ayant pas la teneur du décret du 9 septembre 1790, n'adhérèrent à cet arrangement qu'à la condition qu'il serait approuvé par le département de la Haute-Saône, par l'évêque et par la Convention nationale, réservant de plus que l'église ne serait ouverte aux protestants qu'après cette approbation, que le cimetière serait tout entier aux catholiques, les frais de l'organisation de l'église aux protestants, le presbytère, amodié au plus offrant et dernier enchérisseur, jusqu'à l'arrivée d'un curé (1).

La dernière partie de cette convention, conforme à la déposition écrite par Jolidon, témoin oculaire, fut escamotée par un acte de violence. Le jour qui la suivit, « vers les onze heures du matin, les citoyens protestants des deux communes de Luze et de Chagey rentrèrent en possession de l'église dudit Chagey. Le citoyen Méquillet, ministre à

---

(1) Archives de la Haute-Saône, distr. Lure, L 130. M. le pasteur Chenot n'a pu retrouver cette pièce qui fut signée, dit-il, le 26 janvier. C'est fâcheux, car il aurait constaté dans son travail que ses coreligionnaires reconnurent la nécessité de fermer le chœur de l'église par une balustrade et de n'en réserver l'usage qu'aux catholiques.

Héricourt, fit le sermon d'entrée (1). » De ce traité, ils n'exécutèrent seulement que deux articles : ils firent une balustrade à l'église et choisirent, près de la fontaine du village, une place destinée à un cimetière. Il paraît qu'ils enterrèrent là quelques personnes (2).

Perdrizet, en faisant connaître à sa manière cet exploit au directoire de Vesoul, prétendait bien écrire son apologie. « Cette nouvelle vous fera plaisir, » disait-il. Il ne se trompait pas. Le 1er février, le département le combla de félicitations. « Dans la lettre que vous avez pris la peine de nous écrire, vous nous apprenez la nouvelle la plus agréable et la plus flatteuse pour vous: dans la réunion qu'en conciliateur et bon juge de paix vous venez d'opérer chez les protestants et les catholiques de Genéchier, Luze et Chagey. C'est à l'œuvre qu'on reconnaît l'ouvrier, et si vous n'étiez pas assez satisfait de votre succès, nous vous offrirons la reconnaissance de vos concitoyens et collègues (3). »

Aucune autorité compétente n'avait sanctionné le traité du 26 janvier : lacune vivement sentie par les protestants. Au mois d'avril, le directoire de Lure essaya de calmer leur inquiétude en le confirmant de son autorité. C'était peu, mais à Chagey on s'en contenta, et les luthériens de ce village purent se rassembler à l'église jusqu'à la promulgation de la loi qui ordonna la fermeture des édifices consacrés au culte. Pour ne plus revenir aux démêlés touchant cette église, qu'il nous soit permis d'anticiper sur les événements et de dire qu'après la loi du 30 mai 1795, les protestants de Chagey s'attribuèrent le droit de refuser aux catholiques du lieu l'entrée de cet édifice. Ces prétentions ne furent réduites à leur juste valeur que par l'intervention de l'autorité départementale qui porta l'arrêté suivant :

(1) Archives de la Haute-Saône, district de Lure, L 125.
(2) Archives de la cure de Tavey.
(3) Archives de la Haute-Saône, district de Lure, L 125.

« Considérant que la municipalité de Chagey, quoique composée de citoyens du culte protestant, doit être soumise à la loi et ne peut priver les catholiques du droit qu'ils ont, par l'effet de la loi, d'exercer leur culte dans l'ancien édifice;

« Considérant que ces derniers sont sous la protection et sous la sauvegarde de la loi relative au culte, et que si la municipali... de leur commune apporte de la résistance au droit qu'ils ont, elle deviendra réfractaire et répréhensible;

« Arrête que pour le maintien de l'ordre, de la paix et de la police, les citoyens du culte protestant sont autorisés à user tous les jours de l'édifice destiné au culte dans ladite commune, depuis sept heures du matin jusqu'à dix heures et depuis midi jusqu'à trois heures, et que ceux du culte catholique en useront depuis dix heures jusqu'à midi et depuis trois heures jusqu'à six heures de chaque jour, si bon leur semble, sans que ni les uns ni les autres puissent apporter aucun trouble ni empêchement à l'exercice de l'un et de l'autre culte, pendant le temps ci-dessus déterminé; que les uns et les autres jouiront, cumulativement, du cimetière pour l'inhumation des morts; fait défense à la municipalité de s'opposer à l'exécution du présent arrêté. Vesoul, 21 thermidor an III (8 août 1795) (1). »

Les protestants de Chagey se moquèrent de cette décision; c'est pourquoi, cinq jours après, à la suite des plaintes des catholiques, le directoire signifiait à la municipalité, par l'entremise de J.-C. Piguet, de cette commune, l'ordre de « ne pas paraître protéger un culte plutôt que l'autre (2). » Hélas! que pouvait une telle autorité à la distance où elle était de Chagey?

Pour l'église de Tavey, voici également les démêlés

(1) Archives de la Haute-Saône, 2 K 135.
(2) Archives de la Haute-Saône, 2 K 139. Et qu'était devenu le serment fait par les protestants, entre les mains du conciliateur Perdrizet, de vivre fraternellement avec les catholiques?

auxquels elle donna lieu jusqu'à la fin de la Révolution.

Le directoire de Lure autorisa, au mois d'avril 1794, les protestants de Byans, Laire et Tavey à y exercer alternativement leur culte avec les catholiques. Ceux-ci, ne reconnaissant pas à cette décision une autorité suffisante, continuèrent de refuser à leurs voisins l'usage de l'église. Mais le juge de paix ne lâcha pas prise. A la fin de l'année, il recourut à un stratagème assez ingénieux.

On était alors dans l'ère républicaine; les mois, ayant d'autres noms, étaient partagés en trois décades ou groupes de dix jours, et il avait été décidé que le dixième jour de chaque décade serait seul chômé par tout ce qui appartenait aux administrations civiles, sous la dénomination de culte décadaire. Perdrizet profita de cette nouvelle religion pour faire l'assaut de l'église de Tavey.

« Plusieurs citoyens d'Héricourt, dit-il, et notamment les membres de la société populaire, avaient renoncé à leur ancien culte pour n'exercer que celui de la raison. » Sur l'invitation des protestants de Tavey, soi-disant, ils se rendirent, le 30 décembre, en ce lieu afin d'inaugurer le culte de la décade sous le pontificat de Noblot et de Perdrizet. Beaucoup de protestants des communes étaient accourus avec empressement au rendez-vous. Le juge de paix demanda si on devait commencer la cérémonie par un discours civique ou par la lecture des lois. La majorité étant protestante, le discours eut la priorité, c'était convenu d'avance. Notre homme monta donc en chaire et donna lecture d'un long factum qu'il avait préparé. Quand il eut fini, il reprocha au procureur de la commune de refuser les clefs aux citoyens de Byans et de Laire qui demandaient à y célébrer leur culte, fêtes et dimanches. Le procureur se défendit en disant que le vœu du peuple et du citoyen Bernard était qu'on n'ouvrît les portes de cet édifice que les jours de décade. Le juge parla ensuite d'un acte de conciliation. A ces mots, les membres de la municipalité, qui ne redoutaient rien tant pour leur église que la célébration du culte luthérien, interrompirent le prédicant, demandant à haute voix la lecture des lois, disant que la commune de Tavey était souveraine, que personne n'avait le droit de venir dans leur église et que ceux qui voudraient célébrer leur culte le fissent chez eux. Le trouble excité par cette discussion ne cessa que lorsque Perdrizet eut repris avec sa société populaire le chemin d'Héricourt. Des deux côtés, on dressa un procès-verbal de cette réunion orageuse. Celui des catholiques se termina par cette observation fort juste : « Il ne convient pas à un juge de paix de venir exciter de pareils troubles dans les assemblées de commune (1). »

Le 23 janvier, on revint à la charge. Un protestant de Laire étant parvenu à se faire ouvrir les portes de l'église, une quarantaine d'individus y pénétrèrent sous la conduite de Méquillet, pasteur d'Héricourt. On sonna la cloche, on baptisa un enfant, dit M. Chenot. Les officiers municipaux, occupés loin du village à la réparation des chemins, croyant à une alerte, quittèrent précipitamment leurs travaux. Arrivé devant l'église, le maire demanda au pasteur ce qu'il faisait là. Celui-ci lui répondit, « par des paroles équivoques, que son culte était libre, qu'il faisait ce que bon lui semblait sous prétexte qu'il était officier public. » Cependant il se retira et peu après il fut suivi de ses amis.

A la suite de cette échauffourée, les catholiques n'eurent qu'un souci, celui d'éloigner à tout prix de leur église l'exercice du culte luthérien. Par une délibération prise entre les notables et les officiers municipaux, ils la transformèrent en magasin à fourrages destinés à l'entretien des chevaux qui faisaient le transport des vivres de l'armée. Cet expédient aurait eu du succès si la Révolution ne fût venue au se-

(1) Archives de la cure de Tavey et de la Haute-Saône, L 130.

cours du protestantisme. Le 10 mars 1791, le district de Lure, alors plein de vigilance sur les prêtres qui célébraient la messe à la faveur des ténèbres, ordonna à la municipalité de Tavey de faire enlever le foin et les autres denrées placés à l'église, et permit aux luthériens des trois communes d'y exercer leur culte, enjoignit de plus au maire, sous peine d'être déclaré suspect et mauvais citoyen, de leur faire ouvrir chaque jour les portes de l'église et de leur donner une clef. *Faute de la part du maire d'obéir à cet ordre, les protestants eurent toute permission d'entrer dans l'intérieur de l'édifice* (1).

Les catholiques de Tavey résistèrent encore aux injonctions du directoire de Vesoul, cependant ils durent céder à la force. Le 13 janvier 1798, un protestant ayant forcé les portes de l'église dans des circonstances très orageuses, le département, pour s'assurer si les protestants de Tavey avaient un temple, prescrivit une enquête à ce sujet. Jean-Georges Jonte, de Bussurel, en fut chargé par l'administration cantonale. A la suite de ces informations, dont les conclusions ne pouvaient pas étonner, il fut décidé, le 14 février 1798, que les protestants et les catholiques de Tavey jouiraient ensemble de l'église du lieu. Pour y entrer, les luthériens durent en briser les portes (2). Nous verrons le sort de cet édifice au commencement du siècle suivant.

(1) Archives de la Haute-Saône, L 130.
(2) Archives de la Haute-Saône, § 3, 1 L 10.

CHAPITRE XV

Le comté de Montbéliard agité par la Révolution. — Son annexion et celle de Mandeure à la république française par les ordres de Bernard de Saintes. — Pillage et vente du mobilier du château de Montbéliard. — Les vases sacrés et les objets du culte catholique. — Départ de Bernard du comté. — Sentiments des habitants envers la France. — Leurs causes. — Culte luthérien. — Renonciation des pasteurs à leur culte. — Loi du 11 prairial an III, favorable au protestantisme. — Libre exercice de la religion protestante.

Avant d'exposer les ruines matérielles amoncelées par la Révolution dans les églises et les presbytères de nos anciennes seigneuries, nous avons à faire connaître l'annexion du comté de Montbéliard avec les circonstances qui ont précédé et suivi ce fait important.

Dès le début de la Révolution, le prince Frédéric-Eugène augura mal de ce qui se passait chez les voisins. Avec tous les hommes de bon sens, il déplorait qu'on eût mis des armes entre les mains d'un peuple qui prétendait jouir de la liberté quand il se livrait à tous les excès de la licence. En entendant les menaces des paysans contre le comté, il le mit sous la protection de quarante dragons et de trente fantassins qu'il demanda à la garnison française de Belfort. Au mois de septembre 1789, il remplaça ces soldats par deux cents miliciens et cinquante dragons du pays; mais cette armée n'eut pas assez de prestige pour imposer aux farouches voisins.

Le 29 décembre 1789, des hommes d'Étobon et de Belverne conduisaient quatre voitures d'avoine à Montbéliard. Arrivés à la forêt de la Côte-aux-Moines, ils furent accostés et accompagnés par quatorze individus armés, sortis des

Terriers et des Valettes. Quand tout le monde fut parvenu au bois de Champey, les gardes nationaux français voulurent obliger les sujets du prince à prendre le chemin des Terriers. Aussitôt les voitures s'arrêtèrent et on se mit à discuter. Un moment après, trente jeunes hommes de Belverne, avertis du danger que couraient leurs compatriotes, vinrent à leur secours; d'un autre côté, on vint renforcer les gardes nationaux. La situation, comme on le comprend, devenait périlleuse. Pendant qu'on parlementait, Daniel Mignerey, d'Étobon, fut tué d'un coup de fusil; Jean Sire, de Belverne, et une petite fille eurent, l'un une jambe, l'autre un bras cassés. Au milieu du trouble et de la confusion qui éclatèrent, on se hâta de reconduire au premier village les voitures d'avoine et, peu après, accoururent à l'endroit du meurtre, à la réquisition des assassins, les milices de Courmont, des Valettes, de Lomont, Lomontot, Faymont et Champey. La nuit suivante, le tocsin sonna dans tous les villages des environs, pendant que le tambour battait le rappel. A la tête de 250 hommes, Pilon, directeur de la saline de Saulnot, se rendit à minuit dans le bois de Champey, et parvint à faire entendre raison aux exaltés qui gardaient le cadavre de Mignerey et qui parlaient d'aller reprendre l'avoine emmenée à Belverne. A cinq heures et demie du matin, arrivèrent à Saulnot les milices de Crevans, Secenans, Lachapelle, mais les dragons de Villersexel, les gardes nationaux de Courchaton, de Vellechevreux, rebroussèrent chemin quand ils connurent le fait : « Un scélérat, écrivait le prince à son représentant à Paris, n'a pas craint de dire, pendant la défaite et voyant le monde accourir de toutes parts : Voici le moment d'aller fondre sur le château de Montbéliard pour le démolir (1). »

Cette haine des Comtois à l'égard du comté alla croissant.

---

(1) Archives de la Haute-Saône, E 414.

Le 17 février 1791, « les commandants des troupes nationales de Montenois, Onans, Courchaton, Abbenans, Melecey, Grammont, Fallon, Geney, Arcey, Gonvillars, Vellechevreux, Cubry, Cubrial, Pont, Avilley, Courbenans, » tinrent un conseil de guerre « à la maison de ville de Vellechevreux, dans le but de prendre les dispositions nécessaires pour protéger les frontières du royaume et surtout celles contiguës à la principauté de Montbéliard. » La délibération avertissait les administrateurs de la Haute-Saône et du Doubs que dans la nuit du 15 au 16 février il s'était fait du bruit à Vougeaucourt ; elle invitait ensuite le prince à ne point donner retraite aux étrangers ni passage dans ses terres aux troupes des autres États. Au mois de juillet, éclata entre jeunes gens de Montbéliard et d'Héricourt une rixe dans laquelle fut blessé un nommé Boillon, sergent de grenadiers de la garde nationale de cette dernière ville. Aussitôt, ce corps de troupes envoya des circulaires à l'Assemblée nationale, au prince et à toutes les milices des lieux voisins pour obtenir, avec leur concours, une réparation suffisante ou exercer telle vengeance que le cas exigeait. Le directoire de Lure et le prince intervinrent fort à propos pour empêcher un incendie (1).

Le prince passait pour être hostile à la France ; on l'accusait de prendre parti pour l'Allemagne. Malgré toutes ses protestations, il ne parvenait pas à faire tomber les préventions dont il était l'objet. La prudence lui conseilla de quitter Montbéliard. Mais peu confiant dans la parole du ministre français, qui avait ordonné au directoire de Saint-Hippolyte de donner à Frédéric-Eugène toute liberté de sortir de ses États ou d'y rentrer, au lieu d'effectuer son départ par Belfort, il prit secrètement un chemin détourné (2) (août 1791).

(1) Archives de la Haute-Saône, L 125.
(2) Archives nat., K 1791.

Cela ne calma pas les voisins du comté. Ceux-ci se mirent à dévaliser les bois du prince. A Villers-sur-Saulnot, à Chavanne, à Granges-le-Bourg, on ne respecta rien, on abattit quelquefois les plus belles futaies. A plusieurs reprises, le prince s'en plaignit au directoire de la Haute-Saône. Peu à peu, la même maladie gagna le comté. Retiré à Bâle, Frédéric-Eugène écrivait, au mois de février 1792, au conseil de régence : « J'ai appris ici qu'on commençait à piller et à dévaster. » Des dispositions favorables à la France se manifestaient çà et là. Friès, négociant à Montbéliard, l'avouait dans une lettre à son fils, alors à Bâle : « Notre ville se voit menacée par une foule de séditieux qui font circuler une pièce odieuse qu'on porte de maison en maison pour signer; on y développe un esprit de révolte alarmant et on y déclare ouvertement vouloir se donner à la France [1] » (avril 1792).

D'un autre côté, les voisins du comté, sous l'empire des idées révolutionnaires, commirent différents excès à Désandans et à Aibre. On vit même les Belfortains organiser une expédition contre Montbéliard. Cette échauffourée est tout ce qu'il y eut de plus excentrique parmi les exploits de nos milices bourgeoises. Voici le fait. En septembre 1792, les Belfortains, sous la conduite d'un cafetier nommé Marcon, firent prendre les armes aux gardes nationaux d'Héricourt et à ceux de plusieurs villages des environs, et arrivèrent devant Montbéliard au nombre de 2,500. Si le patriotisme dirigeait quelques hommes de cette bande, comme le croit un chroniqueur du pays, on peut dire que c'était l'exception, car la plupart allaient pour voler et piller les biens du prince, et cela, avec d'autant plus de crânerie qu'il n'y avait au château que 125 soldats. Vingt contre un !.... Comme c'était prévu, la petite armée du prince capitula; elle fut

[1] Archives nat., K 1909.

emmenée le lendemain à Belfort, où elle demeura prisonnière deux jours. Quelques pièces de canon, de la poudre, des armes de toutes espèces et six chevaux appartenant au prince devinrent la proie des faciles vainqueurs. Aussitôt après cet acte de brigandage, la régence, pour prévenir le retour de pareilles manœuvres, envoya un de ses membres à Saint-Hippolyte et un autre à Lure, prier les administrateurs de ces districts de contenir les instincts belliqueux des municipalités voisines du comté (1).

Il était difficile d'arrêter le courant. Le 21 novembre, le conseil écrivait à Son Altesse : « Nous remarquons que la fermentation va toujours en augmentant (2). » En ville, les réunions devenaient tumultueuses. Des arbres de la liberté furent plantés sur les trois places principales; une pétition signée par la majorité des bourgeois demanda au prince la suppression de la banalité des moulins, de la dîme des pommes de terre et d'autres légumes, enfin, des droits de boissons et des comestibles portés au marché (3).

A Clairegoutte, on sonna le tocsin un soir. A ce signal, des hommes de tout âge allèrent chercher un arbre qu'on planta pendant la nuit sur la place publique. Au sommet, on mit un bonnet rouge et sur la tige une banderole avec cette inscription : Amis de la république française, liberté et égalité (4). De la part des habitants de la même commune, il y eut une anticipation exécutée de vive force dans la forêt de Chérimont, ce qui fit dire au prince : « Cet acte fait malheureusement preuve de l'esprit qui gagne de plus en plus dans le pays de Montbéliard (5). »

Le dimanche 9 décembre 1792, un arbre de la liberté fut

(1) Archives nationales, K 1909. Duvernoy, *Éph.*, p. 335.
(2) Archives nationales, K 1909.
(3) Archives de la Haute-Saône, L 125.
(4) Archives de la Haute-Saône, E 304.
(5) Arch. nat., K 1909.

planté au milieu du village du Magny-d'Anigon ; la nuit suivante, quelqu'un l'arracha et le coupa. Celui qui l'avait planté ne put supporter un tel défi. A sa demande, cinquante hommes de la milice de Lyoffans allèrent, les armes à la main, venger le patriote du Magny en obligeant les habitants à planter un nouvel arbre de la liberté. Soixante-trois francs de libations faites sur le compte de la commune permirent à ce trophée de vivre peut-être quelque temps (1). Pour une injure analogue à l'arbre de la liberté planté à Allenjoie, deux cents habitants de Châtenois, de Trétudans et de Vourvenans, armés de fusils, de sabres et de haches, vinrent obliger leurs voisins du comté à réparer la faute commise par eux. Ils ne s'en retournèrent qu'après une dépense de cent francs faite à l'auberge du village (2).

Dans la ville de Montbéliard, la Révolution française trouvait des partisans chaque jour plus ardents. Le 2 janvier 1793, la populace, réunie sur la place Saint-Martin, n'attendait qu'un signal pour s'emparer des armes déposées à l'hôtel de ville et remplacer le magistrat par une municipalité. La cavalerie bourgeoise fit échouer ces projets, dit Duvernoy (3).

Mais de tous ceux que la Révolution française eut le secret de fasciner, il n'y en eut point pour commettre autant d'extravagances que Jacques-Antoine Cordienne, curé de Montbéliard. Ce prêtre, né à Jussey, le 12 novembre 1758, se posa, dès 1789, comme partisan des idées nouvelles. A la date du 14 juillet de cette année, il dessina lui-même, sur la marge du registre de l'église du collège, une cocarde tricolore aux plus vives couleurs. Dans la voie qui s'ouvrait devant lui, il marcha avec un enthousiasme dont ses

(1) Archives de la Haute-Saône, E 353.
(2) Duvernoy, *Éphém.*, p. 469.
(3) Id., *loc. cit.*, p. 4.

discours et ses adresses peuvent nous donner une idée. Voici une pièce envoyée par lui à la Convention et signée des quinze habitants du collège :

« Républicains, représentants du pouvoir souverain ! Une poignée de Français, que la paix de Ryswick a laissés sur un sol étranger, viennent vous dire qu'ils n'y ont point oublié leur patrie ; ils y ont cherché leurs épouses, marié leurs filles et envoyé quelquefois des défenseurs. Privés du droit de propriété, exclus de tout emploi (à cause du catholicisme qu'ils professent), pauvres, par conséquent, mais bons Français, ils se trouvent aujourd'hui bien honorés de ce titre de famille, se croient riches et sont tout glorieux de chanter dans l'asile religieux qu'ils vous doivent : *Domine, salvam fac rempublicam Francorum.* » Plus tard, sous le feu de la parole de leur curé, tous les catholiques adhérèrent à la Constitution du 24 juin 1793 (6 messidor an 1) (1).

Nous avons vu qu'autrefois le curé de Montbéliard fut accusé de donner asile aux malfaiteurs et aux contrebandiers. Au début de la Révolution, cette accusation se retourna contre ses auteurs. Le collège, disait-on, était la retraite des nobles et des prêtres réfractaires français. Pour combattre des bruits capables d'alimenter les mauvais instincts de la multitude, les maîtres-bourgeois firent, sous la conduite du curé qui s'y prêta de très bonne grâce, la visite de tout le collège ; mesure que le prince approuva (2).

Le conseil de régence luttait en vain contre l'influence de ses voisins, le comté de Montbéliard était condamné à être absorbé par la France. Le 10 avril 1793, le général Déprès-Crassier, commandant la 5ᵉ division de l'armée du Rhin, entra à Montbéliard avec deux cents gardes nationaux et seize gendarmes et, en vertu des ordres du général en chef

(1) Registre paroissial.
(2) Archives nat., K 1909.

Custine, prit possession, au nom de la France, du comté de Montbéliard, sous prétexte que le prince avait fourni un contingent de troupes aux puissances coalisées. Les scellés furent apposés au château et aux caisses des receveurs par le procureur-syndic du Haut-Rhin et l'inventaire de tout ce qu'il y avait fut soigneusement dressé. Le conseil fit observer que les biens et effets de Son Altesse ne devaient pas être confondus avec ceux du souverain, mais considérés comme biens particuliers [1]. On ne tint pas compte de cette observation et dès cette époque quatre gendarmes furent mis à la garde du séquestre [2].

Six mois après, le comté et la ville de Montbéliard demeurèrent définitivement annexés à la France. Le 9 octobre, un bataillon d'infanterie, puis des cavaliers, escortant des pièces de canon, vinrent loger à Sochaux, où, dès les trois heures du lendemain matin, ils firent de grands feux. A six heures, ils prirent la route de Montbéliard. Arrivés à mi-chemin, ils trouvèrent les maîtres-bourgeois de la ville qui venaient à leur rencontre et leur assurer « que toutes les portes leur étaient ouvertes [3]. »

Bernard, de Saintes, envoyé en mission dans le département du Jura, était à la tête de cette troupe. Après son entrée dans la ville, il fit afficher une proclamation où il annonça aux habitants de Montbéliard que les Français leur apportaient la liberté et avec elle tous les droits de l'homme, c'est-à-dire la suppression de la dîme, de la féodalité et de l'inégalité, le droit de chasser, de pêcher et d'arriver aux emplois; il les invita à détester tous les tyrans et à s'allier à leurs frères armés pour les combattre; leur déclara que

---

(1) Archives du Doubs, L 1315.
(2) Archives du Doubs, L 1315.
(3) Archives du Doubs. Notes du pasteur Belorce, de Sochaux. Pourquoi les historiens de Montbéliard gardent-ils le silence sur cette démarche des maîtres-bourgeois?

les impôts, dorénavant répartis entre tous les citoyens, ne serviraient qu'à protéger la liberté. Après les avoir ainsi bercés d'illusion, Bernard leur fit un crime de leur dégoût pour les assignats, et les engagea à mépriser un vil métal encore empreint de l'effigie d'un traître.

Le même jour, il supprima le conseil de régence et toutes les administrations, puis il établit les lois et les institutions françaises dans la ville et le comté. Le ressort forma un cinquième district qui fut réuni au département de la Haute-Saône ; ce district fut divisé en quatre cantons : Montbéliard, Audincourt, Désandans et Clairegoutte. Le 11 octobre, il nomma les administrateurs du district (1), ceux de la commune (2), un juge de paix pour la ville et un pour la campagne.

A quelque temps de là, une petite souveraineté, appartenant à l'archevêque de Besançon, fut réunie à la république française. Après la mort de Mgr de Durfort, arrivée à Lausanne le 19 mars 1792, la partie catholique de Mandeure s'était constituée en république indépendante ; ses chefs prenaient le titre de prud'hommes administrateurs du pays libre de Mandeure ; sur le sceau de cet État en miniature était gravée une mouche avec cette devise : *Aquila non capit muscas* (l'aigle ne prend pas de mouches) ; à l'entour de l'écusson se lisaient ces mots : *Sigillum Epomanduodori* (3). Pendant dix-huit mois, Mandeure goûta le repos et la paix sous l'administration que les habitants avaient établie.

---

(1) Administrateurs du district : Morel, ministre protestant de Bethoncourt ; Goguel, homme de loi ; Fallot, item ; Jean-Georges Berger, marchand ; Marconnet, aubergiste ; Bouillon, procureur-syndic ; Morel, archiviste, secrétaire général.

(2) Administration municipale ; G.-F. Curie, P.-F. Goguel, maire ; L.-F. Verenet ; J.-G. Duvernoy ; C.-C. Gruet, procureur de la commune ; Jacq.-Ant. Cordienne, curé de Montbéliard, nommé le 29 novembre 1793.

(3) Duvernoy, *Éphémérides*, p. 263.

Quand Montbéliard fut réuni à la France, tous jugèrent qu'il n'était pas possible de garder plus longtemps leur indépendance. Le 18 octobre, deux députés furent envoyés auprès du représentant Bernard, « pour conférer avec lui sur les intérêts de Mandeure, » avec promesse de ratifier tout ce qu'il lui plairait de décider. Bernard, de Saintes, accepta l'annexion qui lui était offerte, et le 21 octobre, la république mandurienne fut définitivement réunie à la république française par arrêté du disctrict de Montbéliard, dont elle fit partie (1). Les charges dont elle fut accablée durent souvent lui faire regretter ses anciens maîtres.

L'annexion du comté fut ratifiée le 10 novembre. En ce jour, toute la commune de Montbéliard et trois membres de chaque village furent convoqués à l'effet de prêter le serment civique. La réunion eut lieu sur la place de l'Hôtel de ville. Du balcon de cet édifice, François Roch-Joly, procureur-syndic de la Haute-Saône, dans un discours d'une véhémence toute révolutionnaire, recommanda de haïr les tyrans, combattre et saper les aristocrates. Deux autres discours, l'un de Bernard, l'autre de Berger, furent encore prononcés. « Des salves d'artillerie se réunirent aux transports de l'allégresse ; l'hymne de la liberté retentit de toutes parts et la danse de la Carmagnole autour de l'arbre de la liberté termina cette auguste cérémonie (2). » Ainsi s'exprime le procès-verbal de cette journée.

Bernard, de Saintes, n'avait pas attendu l'accomplissement de cette formalité pour songer à dépouiller le pays. Le 14 octobre, il imposa à la ville de Montbéliard un impôt de 400,000 fr. dont le montant devait être livré trois jours après. Sur des réclamations vives et pressantes, il le réduisit, le 15 novembre, à 200,000 fr. « et mit le reste à la charge

---

(1) L'abbé Bouchey, *Mandeure*, t. II, p. 831.
(2) Duvernoy, *Éphémérides* et Mss.

des riches citoyens des campagnes de tout le district, avec 50,000 livres en sus (1). » C'était écrasant pour le paysan.

Alors la campagne, sur laquelle les bourgeois de Montbéliard avaient fait retomber cette part de contribution en intriguant auprès de Bernard, réclama, prouva qu'elle était pauvre ; à la fin, elle eut raison, « elle fut quitte » de la donner.

Le 15 octobre, Bernard agit comme un vrai cannibale. Il fit tirer des caveaux du château neuf cercueils en étain, plomb et cuivre doré. Outre ces métaux, on espérait trouver « des bagues et des pendants d'oreilles. » Pendant trois jours, les cadavres restèrent sans sépulture et devinrent le jouet de quelques individus transformés en brutes. Le prince Georges, mort depuis environ un siècle, fut soumis à ce genre de dérision. Son cadavre, noir « jusqu'aux dents, » fut mis debout « et on lui fit faire faction (2). » Et la France obéissait à des Bernards !....

Le mobilier des châteaux de Montbéliard et d'Étupes ne pouvait échapper aux convoitises du conventionnel. Un arrêté de sa part en fit dresser l'inventaire avec l'estimation de chaque objet. Philippe-Henri Goguel eut cette commission pour le château de Montbéliard, et Marconnet pour celui d'Étupes. Dès le 28 octobre, avant même la fin de l'inventaire, on commença la vente du mobilier. Que de fraudes ! Un juif de Belfort, Dreyfus, acheta des meubles qui ne parurent pas aux enchères. Quantité d'enchérisseurs, effrayés de la concurrence de Bernard, présent à toutes ces opérations, crurent prudents de se retirer pour ne pas porter ombrage à ce despote. Le gouvernement retira de cette vente la somme de 105,282 livres 13 sous (3).

Bernard se fit une part dans ce riche butin. « Plus tard,

---

(1) Archives du Doubs, L. 1327.
(2) Archives du Doubs, L 1315, et notes du pasteur Belorce.
(3) Mss. Duvernoy.

il fut accusé publiquement, à la société populaire de Montbéliard, de s'être approprié à vil prix, par le moyen de ventes simulées, une partie des objets les plus précieux qui décoraient la résidence princière, ainsi que celle de l'évêque de Bâle, à Porrentruy (1). » Berger, membre du directoire, pour avoir protesté en honnête homme, indigné de tant d'injustices, fut destitué de ses fonctions et mis en prison, d'où il ne sortit qu'après avoir signé la délibération où le directoire réprouvait les propos injurieux tenus contre Bernard (2).

La plus grande préoccupation du proconsul, en dehors des instants où il savourait le bon vin et la bonne chère à la forge d'Audincourt, fut de presser l'application des lois de spoliation qui frappaient les églises, les émigrés et les prêtres déportés. Peut-on faire preuve de plus de cynisme que de celui qui ressort de la lettre qu'il écrivit, le 24 novembre, à son ami Roch-Joly, procureur-syndic de la Haute-Saône :

« La citoyenne guillotine aînée fait ici merveille ; avec un petit bout d'avis que j'ai fait imprimer et dans lequel je l'invoque, les coffres se remplissent, les effets viennent de toutes parts, j'ai reçu jusqu'à un costume d'évêque, avec sa croix, sa mitre et tous les petits diables, etc. (3). »

A Montbéliard, les pasteurs déposèrent à la municipalité deux ciboires et deux patènes en vermeil et d'autres objets qui furent rendus ensuite à leur destination (4). Cordienne y déposa tous les vases sacrés du culte catholique : calice, ciboire, ostensoir, pyxide, vases des saintes huiles, d'un poids total de 2 kil. 156 gr. 25 cent. (5). Il y porta égale-

---

(1) Jules Sauzay, *Histoire de la persécution*, t. IV, p. 310.
(2) Duvernoy, Opuscules.
(3) Archives de la Haute-Saône, district de Montb., L III.
(4) Goguel, *Château de Montbéliard*.
(5) L'abbé Bouchey prétend que ces vases sacrés furent refusés

ment six chandeliers, une croix, un encensoir et un bénitier, et à la douane, les croix en fer qui surmontaient les tombes catholiques (1).

Le 23 décembre, Petitcolas écrivit à la municipalité de Mandeure : « Le représentant du peuple attend de votre patriotisme que vous déposiez sur l'autel de la patrie l'argenterie superflue de votre église. » Et le lendemain, il fut arrêté qu'on déposerait « un calice d'argent avec sa patène et un reliquaire de même métal (2). »

Quand ses malles furent pleines du vil métal qu'il dépréciait si énergiquement dans ses proclamations, lorsque déjà ses concussions achevaient de révolter l'opinion publique, le délégué de la Convention quitta Montbéliard. Ce fut dans les derniers jours de janvier qu'il en sortit. Le 17 février, l'administration du district invita la municipalité à aller entendre la lecture d'une lettre qu'elle avait reçue de ce fameux conventionnel (3). C'était faire trop d'honneur à Bernard.

Après le départ de ce représentant du peuple, le directoire du district demeura, peut-être en apparence, attaché à la Révolution, s'il faut en juger par les adresses qu'il envoya à la Convention. Le 21 mars 1794, il proclama que l'époque révolutionnaire était « la plus belle qui se fût jamais montrée sur l'horizon du pays. » Quelques jours après, dans l'effusion de son délire, il lui écrivit : « Convention nationale, nous te le répétons avec tous les bons Français, reste ferme à ton poste et garde-toi de le quitter avant qu'une solide paix, assise sur la ruine de la tyrannie,

comme n'ayant eu aucune valeur. Le contraire eut lieu. Du reste, il y avait un calice de 235 fr., acheté en 1735 avec les revenus du séquestre. Archives du Doubs, E 1086.

(1) Mairie de Montbéliard.
(2) L'abbé Bouchey, *Mandeure*, t. II, p. 838.
(3) Archives du Doubs, L 1313.

annonce au monde entier l'aurore de ses beaux jours, l'époque de sa liberté. Montagne, si comparable à l'Olympe, que de ta cime et de tes flancs partent sans cesse des foudres pour écraser tes ennemis qui sont aussi les nôtres, des rayons de lumière pour faire disparaître les fantômes de l'erreur, et des millions de ruisseaux limpides pour fertiliser le vaste sol de l'égalité(1). »

Mais on peut dire que ces sentiments étaient partagés par un petit nombre de Montbéliardais, car les administrateurs du district, le 2 avril, avertirent la société populaire qu'elle serait invitée à nommer des membres, pris dans son sein, qui seraient chargés de parcourir les communes les jours de décade et d'y prononcer des discours propres à instruire le peuple (2). Et, chose significative, on vit des indigents refuser de se faire inscrire sur les registres de la bienfaisance nationale, crainte d'être déportés à la Guyane(3).

Au mois de mai de cette année on croyait avoir remarqué un certain attachement à la France dans les communes du district; au mois de décembre, cette illusion n'était déjà plus chez l'agent national. « L'esprit public baisse visiblement, disait ce fonctionnaire, et s'éteint dans la plupart des habitants du district, malgré les efforts des patriotes pour le propager. » On se tournait vers l'ancien régime. Dans la nuit du 5 au 6 novembre 1794, le cri de : Vive le duc de Wurtemberg! retentit péniblement aux oreilles de l'agent national. Au début de l'année suivante, le dégoût de la Révolution se manifesta de bien des manières à la ville et à la campagne. A l'auberge du Lion Rouge, on déchira le bonnet d'Édelmann, membre de l'administration; Kœnig, horloger, parlant à haute voix des représentants de la nation, s'écria qu'il y avait sept cents peaux d'ânes à vendre à Paris; la

(1) Archives du Doubs, L 1313.
(2) Archives du Doubs, L 1317.
(3) Archives du Doubs, L 1314.

gendarmerie fut huée, des attroupements antirévolutionnaires se produisirent, les autorités se virent l'objet du mépris public. Le juge de paix, chargé de prendre des informations sur ces délits, ne put constater qu'une chose, c'est que l'aversion pour la France ne faisait que s'accroître.

Dans le temple de Saint-Martin, où se célébrait le culte décadaire, se trouvaient une pyramide placée sur un autel dédié à la patrie et surmontée d'un drapeau tricolore, une chaire garnie d'une houppe bleue ornée de rubans également tricolores; là était la table des Droits de l'homme, écrits en gros caractères. Or, dans la nuit du 12 au 13 avril 1795, des adversaires du régime français renversèrent cet autel. L'agent national du district, enflammé d'une sainte colère, fit rechercher les coupables. Aucun d'eux ne fut découvert. Lorsque l'autel fut redressé, on l'inaugura avec toute la pompe des plus grandes cérémonies, ce qui ne comporta que la présence du maire, des officiers municipaux revêtus de leurs écharpes, puis celle des gardes nationaux. Pour donner de l'éclat à cet acte de réparation, le procureur de la commune parla de l'horreur qu'avait « dû inspirer le scandaleux mépris de l'autel de la patrie, » exhorta ses concitoyens à effacer les insultes faites à la nation généreuse et magnanime qui avait bien voulu les adopter et les recevoir dans son sein. Ce discours ne convertit personne, car, un mois après, le même autel fut en butte à une profanation plus grave que la première : la pyramide fut détruite, les couleurs tricolores furent arrachées et brûlées publiquement, la table des Droits de l'homme fut déchirée. Circonstance aggravante! la municipalité fut accusée par l'agent national d'avoir elle-même commandé cet acte antipatriotique.

Depuis lors, très fréquemment, on entendit le cri de : Vive le duc de Wurtemberg! D'autres fois, celui de : Vivent les Chouans! ou bien : Vivent les Autrichiens! vive Monsieur ! vive d'Artois ! Au milieu de la rue, Cordienne et Pourcelot furent traités de f..... Français. Tout cri, quel qu'il fût, était indifféremment employé ; il suffisait qu'il déplût aux partisans du nouveau régime.

Le port de la cocarde exposait à toutes sortes de moqueries. A Montbéliard même les officiers français n'étaient pas en sûreté. En novembre 1795, les administrateurs de la Haute-Saône furent avertis que les ennemis de la république s'étaient portés contre un officier et quelques hommes de sa troupe aux excès les plus répréhensibles, jusqu'à les avoir assaillis en plein midi, avec des armes de tout genre. Quelques jours après, on faisait subir le même traitement à cet officier, aux yeux de la commune entière, sans que ni la municipalité ni le juge de paix aient parlé d'en faire justice. La relation de ce fait se termine par cette réflexion qui vient à l'appui de notre assertion : « Tout le tort de ces soldats était d'être Français et les défenseurs d'un régime qui avait trop peu d'amis à Montbéliard (1). » Ces dispositions se manifestèrent surtout à la célébration des fêtes légales, sur lesquelles on jeta le ridicule à pleines mains ; de là un tumulte indescriptible, au milieu duquel parfois on alla jusqu'aux coups (2).

A la campagne, le dégoût du gouvernement français se manifesta également de très bonne heure. Au mois de juin 1794, l'agent national de Bart fut chargé de conduire dans les prisons de Montbéliard cinq individus de sa localité prévenus de propos inciviques, d'outrages envers la municipalité (3). A la ferme de Montchery, on surprit des assemblées clandestines où l'on faisait le procès de la Révolution. Les auteurs de ces conciliabules, David Kœlig, d'Étupes, et Chevelot, d'Issans, durent prendre la fuite pour échapper aux

(1) Archives du Doubs, L 1314.
(2) Archives de la Haute-Saône, district de Montb., L 241.
(3) Archives du Doubs, L 1317.

mains de la gendarmerie. A Étupes, la livrée du prince fut attachée au sommet d'un arbre avec des rubans aux couleurs de la maison de Wurtemberg. Au Magny-d'Anigon, l'arbre de la liberté fut renversé au milieu de propos regardés comme inciviques : Si cet arbre était en sève, il faudrait y greffer des cerises jaunes et noires. Ailleurs, les marques de fidélité envers les princes de Wurtemberg étaient quotidiennes et parfaitement justifiées par les circonstances.

En recherchant les causes qui empêchèrent les habitants du comté de se fusionner alors avec leur nouvelle patrie, on peut dire que la première se trouva dans la différence de religion. Pour le luthérien de nos pays, en général, il y a entre le catholicisme et le protestantisme un abîme infranchissable. Le temps l'éloigne de plus en plus de la famille qu'il a quittée involontairement à l'origine.

Ensuite les charges de tous genres qui furent imposées à ces nouveaux sujets ne contribuèrent pas peu à leur faire prendre en aversion un gouvernement qui les ruinait. En dehors des deux cent mille francs extorqués au pays par Bernard, de Saintes, et des autres charges de chaque semaine, il fallut fournir deux cents voitures pour conduire des provisions de guerre de Belfort à Strasbourg. Dans ces corvées, les hommes furent victimes de la plus insigne mauvaise foi, exposés aux rigueurs des plus mauvais traitements. Pendant la route, ils ne purent se procurer ni pain ni logement pour eux, ni fourrages pour leur attelage. De Strasbourg, où ils arrivèrent exténués de fatigue, on les força, à coups de cravache, à continuer leur chemin jusqu'à Haguenau; c'était les condamner à tout perdre. Les mieux avisés abandonnèrent leurs voitures et rentrèrent chez eux avec des attelages en défaillance; d'autres se firent remplacer à beaux deniers comptants. Ceux qui arrivèrent à Haguenau furent encore contraints d'aller jusqu'à Wissembourg. Quelques-uns virent leurs chevaux périr de fatigue et de faim, d'autres abandonnèrent tout ; on les vit rentrer chez eux les larmes aux yeux. Les plus courageux traînèrent leur désespoir jusqu'à Landau, où ils laissèrent chevaux et voitures. On comprend qu'il était difficile à ces nouveaux sujets de s'affectionner à un pays qui les traitait si mal (1).

Enfin un sentiment de reconnaissance et de fidélité portait les Montbéliard à regretter l'ancien régime. Beaucoup de personnes avaient vécu des gages et des profusions du prince ; de ce nombre étaient les membres de la régence, les officiers de la cour, de la justice et les nombreux artisans. Ces personnes se montraient partout, intriguaient journellement auprès du peuple pour lui inspirer de la haine envers la république française. Elles parlaient du rétablissement des anciens maîtres du pays, désignaient aux vengeances futures les habitants dévoués à la Révolution ; c'est par cette sorte de terrorisme qu'on cherchait à les rattacher au prince. Le moindre revers qui humiliait les armées françaises était donné comme l'indice certain que toutes ces espérances se réaliseraient. A Montbéliard on célébra par des orgies la reprise de Mayence par les Prussiens. Ces agissements eurent une telle influence que quelques acquéreurs de biens nationaux voulaient retarder le paiement des termes échus.

Quant au peuple de la campagne, rien ne fut à peu près changé dans ses sentiments à l'égard des princes de Wurtemberg, lors même que, sous leur gouvernement, sa condition était bien dure. A lui, toutes les charges de la dîme et de la chasse. « La quantité de gibier était si grande et les dégâts qui en résultaient étaient si onéreux que cela seul eût suffi à faire détester l'ancien gouvernement à l'habitant des campagnes. » En général il était pauvre, il devait consi-

(1) Archives du Doubs, L 1313.

dérablement à l'habitant de Montbéliard qui, avec les princes, possédait les meilleurs fonds dans les communes. Mais ce peuple qui « depuis des siècles gémissait sous le poids de toute espèce de servitude, qui avait été regardé par ses maitres et seigneurs comme un troupeau de moutons faits pour être tondus sans merci, » selon l'historien Tuefferd, n'avait pas ce qui était nécessaire pour secouer un joug. Son caractère craintif, ennemi des graves commotions du régime révolutionnaire, disposé à s'incliner devant les anciens dépositaires de l'autorité ducale dont il ne soupçonnait rien de mieux, ne faisait qu'attiser sa haine pour une nation qui avait chassé son prince. C'est pourquoi on peut dire en toute vérité avec le procureur-syndic du district de Montbéliard qu'il n'y avait pas le dixième des habitants qui aimât la Révolution française (1).

Cela étonna ce personnage, « car, dit-il en 1795, nous n'avons rien épargné pour leur adoucir tout ce que le gouvernement révolutionnaire avait de révoltant, et nous n'avons pas craint de compromettre nos têtes pour leur éviter des peines (2). » Ce n'était pas exagéré en ce qui concernait l'exercice du culte luthérien. De ce côté il n'y eut pas de persécution.

A la vérité, à Montbéliard, il y eut le culte de la Raison ; ce fut le 10 décembre 1793 qu'il fut célébré dans le temple Saint-Martin. Là se trouvaient un arbre de la liberté, une tribune et un autel, tous deux ornés de rubans tricolores. Des discours furent faits par le curé Cordienne, par Bouillon père, au nom du représentant du peuple, par Diény, ministre à Roches, par Morel et Fallot, candidats (3). Mais il n'y eut pas d'antipathie entre ce culte et le protestantisme.

La doctrine des pasteurs parut inoffensive aux yeux du

(1) Archives du Doubs, L 1314, 1315.
(2) Archives de la Haute-Saône, L 241.
(3) Archives du Doubs; notes du pasteur Belorce, de Sochaux.

directoire de Montbéliard : « Les préjugés de la religion de Luther dominent encore, écrivait-il le 11 avril 1794, et nous pensons qu'ils seront d'autant plus difficiles à déraciner qu'ils étaient moins absurdes que ceux des catholiques romains. Mais le caractère de douceur et de tranquillité de ces religionnaires ne doit laisser que peu d'inquiétude sur les suites de leur erreur (1). »

Tout fut adouci pour eux. Quand le 7 mai 1794, la Convention, sur la proposition de Robespierre, décréta « l'existence de l'Être suprême et l'immortalité de l'âme, » il y avait encore dans le pays « des cloches, des prêches, des psaumes et des ministres. » A Montbéliard le culte luthérien fut encore exercé publiquement tout le mois de mai. La fête en l'honneur de l'Être suprême, fixée par la Convention au 8 juin, ne suspendit guère que la célébration de la cène et seulement dans un édifice public. Cette solennité fut préparée avec enthousiasme. Pendant cinq ou six jours beaucoup s'en occupèrent. Les femmes quittèrent « leurs colifichets » pour porter la terre destinée à élever l'autel de la patrie, les jeunes gens aidèrent leurs pères à le dresser, les filles portèrent le gazon, la verdure et les fleurs. Les préparatifs étaient déjà une fête (2). Quelle pieuse exaltation lorsque le jour fut venu ! Il y eut hommage à la divinité, discours, hymnes et chants civiques autour de l'autel de la patrie, vœux ardents pour la république, gaieté dans la jeunesse, contentement général (3). C'était un enthousiasme de commande. En ce jour, qui était la Pentecôte, on célébra encore la cène au temple Saint-Martin (4). Après, aux solennités républicaines succéda l'exercice du culte protestant. « Tu t'étonneras, écrivait l'agent national au représentant,

(1) Archives du Doubs, L 1313.
(2) Id., *loc. cit.*
(3) Archives du Doubs, L 1314.
(4) Notes du pasteur Belorce.

de trouver ici des membres d'un culte dégagé de toutes les brillantes et dispendieuses singeries du papisme, aussi opiniâtres dans leurs préjugés, aussi attachés à leurs pieuses momeries que le furent jamais les prêtres de Rome. » 6 juillet 1794. A la décade, « on débita quelques discours civiques, et quelques heures après on souilla la même tribune avec des sermons sur l'enfer et on chanta des psaumes. Des cloches fatiguent journellement les oreilles des patriotes et appellent les citoyens à une prière, à un prône, à un enterrement, et jamais à une bonne action. » Le même réclama auprès de la municipalité contre l'abus « de chanter dans le même temple des hymnes à la liberté et de croasser des psaumes (1), » mais rien n'indique qu'il ait proscrit ces réunions.

Cependant, le 20 juillet, Jacques-Christophe Perdrizet, pasteur de Vandoncourt, fut dénoncé par un Péchin, de Dasle, à l'agent national, pour ses prédications (2). « Tu applaudiras à l'énergie de ce campagnard qui ose me dénoncer les jérémiades anticiviques du prêtre Perdrizet (3), » écrivait Petitcolas au représentant. Bien que menacé de poursuites, ce ministre fut traité doucement. Le 25, il comparut devant le district, où, prenant la plume qu'on lui présenta, il écrivit « que, pour se conformer aux principes de la raison, il renonçait aux fonctions de son culte et les abdiquait pour ne plus se livrer à l'avenir qu'à propager les principes de la Révolution et à cultiver ses terres. »

Le 28 juillet, Georges-Frédéric Fallot, de Villars-lez-Blamont, déclara au conseil municipal « qu'il renonçait à ses fonctions pour s'occuper, conformément au vœu de la municipalité, à propager les principes de la Révolution et à faire chaque décade des discours tendant à porter les esprits

---

(1) Archives du Doubs, L 1317.
(2) Jules Sauzay, t. VI, p. 461.
(3) Archives du Doubs, L 1315.

à la hauteur des circonstances. » Le 6 août, le pasteur de Seloncourt entrait dans la même voie que le précédent. « Je demande, écrivit-il, que ma démission soit transcrite sur les registres, et je promets d'enseigner les sublimes vertus qui découlent de notre régénération. Je prie enfin le directoire de faire en sorte que je puisse jouir de la pension accordée par la loi aux ministres d'un culte quelconque qui auraient abdiqué. »

Le 11 août, Diény, de Roches, alla dire au district « qu'il cessait les fonctions de ministre du culte, ensuite des principes philanthropiques et républicains qui l'avaient toujours animé, même dans le cours de ses études ; qu'il continuerait à remplir avec zèle et intégrité ses fonctions de juge de paix jusqu'à l'entier triomphe de la liberté sur les despotes et qu'ensuite son inclination serait de se livrer à l'enseignement de la grammaire, de l'histoire, de la morale du cœur, de la morale sociale, de la physique, etc. » Quelques jours après, il était nommé président du district.

Le 14 août, Kilg, pasteur de Blamont, déclara au district qu'il avait quitté ses fonctions depuis deux ans, ayant été absorbé par les travaux de l'administration, et que son vœu était de n'être plus qu'un simple cultivateur (1).

Les pasteurs des cantons d'Héricourt et de Clairegoutte firent également les mêmes soumissions (2), car, le 2 août 1794, le district de Montbéliard avait pris un arrêté ordonnant de « faire cesser toute ostensibilité de culte et empêcher que la multiplicité des jours de repos ne devienne préjudiciable à la chose publique (3). » C'était défendre de célébrer le dimanche (4).

A ce moment approchait la fête du 10 août, anniversaire

---

(1) Jules Sauzay, t. VI, p. 461. Archives du Doubs, L 1301.
(2) Archives du Doubs; notes du pasteur Belorce.
(3) Archives du Doubs, L 1311.
(4) Manuscrits Duvernoy.

de la chute de la royauté, « époque à jamais mémorable où la France a enfin récupéré tous ses droits en s'affranchissant du joug tyrannique qui l'avait accablée pendant tant de siècles, sous les despotes qui avaient usurpé l'autorité souveraine qui n'appartient qu'au peuple (1). » C'est en ces termes que l'agent national invitait les officiers municipaux à célébrer cette fête. Ceux de Montbéliard, pour être à la hauteur de la circonstance, songèrent à offrir aux hommages du peuple, sous le nom de déesse de la liberté, une citoyenne d'une beauté sans égale. Ils écrivirent à la citoyenne Morel la lettre suivante :

« Du 19 thermidor (6 août 1794).

« Le 10 août fut le jour à jamais mémorable que la république prit naissance.

« La Convention nationale a institué une fête, elle est grande, elle est auguste, elle doit se célébrer avec toute la pompe dont elle est susceptible. Les dispositions prises par les commissaires que nous avons choisis exigent, pour leur organisation complète, une jeune et jolie citoyenne qui représentera la déesse de la liberté ; ils viennent de nous inviter à en choisir une. Comme tu réunis, citoyenne, tout ce que l'on peut désirer de mieux pour effectuer avec grâce la représentation de la déesse de la liberté, nous t'invitons à déférer à notre demande. Ton amour pour le bien nous est un sûr garant que tu l'accepteras avec empressement. Les citoyens commissaires sont les citoyens Berger et Duvernoy: ils t'instruiront de ce que tu auras à faire (2). » La fête eut lieu, et grâce, sans doute, à cette divinité montbéliardaise, « la joie parut franche et vive (3). » Les grivoiseries surtout durent en être l'aliment.

A la suite de ces réjouissances, le décret du 2 août reçut

(1) Archives du Doubs, L 1317.
(2) *Annales franc-comtoises*, année 1889, p. 513.
(3) Archives du Doubs, L 1315.

une exécution simplement extérieure. Le directoire écrivait, le 16, au Comité de salut public : « Les ministres du culte ont cessé toutes leurs fonctions : ainsi les pratiques religieuses finiront insensiblement et les citoyens, qui ne paraissent pas en murmurer, feront sans doute avec le temps des progrès dans les vrais principes (1). » Peu après, il faisait part au même comité de la joie qu'il avait ressentie en voyant les anabaptistes, les calvinistes, les catholiques et les luthériens fouler tous ensemble les dalles du temple de la Raison (2).

Tout cela n'était que de la frime, car nul protestant ne faisait cas du culte républicain. L'agent de Dambenois avait permis de faire le catéchisme aux enfants de l'école. Celui de Bart avait demandé, au nom des habitants, le libre exercice du culte protestant : c'était, disait-il, pour un motif de dévotion. Quoique l'agent national eût répondu que dévotion et révolution ne coïncidaient pas mieux que stupidité et philosophie, il écrivait néanmoins dans le même mois d'octobre que les habitants faisaient « mine de redemander leurs ministres et leurs simagrées (3). » Et, le 7 décembre, il disait au Comité de salut public : L'assemblée décadaire est peu fréquentée ; le peuple court de préférence aux assemblées du culte, qui n'ont pas cessé dans la campagne malgré notre arrêté du 15 thermidor (2 août). On le voit, le culte protestant participa dans une mesure bien faible aux rigueurs que subissait depuis deux ans le culte catholique. A la suite du décret du 20 novembre 1794, ordonnant d'arrêter tout prêtre qui exercerait un culte quelconque, Louis-Christophe Cuvier, ministre de Montécheroux, fut arrêté le 15 décembre, et conduit devant le directoire du district. Dans l'interrogatoire qu'il subit, il déclara

(1) Archives du Doubs, L 1314.
(2) Id., *loc. cit.*
(3) Archives du Doubs, L 1315.

qu'il n'avait pas donné sa démission, mais dit qu'il voulait cesser ses fonctions (1). Conduit dans les prisons de Besançon, il y demeura dix-sept jours (2).

Pour le même motif, Charles-Frédéric Goguel, ministre de Saint-Maurice, s'étant trouvé absent lors d'une perquisition faite chez lui par les gendarmes, dans le but de le saisir, alla se présenter au district, déclarant qu'il avait quitté ses fonctions et consigné son abdication sur le registre de la municipalité dès le 27 novembre. Un commissaire envoyé à Saint-Maurice pour faire une enquête sur la déclaration du prévenu rendit, le 26 décembre, témoignage de la parfaite véracité de Goguel, qui fut renvoyé dans ses foyers. On eut tort d'émotionner des hommes qui n'avaient nullement l'intention de contrarier la Révolution.

L'interdit sur le culte luthérien ne fut pas rigoureux. On fut huit mois à Montbéliard sans prêcher; pendant deux mois, à Champey, il n'y eut pas d'assemblée à l'église, mais les pasteurs eurent toute liberté de faire des discours dans des assemblées privées (3), c'est-à-dire d'y exercer leur culte. Voici en quels termes un chroniqueur protestant nous parle des pasteurs à cette époque :

Quelques-uns ont été nommés agents nationaux dans leur commune par les représentants du peuple et ont rempli les doubles fonctions de ministres et de commissaires du gouvernement. Plusieurs fois il a été question de les faire déguerpir de leurs presbytères, mais ils ont réussi à s'y maintenir. La nation a fait amodier à son profit les jardins et vergers joignant les cures, mais dans la plupart des paroisses les amodiateurs de ces fonds en ont laissé jouir les ministres et les communes se sont chargées du paiement du loyer. Quatre de ces derniers ont été congédiés par leurs

---

(1) Jules Sauzay, t. VI, p. 461.
(2) Goguel, *Précis de la Réformation*.
(3) Archives du Doubs; notes du pasteur Belorce.

paroissiens, deux d'entre eux pour avoir manifesté des opinions jacobines et peu orthodoxes, Berger, de Valentigney, et Larcher, d'Étobon ; les deux autres par caprice et sous de mauvais prétextes : Cuvier, d'Étupes, fut chassé par les paroissiens de Dampierre-les-Bois, sa filiale, et Parrot, d'Abbévillers, après avoir été nommé tambour de la garde nationale de son village, dut quitter sa cure quinze jours après qu'on en eut enlevé les portes et les fenêtres (1).

La Révolution fit de larges concessions au protestantisme. « Des cultes particuliers, dit Petitcolas, étaient presque partout substitués au culte public, et l'intrigue sacerdotale a bientôt trouvé moyen d'éluder la loi et il a fallu, pour acheter la tranquillité menacée d'être troublée, tolérer qu'on continuât à aller chanter des psaumes et prêcher dans des temples amodiés à des particuliers; ces amodiations sont le subterfuge qu'on a trouvé pour s'en emparer (2). »

La loi vint consacrer cette mansuétude à l'égard du protestantisme. Celle du 3 ventôse (21 février 1795) fut tout en sa faveur : « L'exercice d'aucun culte ne peut être troublé, disait-elle...., la loi ne reconnaît aucun ministre du culte...., interdit les habits affectés à des cérémonies religieuses.... Aucun signe particulier à un culte ne peut être placé dans un lieu public ni extérieurement.... Aucune convocation ne peut être faite pour y inviter les citoyens. » A la suite de cette loi « le culte s'exerça à Montbéliard dans des maisons particulières, ensuite les deux églises furent amodiées par des particuliers et rendues successivement à leur destination primitive (3). » Dans les villages, les exercices religieux se firent à ciel ouvert. Le 12 mai, le directoire cons-

---

(1) Manuscrits Duvernoy, *Révolution*.
(2) Archives de la Haute-Saône, L 241.
(3) Manuscrits Duvernoy.

l*!ait qu'à la campagne le peuple « s'assemblait au son des cloches comme du passé (1). »

« La loi du 11 prairial an III (30 mai 1795) donna au culte protestant une liberté pleine et entière. « Les citoyens, dit-elle, auront provisoirement le libre usage des édifices non aliénés, destinés originairement aux exercices d'* ou de plusieurs cultes.

« Lorsque des citoyens de la même commune exerceront des cultes différents ou prétendus tels et qu'ils réclameront concurremment l'usage du même local, il leur sera commun et les municipalités, sous la surveillance des corps administratifs, fixeront pour chaque culte les jours et heures les plus convenables, ainsi que les moyens de maintenir la décence et d'entretenir la paix et la concorde....

« Nul ne pourra remplir le ministère d'aucun culte dans lesdits édifices, à moins qu'il ne se soit fait décerner acte, devant la municipalité du lieu où il voudra exercer, de sa soumission aux lois de la République. Les ministres des cultes qui auront contrevenu au présent article et les citoyens qui les auront appelés ou admis seront punis chacun de mille livres d'amende. »

Cette loi fut tout à l'avantage du protestantisme. Les ministres de Montbéliard, avant d'avoir fait la déclaration exigée par ce décret, célébrèrent leur culte, faisant « ce qu'ils pratiquaient depuis plusieurs mois (2). » Bientôt cependant ils se conformèrent tous à la loi dans les termes suivants :

« Jacques-Christophe Perdrizet, ministre du culte à Vandoncourt, déclare qu'il se propose d'exercer le ministère d'un culte connu sous la dénomination de religion protestante évangélique, selon la confession d'Augsbourg, et à ce

(1) Archives du Doubs, L 1311.
(2) Manuscrits Duvernoy.

qu'il lui soit décerné acte de sa soumission aux lois de la République » (21 juillet 1795). Les autres agirent de même (1).

La Révolution a toujours trouvé dans le protestantisme un puissant auxiliaire, de là s'expliquent les faveurs qu'elle lui a accordées. Au mois de juillet 1795, la commune de Montbéliard rétablit la sonnerie ; chaque exercice religieux put être sonné avec une seule cloche, à deux reprises différentes ; ensuite, avec deux ; quelques jours après, il fut décidé qu'on sonnerait comme dans le passé, matin et soir. Dès ce moment on sonna sans souci de la loi pour toutes les cérémonies religieuses : baptêmes, mariages, inhumations (2). A la campagne on usa de la même liberté. Les municipalités « permettaient la convocation publique des citoyens pour le culte par le son des cloches (3). » Depuis lors les pasteurs jouirent de la plus grande liberté extérieure. Au civil, leur seul devoir était de temps à autre de se présenter dans les séances administratives, tenues aux chefs-lieux de cantons, pour prêter le serment de haine à la royauté et à l'anarchie, d'attachement et de fidélité à la République et à la constitution de l'an III. Jamais ils n'oublièrent ce devoir.

---

(1) Goguel, pasteur de Saint-Julien, accomplit cette formalité le 14 juin ; Jacques-Frédéric Tuefferd et Jacques Lalance, de Montbéliard, le 21 ; Goguel, de Longres, le même jour ; Jac.-Nicolas Jeanmaire, de Bavans, le 25 ; Léopold-Frédéric Masson, de Betoncourt, le 3 juillet ; Georges Surleau, de Valentigney, le 4 ; Gaspard Parrot, d'Audincourt, le 9 ; Pierre Grosremand, de Couthenans, le même jour ; Jean-Jacques Thiébaud, de Mandeure, le 12 ; Léopold-Frédéric Fallot, de Beutal, le 31 juillet (Archives du Doubs, L 1359) ; Isaac Ferrand, de Tremoins ; Belorce, de Champey ; Méquillet, d'Héricourt ; Jean-Jacques Paur, de Clairegoutte ; Jacques-Frédéric Duvernoy, d'Étobon, firent dans l'intervalle les mêmes actes de soumission (Archives de la Haute-Saône, 2 K 131).

(2) Archives de la Haute-Saône, L 211. Archives du Doubs, L 1315.

(3) Archives de la Haute-Saône, L 211.

Terminons ce récit sur le culte protestant en faisant connaître l'autorité qui instituait alors les pasteurs luthériens. « Le droit de nommer les ministres appartient aujourd'hui au peuple. Il nomme un pasteur comme il loue un berger. Il n'est ni examiné, ni ordonné, ni installé. Montécheroux n'ayant pu tomber d'accord sur le choix de son ministre, s'est divisé en deux partis dont chacun en a nommé un qu'il salarie tant bien que mal. L'un est Maclerc, de Montbéliard ; l'autre Perdrizet, fils du ministre de Vandoncourt. Les ministres ont peu à se louer de leur salaire, fruit de la générosité de leurs paroissiens (1). » C'est ce que nous apprend un protestant.

Tous ces documents nous font connaître que les pasteurs du pays de Montbéliard n'ont pas eu de grandes tribulations pendant l'époque néfaste de la Révolution. On a eu raison de ne pas les chagriner.

(1) Manuscrits Duvernoy, *Révolution*.

CHAPITRE XVI

Vente du mobilier des curés exilés, du mobilier des églises. — Destruction des signes extérieurs du culte. — Les prêtres assermentés traités favorablement : Cordienne, Leclerc-Beck, Tournoux, Louis Lubert, Germain-Joseph Jacotey, le curé de Mandeure. — Les prêtres fidèles traqués évangélisent néanmoins par la prédication....., par des lettres, baptisent, disent la messe.

L'Église était le principal objectif des fureurs révolutionnaires. Non contents d'avoir exilé les curés, ses ennemis voulurent faire main basse sur le pauvre mobilier laissé par eux. Le 17 septembre 1793, il fut décrété que les lois relatives aux émigrés seraient appliquées aux prêtres déportés. En conséquence, ils ordonnèrent de mettre sous séquestre les biens de ces confesseurs de la foi, y compris ceux qui venaient de leurs familles. « Nous nous rappelons, écrivaient les membres du directoire à leurs agents, que ces individus ayant, en quittant le territoire, disséminé leur mobilier, vous devez en ordonner la recherche la plus exacte et la plus scrupuleuse pour le découvrir. » Cet ordre fut exécuté ponctuellement. Les meubles du curé de Chagey et ceux du curé d'Héricourt, mis sous les scellés au mois d'octobre, furent inventoriés au mois de décembre. M. Pilon, curé de Tavey, échappa à cette mesure, car avant son départ pour l'exil, il avait fait à sa nièce une vente de tous ses biens, meubles et immeubles [1].

Une municipalité se résigna difficilement à une besogne

(1) Archives de la Haute-Saône, 2 K 133.

aussi déshonorante : ce fut celle de Vougeaucourt. Nicolas Demaison, procureur de la commune, et Hautz, maire du lieu, espérant toujours revoir le rétablissement de l'ordre, se cachèrent quand Rolland, juge de paix de Mathay, se présenta chez eux pour faire l'inventaire du mobilier de l'abbé Socier. Découverts tous deux à quatre heures du soir dans une salle d'auberge, ils répondirent à ceux qui les pressaient de se rendre à l'appel du juge de paix « qu'ils n'avaient pas absolument le temps d'y déférer, qu'au surplus ils ne s'immisçaient plus dans les affaires de la république. » Furent-ils punis de leur désobéissance, comme le voulait le commissaire ? Nous n'en savons rien. Quelques jours après cependant les scellés furent mis sur le mobilier de ce prêtre et confiés à la garde du maire et du procureur de la commune [1].

A Saint-Maurice on eut un plus grand respect d'une loi qui frappait les prêtres catholiques. Avant même la promulgation du décret qui devait les dépouiller, le 5 janvier 1793, la municipalité fit la reconnaissance de tout ce qui appartenait au curé, Pierre-François Faivre. Les scellés y furent scrupuleusement apposés le 17 octobre, et mis sous la garde de ses deux sœurs [2].

La vente de ce mobilier se fit dans les premiers mois de l'année 1794. On vendit celui du curé de Saint-Maurice, le 17 février, au prix de 2,752 livres; celui du curé de Blamont, le 19 et le 20 du même mois, pour la somme de 1,808 livres 5 sols [3]; celui du vicaire de Vougeaucourt, le 28 mai, pour 541 livres 15 sols, non compris la valeur des livres et des tableaux qui échurent à la bibliothèque du district [4]. Nous ne savons pas quelles richesses apporta

---

[1] Archives du Doubs, L 281.
[2] Archives du Doubs, Q 281.
[3] Arch. du Doubs, Q 289.
[4] Arch. de la Haute-Saône, Q 241. A Montécheroux se conserve

au trésor public la vente du mobilier des autres curés.

Les immeubles possédés par eux subirent le même sort. Les propriétés du curé de Blamont furent vendues au plus offrant et dernier enchérisseur, le 21 juillet 1794 (1).

Les églises furent pillées, dévastées, on ne leur laissa rien, mais cette opération se fit à plusieurs reprises. Les vases sacrés, dont l'inventaire avait été minutieusement fait dès le début de la Révolution, furent saisis les premiers. Le directoire de Lure, blâmé dès 1792 de n'avoir pas encore envoyé d'argenterie à l'hôtel des monnaies, avait répondu au ministre que les vases sacrés de toutes les églises du district étaient nécessaires au besoin du culte. Le conseil général du Doubs avait arrêté au mois de novembre qu'on ne laisserait pour les cérémonies que ce qui était absolument indispensable. Pendant le séjour de Bernard, de Saintes, à Montbéliard, en face de la guillotine étalée sur une place de la ville pour vaincre toutes les résistances, stimuler toutes les nonchalances, il fallut s'exécuter avec toute la promptitude possible.

Bernard reçut au mois de décembre l'argenterie des églises d'Échenans-sous-Montvandois, de Brevilliers, d'Héricourt, de Tavey, de Vyans, avec une grande quantité de métal propre à la confection des armes. Noblot, maire d'Héricourt, en remettant l'argenterie des deux cultes, invita le représentant du peuple à l'envoyer à la Convention pour en disposer suivant les intérêts de la république (2).

---

encore le baromètre du curé Morel, dont le mobilier fut vendu à cette époque aux enchères publiques. C'est souvent qu'on demande au possesseur : « Qu'est-ce que dit le baromètre du curé Morel ? C'est encore le meilleur. »

(1) Archives du Doubs, Q 209.

(2) Bernard reçut d'Échenans-sous-Montvandois : un calice et une patène : 1 livre 3 onces 1/2.

De Brevilliers : un calice et une patène : 1 livre 3 onces.

D'Héricourt : trois calices, deux patènes et une boîte en argent

Quand les vases sacrés eurent été envoyés à Paris et que le culte ne fut plus célébré, on se prépara à vendre tout le mobilier des sacristies, y compris les vêtements sacerdotaux, dont l'inventaire avait été fait au commencement de 1794 en beaucoup d'endroits, souvent au grand dépit des habitants. A Chagey, pour éviter les effets de la fureur des catholiques, Perdrizet et Noblot, d'Héricourt, furent obligés d'interrompre leur besogne et de se réfugier chez le maire. Ils ne purent la continuer qu'après avoir promis de laisser les ornements à la sacristie (1). Dans le Doubs, on n'y procéda qu'après l'arrêté où les représentants Besson et Pelletier ordonnèrent, le 20 novembre 1794, d'arrêter tous les prêtres exerçant un culte quelconque, de faire l'inventaire des effets et des objets du culte, d'enlever tous les signes religieux et de n'ouvrir les temples que pour les décades.

Avant de faire la vente des chapes, chasubles, étoles, dalmatiques et bannières, il fut décidé, dans les deux départements du Doubs et de la Haute-Saône, que ces objets seraient dénaturés, afin qu'ils ne pussent réveiller ni le fanatisme ni la superstition (2). Le protestantisme de Montbéliard en ordonnant, en 1574, la vente des ornements ecclésiastiques, voulut qu'ils « fussent détaillés en pièces et vendus sans qu'on les vende entiers pour donner occasion à idolâtrie (3). » On voit que la Révolution s'inspirait du même esprit que le protestantisme. Dans le district de Lure, cette dernière particularité fut exactement suivie. Tous les ornements furent

---

servant aux protestants : 3 livres 7 onces 1/2; un calice avec sa patène, un ostensoir, le vase des saintes huiles servant au culte catholique : 4 livres 5 onces.

De Vyans et Bussurel : un calice avec une patène.

De Tavey, un calice avec sa patène en argent doré, un ciboire et un ostensoir.

(1) Archives de la Haute-Saône, L 130 et 12.
(2) Archives de la Haute-Saône, 122.
(3) Archives nationales, K 189.

vendus par morceaux devant la maison du district. Cette vente sacrilège, commencée le 16 décembre 1794, produisit pour le district la somme de 24,362 livres, dans laquelle Héricourt fut compris pour 808 livres, Chagey pour 1,747, et Tavey pour 912 (1).

Dans les autres paroisses catholiques du pays de Montbéliard, l'arrêté de Besson et de Pelletier fut exécuté avec empressement. Le capucin Leclerc fit disparaître tous les signes intérieurs et extérieurs du culte, fit l'inventaire « des linges et autres effets métalliques » des églises de Blamont, Seloncourt et Villars, et fit tout envoyer au magasin du district. A Glay, à Montécheroux et à Autechaux, d'autres agents s'acquittèrent de la même commission avec une égale ardeur (2). Ce mobilier, mis en affiche dans toutes les communes, fut vendu à Saint-Hippolyte sans avoir été dénaturé. Sa vente produisit pour Montécheroux 883 livres 5 sols (3); pour Blamont, 2,738 livres; pour Seloncourt, 4,929; pour Bondeval, 387 livres; pour Villars-lez-Blamont, 2,754 livres (4). La piété des catholiques qui avait en grande partie décoré nos églises, meublé très généreusement nos sacristies, sera obligée de s'imposer de nouveaux sacrifices quand

(1) Archives de la Haute-Saône, t. Q 1.
(2) Archives du Doubs, Q 399. C'est une tradition encore vivante à Montécheroux qu'une punition exemplaire atteignit l'un des agents qui dépouillèrent l'église de tous les signes du culte catholique. Le dernier objet à enlever était un crucifix placé au-dessus du cintre séparant le chœur de la nef. Pour le décrocher un protestant prit une longue perche et s'adressant au Christ dans le langage du pays, il lui dit, quand déjà il le touchait avec le bout de son arme : Attends, petit gamin, je veux bien te faire descendre! Bientôt le crucifix tomba sur le pavé, où il vola en morceaux. Le châtiment arriva d'un pas précipité. L'auteur de cette profanation voulut rentrer chez lui. En mettant la main à la targette de sa porte, il tomba lui-même par terre, frappé de mort subite. Ne touchez pas à l'image du Christ !....
(3) Archives du Doubs, Q 286.
(4) Archives du Doubs, Q 287.

la religion rentrera triomphante dans les paroisses, et le peuple, quoique toujours dupe des révolutionnaires, ne voudra encore pas profiter de tant de leçons.

La proscription s'étendit aux croix et aux statues placées au-dessus des églises, à la façade des maisons. Le 31 mai 1794, l'agent national du district de Besançon ordonna aux agents des communes de procéder à la destruction de tous les signes extérieurs du culte : croix des clochers, de missions, etc. Dans la Haute-Saône, on fit les mêmes proscriptions. Quelques municipalités furent à la hauteur des circonstances. Celle de Mandeure, informée que les croix plantées le long des communaux et les coups de cloche trop multipliés pourraient porter ombrage à la liberté des cultes décrétée par la Convention, ordonna que les croix seraient enlevées et qu'on ne sonnerait plus qu'un seul petit coup de cloche pour les différents exercices religieux des deux cultes (1). Il arriva même que la cloche garda le silence dans cette commune. L'agent national écrivait le 1er juillet 1794 : « Dans cette commune j'ai amené les habitants à concentrer leur culte dans leur temple; plus de cloche, plus de croix au dehors, j'y ai tout obtenu par l'opinion, le culte de Rome y expire (2). » Cet homme parlait bien légèrement.

A Blamont, la cloche des catholiques continua à faire une partie au moins de son service habituel. Le district de Saint-Hippolyte, en ayant été informé, écrivit à la municipalité, le 1er septembre 1794 : « Nous avons appris avec étonnement que vous n'aviez pas défendu de sonner votre cloche, nous vous engageons sur votre responsabilité personnelle à prendre un arrêté qui défende de sonner votre cloche à midi, parce qu'elle rappelle une différence de secte qui ne doit plus exister, tous les Fran-

(1) Jules Sauzay, t. VI, p. 235.
(2) Archives du Doubs, L 1315.

çais n'ayant pour religion que la charité universelle (1). »

Dans le canton d'Héricourt on exécuta pareillement l'arrêté de Besson et de Pelletier. Le district de Lure ayant pris à cet égard des informations auprès de l'agent national de chaque commune, les réponses furent toutes satisfaisantes. Pierre Plançon, de Chagey, écrivit que tous les ornements de l'église du lieu avaient été livrés au citoyen Perdrizet, juge de paix, que depuis quatre mois on n'avait fait aucune assemblée dans l'église, qu'on ne sonnait la cloche que pour donner lecture des lois sur la place publique ou à la maison commune, que si le retable, la chaire à prêcher et quelques tableaux étaient à l'église, c'est parce que ces objets y étaient plus en sûreté que dans sa maison, mal couverte et ouverte de plusieurs côtés (7 février 1795).

La municipalité de Chagey ne put souffrir ces meubles à l'église. Elle dénonça au département l'agent national dans un style qui dut faire prendre le deuil à la langue française. Voici la pièce :

« L'en troi De la République francoisse Et un indivisible Les officie municipaux et notable de la Commune de Chaigey de mande à ceque lagent de cette Commune soient contrain à mettre La Rèttes du représentan du peuple Sevestre qui dit qu'aucun signe de culte soient abolis. C'est pour quoi lagent de la Commune de Chaigey na pas voulu enlever les ornement Et autre Efet dans les Église. Les officis municipaux et notable de la Commune de Chaigey de mande à ceque lagent soient contrain amettre la Rèttes Enxcution. » Suivent les signatures (2).

D'Échenans, Gabriel Pillot répondit qu'il n'y avait que des citoyens du plus ardent patriotisme et que l'arrêté touchant les signes extérieurs du culte était en pleine exé-

---

(1) Jules Sauzay, t. VI, p. 577.
(2) Archives de la Haute-Saône, district de Lure, L 141.

cution. L'agent national de Brevilliers, pour faire tomber les fâcheuses impressions qui pesaient sur ses concitoyens accusés d'être peu révolutionnaires, écrivit : « Depuis longtemps nous n'avons plus d'assemblées religieuses, nous n'avons aucun signe extérieur de culte ; l'on ne sonne les cloches qu'à midi et dans la seule vue de diriger les citoyens dans leurs travaux ou de leur indiquer à quel point du jour ils se trouvent. » De Trémoins, Jean Monnier répondit : « Tous les signes extérieurs du culte sont mis bas, l'on ne s'assemble absolument plus dans les temples. » D'Héricourt, Minal écrivit au directoire de Lure : « Le patriotisme le plus chaud anime les citoyens de cette commune, tous chérissent la Révolution et verseront jusqu'à la dernière goutte de leur sang pour le soutien de l'unité et de l'indivisibilité de la République (1). »

Jusqu'à la fin de la Révolution, on vit à certains moments les administrateurs redoubler de vigilance pour ne laisser debout aucun signe religieux. En 1798, les agents nationaux de Genéchier et de Mandrevillars reçurent l'ordre de faire enlever, sous peine d'être punis, les croix qui choquaient encore les regards de quelques individus. Il est probable qu'ils obéirent à ces injonctions.

L'impiété révolutionnaire, maîtresse des églises, qu'elle dépouilla de tous leurs ornements, le fut aussi de tous les prêtres constitutionnels, qu'elle jeta dans le déshonneur. Le 22 novembre 1793, la Convention avait décrété que tous ceux qui abdiqueraient leur état, soit prêtres, soit évêques, recevraient de la république une pension viagère de 800 fr. à 1,200 fr. Dès ce moment, Jacques-Antoine Cordienne, curé de Montbéliard, annonça « que, ne voulant pas retarder en rien la marche de l'esprit public...., il cessera toute fonction du culte dès que les autorités constituées jugeront

(1) Archives de la Haute-Saône, L 130.

que cela peut se faire sans inconvénient (1). » A partir de ce jour, mêlé aux affaires communales, il oublia tous ses devoirs de prêtre. L'église catholique de Montbéliard fut pendant longtemps enveloppée d'un silence lugubre. Un manuscrit de 1797 dit qu'à cette époque « des prêtres du voisinage allaient y officier de temps à autre. » Pendant ce temps-là, le malheureux Cordienne était l'objet du mépris général. On le caricaturait sous des formes qui n'exprimaient que trop bien la profondeur de la chute qu'il avait faite. Parfois, néanmoins, il prit sa défense. Accusé d'avoir fait brûler sur la place publique l'autel du culte catholique, et d'avoir dansé autour, il se justifia en proposant « dix mille francs à gagner à celui qui aura vu brûler sur la place l'autel catholique et danser le signataire autour du bûcher. » Le reproche d'avoir eu des mœurs légères fut repoussé non moins victorieusement par lui (2). N'avait-il pas assez d'autres écarts à sa charge ? Pour la réhabilitation de sa mémoire, disons qu'il chercha à les faire oublier par la sévère pénitence qu'il pratiqua, sans discontinuer, une fois rentré dans la bonne voie (3).

Le capucin Leclerc n'avait l'estime de personne. On l'entendit se plaindre des injures et des menaces dont il était l'objet à Blamont. Le district de Saint-Hippolyte prit sa défense en écrivant à la municipalité de se préoccuper un peu plus d'assurer la tranquillité du plaignant. Encouragé par cet appui, il reprit l'offensive et écrivit, le 27 avril 1795, au district : « Les hommes ignorants sont si sots qu'ils croient que leur salut dépend de l'extérieur de la religion. Il n'est pas surprenant que la diversité des cultes ait fait le malheur de la France monarchique pendant les croisades, la guerre des Albigeois, etc. Cette diversité a toujours pro-

(1) Mairie de Montbéliard, registre paroissial.
(2) Mss. Duvernoy, *Révolution*.
(3) Jules Sauzay.

duit des haines et la désunion. On en voit un échantillon à Blamont. Chacun est fanatique dans sa secte. De tous temps, les catholiques ont damné les protestants, et les protestants les catholiques. Ceux-ci ne peuvent pas vivre sans la messe administrée par un prêtre qui est leur dieu sur terre, et les autres ne peuvent pas vivre sans le prêche prononcé par leurs ministres. Des lois sages ne les corrigent pas; les prêtres et les ministres ne valent pas mieux l'un que l'autre.... Des ministres qui se disent prudents, hommes d'esprit et en place, interprètent les lois à leur mode et les transgressent. Le citoyen Kilg, juge de paix, donne un mauvais exemple aux catholiques, qui sont jaloux du pouvoir qu'il se donne d'assembler son monde au prêche les dimanches dans le temple de Pierrefontaine. Par suite de cet exemple, les catholiques désirent un prêtre et disent qu'ils sont aussi bons que les protestants d'avoir un ministre qui leur fasse leurs cérémonies dans leur église. Je suis obligé, citoyens, de vous avertir des manœuvres qui se font à cette occasion, afin de parer aux inconvénients qui pourraient amener du trouble à Blamont et dans son canton. J'avais fait enlever des signes extérieurs, suivant ma mission, dans le temple de Pierrefontaine. Par ordre probablement du citoyen Kilg, on les a remis. C'est cette raison qui a fait crier contre moi à Blamont, parce que les catholiques en voudraient faire autant en remettant dans leur église ce qu'on y a enlevé (1). » Quel dépit dans un prêtre dévoyé quand il se voit l'objet du mépris général ! Heureux encore celui qui y trouve un motif de retour. Nous ne savons pas si le capucin Leclerc jouit de cette faveur.

Philippe Beck, de Régisheim, ex-religieux augustin et intrus de Glay, alla, le 2 août, porter ses lettres de prêtrise au district et déclara, « pour la tranquillité et le bien public,

---

(1) Jules Sauzay.

que depuis que la philosophie républicaine avait été propagée en France, il reconnaissait les erreurs du fanatisme et de la superstition, et qu'en conséquence il renonçait à toute fonction sacerdotale sous l'espoir de jouir des secours accordés par les décrets à cet effet (1). » Il déclara en outre vouloir « travailler sur les vers (2). » Au 1er novembre, il était, à la papeterie de Laval, livré à nous ne savons quelle occupation (3). François Artus, ex-bénédictin, fut pendant quelques mois curé constitutionnel d'Héricourt et de Tavey. Le vide se fit autour de lui. Pour avoir des servants de messe, il était obligé de les payer chèrement ; son ministère n'était réclamé par personne. Les catholiques riaient de lui. Dans un allocution ayant énoncé cette idée profondément vraie : Les lois des hommes sont semblables aux toiles d'araignée que le vent emporte, il fut interpellé sur-le-champ par l'agent national, qui lui dit : Citoyen Artus, explique-nous cette parole ou tais-toi (4). Quand il eut renoncé à la prêtrise, il se retira à Lure, où il vécut avec le traitement que lui fit l'État (5).

Louis Lubert, d'Héricourt, ex-chanoine de Belfort, brûla tout ce qu'il avait vénéré et fit acte de soumission à toutes les lois antireligieuses. Nous le trouvons commissaire du directoire exécutif, mais rempli de bienveillance à l'égard des curés, dont il prit la défense en 1797, dans un rapport à l'administration. « Les prêtres déportés rentrés n'exercent qu'en passant, disait-il, et se conforment aux lois (6). » Cette bonne disposition lui valut la colère des révolutionnaires. On les entendit, l'année suivante, demander la révocation

---

(1) Jules Sauzay, t. VI, p. 119.
(2) Archives du Doubs, L 1303.
(3) Archives du Doubs, Q 286.
(4) Témoignage d'un vieillard de Tavey.
(5) Archives de la Haute-Saône, district de Lure, L 130.
(6) Archives nationales, F1b.

de ce fonctionnaire, disant qu'il n'avait fait aucune diligence pour faire arrêter les prêtres réfractaires (1). En 1802, élu juge de paix du canton en remplacement de Jean-Christophe Perdriset, malgré les protestations de ce dernier, Louis Lubert continua à vivre dans la vie civile (2). Il reçut la sépulture ecclésiastique, parce qu'il n'avait pas eu à refuser le ministère d'un prêtre à ses derniers moments (3).

(1) Archives nationales, F1b II. Haute-Saône, I.
(2) Archives nationales, F1c III. Haute-Saône, II.
(3) Louis Lubert, prêtre jureur, garda toute sa vie ses convictions religieuses. Pendant les mauvais jours de la Révolution, il fut tout dévoué aux prêtres fidèles. Publiquement, il se montrait mal disposé à leur égard, mais s'il apprenait que l'un d'eux fût en danger de tomber entre les mains de la police, par le moyen d'un confident dont il était sûr du concours, il en informait la famille qui le cachait et lui indiquait les moyens de le sauver. A Saulnot, il avait pour mandataire Berthelot, cultivateur excessivement honnête.

A son frère, médecin, marié à une luthérienne, naquit un enfant pour lequel le grand-père demanda le baptême protestant. A cette proposition, l'ex-chanoine entra dans une fureur telle qu'il voulait jeter cet homme par la fenêtre, disant que c'était déjà trop qu'il y eût une protestante chez lui.

Pendant que le fils de son ancien commissionnaire de Saulnot fréquentait l'école d'Héricourt, parfois il le prenait à part, lui parlait de son temps de théologie, lui recommandait de fuir les mauvaises compagnies, au nombre desquelles il plaçait celle des cousins de son neveu qui étaient protestants. « Sois sage, lui répétait-il souvent, et ne fréquente pas les polissons. » Apprenant que ce jeune écolier se disposait à aller au séminaire, il ne sut comment lui en témoigner sa joie.

Dans les discussions religieuses avec les protestants, il était sans ménagement, parfois intolérant. Le pasteur Lods, qui plusieurs fois avait expérimenté la force de sa logique, crut prudent d'interrompre ses visites à la famille. Mais ce pauvre constitutionnel, empêché par son orgueuil et surtout par un mal secret de se réconcilier avec Dieu, fut déchiré de remords. Un jour, pendant qu'il se promenait dans sa chambre, quelqu'un le vit s'agiter, gesticuler et regarder le ciel, quand il arrivait à la fenêtre, ouverte en ce moment. Que se passait-il en lui-même? Quel enfer que l'âme d'un prêtre dévoyé! Louis Lubert emporta tous ses remords dans la tombe. Il mourut le 26 juillet 1818.

Germain-Joseph Jacotey, de Tavey, ancien curé de la Rivière (territoire de Belfort), se soumit à tous les décrets concernant les ecclésiastiques. En résidence dans son village en 1796, il jura haine à la royauté, à l'anarchie, attachement et fidélité à la république et à la constitution de l'an III. Mis ensuite à la maison d'arrêt pour des motifs que nous ignorons, il n'y resta que peu de temps. Après la Révolution, il rétracta entre les mains de M. Routelle, prêtre d'Auxonne, le serment qu'il avait prêté à la constitution civile du clergé, pleura le reste de ses jours la faute qu'il avait commise par cet acte à jamais déplorable, s'efforça de l'expier par les rigueurs d'une vie austère. Avant de recevoir les derniers sacrements, il fit publiquement sa confession. Il mourut le 21 juillet 1810, et fut enterré le lendemain dans le cimetière de Tavey (1).

Lorsque ces curés et ces religieux eurent porté l'oubli de leur dignité jusqu'à renoncer à leur état de prêtrise, tous se présentèrent peu après au directoire de leur district respectif, afin d'y faire connaître leurs revenus personnels. C'est à la suite de leurs déclarations que fut fixée la portion que l'État devait fournir pour parfaire le traitement alloué à chacun d'eux par la loi (2).

Le pauvre curé de Mandeure, Claude Sarrazin, mérite une place à part. Si, au milieu du trouble révolutionnaire, il n'a pas eu toute la fermeté désirable, la vieillesse en fut cause. Il tremblait tellement devant les décrets du directoire, qu'on peut présumer qu'il n'était pas entièrement responsable de ses actes. Pour s'éviter tout désagrément, il fit, en octobre 1793, défense aux étrangers de se rendre en son église, car un décret laissait la liberté des cultes aux pays conquis. Voyant qu'il ne parvenait pas à les écarter tous, il

---

(1) Archives de la Haute-Saône, L 3, et de la cure de Tavey.
(2) Archives du Doubs, Q 286.

n'eut plus d'heure fixe pour les offices; il lui arriva même de ne plus les sonner, ce qui fit écrire à l'agent national : « Le curé de Mandeure est un vieillard dont toutes les fonctions se réduisent à une messe qu'il appelle sourde parce qu'il ne la sonne plus (1). » Il porta l'obéissance aux lois aussi loin que possible. Ayant appris qu'un arrêté des représentants défendait toute prédication fanatique, il se tut complètement. Dans la crainte que les habitants des communes voisines ne continuassent à venir à son église, il la ferma et en remit les clefs à la municipalité. Enfin il prêta serment à la constitution civile du clergé, cependant la mort le trouva réconcilié avec l'Église (2).

Mais si dans cette époque de bouleversement, capable de jeter le désarroi partout, il y eut dans les rang du clergé catholique des actes de défaillance qui affligèrent bien des âmes, on vit heureusement, dans une proportion bien plus considérable, des héros dont la persécution n'altéra ni le courage ni la foi, et dont plusieurs prodiguèrent leur dévouement dans le pays même de Montbéliard. Pendant la période si justement qualifiée du nom de terreur, les annales restent à peu près muettes sur la présence dans nos paroisses de quelques prêtres fidèles. Ce n'est que quelques mois après la mort de Robespierre que des prêtres courageux y rentrèrent dans l'intérêt des catholiques. Quelques-uns traversèrent le district de Montbéliard. L'agent national, en ayant été informé, écrivit aussitôt au procureur-syndic de Saint-Hippolyte : « Ceux qui passent par ce district sont-ils dans le cas de l'arrestation ? » Une chose l'indigna surtout : ce fut d'apprendre que certaines municipalités en écharpe, la garde nationale avec son drapeau, la paroisse avec de nouvelles bannières, étaient allées à une demi-lieue

---

(1) Archives du Doubs, L. 1315.
(2) L'abbé Bouchey, *Histoire de Mandeure*, t. II.

à la rencontre de ces prêtres et les avaient, comme à Clerval, ramenés en triomphe.

Dix à douze d'entre eux firent à Mathay, à Dampierre-sur-le-Doubs, des missions auxquelles on accourait en foule de toutes parts. C'est ce que nous apprend l'agent national de Montbéliard dans une lettre au procureur de Saint-Hippolyte, à la date du 9 septembre 1795 : « Je fus le témoin involontaire d'une procession composée de plusieurs communes qui se rendaient avec bannières et des prêtres en costume à Dampierre (1). » Le même jour, quatre de ces confesseurs de la foi furent arrêtés à Écot, où ils se disposaient à donner les exercices d'une mission : c'était Jean-Donat Morel, de Framboubans, vicaire à Dambelin ; Jean-François-Alexis Humbert, de Longevelle-sur-l'Ognon, vicaire à Chambornay-lez-Pin ; Pierre-Clément Flottat, ci-devant vicaire à Saint-Maurice-sur-le-Doubs, et Jean-Ignace Monnin, curé à Anteuil. Le bruit de cette arrestation se répandit dans toutes les paroisses voisines avec la rapidité de l'éclair, aussitôt le tocsin sonna pendant toute la nuit et le jour suivant, jetant l'alarme au loin ; les catholiques s'armèrent et coururent délivrer ces prêtres. Les gendarmes et la troupe ne purent disperser ces braves que grâce à une pièce de canon venue du fort de Blamont, où furent incarcérés les quatre prisonniers. Ceux-ci ne furent pas longtemps sous les verrous. Ils parvinrent à s'évader dans la nuit du 15 au 16 septembre. On attribua cette évasion à la complicité du concierge, Joseph Monnin, et à celle du commandant Warnet, André, des Ardennes. Ces derniers, mis en prison, furent acquittés le 7 novembre (2). Ces événements, écrivit Montbéliard à Saint-Hippolyte, sont le fruit de la trop longue patience avec laquelle on a souffert les

---

(1) Archives du Doubs, L 1315.
(2) Jules Sauzay, t. VIII, p. 581.

prêtres déportés. Dans plusieurs communes de notre circonscription il n'y a qu'un vœu pour ces prêtres, dans les autres on est divisé ; il en résulte des chocs, et le mal est infini (sept. 1795) (1).

Le procureur-syndic de Montbéliard traquait ces vaillants soutiens de la religion avec une vigilance infatigable, mais toujours trompée. C'est lui-même qui nous l'apprend : « J'ai eu lieu de remarquer l'influence funeste de ces hommes que la république a tant raison de chasser de son sein. Tous les renseignements que j'ai pris m'ont prouvé, qu'abusant de la crédulité des habitants des campagnes, ces prêtres déportés se servaient surtout de la confession pour pervertir l'esprit public. J'ai vu que malgré toutes les précautions pour découvrir les prêtres déportés, les habitants des campagnes seraient encore plus adroits pour les cacher que nous pour les découvrir » (27 avril 1798) (2).

Bien des fois il eut le cœur plein d'indignation en apprenant que des prêtres avaient échappé à ses agents. Un gendarme de Montbéliard, porteur de dépêches, arriva à Mandeure vers les premiers jours du mois de septembre. Là, il se trouva en face de deux prêtres déportés. C'était une riche capture qui lui promettait de l'avancement. Comme il se disposait à les arrêter, il vit aussitôt se former un attroupement de toutes sortes de personnes si décidées à lui disputer sa proie et à lui faire un mauvais parti, qu'il crut prudent de chercher son salut dans une fuite précipitée (sept. 1795).

Dans ce village, les catholiques étaient tout dévoués aux prêtres. Le vicaire, l'abbé Lambert, prit soin des malades, célébra la messe, accomplit, en un mot, tous les actes de son ministère sous la protection de ces bonnes gens. A l'ar-

---

(1) Archives du Doubs, L 1315.
(2) Archives de la Haute-Saône, L 211.

rivée des gendarmes dans le pays, avait-on à craindre pour le vicaire ? aussitôt quelqu'un les conduisait dans une auberge et là, au moyen de copieuses libations, leur faisait oublier leur commission. On en trouve la preuve dans les comptes de 1799 et des années précédentes : « *Item*, la somme de treize livres pour dépenses faites avec les gendarmes, dans deux voyages faits par eux à Mandeure, à l'effet de saisir le sieur curé.... Une autre dépense pour les mêmes, venus pour saisir l'abbé Lambert. » Ce prêtre a raconté, en peu de mots, comment il passa cette période de son existence à Mandeure : « Pendant près de huit ans, j'y suis resté caché et exposé à tous les dangers, sans aucun secours ni de la part de mes parents, qui me croyaient dans le lieu de mon exil, ni de la part des paroisses où j'allais porter les secours de la religion aux vrais fidèles qui les réclamaient, à trois ou quatre lieues à la ronde, sans rien exiger de personne et sans autre rétribution que l'hospitalité, vivant pauvrement, me contentant des ressources que la Providence me procurait (1). » Reconnaissons que cette vie avec ses traits si touchants vaut mieux que celle des prêtres infidèles à leur vocation.

Dans le canton de Blamont, l'ancien vicaire de Glay, J.-B. Freynier, tenait continuellement en éveil la vigilance de l'agent national de cette ville. Rentré après la mort de Robespierre, il consacra son ministère aux catholiques de Glay, Meslières et Dannemarie. Placé sous la sauvegarde de leur estime, de leur foi et de leur dévouement, il put célébrer la sainte messe dans la ferme des Buissons, sans craindre aucune surprise. Le luthérien Méquillet, de Blamont, requit l'agent de Dannemarie d'arrêter le proscrit, mais avec peu d'espoir de succès, parce que cet agent était catholique, ainsi que la plupart des habitants de cette commune. Voyant

(1) L'abbé Bouchey, *Histoire de Mandeure*, t. II, p. 868 et 880.

que personne ne voulait seconder ses plans d'arrestation, il s'adressa à l'agent de Glay pour faire saisir ce prêtre par une force suffisante de bons patriotes de cette commune. Cet agent lui parut peu propre à faire cette capture. Il s'adressa alors au commandant de Blamont, le priant de faire surveiller l'abbé Freynier par quelques volontaires de sa garnison et de le faire enlever par un fort détachement, quand on aurait découvert la retraite du réfractaire. Le commandant répondit qu'il avait à Glay, dans une maison écartée, un citoyen affidé qui l'avertirait dès que Freynier paraîtrait dans cette commune et qu'il l'enverrait saisir. On correspondit si mal à son zèle, qu'étant allé quelques jours après à Glay, il reprocha aux habitants de n'avoir pas arrêté ce prêtre. Ils s'excusèrent en disant que les habitants des montagnes voisines seraient venus pour les incendier. Tous les plans de ce policier demeurèrent sans résultats [1].

Pour être impartial disons que Mettetal, maire protestant de Glay, fut bien un peu l'égide de l'abbé Freynier. Nous savons que ce fonctionnaire visitait dans le plus grand secret les prêtres cachés dans les maisons de la commune ou dans les fermes isolées. Ces démarches n'étaient sans doute qu'une des formes que prenait à l'égard des pauvres proscrits le dévouement de ce cœur généreux [2].

Villars-lez-Blamont vit également des prêtres catholiques à cette époque si troublée. La maison de Joseph Brandelet fut pour eux un asile toujours ouvert, mais en même temps elle devint l'objet d'une surveillance de tous les jours et de toutes les nuits. Certains protestants furent avisés un jour qu'un prêtre venait d'y entrer. La nuit suivante trois d'entre eux se mirent en faction autour de la maison. Ce soir-là, le prêtre, obligé d'aller plus loin, devait bientôt sortir,

---

[1] Jules Sauzay, *Histoire de la persécution*, t. IX, p. 163.
[2] C'était le grand-père du député Mettetal, que les protestants appelaient, par dérision, l'abbé Mettetal.

quand quelqu'un de la famille, voulant se rendre compte si les abords de la place n'étaient pas occupés par un poste ennemi, sortit le premier. A peine fut-il dehors qu'il se sentit saisi par nos trois vaillantes sentinelles. A la faveur de l'émotion et du bruit causés par cette erreur, et grâce aussi à l'obscurité de la nuit, le prêtre put s'évader et arriver sans accident en lieu sûr. Dans les veillées de l'hiver, les catholiques de Villars et peut-être aussi les protestants s'entretiennent encore de la mort tragique qui récompensa ici-bas le zèle révolutionnaire de ces hommes. Pendant toute la durée de la persécution religieuse, on dit la messe dans cette maison ; aujourd'hui on montre encore la place où elle se célébrait. Quand il y avait un prêtre pour la dire, tous les vrais fidèles en étaient avertis sans qu'il y ait jamais eu vestige d'indiscrétion (1).

A Montécheroux, village du canton de Saint-Hippolyte, les catholiques ne furent pas davantage privés de secours religieux ; ils eurent à leur disposition un prêtre, probablement leur ancien curé, qui avait trouvé une retraite au milieu d'une famille protestante connue dans le pays. Il y a quelques années, dans un partage mobilier, l'aîné des enfants réclama, comme lui venant de droit, le meuble qui avait servi autrefois à cacher le proscrit dans les moments où l'on craignait une visite domiciliaire ou l'effet des soupçons de quelque malavisé (2).

Le canton d'Héricourt ne manqua pas non plus de courageux athlètes bravant tous les dangers pour donner les secours de la religion aux fidèles (3). A quelques pas du

(1) Communiqué par M. l'abbé Guillaume, curé de Villars-lez-Blamont.
(2) Communiqué par M. l'abbé Parrenin, curé de Montécheroux.
(3) Dans les registres d'Héricourt et de Tavey, on trouve les signatures suivantes : en 1795, 1796, 1797, David, vicaire en chef d'Athesans. En 1795, Breuillot, prêtre catholique déporté. En 1795, J.-B. Martin. En 1797, 1798, 1799, 1800, Hugues, prêtre catholique.

chef-lieu, au hameau de Saint-Valbert, les prêtres insermentés trouvèrent un abri contre les fureurs de l'orage. La maison Garet, située au pied de la colline et habitée en 1789 par un nommé Sink (ou Cinque), a vu bon nombre de ces bannis s'y réfugier pour célébrer les saints mystères et administrer les sacrements aux chrétiens discrets. Le marbre qui servit d'autel a été conservé religieusement jusqu'à ce jour et a été déposé dans la chapelle de Saint-Valbert, où peut-être il sera plus tard mis en usage [1].

A Chagey, « les catholiques ont recélé pendant plusieurs années leur curé insermenté pour exercer leur culte et pour les instruire dans la chambre d'un particulier, et ceux des hameaux de Genéchier ont entretenu d'autres prêtres fugitifs qu'ils regrettent encore et qu'ils qualifient de *bons prêtres non jureurs* [2] » (4 avril 1806).

Mais de tous les villages il n'en est peut-être pas où les curés proscrits se soient retirés en aussi grand nombre qu'à Tavey, pour aller, de ce lieu, administrer les sacrements partout où il fallait. Les catholiques, très attachés alors à leur religion, regardèrent comme le plus sacré des devoirs de leur donner asile. En cela ils obéissaient à leurs sentiments de foi et aux conseils que leur vieux curé, M. Pilon, leur avait envoyés du milieu de son exil, dans une lettre empreinte de l'affection la plus paternelle. En voici le début :

« Depuis longtemps, par la permission divine et par force majeure, je suis séparé de vous, mais c'est seulement de corps, mon esprit et mon cœur sont continuellement avec vous. Tous les jours et sans cesse j'adresse au ciel pour

En 1797, 1798, 1800 et 1801, Silvestre. En 1798, Routel, prêtre. En 1799, Grézel, vicaire de Moimay. En 1800, Simonin, vicaire de Vellechevreux. En 1800, Tillebon, prêtre.

(1) Note de l'abbé Gatin, ancien curé d'Héricourt.
(2) Archives de l'archevêché.

vous mes vœux et mes prières. Au moment où je vous ai quittés, un grand nombre parmi vous, dociles à ma voix, dociles à l'Église, avaient conservé la foi de leurs pères. J'aime à croire que vous persévérerez dans vos sentiments catholiques. Des nouvelles indirectes et bien consolantes pour moi m'ont assuré que vous vous étiez soutenus et que vous reveniez à la foi pour la plupart. Ah! mon exil n'est plus rien, je suis dans la joie dès que j'apprends que vous ne vous êtes point démentis et que vous restez fidèles à Jésus-Christ. D'immortelles actions de grâces en soient rendues au Seigneur de ce que la tribulation et la persécution n'ont point affaibli votre religion, qu'au contraire elle est devenue plus ferme et plus épurée. »

Après avoir donné à ses paroissiens les conseils en rapport avec les circonstances douloureuses où l'on se trouvait, il leur traça leurs devoirs envers les prêtres persécutés : « Si quelques ministres du culte catholique, pleins de zèle pour le salut de vos âmes, bravant tous les dangers, paraissaient au milieu de vous, recevez-les comme des anges du Seigneur, estimez-les singulièrement, chérissez-les avec tendresse, fournissez avec soin à tous leurs besoins, suivez leurs avis et profitez avec empressement des leçons qu'ils vous apporteraient. D'autant que faire se pourra, que les chrétiens infidèles ignorent leur séjour au milieu de vous et même ne confiez pas la maison de leur habitation aux catholiques imprudents qui ne sauraient pas garder le secret. Assurez-vous d'abord que ce sont de vrais ministres catholiques (1). »

Chacun dans ce village mit en pratique les touchantes leçons du pasteur exilé. Les prêtres reçurent la plus généreuse hospitalité dans les familles Pyot, Morel, Jacotey, Métin, Juliard et Nardin. Entre les maisons Pyot et Fran-

(1) Archives de la cure de Tavey.

çois était un couloir assez étroit au bout duquel se trouvait, dans la maison de droite, une chambre secrète ayant son entrée sous un lit. C'était là que se retiraient, en cas de suprême danger, les prêtres traqués par les révolutionnaires du canton. Ce local leur servait aussi de chapelle où parfois ils célébraient les saints mystères. Les protestants ne dénoncèrent aucun de ces confesseurs de la foi, pas même ceux d'entre eux qui les avaient vus chez les voisins. Il n'en fut pas de même de trois femmes de Granges. Celles-ci firent un jour connaître à des gendarmes, qu'elles rencontrèrent en sortant de Tavey, une famille où elles avaient vu trois prêtres. Le brigadier, ennemi de la besogne qu'on lui imposait, au lieu d'aller à l'endroit indiqué, entra, par une erreur volontaire, dans une des maisons voisines, afin de donner à ces pauvres proscrits, qui ne pouvaient manquer d'être avertis du danger, le temps de se mettre en lieu sûr. La ruse du gendarme réussit à merveille. Et dans le cas où les agents de la force publique eussent voulu remplir leur mandat, ils auraient dû auparavant consulter leur force. En voici une preuve. L'abbé Silvestre, saisi à Tavey par certains gendarmes, fut dirigé aussitôt sur l'Alsace. Les catholiques du lieu, ayant été informés de cette arrestation, se mirent immédiatement en mesure d'aller délivrer ce prisonnier. Armés de fusils, ces braves guerriers, après avoir parcouru, avec toute la vitesse possible, des chemins de traverse, arrivèrent dans les bois d'Argiésans, où ils attendirent le prisonnier. En le voyant arriver, les menottes aux mains, ils se précipitèrent à sa rencontre et sommèrent le commandant, nommé Droit, de le mettre en liberté. Comme il était impossible de résister à des gens si bien déterminés, les gendarmes obéirent et l'abbé Silvestre fut sauvé(1). De tels faits font l'éloge et des curés et des catho-

(1) Déposition de Silvestre Nardin, de Tavey, âgé de soixante-dix ans.

liques, tous disposés à se sacrifier les uns pour les autres.

Ces dignes représentants de l'Église romaine subirent ces tracasseries à peu près pendant toute la Révolution, car si la loi du 24 août 1795 avait permis aux prêtres déportés de rentrer en France, cette faveur était dérisoire, puisque, pour en jouir, ces confesseurs de la foi ne devaient accomplir aucun acte de leur ministère, pas même en faveur d'un moribond. Aussi, afin de les tenir dans les bornes de la loi, le Directoire, deux ans plus tard, fut investi du pouvoir de déporter par arrêtés individuels tous ceux qui troubleraient, dans l'intérieur, la tranquillité publique. Autant valait les expulser franchement, car tous furent dans le cas ou de reprendre le chemin de l'exil ou de se renfermer dans l'obscurité de quelque retraite. P.-F. Faivre, curé de Saint-Maurice, très fanatique, selon une note de l'administration, dut s'expatrier de nouveau. Le curé de Villars-lez-Blamont, retiré à Montmoiron, où il était en surveillance, reçut, au mois de mars 1798, l'ordre de gagner l'étranger, malgré ses soixante ans et ses nombreuses infirmités. L'abbé Freynier, par son apostolat toujours discret, continua à exciter la colère de Méquillet, dont l'infâme espionnage demeurait sans succès. A Héricourt, la surveillance à l'égard des prêtres était toujours la même. Au mois de septembre 1799, eut lieu dans cette ville une séance à huis clos où, dès le début, les membres de l'administration cantonale, à la réquisition formelle du président, s'engagèrent à garder sur l'objet de leur réunion le secret le plus inviolable. Ensuite, on leur donna lecture d'une circulaire de l'administration centrale prescrivant pour le lendemain matin, à l'aurore, des visites domiciliaires dans l'étendue du canton, pour arrêter les déserteurs, les prêtres insoumis et les personnes suspectes (1). C'était autoriser toutes les vexations

(1) Archives de la Haute-Saône, 81 L 140.

possibles envers les partisans de l'ordre et de la religion.

Ce fut le dernier acte révolutionnaire du canton d'Héricourt, car, le 9 novembre, Napoléon changeait la face des choses en renversant le Directoire. Sous l'empire de cet homme providentiel, la religion catholique allait reprendre sa place en France et dans nos églises. Exposons le récit de sa restauration dans le pays de Montbéliard.

CHAPITRE XVII

Rentrée des curés déportés. — Réorganisation des cultes. — Le culte catholique à Montbéliard, à Blamont, à Héricourt, à Chagey, à Tavey. — Décret concernant la confession d'Augsbourg. — Organisation du protestantisme à Montbéliard, à Blamont, à Héricourt, etc.

Bonaparte, devenu, par un coup d'État célèbre, le maître de la France, allait ouvrir les portes de la patrie aux prêtres exilés, et celles des églises au culte catholique. Trois curés du pays de Montbéliard étaient morts pendant la tourmente révolutionnaire : c'était Binétruy, de Blamont; Arnoux, de Glay ; Larrère, de Seloncourt. Les autres virent successivement révoquer la loi qui les avait condamnés à la déportation. Boigey, curé de Longevelle-sur-le-Doubs, reconquit sa liberté le 16 mars 1800; le vicaire de Blamont, Feuvrier, le 8; le curé de Montécheroux, le 14 avril; Freynier, le 18; Saunier, curé de Chagey, quelque temps après (1). Le 29 décembre 1801, le maire d'Héricourt avertit celui de Montagney que M. Fourcault, ancien curé de cette ville, avait été rayé de la liste des émigrés le 4 du courant; tous les autres prêtres déportés obtinrent la même faveur. Cependant, ils n'osèrent pas de suite user de leur liberté, ils continuèrent à dire la messe en secret, pendant que les constitutionnels desservaient les paroisses (2). Mais, malgré

(1) Jules Sauzay, t. X.
(2) Jules Sauzay, lettre de Kilg.

le discrédit dont on voulait les couvrir, leur condition était bien autrement considérée que celle des prêtres jureurs. Nous lisons, en effet, ce qui suit dans les notes écrites par le préfet du Doubs, à la suite de ses tournées :

« J'ai eu déjà plusieurs fois occasion de vous dire, citoyen ministre, que les habitants de mon département étaient naturellement religieux et surtout fort attachés à leurs prêtres, la tournée que j'ai faite l'année passée, celle de laquelle je reviens, m'ont toutes deux laissé cette opinion. J'ai été à même, dans cette dernière, d'étudier plus particulièrement les opinions et les espérances locales; mes observations à cet égard m'ont convaincu que, soit prévention, soit motif fondé, peu de constitutionnels ont la confiance de la majorité des paroisses; quelques-uns ont figuré dans les crises politiques et l'on s'obstine à leur reprocher d'être sortis de la décence de leur ministère, sans tenir compte des circonstances qui les ont entraînés, ni même des souffrances qu'ils ont essuyées, tandis que leurs adversaires, couverts de l'auréole de la persécution, se présentent au peuple comme les conservateurs de la foi et les seuls apôtres du christianisme.... J'ai eu occasion de voir plusieurs prêtres opposés. La leçon que je me suis permis de leur faire se borne à ceci : Ne prêchez que l'Évangile, ne le prêchez qu'à l'église, hors de l'église, pratiquez-le.... ! Fructidor, an X, août et septembre 1802 [1].

Une telle leçon, donnée à des curés vieillis en exil pour la cause de l'Évangile, par un préfet qui avait donné bien des gages à la Révolution, était une impertinence. Mais la lettre précédente indique assez que le travail de la réorganisation religieuse, en voie d'exécution, demandait beaucoup de tact et de discernement.

La nomination des nouveaux titulaires aux différentes

---

[1] Archives nationales, F^1c III Doubs 11.

cures du diocèse se fit avec le concours des deux autorités. Un moment, les catholiques du pays de Montbéliard eurent l'espoir d'avoir pour curés ceux que la Révolution avait chassés de chez eux et qui étaient survivants, car, après que le décret touchant la nouvelle circonscription ecclésiastique des diocèses et des paroisses eut été publié (31 mars 1803), le nom vénéré de l'ancien curé d'Héricourt, J.-B. Foureault, ayant paru avec la qualité de curé du lieu sur le premier tableau des nominations aux cures de la Haute-Saône, le préfet ratifia cette proposition de l'archevêque par cette note : « n'y voit point d'inconvénient (1). » De même, deux fois dans les six premiers mois de 1803, on trouve sur les registres de Tavey la signature de M. Saunier, avec la qualité de prêtre catholique, curé de Chagey. Mais, grâce à de malheureuses influences, aucun de ces confesseurs de la foi ne retrouva sa place dans son ancienne cure. Aussi quand les curés de toutes les paroisses du diocèse eurent, chacun dans son département, prêté serment de fidélité, les uns à Besançon, le 20 avril 1803, les autres à Vesoul, le 15 novembre de la même année, les paroisses dont il s'agit furent désolées de voir leurs espérances définitivement déçues.

Déjà avant le décret sur la réorganisation des cultes, la religion catholique était en plein exercice à Montbéliard. Le curé, M. Joseph-Baptiste Receveur, était né au Bélieu, le 20 août 1761. Au début de son sacerdoce, il avait, de concert avec Monseigneur de Besançon et l'évêque de Lausanne, bâti, presque entièrement à ses frais, l'église, le presbytère et l'école du Chauffaud (2). Curé de Montbéliard dès 1802, il eut pour paroissiens les catholiques de la ville et ceux répandus dans les villages du canton. Pendant les trois

---

(1) Archives de la Haute-Saône, 81, 1 L. 27.
(2) Paroisse du canton de Morteau (Doubs).

premières années qui suivirent la Révolution, il célébra les offices dans l'église Saint-Maimbœuf, accordée aux catholiques par un arrêté de M. Noël, alors préfet du Haut-Rhin, dont faisait partie Montbéliard. Cette église, qui pouvait contenir trois mille personnes, avait besoin de grandes réparations. A cause de sa qualité de mère-église, des souvenirs glorieux qui se rattachaient au chapitre de Saint-Maimbœuf et du respect dû aux cendres des personnages illustres qui reposaient dans ses magnifiques caveaux, nos coreligionnaires n'avaient qu'un désir, celui de la conserver à jamais au culte catholique. Pour eux, c'eût été trop beau ; ils durent l'abandonner et rentrer dans l'église du collège (1).

Cette chapelle, contiguë au presbytère et au cimetière, avait besoin de grandes réparations, travail alors difficile à réaliser, car elle n'avait d'autres ressources que les modiques revenus des bâtiments du collège, lesquels devaient être mis à la disposition de l'évêque par un arrêté du préfet et ensuite entre les mains de la fabrique.

Au commencement du siècle la fabrique n'eut aucun revenu. Les frais du culte furent couverts par la collecte qui se faisait chaque dimanche, et qui rapportait quatre-vingts francs par an. La sacristie ne renfermait pas même le nécessaire, elle manquait d'ornements et de linge. L'autel était cependant décent. Les vases sacrés disparus pendant la Révolution se trouvaient remplacés par d'autres en étain que la pauvreté des fidèles avait achetés.

Le curé, logé dans le presbytère de ses prédécesseurs, n'avait pour tout revenu que le traitement de curé de deuxième classe. Pendant l'année aucune procession ne lui était permise, à part celle de la Fête-Dieu qui se faisait dans

(1) Le 26 mars 1805, le conseil municipal de Montbéliard demanda par délibération que cette église fût rendue à la ville. On la démolit en 1810.

l'intérieur de l'église ou dans la cour du collège. A Noël, point de messe de minuit, mais l'office commençait de bon matin. Sur le cimetière, renfermé dans la cour du collège, était une croix, la seule qui fût érigée dans le canton (1). Qu'on juge par ces quelques détails combien, au commencement de ce siècle, était restreint, à Montbéliard, l'exercice du culte catholique.

A Blamont, il n'était pas facile de faire droit aux ambitions de tout le monde. Les protestants auraient voulu qu'on transférât le siège de la cure à Glay, qu'on établît une succursale à Villars-lez-Blamont et que l'église du chef-lieu leur fût accordée. Au début des négociations le préfet inclinait assez de leur côté. L'archevêque, pour ne pas laisser bannir les catholiques d'un sanctuaire qui leur appartenait, écrivit à ce magistrat une lettre en rapport avec la circonstance. « Les protestants, dit-il, forment dans le canton de Blamont plus des deux tiers de la population, il paraît juste de leur laisser plus des deux tiers des édifices consacrés au culte. A Blamont, les catholiques forment le plus grand nombre, déjà le culte des catholiques s'y exerce exclusivement, je pense qu'on l'y laissera, sauf à partager par une cloison, entre eux et les protestants, l'église qui paraît assez grande pour s'y prêter. A Villars, le nombre des protestants prédomine, mais cette commune possède une école secondaire et catholique approuvée par le gouvernement et disposée par sa localité à devenir très florissante. Déjà le nombre des élèves y est considérable, il est donc important qu'il y ait une église catholique. L'église de Glay était aux catholiques avant la Révolution. Les protestants s'en sont emparés illégalement. Il faut la donner aux catholiques. Quant aux sept autres églises, les catholiques les aban-

(1) Archives de l'évêché de Strasbourg. Par la nouvelle circonscription ecclésiastique, Audincourt, Montbéliard, Héricourt, furent rattachés au diocèse de Strasbourg. Cet état dura jusqu'en 1823.

donnent volontiers aux protestants » (5 décembre 1803).

Après la lecture de cette lettre, où le prélat faisait une si bonne part aux luthériens, le préfet fut d'avis que les catholiques de Blamont gardassent leur église, et les protestants, le local où ils célébraient leur culte, que les églises de Glay et de Villars fussent à l'usage exclusif des premiers. Le pasteur de Glay combattit cette décision en demandant au préfet, par une lettre en date du 10 septembre, le simultaneum pour son village : « Des catholiques, disait-il, sont chez nous, ils ont un culte public à célébrer ; ils sont hors d'état de construire un temple à leurs dépens, vu leur petit nombre ; qu'ils se servent donc du nôtre, mais qu'ils ne demandent pas à nous en exclure…. Monseigneur a vu de ses propres yeux, dans la Haute-Saône, que cela se pratique sans inconvénient et même que cela a de très heureux résultats…. Que le clergé soit tolérant, les peuples le seront toujours ; qu'il souffre ce que Dieu souffre et qu'il s'en remette à la sagesse de ce Dieu bon pour les suites éternelles de la célébration d'un culte ou d'un autre. » Quelle générosité de la part de ce pasteur ! Il consentait à donner aux catholiques de Glay quelques places dans une église bâtie aux frais du curé et de la fabrique, il y avait une trentaine d'années !

Les protestants obtinrent ce qu'ils demandaient. Un décret impérial du 18 octobre 1804 établit la simultanéité dans les églises de Blamont, Glay, Villars et Bondeval. Les catholiques en furent indignés. Aussitôt ceux de Blamont, par une pétition longuement motivée et adressée au ministre des cultes, sollicitèrent la révocation du décret ; le parti opposé fit de nombreuses démarches dans un autre sens. Enfin, le sous-préfet de Saint-Hippolyte, pour avoir une connaissance exacte de la question, envoya deux hommes à Blamont pour étudier sur place les avantages ou les inconvénients de rendre commune aux deux religions l'église du lieu. Après avoir reçu le résultat des informations, il écrivit en substance au préfet, le 4 avril 1803 :

Les catholiques sont beaucoup plus nombreux; ils viennent de plusieurs communes aux offices du curé, d'où il résulte qu'il est difficile de fixer, à cause des externes, des heures qui puissent convenir aux deux cultes. L'église de Blamont a été reconstruite par les catholiques, qui la regardent comme leur propriété exclusive; depuis, ils en ont eu l'usage, à l'exception du temps où les ministres catholiques ont dû cesser leurs fonctions; il serait difficile d'accoutumer les catholiques à voir entrer les protestants dans leur église; il serait dangereux de voir s'élever entre eux des dissentiments, des inimitiés et des rixes; la loi du 18 germinal an X (8 avril 1802), qui prohibe la profession des deux religions dans le même temple, doit être respectée toutes les fois que des circonstances très impérieuses ne forcent point à s'en écarter; dans l'état actuel, rien n'oblige à s'éloigner du prescrit de cette loi, puisque les protestants de Blamont ont un local qui peut être agrandi et décoré, et que la commune de Blamont s'offre à en faire l'abandon à MM. les protestants et même à contribuer aux réparations assez peu coûteuses que demande le temple actuel des protestants pour être rendu assez grand et assez orné, puisque enfin les ministres protestants conviennent que si la commune agrandit et embellit la salle où ils se rassemblent maintenant, ils consentent à renoncer à toute demande de la simultanéité dans l'église de Blamont.

L'ancien pasteur de cette ville, Kilg, alors sous-préfet de Baume, craignit que ces observations ne fussent favorables à la cause des catholiques. Dans son amour pour ses coreligionnaires, il essaya de détruire les conclusions précédentes en écrivant au préfet de Besançon. Le 8 août 1803, après avoir dit à cet administrateur qu'il n'était pas partisan de la salle où se célébrait le culte protestant et qu'il demandait la construction d'un temple, il ajouta : « Voici le fin mot : c'est que les *catholiques fanatiques* et *bornés* comme ils le sont dans ces cantons, et endoctrinés par un prêtre aussi rusé que câlin, se persuadent qu'ils reprendront tôt ou tard l'empire exclusif et tyrannique dont ils ont abusé trop longtemps et que les protestants, n'ayant que des établissements précaires à Blamont, seront renvoyés à Pierrefontaine pour l'exercice de leur culte. Poursuivre un tel but est, de la part des catholiques, non seulement un acte d'intolérance, mais surtout d'injustice, car les protestants paient plus d'impôts que leurs opposants; lui-même « paie l'une des plus fortes cotes, si ce n'est pas la plus forte. » Il termine en demandant l'équilibre entre les deux communions, car « personne ne souffre patiemment d'être humilié, et si les protestants, anciens habitants du pays, continuent à l'être, jamais la bonne harmonie ne régnera entre eux et leurs rivaux (1).

Pour établir la paix et contenter tout le monde, il fut décidé, quelques jours après, que les catholiques auraient seuls la jouissance de l'église, que les protestants continueraient à faire leurs assemblées dans la salle où ils se réunissaient alors, et que « les premiers fonds disponibles sur le produit de la vente d'un quart en réserve seraient employés à bâtir un temple (2). »

Dans ce travail de réorganisation, les catholiques de Montécheroux furent complètement oubliés. Ceux de Liebvillers furent réunis à la paroisse de Saint-Hippolyte, mais à ceux de Montécheroux on n'assigna *pas même d'église*. Leur ancien curé, revenu de l'exil, fut nommé à Valoreille, où, pendant quarante-deux ans, son cœur ne cessa de se reporter vers sa première paroisse, dont il ne parlait jamais que

---

(1) Archives du Doubs, V 236.
(2) Archives nationales, F¹ᶜ III Doubs 9.

les larmes aux yeux. Quant aux fidèles, objets de ses regrets, ils reçurent du curé de Chamesol les soins que réclamait le salut de leur âme et, peu de temps après, ils furent agrégés à cette paroisse en attendant que le gouvernement statuât sur leur sort. Ils attendaient depuis un an lorsque, le 26 janvier 1804, ils adressèrent une requête au préfet du Doubs pour lui exposer leur triste état, lui demander de faire restituer leur église et le presbytère ou de leur faire bâtir d'autres édifices, à frais communs, ou tout au moins d'envoyer un commissaire sur place pour vérifier leurs droits et leur faire céder le chœur de l'église, qu'ils avaient bâti de leurs propres deniers. Tous les efforts qu'ils tentèrent, toutes les protections qu'ils sollicitèrent, n'eurent d'autres effets que de les rendre inconsolables en voyant qu'on ne leur rendait pas leur église, ce qu'ils avaient de plus cher au monde.

A Héricourt, les catholiques, ayant été expulsés de l'église du lieu, demandèrent au préfet le maintien du simultané (1). Ils l'obtinrent probablement à l'arrivée de M. l'abbé Labeuche, de Bermont, envoyé dans cette ville, à titre provisoire, pour administrer cette paroisse ainsi que celle de Tavey. Après y avoir exercé son ministère dix-huit mois, ce prêtre reçut, à la demande du préfet, le traitement qu'aurait touché un titulaire (2). Au mois de février de l'année qui suivit son arrivée, il obtint du vicaire général, M. Babey, la permission d'exercer publiquement le culte, c'est-à-dire de se revêtir de la soutane, de porter le saint viatique en habits liturgiques et la croix aux funérailles. Quand le maire et l'adjoint en eurent connaissance, ils ne voulurent y obtempérer qu'après en avoir référé au préfet (3). Un mois après, et c'est tout ce que nous savons de cette affaire, ce

(1) Archives de la Haute-Saône, 6 V 1.
(2) Archives de l'archevêché.
(3) Archives d'Héricourt, 4 B.

magistrat invitait le maire à l'informer officiellement si le culte catholique s'exerçait publiquement hors de l'église et si les ecclésiastiques portaient ostensiblement leurs habits (1). M. Buchet, ancien curé de Saulx, nommé en cette qualité à Héricourt, ne prit pas possession de ce poste, il fut remplacé par M. Prudhon, parent du célèbre publiciste de Besançon. L'église garda le simultané.

Quant à la paroisse de Tavey, elle eut pour curé, le 10 décembre 1803, M. l'abbé Grézel, de Villers-sur-Saulnot. Outre son traitement de l'État, ce prêtre fut gratifié par le conseil municipal d'un supplément de 320 francs. A la requête des protestants, les conseillers accordèrent au pasteur d'Héricourt, à cause de sa desserte de Tavey, un avantage analogue, proportionné au nombre des sujets luthériens.

Pendant plusieurs années, l'église fut un sujet de luttes entre protestants et catholiques; ceux-ci en réclamaient l'usage pour eux seuls, ceux-là demandaient le simultané. Le 29 janvier 1808, le sous-préfet, à vue d'une délibération prise, relativement à cette affaire, par le conseil municipal (2), arrêta que les protestants de Tavey iraient exercer leur culte à l'église d'Héricourt, chef-lieu de leur paroisse, et que l'église de Tavey serait réservée aux catholiques, à l'exclusion des protestants. Le 30 janvier, la préfecture ratifia cette décision, qui combla de joie les catholiques. Les déceptions n'étaient pas loin. Méquillet se mit en campagne

(1) Archives d'Héricourt, B 100.
(2) La délibération portait : 1° Que le pasteur avait tort de recevoir à l'église les gens de Laire qui ne sont point du département de la Haute-Saône; 2° que le droit des protestants de Tavey et de Byans n'était fondé que sur la violence exercée en l'an VI et que depuis ils n'ont fourni à aucune réparation ni entretien de ladite église; 3° que le décret impérial n'a point rendu l'église commune aux deux cultes, comme à Chagey; 4° que lesdits protestants peuvent facilement se rendre à Héricourt, chef-lieu de leur paroisse, et qu'il convient de s'en tenir à la nouvelle circonscription des paroisses. (Archives de Tavey.)

pour obtenir l'annulation de l'arrêté précédent. Lettres, démarches, cadeaux, rien ne fut négligé pour y arriver. En voici une preuve : « Le 17 ou le 18 février 1808, M. de Roussy se trouvait à souper chez le sous-préfet de Lure ; il y rencontra le maire d'Héricourt, le père Noblot. On but du vin de Bourgogne du ministre Méquillet, à sa santé ; pendant le repas, le sous-préfet donna sa parole à Noblot qu'il ferait mettre en ordre l'affaire des protestants et que ceux-ci retourneraient à l'église de Tavey. Ne sachant pas que M. de Roussy était en relation avec le curé de Tavey, ils ne se gênèrent pas.... et quelques jours après M. de Roussy disait à l'abbé Grézel : J'ai aidé à boire les vins de la vente de votre église aux huguenots (1). »

Tout se passa comme l'avait fait craindre l'ami du curé. Les représentations faites par les uns et les autres pour le maintien du droit reconnu et avoué par l'autorité préfectorale n'aboutirent qu'à humilier davantage les catholiques, lorsque parut la décision par laquelle le préfet, le 22 août 1808, établit définitivement le simultaneum dans l'église de Tavey.

A l'égard de Chagey, le décret impérial du 18 octobre 1804 dit : L'église de Chagey sera commune aux catholiques et aux protestants pour l'exercice de leur culte. Le préfet fut chargé de régler les heures des services. Les catholiques eurent pour curé M. Prudent au lieu de M. Saunier, que tout le monde désirait.

A Chenebier, rien ne fut changé. Les deux cent cinquante catholiques attachés à l'église de Frahier depuis l'arrivée des curés constitutionnels y furent maintenus, à leur demande.

Les catholiques de Mandrevillars, à qui l'on porta le plus grand préjudice en les séparant de Buc, paroisse dont ils

(1) Registre de la fabrique de Tavey, note de l'abbé Grézel.

auraient dû toujours faire partie, furent donnés à Chagey. La distance qui les séparait du chef-lieu paroissial, les mauvais chemins, capables de mettre à l'épreuve les meilleures volontés, les firent songer à la construction d'une église. Mais le préfet s'y opposa, à cause des faibles ressources de la commune. Les habitants, en attendant une autre organisation, continuèrent à fréquenter leur ancienne paroisse.

Le maître d'école, surtout depuis les derniers siècles, ayant été considéré comme l'auxiliaire indispensable du curé, tant pour l'instruction des enfants que pour l'exercice du culte, l'Église, dès le commencement du siècle, songea à créer des écoles. Celle de Villars-sous-Blamont fut, à son début, dans un état de prospérité. Elle trouva heureusement une émule. Le préfet de la Haute-Saône ayant demandé au maire d'Héricourt le « tableau détaillé des maisons d'éducation et d'enseignement des langues françaises et latines » existant dans le canton, il lui fut répondu : « A peine y a-t-il dans chaque commune un mauvais maître d'école de village pour y en maintenir l'habitude pendant l'hiver. Depuis deux mois, il y a dans la nôtre un jeune homme, nommé Charles-Joseph Verdot, à l'épreuve, qui, outre le français, l'écriture, le calcul et le chant, enseigne aussi la latinité à ceux qui le désirent, à une trentaine d'élèves qui lui sont confiés et dont les parents le rétribuent à volonté en attendant une convention s'il est jugé convenable (1). » 19 juillet 1805. Cela prouve que l'Église catholique, après la tempête révolutionnaire qui l'avait si furieusement secouée, reprenait, avec autant de calme que de courage, sa mission divine dans le domaine de l'enseignement. Heureux ceux qui peuvent la suivre dans cette voie !

(1) Archives de la mairie d'Héricourt, 4 B.

Nous arrivons sans transition à l'organisation du protestantisme. Le 28 avril 1803, le conseiller d'État demanda au préfet du Doubs, et probablement à ceux de la Haute-Saône et du Haut-Rhin, un état numératif de la population protestante avec l'indication du lieu le plus central et le plus convenable à l'établissement de l'église consistoriale pour « chaque six mille âmes; » il fallait en même temps lui fixer le nombre des pasteurs nécessaires. D'après les renseignements fournis, le conseiller d'État délégué pour les affaires concernant les cultes présenta au gouvernement de la république le rapport suivant, que nous citons en entier, à cause de l'intérêt qu'il offre, à bien des points de vue, sur le luthéranisme de la confession d'Augsbourg.

« Citoyen premier consul, par la division départementale de la France, l'ancienne principauté de Montbéliard se trouve partagée entre les départements du Doubs, de la Haute-Saône et du Haut-Rhin.

« Les protestants de la confession d'Augsbourg qui dépendaient jadis du consistoire de Montbéliard, alarmés par l'article 28, section II, titre II, des lois organiques sur les cultes protestants, lequel porte qu'aucune église ne pourra s'étendre d'un département dans un autre, m'ont présenté sur cette disposition de la loi des réclamations que je dois soumettre à votre sagesse.

« Il n'en est pas des protestants de la confession d'Augsbourg comme des presbytériens. Ceux-ci n'ont aucune hiérarchie dans leur système religieux, tandis que les luthériens reconnaissent des supérieurs et remontent des uns aux autres jusqu'au chef suprême de l'État, qu'ils considèrent comme leur pontife, dont les présidents des consistoires généraux ne sont que les délégués dans la partie administrative.

« Toutes les églises de la confession d'Augsbourg sont soumises à des inspections, et ces inspections aux consistoires généraux.

« Celles de ces églises qui ne pourraient pas spirituellement être unies aux consistoires généraux deviendraient acéphales et seraient exposées, à défaut de chef, à tous les écarts de la raison, de la doctrine et à tous les dangers de l'indiscipline.

« Tel serait le sort des églises de la Haute-Saône et du Doubs, si, d'après les dispositions de l'article 28 des lois organiques, elles ne pouvaient être rangées sous la discipline religieuse du consistoire général, c'est-à-dire de leur chef spirituel.

« Le consistoire général du Haut-Rhin et du Bas-Rhin est le plus voisin des églises luthériennes de la Haute-Saône et du Doubs; il est même un certain nombre de ces églises qui, placées dans un département, sont, par le défaut de pasteurs, annexées à des églises des départements voisins et pour lesquelles il faudrait nécessairement accroître le nombre des pasteurs.

« Toutes ces considérations ont déterminé les maîtres des églises de l'ancienne principauté de Montbéliard, disséminées dans la Haute-Saône et le Doubs, à demander de relever du consistoire général de Strasbourg.

« Le préfet du Doubs témoigne le même désir pour les protestants de son département.

« Ces diverses réclamations ont été présentées au préfet du département du Haut-Rhin qui, pour se procurer un plus grand faisceau de lumière sur la circonscription des églises de la confession d'Augsbourg, a nommé, à cet effet, une commission pour concourir à son travail.

« D'après les observations que cette commission lui a présentées sur les réclamations des protestants du Doubs et de la Haute-Saône, ce préfet a cru devoir comprendre dans son travail les églises luthériennes de ces deux derniers départements.

« D'après le travail du préfet du Haut-Rhin, la population des protestants de la confession d'Augsbourg de son département ainsi réunie à celle des protestants de la Haute-Saône et du Doubs s'élève à 51,723 âmes.

« La nature des localités, des convenances de communication et de commodité, lui a fait établir deux inspections, l'une à Colmar et l'autre à Montbéliard.

« L'inspection de Colmar aura sous elle quatre églises consistoriales, dont la première sera établie à Colmar, la deuxième à Munster, la troisième à Riquewihr et la quatrième à Andolsheim.

« L'inspection de Montbéliard aura sous elle cinq églises consistoriales, dont l'une établie à Montbéliard, une à Audincourt, la troisième à Saint-Julien, la quatrième à Héricourt et la cinquième à Blamont.

« Ces églises consistoriales des deux inspections auront sous elles les paroisses qui, dans le travail du préfet, composent leurs arrondissements.

« Les protestants réunis possèdent quatre-vingts temples sur ces trois départements et n'ont que cinquante-sept pasteurs, parce que quelques-unes de leurs églises sont annexées à d'autres.

« Ces pasteurs étaient jadis salariés ou par des biens de fabrique ou par le produit des dîmes.

« Les dîmes ont été supprimées ; la république s'est emparée, dans des temps orageux, des biens de fabrique ; les paroissiens ont été réduits à la nécessité de payer leurs pasteurs.

« Celles des églises qui ne veulent ou ne peuvent salarier leurs pasteurs, sont annexées aux églises qui ont les moyens et la volonté de salarier les leurs.

« Voilà le tableau de la situation actuelle des protestants de la confession d'Augsbourg de l'ancienne principauté de Montbéliard, répartis sur le territoire du Doubs, de la Haute-Saône et du Haut-Rhin.

« A considérer les églises protestantes de la confession d'Augsbourg d'après l'expression impérative de l'article 28 des lois organiques, il est certain qu'aucune église ne peut s'étendre d'un département dans un autre.

« Mais cette disposition de la loi est plus politique et administrative que religieuse ; elle a pour objet de concentrer chaque église dans son département, de prévenir la confusion d'un département avec un autre, d'assigner des limites et des bornes à chacun et de tenir chaque administré sous l'inspection et la surveillance des administrateurs.

« Mais comme les protestants du Doubs et de la Haute-Saône ne cherchent point à se soustraire à la surveillance politique et administrative, que leurs vœux se bornent à relever spirituellement du consistoire de Strasbourg pour ne pas rester sans chef religieux; que de tous temps ils ont été soumis à un chef religieux qui était jadis le consistoire de Montbéliard, je pense qu'en les rangeant sous sa discipline purement religieuse et l'inspection de ce chef, c'est concourir aux vues du gouvernement et donner aux administrations politiques et civiles une garantie morale de plus sur cette portion de leurs administrés.

« Cette mesure me parait donc religieusement utile aux protestants de la confession d'Augsbourg, sans être politiquement nuisible au gouvernement, qui, dans tous les cas, a le droit de la révoquer.

« Par ces diverses considérations, j'ai l'honneur de vous proposer, citoyen premier consul, d'approuver provisoirement le plan d'organisation proposé par le préfet du Haut-Rhin, auquel le président du consistoire général de Strasbourg a donné son adhésion. PORTALIS (1). »

(1) Les protestants de Besançon obtinrent « une église consistoriale provisoire. » En la demandant, les hauts personnages du parti s'étaient engagés, « au nom de leurs commettants, à ne pas exiger en leur faveur l'exécution de l'article du Concordat portant qu'aucune cérémonie religieuse n'aura lieu, hors des édifices consacrés au culte catholique, dans la ville où il y aura des temples destinés à différents cultes. » Sur ces entrefaites, Portalis leur accorda, le

Ce plan ayant été approuvé par le premier consul, le 10 juin 1803, on procéda à l'organisation des consistoires qui devaient, du moins pour Blamont et Héricourt, être composés de huit membres élus par les vingt-cinq électeurs plus imposés de chaque circonscription consistoriale. Ces détails, comme ceux qui vont suivre, nous ont été fournis par les documents assez rares que nous avons pu découvrir sur cette organisation hiérarchique du culte protestant. A Héricourt, la réunion électorale, précédée d'une entente entre le maire et le ministre, eut lieu le 30 novembre 1805, sous la présidence de Louis Lubert, juge de paix; à Blamont, elle se fit dix jours plus tard. L'empereur nomma les pasteurs de chaque consistoire. On différa la nomination du ministre de Roches, Jacques-Frédéric Lambercier. « Cet ecclésiastique, écrivait au préfet le président du consistoire de Strasbourg, se livre à l'intempérance et, dans cet état, il dit des propos contraires à la décence. » Bien que Lambercier eût fait serment « d'organiser son esprit et son cœur, » le préfet fut d'avis que sa nomination fût différée jusqu'à ce que le monde eût vu la conduite de ce ministre « réglée conformément à ses promesses, aux devoirs de son état et de manière à ne plus s'attirer les reproches du consistoire (1). » Nous savons que cette correction ne le convertit pas.

Pendant que l'on prenait ces dispositions, Jobin, curé de Blamont, Fallot, ministre de Glay, et Cuvier, de Seloncourt, délégués par leur chef respectif, se réunirent pour fixer l'heure des offices de chaque culte dans les endroits soumis

14 octobre 1803, un oratoire ou maison de prière et y attacha deux pasteurs qu'il y nomma, après que le préfet lui eut fait connaître les candidats de son choix. Le ministre fit observer que les oratoires ne mettent point obstacle à l'exercice des cérémonies extérieures du culte catholique dans les lieux de leur établissement.

(1) Archives du Doubs, V 236, et Archives d'Héricourt.

au simultané. Entre autres choses, il fut convenu que le chœur des églises de Glay, Bondeval et Villars-lez-Blamont, réservé aux catholiques, serait séparé par une balustrade et qu'il y aurait deux chaires à prêcher dans chacun de ces édifices.

Le décret impérial ne fut exécuté que pour les églises de Glay et de Villars; celle de Bondeval n'eut pas le simultané, elle en fut privée par les influences protestantes. On s'explique pourquoi Mgr Lecoz, archevêque de Besançon, dans la tournée pastorale qu'il fit dans nos pays, fut l'objet d'ovations enthousiastes de la part des luthériens, le prélat leur avait fait de grandes concessions. Saint-Maurice, Colombier-Fontaine et Longevelle-sur-le-Doubs étaient complètement abandonnés au culte protestant; les catholiques ne devaient plus rien prétendre sur les églises de ces villages.

Mais dans ce nouvel ordre de choses qui remplaçait l'ancien, le luthéranisme se voyait dépourvu de la sanction donnée autrefois par les princes séculiers à ses règlements de discipline; cet appui leur donnait une autorité qu'on ne méprisait pas en vain. Les pasteurs prévoyant que l'absence de toute peine dans leur code religieux devait avoir pour résultat de multiplier le nombre des délits, Goguel, pasteur de Saint-Maurice, le 15 février 1806, écrivit au préfet à ce sujet, au nom du consistoire de Blamont.

« Pour arriver au rétablissement des bonnes mœurs, le consistoire a besoin d'une autorité coercitive dont le défaut a rendu vains jusqu'ici ses pieux efforts, car les moyens de douceur et de persuasion ont peu de force sur ces hommes asservis à leurs passions. Il faut nécessairement leur donner un frein pour arrêter leur licence. Et ce sont là les vues du consistoire dans son projet de règlement.

« Nous connaissons les bornes naturelles de notre ministère, nous savons que toute entreprise sur la temporalité nous est interdite. C'est pourquoi nous avons limité les peines ecclésiastiques à ce qui regarde le spirituel; et l'adoption de cette mesure nous paraît suffisante pour effrayer salutairement le plus grand nombre des pécheurs. Cependant il en est quelques-uns par rapport à qui les peines pécuniaires sont un moyen plus coercitif que toutes les censures de l'Église ; et dans le dessein d'atteindre tous les vices, nous souhaiterions avoir la faculté d'imposer, au profit des pauvres, des amendes, dont le maximum pourrait être fixé, pour prévenir l'arbitraire. Sous l'ancien régime de nos églises, tous les pasteurs jouissaient de ce privilège, qui est d'une évidente utilité pour le maintien de la discipline et auquel, ce nous semble, il n'a pas été formellement dérogé par les nouvelles lois organiques. »

En conséquence, il demanda au préfet de leur accorder toute l'autorité que comportait leur ministère et qu'exigeait l'intérêt de leurs églises (1). Il est probable que le préfet n'entra pas dans les vues des pasteurs du consistoire de Blamont, c'est pourquoi le protestantisme des princes de Wurtemberg, autrefois chefs du dogme, de la discipline et de la hiérarchie, enlevé à l'autorité de ses auteurs et de ses maîtres, verra les lambeaux de sa doctrine tomber en poussière (2).

(1) Archives du Doubs, V 236.
(2) Le protestantisme, afin de lutter contre l'action dissolvante qui s'attache nécessairement à lui, par suite de l'absence d'une souveraineté spirituelle, cherche à se souder par quelque côté au pouvoir civil. « Les luthériens, disait Portalis, reconnaissent des supérieurs, et remontent des uns aux autres jusqu'au chef suprême de l'État, qu'ils considèrent comme leur pontife. » Le prince doit donc accepter le gouvernement extérieur du protestantisme et consacrer par sa signature l'autorité des pasteurs. Sans cette formalité, il existerait dans la hiérarchie protestante le même désordre que dans la doctrine, il n'y aurait qu'anarchie.

L'Église catholique, au contraire, n'est jamais plus forte, plus belle, plus majestueuse, que lorsque le pouvoir civil la laisse remplir sa mission, sans jamais intervenir dans son administration.

CHAPITRE XVIII

Rétablissement du culte catholique à Chenebier, 1846. — Hérimoncourt, 1851. — Montécheroux, 1853. — Dampierre-les-Bois, 1857. — Audincourt, 1861. — Beaucourt, 1865. — Autechaux, 1867. — Seloncourt, 1875 (1).

Les paroisses créées après le Concordat dans les pays mixtes et dont quelques-unes comprenaient de vastes territoires, ne réunissaient, entre toutes, pas plus de quinze cents à deux mille âmes. Mais « le progrès de l'industrie, l'horlogerie, les filatures et les tissages appelèrent les étrangers dans la région. Ainsi s'accroissait peu à peu le nombre des catholiques, lorsque le cardinal Mathieu, ayant dépeint au pape Grégoire XVI leur misérable état, dans sa visite *ad limina*, au mois de février 1843, reçut du saint-père l'ordre de consacrer toutes les ressources disponibles de son siège à relever la religion dans les pays mixtes (2). »

Dès ce moment le cardinal, plein de soumission pour un ordre venant de si haut, plaça cette œuvre parmi ses principales préoccupations. L'impulsion qu'il y donna ne se ralentit pas après sa mort ; elle fut suivie par ses successeurs et produisit les plus heureux résultats. Sous de tels auspices, des églises furent édifiées et des paroisses nombreuses furent érigées ou transformées. Grâce à ce dévouement de

---

(1) Les deux chapitres suivants n'ont pas figuré dans le travail présenté à l'Académie.
(2) Mgr Besson, *Vie du cardinal Mathieu*, t. II, p. 399.

nos prélats, aujourd'hui la foi de nos coreligionnaires peut aisément aller puiser sa nourriture à ses véritables sources.

Voici, dans l'ordre chronologique, l'exposé des circonstances au milieu desquelles eut lieu la création de neuf paroisses.

Chenebier.

Pendant tout le xviiie siècle, les catholiques de ce village firent d'inutiles efforts pour obtenir au milieu d'eux le rétablissement du culte, ils échouèrent toujours devant l'opposition cauteleuse des Montbéliard. En 1804, ils demandèrent qu'on ajoutât au temple protestant un chœur où un curé, qu'ils s'engageaient à loger, célébrerait les offices divins. Leurs vœux ne furent pas exaucés, mais leur courage demeura ferme. Devenus paroissiens de Frahier, ils saisirent toutes les occasions de jeter les bases d'une paroisse indépendante. En 1824, une maison d'école fut construite pour l'usage des enfants catholiques. Cinq ans après, on y bâtit une tour où fut placée une cloche dont la voix dès ce moment annonça la classe, le catéchisme, la conférence du dimanche et les prières du carême. C'était peu, mais ces réunions religieuses, remarquables par la ferveur des assistants, formaient la première ébauche d'une future paroisse et fortifiaient chez tous l'espérance de voir un jour leurs efforts couronnés de succès. En 1837, les catholiques apprenant que la commune songeait à vendre ses réserves de bois, renouvelèrent la demande d'une chapelle ou la construction d'un chœur au temple protestant, avec un vicaire en résidence à Frahier pour les desservir. Le conseil municipal, dont tous les membres, à part un, étaient protestants, ne fit attention à cette requête que pour en rire. Les catholiques stimulés par Louis Belot, un des leurs, d'un zèle ardent, mirent leur entreprise sous la protection de la sainte

Vierge et firent vœu de la choisir, en cas de succès, pour patronne de la paroisse, à la place de saint Léger, à qui le village était dédié avant le protestantisme. A force d'importuner le ciel et la terre, ils gagnèrent leur cause. Une requête faite par eux, à la date du 30 mai 1840, et appuyée par la préfecture de la Haute-Saône, détermina le conseil à demander, le 7 novembre 1841, la construction d'une chapelle et d'un cimetière pour les catholiques; mais la municipalité compta d'une main avare les deniers qui devaient être consacrés à ce travail, elle décréta qu'on n'y dépenserait pas plus de douze mille francs, y compris les frais de l'ameublement de l'église et de la sacristie. Les catholiques se soumirent à cette dure condition, et en 1843, ils virent s'élever, à une des extrémités de leur village, la modeste chapelle qui porte le nom d'église. La bénédiction en fut faite à la fin de 1844, au milieu de l'émotion bien légitime des assistants.

Peu après, la lésinerie du conseil municipal parut dans toute son évidence. Le clocher, construit avec des matériaux défectueux, subit une inclinaison telle, que sa reconstruction fut jugée nécessaire. Au mois de décembre 1846, il était déjà achevé. Ce travail fit naître un incident en soi de peu d'importance, mais qui cependant souleva une grande agitation à Chenebier. L'adjoint au maire, Joseph Brachin, le seul catholique qui ait fait partie du conseil municipal au moment de la construction de l'église, avait été hostile à cette œuvre; il s'était ainsi rendu antipathique à toutes les personnes de son culte. Il mourut au moment où les travaux étaient en voie d'exécution. Après sa mort, tout au début de la réédification du clocher, sa veuve demanda et obtint qu'on mît l'inscription suivante sur le portail : « J. Brachin ; la construction de cette église honore sa mémoire. » C'était une ironie amère à l'adresse des catholiques. Ceux-ci réclamèrent auprès du préfet; mais le maire de Chenebier et le

sous-préfet de Lure prirent la défense de l'adjoint défunt.
« Il mérite cet honneur, dit le premier, attendu qu'il était fonctionnaire de paix, d'amour, d'ordre et de subordination. » Le second appelait injuste l'opposition faite à la mémoire de Brachin, parce qu'il n'il n'y trouvait d'autre cause que la résistance de cet homme à certaines exigences de ses coreligionnaires. L'archevêque de Besançon, ayant eu connaissance de ce différend, pria le préfet de donner les ordres nécessaires pour faire disparaitre une inscription placée à son insu. La besogne ne se faisant pas assez vite au gré des catholiques, deux jeunes gens armés de ciseau, de maillet et d'échelle, donnèrent satisfaction aux vœux de tous. L'administration vit un délit dans cet acte, mais le tribunal de Lure acquitta les deux ouvriers, ce qui soulagea la conscience publique.

Pendant que cet incident occupait l'opinion villageoise, l'autorité diocésaine achevait l'organisation de la paroisse. Le 20 février 1846, l'église était érigée en succursale. L'année après, le premier curé, l'abbé Perruche, de Tarcenay, arriva à Chenebier, où il trouva un pied-à-terre dans une maison très modeste. Son installation eut lieu le 18 juillet, au milieu des démonstrations de la plus vive allégresse. Quatre ans après, il prenait possession d'un presbytère dont l'élégance et le confortable ne laissaient rien à désirer.

A ce moment, les enfants catholiques fréquentaient tous la même école. M. l'abbé Perruche, choqué de cet état de choses, en installa une pour les jeunes filles, dans un local incompatible avec le luxe. Cet essai, qui ne dura qu'un an, échoua faute de ressources. Quelque temps après, il fut repris avec un plein succès.

En 1854, M. l'abbé Thevenot, de Vallerois-le-Bois, était nommé curé de Chenebier. Une de ses premières pensées, en arrivant dans sa paroisse, fut de doter celle-ci d'une école de filles. Au mois d'avril 1857, il acheta, pour 1,500 francs, une maison où déjà il avait installé un asile pour les enfants en bas âge, sous la direction d'une honnête personne du pays. Lui et son excellente sœur, Françoise Thevenot, consacrèrent à cette acquisition l'argent qu'ils avaient touché pour leurs parts de la maison paternelle. Pendant l'année, des ouvriers, dont le plus ardent était le curé, transformèrent cette maison de cultivateur en un bel édifice scolaire où l'école enfantine continua ses cours en attendant qu'il reçût sa véritable destination. Cela ne tarda pas. Au mois d'octobre 1860, deux sœurs de la Charité de Besançon vinrent y établir une école primaire. Depuis lors, cette œuvre, qui demeure muette sur les sacrifices inimaginables qu'elle a coûtés à son fondateur, est devenue pour la paroisse la source de bienfaits inappréciables. Puissent les catholiques de Chenebier bénir à jamais le souvenir du prêtre qui a porté à leur égard le dévouement jusqu'à l'héroïsme.

Cependant, depuis 1565, la croix ne brillait plus sur le territoire de Chenebier. Son absence était vivement sentie par les fidèles, qui tous désiraient pour elle la place honorable qu'elle avait occupée chez eux avant le protestantisme. Le temps mit un terme à leur peine. Le 21 août 1866, on fit, avec le concours de plusieurs prêtres et de tous les catholiques de la paroisse, la bénédiction de trois croix élevées, l'une au centre, et les deux autres à chaque extrémité du village. La cérémonie, dont l'annonce avait soulevé un vif mécontentement chez les protestants, ne s'accomplit qu'au milieu des chants et des émotions de la foi des assistants (1).

Hérimoncourt (1851).

Par la protection et la générosité du grand cardinal, la

---

(1) Archives de la Haute-Saône, V, de la cure de Chenebier et de l'archevêché de Besançon.

messe fit également sa rentrée dans le village d'Hérimoncourt où habitaient, au milieu de ce siècle, trois cent quatre-vingt-cinq catholiques. Sous ce rapport, l'action de la Providence fut admirable. Il y eut un succès rapide, sur lequel, humainement parlant, on ne pouvait pas compter. Le missionnaire Vermot ayant promis 8,000 francs à Hérimoncourt, on acheta secrètement, pour cette somme, une maison et un terrain destiné à recevoir les édifices religieux. Quel orage éclata tout à coup lorsque les protestants, le 26 novembre 1850, eurent connu le but de cette acquisition. Le vendeur et sa femme, tous deux de la religion protestante, furent l'objet de traitements humiliants. Terrifiés par les menaces qu'on leur fit, ils assurèrent leur mobilier contre l'incendie. Le procureur de Montbéliard les mit lui-même sous la protection de la police, et déclara au maire d'Hérimoncourt qu'il le rendait responsable de toutes les voies de fait dont ces personnes auraient à souffrir. Cette intervention ne calma pas la mauvaise humeur des protestants. Au contraire, de leur part ce ne furent que reproches acrimonieux adressés aux vendeurs en voyant les transformations rapides que recevait la propriété achetée.

La succursale était accordée par le gouvernement, le 15 janvier 1851; le 7 mars, les enfants recevaient déjà l'instruction d'une institutrice catholique. « Notre école marche à ma grande satisfaction, » écrivait à l'archevêque M. Manet, curé de Glay. Les exercices du mois de Marie réunirent, chaque soir, dans le local scolaire, de soixante à soixante-dix personnes, sans compter les enfants. Au mois de juin, l'abbé Bardey prit, en qualité de curé d'Hérimoncourt, possession de la maison curiale réparée convenablement depuis trois mois. A côté, dans le même corps de bâtiment, s'organisait une chapelle provisoire qui fut bénite le 19 octobre 1851. C'est ainsi que dans quelques mois la paroisse d'Hérimoncourt acquit sa modeste existence. Cet événement, qui réjouit tant de cœurs, avait exigé une dépense de 15,000 francs. La part du cardinal ne fut entièrement acquittée que quatre ans après, comme le prélat l'écrivit au curé de Glay en 1855 : « Les 6,000 francs que je viens de payer pour Hérimoncourt avec les intérêts et les frais, et avec ce qu'il me faut débourser pour Dampierre-les-Bois, constituent un lourd fardeau, alors surtout que personne ne le porte avec moi, et que mes différentes demandes pour les pays mixtes n'ont amené que de petits résultats. »

Depuis lors, la paroisse d'Hérimoncourt a subi une heureuse transformation sous bien des rapports. Aujourd'hui une église gothique, d'un goût recherché, bénite le 3 mai 1885 par Mgr Foulon, remplace la modeste chapelle d'autrefois. L'instruction est donnée aux jeunes filles par les religieuses de la Charité de Besançon, qui ont acquis là, comme dans les paroisses mixtes où elles sont établies, une place que recommandent leur dévouement, leur discrétion et leur désintéressement.

Montécheroux (1853).

De tous les villages des pays mixtes, Montécheroux est celui où les catholiques eurent le sort le plus défavorable au commencement de ce siècle. Aux yeux du préfet du Doubs, Jean Debry, la population catholique était trop faible pour obtenir un prêtre en résidence. Ce qui étonne, c'est que cette opinion fut partagée par l'ancien évêque constitutionnel, Claude Lecoz, lequel n'assigna pas même de paroisse à ces habitants.

Oubliés de l'autorité, ces derniers furent l'objet de la sollicitude et du dévouement des curés de Chamesol et de Saint-Hippolyte. Néanmoins, deux familles, celles des Voisard et des Monnot, et une partie de celle des Loichot, ne prévoyant pas de terme à leur disgrâce, vendirent ce qu'elles possédaient à Montécheroux et allèrent se fixer en Amérique. Quelques années après, en 1816, les catholiques du village sollicitèrent de nouveau auprès de l'archevêque l'exercice de leur culte dans l'ancienne église, lors même que la sacristie avait été démolie par les protestants. Le prélat leur réservait quelque chose de mieux. Aussi quelle ne fut pas leur joie en apprenant que la messe allait être rétablie au milieu d'eux, dans une église indépendante. En 1850, l'emplacement des édifices du culte, comprenant une vaste maison entourée d'un petit terrain, fut acheté au prix de 10,000 francs; le 8 octobre de l'année après, la future paroisse obtint le titre de succursale. Tout allait pour le mieux. Le 29 juin 1852, fête de saint Pierre et de saint Paul, patrons de Montécheroux, on bénit la première pierre de l'église. En ce jour, tous les catholiques du village, le cœur ouvert à l'espérance, redirent le nom de celui qui à des jours de deuil allait faire succéder des jours de bonheur. Dès ce moment, grâce à des maçons actifs et de bonne foi, et aux maçonneries déjà anciennes qu'on utilisa, on vit s'avancer comme par enchantement la construction de l'église, de la cure et de la maison d'école.

Le cardinal, dans le courant de juillet, voulut aller bénir les débuts de son œuvre. Il fut accueilli par les catholiques avec toutes les démonstrations de la joie et de la reconnaissance. Deux d'entre eux se présentèrent à l'ancienne église pour sonner les cloches, mais ils furent repoussés. A cette nouvelle, le maire envoya deux protestants accomplir cet acte de civilité avec ordre de ne tenir compte de la défense de n'importe qui. Lorsque la sonnerie eut cessé, un de ces hommes fut assailli chez lui par un mécontent et reçut un coup de couteau à la tête. Cette agression exaspéra le grand nombre des protestants. Les catholiques, disaient-ils, ont autant de droits à la sonnerie que les autres habitants, il était de la politesse de faire honneur, sinon à un personnage ecclésiastique, du moins à un sénateur. Cet incident ne ralentit pas les travaux. Au 27 octobre, trente ouvriers, maçons, tailleurs de pierres, charpentiers, menuisiers, ferblantiers, gypseurs, rivalisaient d'ardeur afin de tout achever pour l'hiver. Le curé de Chamesol, l'abbé Riondey, surveillait le chantier. A cette date, après avoir tout calculé, il écrivit avec beaucoup de satisfaction au cardinal que la dépense générale n'atteindrait que 25,000 francs. « Quoique les dépenses, lui répondit le prélat, ne soient pas fortes pour le résultat obtenu, cependant elles sont énormes pour une bourse qui est bien plate, eu égard à cela et à tant d'autres choses, surtout pour les pays mixtes. On ne peut que fermer les yeux et se jeter à corps perdu dans le sein de la bonne Providence. » Que d'œuvres furent réalisées sous un tel patronage par ce vénéré pontife!

Malgré l'activité des ouvriers, l'église ne put s'ouvrir au culte pour l'hiver. Mais les catholiques sentirent leur impatience se calmer en apprenant, le 22 novembre, que M. l'abbé Gauthier, vicaire de Saint-Hippolyte, venait d'être nommé curé de Montécheroux. Ce choix était agréable à tous. On peut même dire que toutes leurs angoisses disparurent, le 20 janvier 1853, quand ils virent leur école s'ouvrir avec vingt-deux enfants. C'est ce qui ressort d'une lettre écrite au mois de mars de cette année par une femme de Montécheroux à un de ses parents fixé en Amérique : « Vous me demandez des nouvelles de notre église. Ah! quel renversement dans le cours de la vie.... S. Em. le cardinal ne met pas ses richesses après son carrosse, ni ses chevaux, ni après ses domestiques, c'est tout dans l'extrême simplicité, consacrant sa fortune pour des bonnes œuvres à des malheureux comme nous. Heureux qui est à Montécheroux!.... » Ce bonheur, exprimé si vivement, se continua pendant l'été : deux cloches apportèrent la vie au clocher de la nouvelle église, un autel et un retable d'une grande valeur, ayant appartenu à l'ancienne église du Russey et donnés gracieusement par le conseil municipal de cette commune, firent l'ornementation du chœur; l'ameublement de la nef, que tout le monde trouva beau, malgré le défaut de luxe, apporta dans le cœur des catholiques de nouveaux éléments de satisfaction. La mesure fut à son comble, le 8 décembre, date de la bénédiction de l'église. Ce jour fit oublier aux fidèles de Montécheroux un demi-siècle de tribulations et de désespoir.

Dampierre-les-Bois (1855).

Ce village fut doté d'une succursale le 21 avril 1817, lors même qu'il n'y avait encore ni église ni presbytère catholiques. Ce ne fut qu'en 1851 que Mgr Mathieu fit les premières démarches pour y construire une chapelle provisoire. Après avoir patienté quatre ans, sans pouvoir acquérir une propriété offrant les avantages voulus, le prélat acheta une maison entourée d'un vaste terrain, appartenant à la succession de M. Dodillet, maire défunt. Le marché fut conclu le 13 juillet 1855, au prix de 19,182 francs, y compris les frais d'acte. Ce jour-là, le pasteur de Dampierre, dit-on, se voila le visage pour cacher la peine que lui causa l'acquisition du cardinal. Peu après on vit s'élever, dans un coin de la maison, une sorte de chapelle qu'on pouvait également prendre pour une cave. Ce fut là que l'abbé Hintzy, nommé curé de Dampierre-les-Bois, célébra la première messe, le samedi 8 décembre 1855. Sous ce rapport, jamais on n'avait vu quelque chose d'aussi modeste : l'autel reposait sur une vieille table, il n'y avait ni bancs ni chaises; les servants eux-mêmes ne formaient pas un contraste dans le tableau; c'est à peine s'ils pouvaient lire l'*Introibo*. Mais ce qu'il y eut de vivant et d'animé dans cette circonstance, ce fut la nombreuse assistance, dont tous les fronts portaient l'empreinte de la joie et du bonheur. Le lendemain, jour de dimanche, une foule compacte se pressa dans l'intérieur et autour de cet oratoire. Le Dieu de l'Eucharistie recueillit dans cette fête les hommages des plus beaux jours de sa vie publique. On peut dire qu'il rentrait triomphalement dans son ancien domaine.

Pendant ce temps-là, s'élevait dans la paroisse une église plus vaste et plus élégante. Au mois de décembre 1856, le curé voulut, avant qu'elle fût terminée, y célébrer les offices religieux, tant il était impatient de quitter son pauvre réduit, mais le froid l'obligea à reculer. Sa peine s'adoucit un peu à l'arrivée d'une cloche, don d'une âme généreuse. « Après trois cent cinquante ans de funèbre silence (1), écrivait-il à l'archevêché, le 10 décembre 1856, elle annonce au loin par de joyeux carillons le commencement de la célébration de nos redoutables mystères. » L'année suivante, la nouvelle église fut définitivement ouverte au culte catholique. Sa consécration eut lieu le 10 octobre 1858, au milieu d'un enthousiasme indescriptible. Les catholiques fêtèrent en ce jour leur entière indépendance. Car dès le mois de janvier 1856, la vie paroissiale, par l'ouverture d'une école catholique mixte, avait fait un pas de plus, sous le rapport matériel, vers son point de perfection, qu'elle atteignit l'année après, par l'établissement d'institutrices congréganistes réservées aux seules petites filles.

Audincourt (1861).

Aux forges d'Audincourt existait, depuis 1820, une école où, sous la direction d'un instituteur catholique, les enfants des deux cultes recevaient l'instruction primaire. A côté de l'école avait été élevée une petite chapelle que desservaient

(1) Il y avait 304 ans et 3 mois que la cloche avait cessé d'annoncer, à Dampierre-les-Bois, le saint sacrifice de la messe.

les vicaires de Montbéliard. C'est là que les ouvriers catholiques accomplissaient leurs devoirs religieux. Leur nombre s'accroissant chaque année, il devenait nécessaire de bâtir une église assez vaste pour donner une place à chacun d'eux. Cette affaire demeura longtemps à l'état de projet, mais grâce au grand cardinal qui était à la tête du diocèse, sa mise à exécution s'imposa en 1847, année où la succursale fut accordée à Audincourt (1). M. l'abbé Gaspard, de Ternuay, vicaire de Montbéliard, y fut nommé curé en 1848. Dès ce moment le nombre des catholiques alla en augmentant ; le chiffre de huit cent cinquante s'éleva en peu de temps à celui de mille. Impossible à la petite chapelle de pouvoir contenir tout ce monde. Pour remédier un peu à cet inconvénient, le curé fut autorisé à dire deux messes le dimanche matin. Cela rendit évidente à tous la nécessité d'un sanctuaire plus vaste. Deux actes du conseil municipal donnèrent à espérer que le vœu général serait prochainement réalisé. En 1853, cinq mille francs furent votés pour la construction de l'église ; l'année après, on acheta le terrain où devaient être assis les édifices catholiques. L'affaire subit ensuite un long arrêt pendant lequel l'impatience se donna pleine carrière. Enfin disparut l'obstacle qui empêchait de mettre la main à une œuvre tant désirée : l'argent fut trouvé. Au commencement de 1857, les forges d'Audincourt votèrent 10,000 francs ; au mois de septembre de l'année suivante, la commune en vota 30,400, et le gouvernement donna un secours de 10,000 francs. Avec le montant de ces trois sommes, les travaux de l'église furent mis en adjudication au mois de mars suivant : M. le curé prit à sa charge bien des choses (2). Au début de la construction,

(1) Audincourt, 663 catholiques ; Dasle, 35 ; Exincourt, 15 ; Arbouans, 5 ; Taillecourt, 2 catholiques ; en tout, 720 catholiques et 2,721 protestants.

(2) Les braves ouvriers d'Audincourt furent d'un dévouement

un petit incident mécontenta la municipalité d'Audincourt. M. le curé, à la vue de la population catholique qui continuait à augmenter, voulut, avec beaucoup de raison, qu'on fit une travée de plus à l'église. Le conseil municipal, froissé de n'avoir pas été consulté, rejeta sur l'architecte Fallot et sur l'entrepreneur Richard les dépenses de ce travail imprévu. Le cardinal les prit à son compte et mit ainsi tout le monde d'accord ; il en fut pour 7,460 fr. 84 centimes.

Pendant que cette contestation s'arrangeait à la satisfaction de chacun, les catholiques regardaient avec un vif intérêt le front superbe de leur église monter vers les cieux. Le 17 novembre 1860, un ouragan leur causa une surprise désagréable. La flèche du clocher, à laquelle la croix seule manquait, tomba par terre ; heureusement personne n'en fut atteint. Le travail recommença aussitôt, et, un mois après, M. le curé, plein de joie, écrivait déjà à l'archevêque : « La flèche est posée, et la croix depuis une heure plane sur ma paroisse. » C'était le 18 décembre 1860.

L'été suivant, on mit la dernière main à cette œuvre d'une architecture et d'un goût admirables. Tout alla si bien que, le 8 octobre, le cardinal put faire la consécration de l'église d'Audincourt. Peu de jours après, M. Gaspard, se faisant l'interprète des sentiments de gratitude de ses paroissiens à l'égard d'un prélat si dévoué, écrivait : « Que serions-nous devenus, Monseigneur, si Votre Eminence n'avait point été notre Providence ? » Ce refrain pouvait se

---

admirable pour leur église. M. le curé, après avoir manifesté le désir de voir ses paroissiens concourir à une œuvre qui les intéressait à un si haut point, entra un jour dans une famille. L'épouse, seule avec ses cinq enfants, lui dit : « Monsieur le curé, mon mari m'a chargée de vous offrir 100 fr. ; inscrivez 5 fr. 50 par mois. » M. le curé eut beau faire observer que c'était trop, elle tint ferme et ajouta : « Un jour, nous l'espérons, le bon Dieu nous remboursera le capital dans le ciel ; ici-bas il nous paiera les intérêts. » Quelle noblesse de sentiments !....

trouver sur les lèvres de tous les curés des pays mixtes.

Une église paroissiale veut à ses côtés un presbytère. Pendant la guerre de 1870, une âme généreuse fit, dans ce but, à la fabrique un legs de 20,000 francs : ce fut Jean-Charles-Philippe Duvivier, directeur des forges d'Audincourt, mort sur ces entrefaites. Lorsqu'on voulut commencer la besogne, la commune se ressouvint de l'agrandissement fait autrefois à l'église, contrairement aux plans approuvés par elle. Elle s'en vengea en refusant pour la cure les services de l'architecte Fallot, complice de cette prétendue fraude. Personne n'en souffrit, car, dès 1874, deux prêtres prirent possession du presbytère : M. le curé et un vicaire dont le ministère, à Audincourt, avait été reconnu nécessaire.

Si on recherche les causes du changement merveilleux qui s'est accompli en si peu de temps en cet endroit au point de vue catholique, on les trouvera dans l'action parallèle et de l'Église, se dévouant dans la personne de ses prêtres au bien des âmes, et dans les chefs d'industrie agissant sur leurs ouvriers par l'influence du bon exemple sous tous les rapports, et par des sentiments paternels à leur égard. Ce double courant passant dans des milieux analogues y établira l'ordre, la paix et l'union entre les différentes classes. Puisse-t-il régner partout !

Beaucourt (1857-1865).

A Beaucourt, l'établissement d'une paroisse catholique s'imposait depuis longtemps, à cause de l'insuffisance de l'église de Montbouton, à laquelle étaient attachés les fidèles de ces deux villages. En 1841, Mgr Raess, coadjuteur de Strasbourg, vint à Beaucourt, où il chercha à fixer l'emplacement d'une future église. Sa visite n'eut pas de résultat immédiat. En 1850, les catholiques du lieu, qui souffraient beaucoup de l'état de choses où ils se trouvaient, adressèrent une supplique à leur évêque, à l'effet d'obtenir au milieu d'eux la célébration de la sainte messe. A la suite de cette requête, le curé de Delle, chargé par l'autorité de conduire cette œuvre à bonne fin, provoqua dans le pays une souscription qui se monta à 10,823 francs, dont il ne fut versé que 5,801 francs. Les trois années suivantes, l'affaire, qui était loin d'être poussée par toutes les influences du pays, sembla reculer plutôt qu'avancer. Disons aussi qu'elle était conduite mollement. Pour faire réussir une entreprise de ce genre, il faut un homme actif et entreprenant. La Providence envoya, en 1853, à Montbouton le prêtre que les circonstances réclamaient. C'était l'abbé Léon Riehl. De suite après son arrivée, il acheta un emplacement pour l'église, et recueillit çà et là pour 6,991 francs de souscriptions. Ce début donna de l'espoir à tout le monde. Aussi, dès le 1ᵉʳ juin 1856, jour où fut marquée la place de l'église, les catholiques se mirent à l'œuvre avec une émulation qui ne connut pas de fatigue : les uns creusèrent les fondations, les autres tirèrent les pierres de la carrière ; il y en eut même pour cuire la chaux dans un four construit par eux. Les contradictions qu'éprouvèrent nos ouvriers firent connaître d'où était venue la secrète opposition d'autrefois. Les entrepreneurs de l'endroit refusèrent des maçons. On en fit venir de la Suisse. La présence de ces étrangers parut antipatriotique à quelques âmes protestantes. La gendarmerie de Delle les reconduisit à la frontière, sous prétexte que leurs papiers n'étaient pas en règle ; mais le lendemain ces ouvriers revinrent par un autre chemin, et depuis lors ils ne furent plus inquiétés. Cette marque d'hostilité fit pousser les travaux avec une nouvelle ardeur. Le soir, après la sortie des fabriques, on vit les catholiques, oubliant les fatigues de la journée, rivaliser de courage avec leur curé pour édifier la maison de Dieu. « On en parlera longtemps à Beaucourt, » dit la chronique.

Sur ces entrefaites, un acte de délicatesse et de bienveillance réjouit les catholiques du lieu. Un local offert par la famille Japy fut transformé en chapelle, où la messe fut célébrée le dimanche de la Sainte Trinité, 7 juin 1857. A l'inauguration du culte eucharistique dans ce village, une voix protestante, pleine d'expression, celle de M. Édouard Japy, exécuta d'une manière ravissante plusieurs morceaux de nos chants liturgiques. L'émotion et le plaisir qu'il produisit chez les catholiques le dédommagèrent amplement des réprimandes que lui en fit le pasteur Cuvier.

Cependant les épreuves n'étaient pas encore terminées. Quelques jours après la bénédiction de la chapelle provisoire, les travaux de l'église furent suspendus. Ce qui était fait fut estimé 13,519 fr.; on n'y avait dépensé que 7,991 fr. Un tel résultat était estimable à prix d'argent, mais qui pourra dire la valeur des actes de dévouement accomplis dans cette période par les généreux ouvriers de Beaucourt ? Dieu seul la fera connaître un jour pour leur honneur.

Pendant la suspension des travaux, circonstance capable d'attrister ceux qui en attendaient la fin avec impatience, un événement fut pour tous un baume consolateur : deux écoles catholiques furent ouvertes, l'une pour les garçons, en octobre 1857 ; l'autre pour les filles, l'année suivante. La paroisse marchait providentiellement à son point de perfection. Cette même année 1858, la commune, qui jusqu'alors avait laissé les catholiques à leur propre initiative, prit à sa charge l'achèvement de l'église, après qu'on lui eut cédé gratis l'emplacement et les constructions déjà faites. Le travail reprit, après qu'il eut été adjugé à Belfort, mais M. Rielh fut envoyé, le 1er juillet 1860, dans un autre poste. Son successeur, M. l'abbé Noblat, fut appelé à continuer l'œuvre de Beaucourt. Le 29 décembre 1860, il fit ériger en succursale cette paroisse en formation ; lui-même en devint le titulaire au mois de mars suivant, après un séjour de quelque temps à Montbouton. Mais dans ce milieu, il lui fallut s'armer de patience pour célébrer encore pendant quatre années les offices dans la chapelle provisoire. Enfin, le 29 janvier 1865, fête de saint François de Sales, avant l'achèvement de la nef principale, la nouvelle église fut bénite et placée sous le vocable du saint évêque de Genève. Dix ans après, en 1875, s'éleva à côté d'elle un presbytère élégant ; l'année suivante eut lieu la création d'un vicariat. Dès lors, les catholiques de Beaucourt n'eurent plus rien à envier aux autres paroisses. Aussi, le 7 novembre 1880, lorsque Mgr Paulinier, archevêque de Besançon, fit la consécration de leur église, ils firent éclater de toutes les manières leur joie et leur reconnaissance. « Ce jour, dit la chronique, fut le plus beau que les annales de Beaucourt aient enregistré. » Le contentement empreint sur tous les visages n'était qu'un faible rejaillissement du bonheur dont les cœurs débordaient. Jusqu'à présent les fidèles de Beaucourt ont continué à aimer leur église, car, à l'heure des cérémonies religieuses, on les voit encore, dit-on, gravir en foule les rampes qui y conduisent et y porter les sentiments d'une foi chrétienne.

Autechaux.

Au début de la révolution, les catholiques d'Autechaux, qui avaient eu le simultané pendant tout le XVIIIe siècle, furent privés de l'usage de leur église, lors même que les titres les plus authentiques leur donnaient le droit d'en jouir ; leur minorité les rendit de vrais parias. Le 13 décembre 1794, la grille du chœur fut brisée, l'autel et le retable furent jetés sur le cimetière. C'est ainsi qu'on fermait à ces gens une église qui avait déjà été pour leurs pères le sujet de tant d'alarmes.

Depuis la restauration du culte en 1801 jusqu'à l'année 1830, on les entendit solliciter en vain l'exercice du simultané. Leur demande non seulement fut rejetée, mais on leur fit sentir qu'ils étaient une quantité négligeable. En 1832, les protestants formèrent le projet de construire un temple pour eux-mêmes. A cette nouvelle, les catholiques, toujours attachés à leur ancienne église, en firent la demande au conseil municipal, le 21 novembre. La simple raison appuyait cette requête de tout son poids. Il n'en fut pas tenu compte. Les protestants se portèrent en masse sur l'antique monument et le démolirent sans aucune autorisation, et malgré les réclamations des gens d'Écurcey, qui en étaient copropriétaires. Cet acte jeta le dépit de l'humiliation dans l'âme de nos coreligionnaires, abreuvés d'outrages et de mépris. Cependant le temps leur ménageait des jours meilleurs. En 1854, une succursale était érigée à Autechaux. Mais au lieu d'en faire profiter le plus tôt possible les catholiques, le conseil fit flèche de tout bois pour retarder la construction d'une église ; il consacra les fonds disponibles de la commune à des dépenses peu urgentes, sans tenir compte de la promesse qu'il avait faite aux catholiques. A la fin il fut forcé de s'exécuter. Au mois de juillet 1860, l'église se bâtissait sous les regards jaloux des conseillers municipaux, qui ne craignaient qu'une chose, c'est qu'elle ne l'emportât en beauté sur leur temple. Ce fut pour prévenir ce qui à leurs yeux était un inconvénient, qu'ils demandèrent une corniche en bois. Quand l'archevêque eut connu ce dessein, il écrivit de suite au curé de Blamont : « Il ne faut pas laisser faire cette faute énorme, de mettre une corniche en bois à l'église d'Autechaux. Je me charge de l'excédent des dépenses montant, d'après la note de M. Wetzel, à 399 fr. 10 septembre 1860. » Au zèle du cardinal et aux vœux de toute la population catholique, le conseil opposa l'inertie. Pendant sept ans, l'église d'Autechaux n'étala que des murs et une toiture. Un point, que l'archevêque fit disparaitre, pouvait servir de prétexte à la mauvaise volonté de la municipalité, ce monument était assis sur un terrain particulier ; l'archevêque acheta ce terrain et en fit don à la commune. Rien ne toucha nos municipaux. Quinze jours après, le 4 mai 1867, le cardinal se plaignit à la sous-préfecture de Montbéliard de la lenteur de la municipalité d'Autechaux et d'Écurcey, « dont l'une dépensait des ressources en toutes sortes de choses plus ou moins utiles, mais dans le but de ne pas achever l'église. »

A la fin, le cardinal eut raison d'une hostilité de si mauvais aloi. Ce monument se termina à la grande satisfaction des catholiques d'Autechaux et d'Écurcey, et fut inauguré au milieu des transports de leur foi et de leur piété. Depuis lors, grâce aux éminentes qualités du curé qui les dirige, les enfants de cette paroisse ont senti se fortifier de plus en plus les liens qui les attachent au catholicisme.

Seloncourt (1871).

Depuis la restauration du culte, en 1804, jusqu'à Louis-Philippe, les catholiques de Seloncourt frappèrent à toutes les portes en vue d'obtenir la jouissance du chœur de l'ancienne église. Afin de leur enlever tout espoir à cet égard, les protestants du village commencèrent à le démolir en 1826. L'archevêque en avertit le préfet. Immédiatement ce magistrat ordonna au sous-préfet de faire rétablir l'église de manière à ce qu'elle pût convenir au culte catholique. Les protestants, ayant prévu l'opposition, avaient tellement pressé leur besogne, que la démolition était achevée lorsque arrivèrent les ordres du préfet. Pour maintenir les droits des catholiques, le sous-préfet voulut qu'à la naissance du chœur on laissât quelque maçonnerie indiquant que cette partie de l'édifice avait été supprimée. Le consistoire de

Blamont éleva inutilement la voix contre cette décision, le ministre des cultes la confirma le 6 janvier 1827. Peu après, à la suite d'une entente avec l'archevêque, le préfet manda au sous-préfet de Montbéliard de faire rétablir sans délai le culte catholique dans l'église de Seloncourt ; cette restauration n'eut pas lieu faute de ressources. Le curé de Glay demanda en 1830, à Madame la Dauphine, ce qu'il fallait pour acheter un autel et une table de communion. Le secours fut accordé et on était sur le point de le toucher, quand la révolution éclata. Du régime suivant les catholiques de Seloncourt n'eurent rien à espérer. Le 25 septembre 1833, Louis-Philippe donna cette décision : « La simultanéité des cultes n'est applicable qu'aux églises de Villars-lez-Blamont, Glay et Bondeval (1). » En attendant des jours meilleurs, la population catholique de Seloncourt alla en augmentant. En 1856, trente enfants au-dessus de quatre ans, appartenant à notre religion, n'avaient à leur disposition que l'école protestante, suivie par quelques-uns. M. le curé d'Hérimoncourt, afin de les retirer de ce milieu, détermina une honnête personne à tenir une classe par charité. Le local fut trouvé, mais le propriétaire, influencé par les protestants, retira sa parole. La demande de rassembler les enfants dans une des salles de la maison commune fut rejetée. Le curé voulut acheter une baraque, on refusa de la vendre. Cette opposition, sous le pontifical d'un prélat de la taille du cardinal Mathieu, ne devait pas toujours être victorieuse. Le 11 octobre 1864, l'archevêque, par l'entremise de M. Bredin, curé d'Hérimoncourt, acheta, au prix de 23,000 francs, le château de Seloncourt. C'était le terrain sur lequel le catholicisme allait faire sa rentrée dans ce village. Le 8 novembre 1869, eut lieu, sous la direction des sœurs de la Charité de Besançon, l'ouverture d'une école où, dès le pre-

---

(1) Archives du Doubs, V 238.

mier jour, se présentèrent soixante-quinze petites filles, heureuses de trouver dans leurs maîtresses des cœurs battant à l'unisson des leurs. Une chapelle, commencée l'année suivante et interrompue, en 1870, par les malheurs de la guerre, fut bénite le 3 décembre 1871, puis agrandie cinq ans après par des dons particuliers. C'était un petit Bethléem qui, avec le temps, devait se transformer en « un grand cénacle meublé (1). »

Le cardinal, ennemi des demi-mesures, voulut compléter son acquisition. C'est pourquoi, le 13 mai 1874, malgré les exigences du vendeur, il acheta, pour 53,000 francs, la fabrique d'horlogerie attenante au château. Ce fut dans ces bâtiments réparés et agrandis que s'installèrent en 1875, avec leur pensionnat et leur orphelinat, les religieuses chassées de Saint-Ursanne par les sectaires de la franc-maçonnerie. La Providence tire le bien du mal ; Seloncourt profita de cette expulsion par la fondation d'une école enfantine.

Notre grand cardinal, vrai géant pour les œuvres catholiques, descendit dans la tombe au mois de juin 1875 ; mais son œuvre de Seloncourt se développa insensiblement. Au mois d'octobre de cette année, la paroisse reçut un curé dans la personne de M. l'abbé Gauthier, vicaire de Montbéliard. Comme aux prêtres chargés de former les paroisses d'Audincourt, de Beaucourt, de Chenebier, de Dampierre et de tant d'autres, il fallut à ce jeune curé un esprit de sacrifice qui ne peut être apprécié que par ceux qui ont vécu au milieu des pays mixtes. En arrivant dans son presbytère il ne trouva ni ornements pour célébrer les offices religieux, ni ressources pour entretenir la lampe du sanctuaire, ni moyens de subsistance. Les exilées de Saint-Ursanne, ennoblies par la persécution, réclamèrent l'honneur de pourvoir à tout ce qu'exigeaient les circonstances, et sous ce rapport

---

(1) *Saint Luc*, XXII.

elles se sont créé des titres impérissables à la reconnaissance des catholiques de Seloncourt.

Quoique pénibles, ces débuts eurent néanmoins des résultats capables de soutenir le courage d'un ouvrier apostolique. A peine le curé fut-il arrivé qu'on vit la paroisse entrer dans une voie de prospérité. Le 20 novembre 1875, le conseil départemental vota la création d'une école catholique de garçons et un poste d'instituteur adjoint et un autre d'institutrice adjointe pour les écoles protestantes, avec la clause que l'école catholique serait établie la première.

La municipalité de Seloncourt, aidée par M. Fallot, inspecteur ecclésiastique, comme le prouvent deux lettres écrites de la main de ce dernier et communiquées par l'inspecteur primaire à M. l'abbé Gauthier, obtint les sujets demandés pour les écoles protestantes et depuis professa la plus froide indifférence à l'égard de l'école catholique. L'administration, en ayant été informée, donna huit jours à la commune pour trouver une salle de classe. Celle-ci, regrettant peut-être d'avoir épuisé la patience de l'autorité supérieure, s'empressa d'obéir et, le 1ᵉʳ avril, un instituteur prenait possession de l'école, à la grande joie des catholiques.

L'organisation de la paroisse se continua les années suivantes. Le 17 mai 1877, la veuve Soupizet, baptisée la dernière dans l'ancienne église catholique, par Larrère, dernier curé du lieu, étant morte, la famille exigea que l'enterrement se fît à Seloncourt. Alors le maire permit qu'on entourât de planches un terrain qui, au mois d'octobre, fut clos de murs. Ce fut le cimetière catholique. Le 29 mai, l'abbé Gauthier prit possession de la paroisse érigée en succursale le 23 janvier. Une cloche bénite à la Saint-Laurent compléta, en attendant mieux, le petit édifice paroissial.

Pendant ce temps les écoles congréganistes de Seloncourt étaient dans un état très florissant, grâce à la direction d'une religieuse supérieurement douée (1). En 1882, à l'arrivée d'un nouveau curé, M. l'abbé Petit, de Blamont, la classe enfantine, que la loi trouvait irrégulière, se vit forcée de congédier les petits garçons, pour éviter les chicanes d'une administration alors fière de trouver une école libre dans le cas d'être poursuivie devant les tribunaux. Ce n'était que le commencement des épreuves. La secte qui a juré de déchristianiser la France supprima les écoles confessionnelles dans les pays mixtes. Après les vacances de Pâques, en 1883, l'école catholique fut fermée et les petits garçons de la paroisse durent aller s'enfermer dans une salle tout imprégnée de l'atmosphère protestante. Cette humiliation ne devait cesser que par un coup de maître. Pendant que la Providence le ménageait dans son conseil secret, nos prélats de Besançon songèrent à doter Seloncourt d'une église plus convenable. Le 2 mai 1885, Mgr Foulon, en allant bénir l'église d'Hérimoncourt, renouvela et précisa la promesse qu'il avait faite au curé de la paroisse trois ans auparavant : « J'espère poser la première pierre de votre église en 1889. » Mgr Ducellier, nommé à l'archevêché de Besançon en 1887, entra dans les vues de son prédécesseur, alla jusqu'à désigner, dans une visite à Seloncourt, l'emplacement de la future église, en soumit le projet à son conseil archiépiscopal, qui l'approuva au mois de décembre 1888 ; mais de là à la bénédiction de la première pierre il devait s'écouler deux grandes années.

Dans l'intervalle, M. le curé de la paroisse réalisa des œuvres dont la pensée seule eût déconcerté un courage ordinaire. Pour assurer aux enfants de quatre à sept ans une éducation religieuse, il résolut d'établir une école en-

---

(1) Sœur Victorine (Marie-Virginie Villemin, de Sancey).

fantine, adjointe aux écoles tenues par les sœurs. Ce projet secondé par le dévouement si intelligent de sœur Philomène, supérieure des religieuses de la Charité, fut réalisé le 30 septembre 1889. En ce jour, l'école s'ouvrit à soixante petits enfants, et un mois après les fondateurs se félicitaient déjà des résultats obtenus. Les enfants se faisaient remarquer par une tenue correcte, saluaient poliment leur bienfaiteur, récitaient des prières, chantaient quelques couplets de cantique et donnaient des réponses de catéchisme. Ce bien en appelait un autre.

Pour développer ces dispositions, la création d'une école libre s'imposait. M. le curé réunit les chefs de famille et leur dit : « Si je vous bâtissais une école pour vos petits garçons, si je la meublais, si j'y installais un instituteur catholique, intelligent et vertueux, pourrais-je compter qu'on y enverra les enfants et qu'on s'imposera les sacrifices pour soutenir l'œuvre ? » Il n'y eut qu'une voix pour répondre au curé qu'il pouvait marcher de l'avant et que tous ses paroissiens le suivraient.

L'école fut construite pendant l'été de 1890 et bénite le 28 septembre. Le mercredi suivant, après la messe du Saint-Esprit, elle s'ouvrit avec cinquante et un élèves de sept à treize ans, tous catholiques et tous sortant des écoles protestantes.

Les débuts de cet établissement, dirigé par M. Marck, ancien instituteur de Seloncourt, comblaient les vœux de tout le monde, lorsque les plans de la future église, après deux ans et demi d'une pénible élaboration, furent approuvés et les travaux mis en adjudication. La première pierre fut bénite le 2 août 1891 [1].

---

[1] M. Touchet, vicaire général, présida la cérémonie, pendant laquelle il fit un discours très instructif. Le procès-verbal de la bénédiction, écrit sur parchemin, fut renfermé dans un tube de verre et déposé dans une ouverture faite à la première pierre,

A cette première pierre, sur laquelle reposaient les bénédictions de l'Église et les vœux de tout un peuple d'ouvriers, s'en ajoutèrent rapidement avec ordre une quantité d'autres, si bien qu'au mois d'octobre, on avait la certitude de couvrir avant l'hiver le chœur et le transept de la nouvelle église. On se flattait de cette pensée quand tout à coup, le samedi 24 octobre, un cri d'alarme, poussé par le chef du chantier, disait aux ouvriers de sauver leur vie d'un danger imminent. Tous aussitôt de quitter les ponts et d'arriver à terre pour voir s'effondrer la façade du chœur. Le désastre était moins grand qu'il n'avait paru tout d'abord. On reprit le travail le lundi suivant, mais malgré l'ardeur qu'on y mit, il fallut renoncer à couvrir avant l'hiver.

Du mois d'avril au mois de juin 1892, on acheva la maçonnerie de la nef, du transept et du chœur. La charpente étala bientôt sa structure osseuse, qu'un manteau d'ardoises couvrit un mois après. Jusqu'alors, pas un ouvrier n'avait reçu la moindre égratignure. Malheureusement, le 8 juillet au matin, il fallut payer un tribut sanglant à la mort. Pascal Martignoni, chef de chantier, voulant abattre l'extrémité anguleuse d'un cintre, lança sa scie avec vigueur contre cette pièce de bois. La scie ne mord pas et le corps du malheureux ouvrier, emporté par le mouvement donné à la scie, se trouve projeté dans le vide et va se briser sur les madriers déposés sur le sol. La mort fut instantanée. Le 10 juillet, ses obsèques eurent lieu au milieu d'une grande affluence de protestants et de catholiques. Chacun voulait honorer l'ouvrier honnête et laborieux.

Lorsque les voûtes furent achevées, les travaux d'art exposèrent peu à peu dans cet édifice une beauté d'un goût

---

avec des médailles, des pièces de monnaie et des échantillons de toutes les industries locales, donnés par les fabricants et les ouvriers. Tous ces objets portaient le millésime de 1891.

parfait, qui, chaque semaine, chaque mois, donnait un aliment nouveau à l'admiration publique. C'est ce qui eut lieu pour les fenêtres, les rosaces, les pavés, les autels, avec les nuances variées de la verrerie, de la céramique et de la mosaïque.

Cette œuvre merveilleuse ne s'acheva qu'à la troisième campagne, non pas sans subir des contretemps dont le plus déplorable fut la mort soudaine de Mgr Ducellier, l'insigne bienfaiteur de Seloncourt. L'administration diocésaine, recueillant comme un héritage sacré le dévouement du prélat pour un monument dont la pensée seule faisait sa joie, seconda les vues de M. le curé et vota les sommes pour tout achever.

La bénédiction de cette église, fixée au 15 octobre, devait être précédée d'un décret transférant le titre de la succursale au nouvel édifice. Au maire et au conseil municipal appartenait une part importante dans l'application de cet article de la loi. Dirigé par un esprit de bienveillance, M. Boname, maire de Seloncourt, accomplit de bonne grâce les formalités exigées par l'État. Dans un temps fort restreint, tout fut prêt pour le moment voulu.

La journée du 15 octobre 1893 fit goûter aux catholiques de Seloncourt un bonheur délirant, causé par la bénédiction de la nouvelle église et par celle d'une cloche de 960 kilos.

La fête ne manqua d'aucun éclat. Elle eut le concours des protestants, qui grossirent les rangs de la foule accourue de tous les villages voisins ; elle fut rehaussée par les concerts harmonieux de tous les genres de musique et par la présence de trente prêtres, heureux d'offrir leurs sympathies à un confrère et de prendre part à sa joie ; deux fois pendant la journée, M. Touchet, vicaire capitulaire, fit entendre son éloquente parole, qui remua le cœur de tous les assistants. La fête se termina par l'illumination de la splendide façade de l'église, par des détonations et des feux d'artifice.

Cette paroisse, dont l'érection avait été combattue pendant si longtemps, reçut en ce jour un brillant couronnement auquel, sans doute, ne furent pas étrangères les larmes et les supplications des ardents catholiques de 1544.

CHAPITRE XIX

Villars-lez-Blamont. — Montbéliard. — Héricourt. — Chagey. — Tavey.

Dans les trois premières de ces paroisses, les archevêques de Besançon ont opéré des transformations merveilleuses en faveur du culte catholique ; dans les deux autres, des luttes violentes ont été engagées entre les deux religions. Nous achèverons notre étude en exposant brièvement les unes et les autres.

Villars-lez-Blamont.

Pendant seize ans, Villars-lez-Blamont fut privé de curé à cause du mauvais état de la maison curiale. Dès 1836, un prêtre y fut envoyé à titre de desservant et, sous sa direction, les édifices catholiques, école et presbytère, furent remis à neuf, malgré l'opposition des protestants. Peu après tout fut changé. Dans une visite à cette paroisse, vers 1843, l'archevêque de Besançon jeta la vue sur un terrain propre à y asseoir une école ; deux ans après, il en faisait l'acquisition au prix de 8,000 francs. Plus tard, il paya 11,000 francs une propriété voisine. La maison qui en faisait partie fut réparée et changée en une école de filles à la tête de laquelle furent placées deux religieuses. Pendant l'exécution de ce travail, notre immortel pontife acheta pour 2,400 fr. un autre terrain destiné à recevoir la construction d'une église qu'on se mit aussitôt en mesure d'édifier. L'abbé Brandelet, originaire de Villars et curé de Laviron, de même que le desservant du lieu, secondèrent avec un dévouement et une générosité dignes de tout éloge les desseins de Mgr Mathieu. L'église ne tarda pas à être debout. Au mois de juillet 1851, elle fut consacrée par l'archevêque, qui, dans la circonstance, reçut de la population catholique les témoignages de la plus vive reconnaissance. Ce fut au prix de 32,000 francs, y compris un secours de 6,000 francs, donné par le gouvernement, que notre culte venait d'obtenir, à Villars-lez-Blamont, un asile sur lequel l'hérésie ne devait plus avoir de prétention. Neuf ans plus tard, le 20 août 1860, deux cloches, bénites solennellement, publièrent dans leur harmonieux langage, avec le nom du grand cardinal, l'heureuse indépendance des catholiques de l'endroit. Ici on reconnut les services rendus à la cause paroissiale, car en remerciant le prélat d'être venu consacrer l'église, le curé rendit hommage aux dispositions des fidèles : « Les fruits que nous espérions n'ont pas tardé à se manifester. La foi de nos bons catholiques semble se ranimer. » Ce fut pour le cardinal le plus précieux témoignage de gratitude qui pouvait être accordé à son dévouement à la cause catholique.

Montbéliard.

Lorsque M. Baud, curé de Montbéliard, vint à mourir, le 26 décembre 1842, le catholicisme avait encore dans cette ville une existence bien modeste à tous les points de vue, quoique les fonctionnaires de l'État, à un moment donné, eussent cherché à le mettre un peu plus en évidence. Outre qu'il n'était représenté que par une infime minorité, son unique monument, le collège, qui cachait une église et un presbytère, n'avait qu'un aspect assez pauvre. Ses écoles étaient insuffisantes.

Quant au protestantisme, sa situation était prépondérante sous tous les rapports : l'immense majorité des habitants, le nombre et la qualité de ses ministres, le siège de l'inspection ecclésiastique, ses temples, la quantité de ses hommes réputés savants ; la considération dont la ville jouissait aux yeux des protestants de tout le pays, pour qui elle était toujours la ville sainte, le foyer de toutes les lumières religieuses ; son château, rendez-vous de tous les regrets dynastiques de la ville et des villages (1), tout cela donnait au protestantisme de Montbéliard, au moins dans l'esprit de ses partisans, un air important.

Fier de sa puissance numérique, il continuait contre le catholicisme du pays une propagande d'autant plus vive qu'il avait été obligé de la dissimuler sous les règnes de Louis XVIII et de Charles X. Il trouva dans certains ministres de la campagne des agents actifs et hardis. Voici comment le journal *la Vérité*, dans son numéro du 2 août 1846, parlait du zèle de celui de Glay : « Le sieur Jacquet a ouvert dans sa paroisse un pensionnat où il reçoit des adeptes de tous les lieux, non seulement des garçons et des jeunes gens, mais encore des filles et même grandes. Son esprit de prosélytisme passe du maître aux élèves. On a vu

---

(1) Ces regrets dynastiques, à cause du protestantisme qui en faisait l'âme, se sont de nouveau manifestés pendant la guerre de 1870. Aux yeux des protestants de nos pays, les victoires prussiennes étaient le triomphe de la Bible soumise au libre examen. Quelle joie de leur part, en apprenant que la Prusse et le Wurtemberg protestants l'emportaient sur la France catholique. A Montbéliard, il y eut, paraît-il, illumination à quelques fenêtres. « Le bon Dieu, disaient nos compatriotes protestants, fait triompher la bonne cause. » Pour eux, c'était le protestantisme. Aussi, à l'arrivée des Prussiens dans nos villages, pour se déclarer leurs frères et obtenir leurs bonnes grâces, ils leur montraient la Bible. Devant une exhibition de ce genre, un chef allemand demanda de l'eau bénite à un luthérien de Chenebier ; de simples soldats polonais firent le signe de la croix dans d'autres endroits.

Nous nous souvenons que les catholiques furent singulièrement froissés des manifestations antifrançaises de leurs voisins.

ceux-ci écrire des lettres mystiques qu'ils perdaient sur la route afin qu'elles fussent retrouvées par les catholiques et pussent leur faire impression. » Le ministre de Sainte-Suzanne fabriquait et colportait des livres pleins de fiel et, à son défaut, les faisait distribuer clandestinement par des gens à gage. Les livres et les brochures qu'on répandait renfermaient « des injures, des calomnies, des plaisanteries contre la religion catholique, contre les dogmes, les prêtres, la confession, l'autorité de l'Église, les cérémonies, » écrivait le curé de Blamont à l'archevêque. En 1843, une brochure racontant la conversion au protestantisme d'un curé de Montauban, était un livre sacrosaint qu'on dévorait ; l'année après, c'étaient les *Adieux à Rome* d'un prêtre de Pamiers. On colporta cet écrit dans tous les coins de la ville, on le jeta dans les cafés, dans les diligences, dans les maisons des catholiques. On s'imaginait que la chute d'un arbre devait entraîner celle des autres. A Villars-lez-Blamont, on donnait aux catholiques non seulement des brochures, mais encore de l'argent pour les lire. Héricourt, à la même époque, était une station intermédiaire entre Montbéliard et les communes de Chagey et de Chenebier. Quelle propagande de livres, de brochures, de tartines de tous genres ! Le protestantisme de Montbéliard avait à cœur la perversion des catholiques. Pour la procurer il eut recours à tous les moyens et surtout au mensonge. C'est pourquoi le cardinal porta ses vues sur la métropole du luthéranisme dans son diocèse pour donner au catholicisme, autant que possible, une place digne de lui.

Il commença par choisir le successeur de M. Baud parmi les prêtres les plus distingués du diocèse. M. Liquet occupait sans contredit ce rang honorable. Sa correspondance avec l'autorité ecclésiastique donne, avec autant de concision que d'agrément, tout ce qui peut intéresser l'histoire locale du moment. Ses lettres portent l'empreinte d'un homme supérieur et d'un apôtre de la vraie foi. En le nommant curé de Montbéliard, l'archevêque était sûr de trouver en lui un ouvrier capable de seconder ses vues.

Dès le début du ministère de M. Liquet dans cette ville, on vit s'élever des écoles pour les enfants en bas âge et pour les jeunes filles. Montbéliard eut la première salle d'asile de l'arrondissement. A la Toussaint de 1845, des sœurs de la Charité de Besançon en prenaient possession. Quand s'ouvrit cet établissement, comme il était d'origine catholique, beaucoup de personnes s'érigèrent à son égard en prophètes de malheur; l'année après, tout le monde s'étonna de ses succès. Dans le même bâtiment fut créée, pour les jeunes filles, une école qui fut florissante dès son ouverture. Certains protestants en éprouvèrent une peine si vive, qu'ils eurent recours contre elle à un procédé de vexations qui ne manquait pas de tolérance. « Afin d'empoisonner le quartier des établissements catholiques, » ils bâtirent en 1849, à côté d'eux, un asile pour le vice. Le maire et toutes les autorités luttèrent contre une telle monstruosité. Grâce à cet appui, l'auteur de cette entreprise fut condamné à enlever l'enseigne placée au devant de sa maison, et tout le personnel fut conduit en prison.

Mais une église aux formes grandioses, élégantes, était le monument que Mgr Mathieu rêvait depuis longtemps pour Montbéliard. Le 23 janvier 1850, sa construction fut résolue, et le 2 juillet eut lieu la bénédiction de la première pierre.

« Peut-être le pieux archevêque, dit Mgr Besson, dans l'empressement de son zèle, ne se rendait pas compte, au début, de tous les soucis et de toutes les épreuves que lui réservait cette entreprise. Plusieurs fois il fit appel à la charité de ses diocésains, et leur concours ne lui fit point défaut. En quinze ans, les aumônes des fidèles s'élevèrent à 270,000 francs; l'une des quêtes ordonnée par le cardinal avait, à elle seule, produit plus de 100,000 francs. L'œuvre, déjà plusieurs fois interrompue, subit un nouveau temps d'arrêt après l'ouverture de la nef; mais, en 1869, les travaux étaient repris sur les plans de M. Guérinot (1), inspecteur des édifices diocésains, et cette fois, avec l'intention bien arrêtée de les pousser jusqu'à l'achèvement complet de l'édifice. Malheureusement les désastres de 1870-1871 imposèrent de nouveaux retards, mais ils ne durèrent pas plus que l'occupation prussienne. La crypte et le transept complétèrent enfin la nouvelle église (2).

En attendant que la seconde tour, à l'instar de sa sœur, élève sa gracieuse flèche vers les cieux, ce monument, dont l'extérieur est d'un très grand effet, publie dans un langage artistique, mais plein de charme, le nom d'une re' .on qui n'a été proscrite de Montbéliard que pour y rentrer avec l'éternelle jeunesse des mêmes dogmes et des mêmes pratiques, et y trouver, deux siècles après, des enfants plus nombreux pour l'aimer et la bénir. Puisse cette bonne mère voir tous ses vœux se réaliser!

Héricourt.

La paroisse catholique d'Héricourt, depuis le commencement du siècle jusqu'à 1850, fut serrée de toutes parts par le protestantisme, qui, comme un géant, dominait celle-là par l'industrie, le commerce, et en conséquence par l'influence des richesses. Si elle ne succomba pas sous de telles étreintes, elle ne le dut qu'à l'appui de ses curés et au sens religieux des catholiques, qui, pour des motifs clairement

---

(1) Le premier architecte qui dressa les plans et le devis de cette église fut M. Jean-Frédéric Fallot. Répondit-il en conscience à la confiance du cardinal?

(2) Mgr Besson, *Vie du cardinal Mathieu*, t. II, p. 400. En 1871, M. Liquet, frappé de cécité, fut obligé d'abandonner le ministère paroissial.

raisonnés, se sont, en général, tenus à distance du protestantisme.

Mais dès le milieu de ce siècle, la paroisse commença à prendre un autre aspect en élargissant l'enceinte dans laquelle elle se trouvait confinée. En 1853, sous l'administration pastorale de l'abbé Gatin, le cardinal jeta les yeux sur une vaste maison désignée sous le nom de petit château ; il la reconnut propre à la création d'une école de filles. Dès lors il ne recula devant aucun sacrifice pour réaliser son plan. L'achat de la maison coûta 28,000 francs, l'arrangement des classes 12,000, et longtemps encore 500 francs durent, chaque année, suppléer à l'insuffisance des revenus nécessaires au fonctionnement de l'établissement.

L'église d'Héricourt servait à l'exercice des deux cultes. Comme sa construction remontait à une époque antérieure à l'arrivée du protestantisme dans le pays, le curé Gatin tenait à lui conserver sa première destination; son désir était qu'on construisît un temple à la partie protestante. Cette idée, à laquelle il était fortement attaché, fut loin de profiter aux intérêts catholiques de la ville. Son successeur, l'abbé Mougeot, vit les choses de plus haut. Nommé en 1875 curé d'Héricourt, il y vint avec l'intention bien arrêtée de bâtir une église pour le culte catholique. Le cardinal Mathieu, du reste, avait fait appel à son dévouement en vue de cette grande entreprise. Malheureusement la mort de ce prélat, suivie bientôt de celle de Mgr Paulinier, son successeur, apporta quelque retard à la réalisation de ce projet. Mgr Foulon, nommé à l'archevêché de Besançon, adopta sur ce point les vues de ses vénérés prédécesseurs. Dans sa première visite à Héricourt, il prit connaissance des plans et de l'emplacement de l'église projetée, approuva tout, et, le 3 août 1884, il présidait, en présence d'un nombre incalculable de protestants et de catholiques, la bénédiction de la première pierre. Aujourd'hui il y a une église de style gothique, construite avec une élégance qu'admirent les artistes les plus habiles; son clocher est surmonté d'une flèche qui domine toute la ville, et qui semble porter vers les cieux le tribut de la reconnaissance de tout un peuple qui a connu si longtemps les tortures de l'humiliation; l'intérieur du monument, avec ses autels, ses confessionnaux, ses verrières, ses orgues, tous vrais objets d'art, est d'un effet si gracieux qu'on est, à sa vue, comme saisi par les charmes du beau.

C'est le 1er octobre 1893, neuf ans après la bénédiction de la première pierre, que cette œuvre reçut son couronnement par la bénédiction de quatre cloches. Quand, le lendemain, elles firent entendre leur mélodieux concert, un courant d'allégresse et de bonheur envahit tous les cœurs. Un assistant put dire en toute vérité : Mensonge ce qu'a écrit le scribe de 1561 : « Fin de la catholicité! »

L'abbé Mougeot, si désireux de célébrer la messe dans la future église, mourut en 1885, sans avoir eu cette consolation Heureusement la tâche qu'il laissait à son successeur tomba en des mains privilégiées. Pour être conduite à bonne fin en si peu de temps, elle demandait un ouvrier intelligent, dévoué, industrieux. Elle le trouva. Personne ne le conteste.

Chagey.

De 1810 à 1828, Chagey n'eut pas de curé. Après le rétablissement du culte en 1801, les prêtres envoyés dans cette paroisse furent, de la part des catholiques, en butte aux vexations les plus humiliantes, aucun ne put y tenir. La situation matérielle était également déplorable; il n'y avait ni ornements d'église, ni presbytère, ni supplément de traitement. Les catholiques de la paroisse, en punition de leur mauvais esprit, furent privés de desservant. En 1809, afin d'obtenir grâce, ils avouèrent à l'autorité qu'ils *méritaient un châtiment.* Leur repentir, quoique fortement accentué, ne désarma pas l'archevêque. Desservis par les curés de Châlonvillars ou d'Héricourt, ils ne furent au terme de leur punition qu'en 1828, après avoir pris et signé l'engagement de fournir un abonnement au casuel. A la suite de cet acte, ils virent arriver chez eux l'abbé Jean Girard, de Mathey, vicaire d'Héricourt, qui, deux ans après, échangea ce poste contre celui de Tavey, à cause d'un quasi-assassinat dont il avait été victime de la part de deux jeunes hommes de Luze. Vinrent successivement deux prêtres qui n'entreprirent rien d'utile en faveur de cette pauvre paroisse. Il n'y avait encore point de presbytère, et l'école fondée en 1837 n'était que provisoire. Au mois de septembre de l'année suivante, l'abbé Grosjean, de Rougemont, fut envoyé à Chagey à titre de desservant. Pendant son administration la paroisse commença à s'établir sur des bases un peu plus fermes : l'école, malgré toute l'opposition acharnée du camp protestant, fut définitivement approuvée ; une maison fut achetée et transformée en presbytère, au prix de 14,111 francs. Ce double succès mit les protestants de Chagey à la torture. Veut-on savoir de quelle manière ils s'en vengèrent au printemps de 1845 ? Comme ils étaient seuls dans la commune à posséder des attelages, ils refusèrent de semer, au prix même d'un salaire rémunérateur, les quelques quartes de champs des catholiques. Heureusement que ces derniers trouvèrent du secours de la part des laboureurs des villages voisins !

Depuis lors, à Chagey, on a toujours guerroyé contre le catholicisme. A la même époque, le pasteur de Couthenans eut la pensée d'établir, pendant la semaine, des prières du soir dans l'église de Chagey, et de s'y faire suppléer par l'instituteur ou par un ancien. Cette innovation ralluma la piété des protestants. On vit les suppléants du pasteur de Couthenans faire des réunions de prières, même en dehors du Carême ; au mois d'octobre, l'instituteur déclarait qu'il ferait un exercice le samedi de chaque semaine. L'affaire, qui intéressait Tavey aussi bien que Chagey, se traita en haut lieu. Le 4 novembre 1846, une décision ministérielle prescrivit au pasteur de Couthenans de présider tous les exercices de son culte à Chagey, son annexe, et le 19 du même mois, un arrêté préfectoral réglant le simultaneum, ne permit aux protestants que trois réunions religieuses par semaine : le dimanche, le mardi et le vendredi. L'instituteur contraint de s'incliner devant la volonté de ses supérieurs hiérarchiques trouva, pour la présidence des prières, un remplaçant dans la personne de M. Mabile, membre du conseil des anciens. Celui-ci résista au règlement imposé par l'autorité ; à deux reprises différentes il en fut réprimandé par le préfet. A la fin, ce magistrat, importuné de tous côtés par les protestants, aurait volontiers fait toutes les concessions, mais il fut arrêté dans cette voie par l'inébranlable volonté de l'archevêque de Besançon.

A Chagey, la construction d'un temple eût supprimé entre protestants et catholiques la principale source des discordes. Les protestants, toujours maîtres de l'administration municipale, rejetèrent continuellement ce projet. En 1851, les catholiques, ayant obtenu quelques places au conseil communal, demandèrent avec instance qu'on le réalisât. Le consistoire de Strasbourg le fit échouer en obtenant la construction d'un presbytère protestant. A quoi bon un temple ? Le protestantisme n'ayant reçu de son auteur que la mission de protester contre le catholicisme, nulle part il n'est plus à son aise pour atteindre ce but que dans une église où il y a autel, tabernacle, confessionnal, etc.

En tout temps les catholiques de Chagey durent subir les dures conditions des minorités d'aujourd'hui. En 1863, l'inspecteur des édifices communaux et le sous-préfet reconnurent la nécessité de faire des réparations à l'église. De si hautes influences, corroborées par l'autorité du juge de paix, ne purent obtenir du conseil municipal que 12,000 francs « pour pourvoir aux besoins les plus pressants (1). » Cette restriction ne comprenait pas la partie réservée aux catholiques, plus délabrée encore que le reste de l'édifice. Elle fut éludée. Quand les réparations furent achevées, on décora le chœur au moyen de dons faits par l'archevêché et par des personnes dévouées. Ces décorations représentaient les anges en adoration devant le saint Sacrement. Vues à travers les barreaux de la grille, elles choquèrent les protestants. On mit un voile à la balustrade. Cette fois, les luthériens accusèrent les catholiques de se cacher dans le chœur pour épier leurs cérémonies.

Un moment les incidents se multiplièrent. Les protestants avaient placé un tronc à la grille du chœur sans indiquer auquel des deux cultes devaient appartenir les offrandes qu'on y déposerait. Le curé ne put faire enlever ce meuble qu'en consentant lui-même à l'enlèvement d'un lustre qu'il avait mis dans la nef de l'église, avec la permission du maire protestant.

En 1865, le jour de la Fête-Dieu, le pasteur, trouvant à l'église le dais tendu près de l'autel de la sainte Vierge, le fit mettre en plein air. « A la porte, dit-il, ce vilain et scandaleux embarras. » L'année suivante, le dais fut renversé et un peu endommagé. La gendarmerie eut à s'occuper de cet acte de malveillance. L'autorité prit des informations à la suite d'une lettre, peu flatteuse pour les catholiques, écrite par le maire au préfet. La lumière se fit sur cet incident. La préfecture blâma et le maire et le pasteur protestants.

Au milieu des contradictions que dut essuyer le culte catholique, on vit s'élever à Chagey, comme dans la plu-

(1) Lettre du sous-préfet à M. l'abbé Poirey, curé de Chagey.

part des paroisses mixtes, un établissement de sœurs pour l'enseignement des jeunes filles. Cette œuvre, due en grande partie à la générosité de M. l'abbé Poirey, curé du lieu, rend également de grands services à tous les malades, soit protestants, soit catholiques. Chacun s'en félicite dans l'occasion et peut reconnaître que la religion est utile à tout.

Tavey.

Le simultaneum dans l'église de Tavey existe encore, malgré les tentatives nombreuses faites par les catholiques en vue de le faire cesser. En 1824, des réparations à l'église devenant nécessaires, la commune de Laire refusa d'y participer. Alors le conseil municipal de Tavey, pour enlever une cause de division, proposa de bâtir à l'usage des protestants un temple estimé à 6,600 francs, s'engageant à fournir le terrain, avec une somme proportionnée au nombre des luthériens du lieu, à entretenir seul l'église catholique et à contribuer à l'entretien du temple, selon le chiffre des protestants de la commune. La proposition était trop loyale pour être acceptée. Alors en 1829, malgré leur opposition, les luthériens, grâce à l'autorité civile, durent contribuer aux réparations de l'église, *excepté à celles du chœur, qui demeurèrent à la charge des catholiques.*

A côté de la question de l'église se présenta celle de l'école. L'ancienne maison qui servait à l'instituteur avait été affectée en 1803 au logement du curé. Depuis cette époque, un individu du pays réunissait, en hiver, dans sa maison, les enfants du village pour les instruire. En 1829, la commune décida la construction d'une maison d'école. L'adjoint, protestant, demanda qu'il fût réservé une chambre où le pasteur attendrait l'heure de son office. Le but inavoué était d'avoir une salle pour les enfants protestants. Les démarches en faveur de cette demande n'aboutirent pas : une décision ministérielle du 15 mai affecta l'école de Byans aux enfants protestants des deux communes.

La paix semblait cimentée pour toujours entre les sujets des deux cultes, lorsqu'en 1842 surgit une nouvelle difficulté. Les pasteurs d'Héricourt, MM. Lods et Macler, qui jusqu'alors s'étaient contentés pour leurs réunions religieuses du temps fixé en 1808, de dix heures à midi, demandèrent à faire un exercice dans la soirée, pour obtempérer au consistoire de Strasbourg qui le prescrivait aux églises de son ressort. Cette réunion, qui avait pour but de catéchiser les catéchumènes, était inutile, car, comme le faisait observer M. Lavocat, alors curé de Tavey, de dix heures à midi les pasteurs ont bien le temps et de prêcher les paroissiens et de catéchiser les enfants. Actuellement les pasteurs font ainsi. Mais il fallait contrarier les catholiques, contre lesquels existaient des griefs nouveaux.

On se rappelle encore à Tavey qu'en 1840, M. le curé avait réhabilité un mariage mixte, célébré devant le pasteur. L'homme, nommé Vaillant, était mort catholiquement et sa femme, luthérienne de naissance, avait, au lit de la mort, demandé le ministère d'un prêtre. En 1842, le garde forestier, Pierre Gerson Morel, fils, frère, beau-frère et cousin de ministres, avait abjuré solennellement ; Mgr Mathieu était venu lui-même à Tavey confirmer le nouveau catholique, le 8 mai 1842. Ces faits avaient exaspéré les prédicants d'Héricourt : de là la pétition précédente. Avant toute autorisation, M. Macler essaya, le 17 juillet 1842, d'entrer à l'église dans l'après-midi ; le maire s'y opposa et, d'accord avec le conseil, supplia le préfet de maintenir le *statu quo* et de ne pas permettre une innovation contraire au droit et à l'usage. L'archevêque, le 28 janvier 1843, appuya auprès de ce magistrat les catholiques de Tavey, disant que l'exercice du culte protestant dans la matinée avait été « une chose assez dure et assez pénible, » que l'innovation froisserait d'autant plus les catholiques « qu'ils avaient moins lieu de s'attendre à une pareille prétention (1). »

L'archevêque ne fut pas écouté. Le 24 janvier 1844, le préfet accordait aux protestants de Tavey, sous la seule présidence du pasteur, l'usage de l'église de ce village, de trois heures à quatre heures et demie en hiver, et de quatre heures à cinq heures et demie en été.

A toutes les humiliations subies par les catholiques vint s'en ajouter une dernière : l'envahissement par les protestants du chœur de l'église. Jusqu'en 1864, ceux-là s'étaient contentés de la nef. Cependant à certains jours, en cas d'affluence, quelques-uns prenaient place au sanctuaire. Les curés successifs de Tavey avaient toléré la chose sans élever de plainte. Mais de 1864 à 1868, l'administration de la paroisse ayant été donnée à M. Ternet, qui avait passé sa vie dans les missions, les protestants mirent à profit les infirmités et la faiblesse de ce vieillard pour s'emparer définitivement du chœur en occupant, à chacune de leurs réunions, les bancs de cette partie de l'édifice et jusqu'aux marches de l'autel. M. Cholley, nommé à la cure de Tavey en 1868, connut cet empiétement par les vestiges de malpropreté qu'il eut l'occasion de déplorer. A une observation faite par le maire de Tavey au pasteur Macler, celui-ci répondit que depuis longtemps les protestants se plaçaient au chœur et qu'ils continueraient à l'occuper jusqu'à nouvel ordre. L'archevêque de Besançon, en ayant été informé, écrivit au préfet. Ce magistrat lui répondit à la date du 23 mars : « Récemment des jeunes gens se sont assis au chœur sans motifs, cet abus ne se renouvellera plus.... mais de tout temps, aux jours où la nef ne pouvait suffire,.... quelques personnes, qui ne pouvaient prendre place dans la nef, se sont assises dans les bancs du chœur.... mais cela ne

(1) Archives de la Haute-Saône, V 3.

constituera pas pour les protestants un droit strict, et en s'en tenant à la rigueur de la législation, on pourrait leur en défendre l'entrée à l'avenir.... mais il est de prudence de laisser à cet égard les choses se faire comme par le passé. »
L'archevêque, en transmettant cette réponse au curé de Tavey, le chargea de surveiller les réunions protestantes et de lui dire si, aux dimanches ordinaires, quand il n'y a pas foule à l'église, ils prennent néanmoins place au chœur. La réponse du curé fut affirmative ; chaque fois le chœur était envahi.

Dans une première lettre au préfet, les protestants avaient reconnu aux catholiques le droit exclusif de cette partie de l'édifice, mais ils se repentirent de cette déclaration et, le 14 février 1870, le directeur du consistoire de Strasbourg demandait au préfet de faire respecter les droits des protestants à la jouissance de l'église entière.

Pour mettre dans la plus grande évidence les droits exclusifs des catholiques, le cardinal Mathieu consulta le curé d'Héricourt, de même que tous les anciens curés de Tavey encore vivants, et enfin la population du village. Tous, même les non-catholiques, répondirent que ce n'était que par exception que les protestants prenaient place au chœur et que jamais ils n'avaient cru exercer un droit.

D'un autre côté, le sous-préfet, ayant reçu l'ordre de prendre des informations sur ce démêlé, demanda l'avis de M. Lubert, alors juge de paix du canton d'Héricourt. Celui-ci déclara *n'avoir rien trouvé qui éclaircisse l'affaire : il croit au contraire que les protestants sont copropriétaires de tout l'édifice...., il regrette cette difficulté suscitée par l'impatient empressement d'un jeune prêtre qui aurait pu suivre les traditions modérées et conciliantes de ses trois ou quatre prédécesseurs.*

Sans relever le trait décoché si perfidement et si lâchement contre le digne abbé Cholley, alors curé de Tavey, on est obligé de reconnaître que Lubert, dans sa réponse au sous-préfet, se mettait sciemment en opposition avec la vérité. Ce juge de paix n'ignorait nullement que les protestants de Tavey ne se considéraient ni comme propriétaires ni comme usufruitiers du chœur de l'église, que pour ce motif ils en avaient toujours laissé la réparation aux catholiques, se gardant bien d'y contribuer eux-mêmes. Si sa réponse n'a pas été faite en ce sens, il ne faut pas oublier que dans sa balance il y avait beaucoup de luthéranisme.

Ainsi, touchant la question de l'église de Tavey, il suffit de se rappeler les documents historiques cités dans le cours de ce travail pour conclure que, si le protestantisme de Montbéliard avait eu le respect des plus vulgaires notions de la justice, les catholiques seuls devraient jouir à présent de l'église de ce village [1].

[1] Archives de la cure de Tavey et Mémoire manuscrit sur l'église du lieu par M. l'abbé Chagnot, de Lomont, ancien curé de la paroisse.

CONCLUSION

Le catholicisme en venant, dans la personne de ses prêtres, revendiquer une place dans le pays de Montbéliard, d'où certains princes apostats l'avaient proscrit, plus d'un siècle auparavant, fut repoussé par les chefs du protestantisme. Sous l'égide du roi de France, il s'y fixa néanmoins, non comme un étranger, mais comme la vérité qui a droit de cité partout. Dans son amour pour les âmes, il appela les luthériens à participer à sa foi, à ses sacrements, à ses biens spirituels, mais le mensonge s'entendit avec la passion pour faire repousser cet appel. Quelques âmes seulement, plus sensibles aux impulsions de la grâce et plus impressionnables aux attraits du vrai, se rangèrent cependant sous la bannière du catholicisme, laissant leurs anciens coreligionnaires aller du luthéranisme au piétisme, du piétisme à l'incrédulité. Qu'un homme soit ainsi entraîné dans le courant des systèmes religieux que le souffle des novateurs du xvie siècle a multipliés à l'infini, par quelle voie pourra-t-il regagner le terrain inébranlable de la foi catholique? Un héros pourra écarter les obstacles qui barrent ce chemin. Mais si c'est toute une population qui vogue ainsi à l'aventure sur les flots mouvants des mêmes systèmes, elle ne rentrera jamais en masse au port de la vérité. « J'ai connu des hommes qui, s'étant éloignés de la foi, y sont revenus, disait Donoso Cortès en 1849 ; mais un peuple qui, ayant abandonné la foi, l'ait reconquise, je n'en connais pas un.... » Aussi quand un peuple possède la vraie foi, celle qui donne la vie au monde des âmes, comme le soleil la donne au monde des corps, son premier souci doit être de la conserver, dût-il, pour cela, lutter et contre les princes de la terre et contre les législateurs iniques. Car pour lui, mieux vaut la mort que le protestantisme, l'incrédulité et le matérialisme.

PIÈCES JUSTIFICATIVES

N° I, p. 2.

Le 8 janvier 1674, une partie des troupes de Sa Majesté, qui sont en sa comté de Bourgogne, fit course en Alsace le jour de l'Immaculée Conception de la sainte Vierge de l'an passé 1673 et enleva tout le bétail d'Evette et de Sermamagny, villages voisins de Belfort, et par cette course occasionnèrent les troupes que le roi très chrétien entretient pour la sûreté de l'Alsace, province voisine de la Franche-Comté, de rendre la réciproque, mais la garnison de Belfort ne s'étant trouvée assez puissante, elle eut secours de celle de Brissac et fut fortifiée par plusieurs compagnies de chevau-légers et de dragons que l'on avait fait venir de Lorraine, lesquels firent gros dans les villages d'Ajeutin et autres voisins, s'étant trouvés jusqu'au nombre de 2,600, sous la conduite du comte de Vascal, colonel d'un régiment wallon; apres avoir traversé les terres d'Héricourt, entrèrent à la pointe du jour du 8 janvier de la présente année et poussèrent jusqu'à un quart de lieue proche d'Arcey, village de cette province appartenant au prince de Montbéliard, à dessein de mettre sous contribution tous ces quartiers-là et de piller ledit village. Ayant fait halte, le commandant fit marcher sa cavalerie en treize escadrons qui investirent ce lieu avec l'infanterie qui les suivait de près et s'étant joints, ils entrèrent et d'abord pillèrent et mirent le feu en plusieurs maisons, passèrent jusqu'à l'église en laquelle les habitants s'étaient retirés avec leurs femmes et leurs enfants qui virent ce premier désordre sans s'émouvoir, comme ils espéraient du secours des villages voisins, ils tirèrent dès le clocher de l'église deux coups de fusil en l'air, auxquels on répondit de cinq ou six depuis divers bois du voisinage et incontinent donnèrent fortement l'alarme. Cependant après que l'infanterie, au nombre de 500, et les autres troupes eurent pillé toutes les maisons des paysans, ils s'attachèrent aussi à celle de Dieu, l'asile et le refuge universel des chrétiens, en laquelle ces pauvres malheureux s'étaient mis sous la protection du Souverain des souverains, en avaient auparavant palissadé le devant des portes et fenêtres de l'église, se confiant au surplus à la bonté du Dieu de miséricorde, qui était avec eux, ne pouvant se persuader que la cruauté des Français et leur impiété passeraient jusqu'à l'extrémité où elle est venue; dans cette croyance ils les attendirent sous le portail de l'église et allèrent au-devant jusqu'à la palissade qui était fort peu avancée au delà, où l'un des habitants, nommé Sébastien Viennot, que sa femme ne voulut quitter, parlementa avec le lieutenant du baron d'Asfils, premier capitaine des dragons de la reine de France, et comme il apprit de lui qu'il était dans la résolution de se rendre maître de l'église et du clocher par amour ou par force, ce paysan lui dit qu'ils lui auraient laissé piller leurs maisons et leurs biens, mais que pour eux ils étaient résolus de se défendre jusqu'au dernier et de mourir pour eux et pour leur roi. Sur cette réponse, le soldat voulait leur persuader de se rendre à la force, qu'ils étaient dans l'impuissance de résister à un si grand nombre qu'ils voyaient rangés devant eux, mais ces généreux habitants, redoublant leur courage, dirent hardiment aux ennemis que quand même toute l'armée de France y serait, que jamais ils ne se rendraient, qu'ils leur avaient déjà dit de leur dernière et inébranlable résolution, qu'ils se soucient peu qu'ils pillent et qu'ils brûlent et qu'ils étaient contents de tout perdre plutôt que de faire la moindre chose contre le service du roi, ni se soumettre à contribution.

Sur cette dernière réponse, le lieutenant, homme du reste très bon guerrier, qui avait fait vingt-six campagnes au service du roi très chrétien et assisté à trente-six sièges de ville, ordonna secrètement à ses gens d'ébranler autant qu'ils pourraient les palissades qui les séparaient des habitants pendant qu'ils parlementaient. Et peu après ce lieutenant qui portait ses deux pistolets en tira un contre ces paysans, lequel n'eut aucun effet, mais en même temps ceux-ci firent une décharge tant que depuis le portail que dès la cour, de quinze ou seize coups de fusil, de l'un desquels leur officier eut la cervelle emportée et des autres trois soldats furent tués sur la place et quantité restèrent blessés. Après cette décharge les soldats, s'étant davantage animés, mirent le feu aux autres maisons du village, ce qui redoubla le courage et l'indignation desdits habitants qui, n'attendant plus rien que de leur valeur et de leur résistance, montèrent au clocher et s'y retirèrent, et à l'instant ayant été entouré, ce fut là et comme un quart d'heure en jour qu'ils commencèrent à faire décharges continuelles jusque sur midi, les femmes et les vieillards rechargeaient incessamment les armes pour tirer plus promptement, et quelques-unes d'entre elles tirèrent sur l'ennemi, entre autres celle de Sébastien Viennot ; le nombre de ceux qui faisaient continuellement feu du clocher était de vingt-quatre, et il y pouvait avoir sept ou huit vieillards et le reste était filles, femmes et enfants.

Un de ces paysans, nommé Jacques Cabet, se mit dans la chaire du prédicateur pour, dès là, choisir plus facilement les Français et tuer les premiers qui entreraient dans l'église, en laquelle enfin ils se glissèrent après avoir reçu plusieurs pertes. Ce fut donc par le moyen d'une fenêtre qui était derrière le tabernacle, devant laquelle il y avait seulement, comme on l'a dit, une simple palissade, qu'ils arrachèrent et que huit desdits soldats, parvenus dans ladite église, ou après avoir renversé le tabernacle dans lequel reposait le très auguste sacrement de l'Eucharistie, trois d'iceux par un sacrilège inouï abattirent le grand crucifix et le mirent en pièces avec des haches, mais ces scélérats eurent incontinent la punition de leur crime par la main de celui qui s'était mis dans la chaire, lequel tirant incessamment avec un mousqueton d'une grande ouverture et qu'il chargeait à proportion, tua non seulement ces trois impies, mais encore les autres cinq qui avaient passé avec eux ; il est vrai que comme les ennemis grossirent dans l'église, il fut contraint d'abandonner son poste et de se jeter par une petite fenêtre sur le cimetière, où il tua encore un autre soldat et enfin opprimé du nombre, après avoir reçu deux coups de stylet, il s'élança contre la palissade, mais les forces lui ayant manqué, il tomba mort. Cependant les ennemis, qui n'avaient pas encore forcé la tour, tinrent le conseil de guerre dans lequel prévalut le sentiment du sieur de Cramoilly, qui conduisait l'avant-garde, lequel fut de les enfumer dans le clocher par le moyen de la paille qu'ils apportèrent sous le portail et autour du clocher en laquelle ils mirent le feu ; alors les paysans, se sentant extrêmement pressés, pour donner issue à cette fumée à laquelle ils n'auraient pu résister, découvrirent le clocher et la fumée sortait, et par ce moyen échappèrent pour cette fois ; mais la rage des ennemis leur fit prendre la résolution de les brûler tout vifs ; à ce coup le chapelain dudit comte de Vascal, religieux dominicain, ayant horreur d'une action si énorme, le supplia avec tous les efforts possibles de ne pas exercer une si étrange cruauté envers les pauvres catholiques, lui remontra que c'était une chose impie et scandaleuse qui serait blâmée de tout le monde et qui occasionnerait de plus les protestants de se moquer de notre croyance touchant le mystère adorable du très saint sacrement, de l'exposer au feu et à la flamme, avec tant de pauvres catholiques, aux portes de Montbéliard et d'Héricourt, encore qu'est-ce qu'on dirait de lui quand on saurait qu'il a commis une si grande cruauté : à quoi il répondit qu'il était expédient pour l'honneur de la France d'en user de la sorte et qu'enfin il fallait exécuter et presser cet ordre et se retirer promptement, puisque les paysans s'assemblaient dans les bois et que s'ils ne faisaient cette expédition, il s'en retournerait à sa honte sans rien faire que perdre son monde ; les soldats donc, après cet ordre, pillèrent l'église, portèrent quantité de bois de palissades et de tout ce qu'ils purent trouver de plus susceptible au feu, et une pauvre vieille, qui était dans l'église, qui vit cette dernière impiété, fit ce reproche à un de ces soldats qu'elle n'aurait jamais pu se persuader que les Français fussent si cruels ; alors un d'iceux, tirant son pistolet, lui en déchargea un coup et la tua dans l'église. Le même Père dominicain, qui n'avait rien pu obtenir du commandant du parti, s'avisa d'exciter encore les paysans à se rendre, qu'ils pouvaient avoir composition, mais ils ne répondirent autre chose, sinon qu'ils n'attendaient rien que de mourir pour leur Dieu et cependant se défendirent avec toute la valeur et la vigueur possible. Les ennemis, voyant cette générosité qui devait les émouvoir à pitié, poussèrent comme des tigres leur entreprise et allumèrent enfin le bois et la paille qu'ils avaient portés devant l'église, firent un tel feu que la flamme se porta jusque dans le clocher, ce qui obligea les paysans de faire paraître au-dessus comme un étendard blanc pour faire connaître à leurs ennemis qu'ils voulaient parlementer, et comme ils se furent approchés, ils les prièrent seulement de laisser sortir leurs femmes et enfants, ce que les ennemis accordèrent et ensuite quinze sortirent, les autres ayant voulu demeurer et plutôt mourir que de tomber entre les mains des Français. Une de celles qui étaient dans l'église, à mesure que les autres descendaient, s'élança dans la tour pour mourir, dit-elle, avec son mari, dans le même sentiment de fidélité pour son Créateur et pour son prince; une autre apporta aux pieds du chapelain un enfant, duquel elle était délivrée la même nuit, pour lui donner le baptême, comme il fit, et à l'instant la mère et l'enfant expirèrent.

Si ce fut que la générosité de ces défunts attendrit les âmes de ces soldats ou bien le regret de l'action qu'ils commettaient, on ne le peut dire. Mais ils incitèrent de nouveau les paysans à se rendre, en vain toutes fois, puisqu'ils n'eurent d'autres réponses que celles qu'ils avaient déjà faites deux fois. Ils ne contentèrent pas encore, mais tâchèrent de persuader à ces misérables femmes, vrais objets de pitié, qui étaient assises sur le cimetière, ce qui aurait pu faire fendre de regrets un cœur de bronze, et qui voyaient l'extrémité où étaient réduits leurs chers maris, de les prier, de reconnaître leur danger et de se rendre, mais ces cœurs d'amazones, insensibles à tout autre amour qu'à celui de Dieu et du roi, ne leur voulurent rien témoigner de semblable et autant résolues que leurs maris, regardèrent avec une constance, qui surpasse même celle de cette illustre (*nom illisible*) périr leurs chères moitiés comme l'autre vit ses chers enfants passer tous sept par les mains des bourreaux.

Enfin ces pauvres victimes de fidélité, voyant la mort présente et inévitable, pour la vendre chèrement, s'animèrent et s'encouragèrent derechef, tirèrent encore autant qu'ils purent sur leurs assaillants, mais étant pressés de plus en plus par la flamme, après avoir donné des preuves d'un courage invincible, résolurent de mourir en bons catholiques ; une vieille fille de Passonfontaine, dépouillée qu'elle était jusqu'à sa chemise, de ses habits ayant servi à boucher les fenêtres, commença la première à les exhorter, leur fit faire un acte de contrition, demander pardon à Dieu, implorer la protection de sa chère et sainte mère, réciter les litanies, avertit ceux qui étaient déjà à l'agonie de lui répondre de cœur et ainsi, à la réserve de ceux qui se jetèrent au bas de la tour, ils moururent avec une constance qui sera admirée de tout l'univers comme de vraies et innocentes victimes, sans forme de plainte ni pousser aucun soupir pendant que l'un de leurs ennemis, ne s'étant pu dégager des flammes qu'il avait allumées et y périssant, faisait des hurlements effroyables.

Pour ceux qui se jetèrent en bas de la tour, une fille de quatorze ans, nonobstant la hauteur qui était de plus de quarante-six pieds, ne se fit aucun mal, mais d'abord un soldat lui tira un coup de fusil dont elle eut seulement le bras cassé ; un autre ayant pitié de cette infortunée éteignit le feu qui était de toutes parts en ses habits et la couvrit de ce qu'il trouva au voisinage. Cette fille a demeuré trois jours sans rien voir et dans l'extrémité où elle était réduite, a avéré la plupart du contenu de cette relation ; un de ceux qui étaient dans cette tour, sentant le feu qui le pressait, monta au-dessus du clocher et ayant fait le signe de la croix, tira un coup de fusil, duquel il tua un soldat et comme s'il n'avait eu plus rien à souhaiter, il défaillit et tomba dans l'incendie ; cette action a été racontée par un officier français ; quelques-uns des plus robustes montèrent aussi au-dessus du clocher, mais ils tombèrent dans les flammes ; un autre se jeta pareillement en bas sans qu'il fût aucunement offensé et demanda quartier, un soldat lui promit mais son camarade dit qu'il n'en méritait aucun, il mit la main au pistolet de ceinture et le tua sur-le-champ, après quoi il reçut une infinité de coups de stylet ; on en vit encore un qui, s'étant glissé le long de la muraille, se cassa une jambe en tombant et reçut deux coups de stylet qui ne lui ôtèrent pas à l'instant la vie, et ramassant ce qui lui restait de force, n'ayant aucune arme, se saisit d'une pierre qu'il rencontra à ses pieds, mais qu'il ne put jeter, ayant été arrêté par la mort.

Le sieur curé, qui ne cherchait que l'occasion de secourir

ces pauvres misérables, s'avança depuis le bois où il s'était retiré, se glissa doucement dans le village, et s'étant jeté à travers les flammes, arriva assez tôt pour confesser treize, tant hommes que femmes, qui s'étaient jetés dès ledit clocher. Il confessa trois hommes tout brûlés, percés de coups de stylets, qui expirèrent immédiatement après et qui étaient sur un peu de paille, au milieu du village. Les femmes étaient pareillement brûlées et brisées de leur chute; de ce nombre il ne reste qu'une femme, deux filles, un jeune garçon, extrêmement incommodés du feu.

Cet embrasement fut si grand que les murailles de la tour sont presque toutes calcinés, que les cloches fondirent, que l'on n'a trouvé que des cendres, quoique dans l'incendie de la tour de l'église la couverture de laves tomba, il y ait demeuré plus de cent vingt personnes et plusieurs soldats français qui furent ensevelis sous les ruines; les ennemis emmenèrent cinq chariots chargés des corps des leurs, ils en enterrèrent plusieurs sur lesquels ils firent renverser une muraille; ils regrettèrent beaucoup ce lieutenant, et dans le chemin qu'ils firent en Alsace, ils furent encore suivis de cinquante fusiliers qui en tuèrent plusieurs et les coupèrent jusqu'à quatre fois à la faveur des bois, en sorte que leur perte fut de plus de deux cents hommes.

Cette cruelle action ne laissa pas longtemps ses auteurs sans sentir le secret bourreau des âmes et l'on a remarqué que plus de cent soldats avouèrent avec des pleurs d'enragés et de forcenés, qu'ils méritaient une plus cruelle mort que celle qu'ils avaient fait souffrir à ces victimes de la religion, de la fidélité et de l'amour de leur roi et de leur patrie.

.... Il vous a été impossible de souffrir les lois et le commandement d'un autre que de votre incomparable monarque Charles II, les délices du siècle, ni que l'on rangeât votre chère patrie et vos voisins sous d'autres lois que celles de votre aimable souverain et si vous avez succombé au nombre de vos ennemis, votre action ni votre nom ne mourront jamais dans le christianisme; s'ils vous ont opprimé, il leur en a coûté le double de leur sang. Ce crime sera toujours un cruel souvenir qui leur servira de bourreau et de supplice et il sera à jamais détesté de toute l'Europe et pour vous ce sera une gloire immortelle....

(*Collection Moreau à la Bibliothèque nationale, n° 905. Relation de l'embrasement et du sac du village d'Arcey en la Franche-Comté de Bourgogne, faits par les Français le 8 janvier de l'an 1674.*)

N° II, p. 18.

Instruction donnée par l'abbé de Lure à ses chargés d'affaires.

Ce que notre chancelier et conseiller, notre cher et fidèle Léonhard Linkh, licencié en droit et Jean Kotscharreuther, gouverneur de Sainte-Croix, doivent solliciter, faire et traiter auprès du sérénissime et noble prince et seigneur, le seigneur Christophe duc de Wurtemberg et aussi comte de Montbéliard.

Premièrement ils doivent offrir à Son Altesse le Prince nos hommages amicaux et l'expression de notre affection en annonçant que puisque la santé, le règne prospère et les autres prospérités de Son Altesse sont, heureusement, conformes à ses désirs, nous apprenons cela très volontiers et que nous en désirons fidèlement la confirmation, ainsi que nous lui souhaitons toutes sortes de prospérités et de succès.

En outre il faut exposer ce qui suit :

Comme au temps passé le seigneur gouverneur (Statthalter), les régents et conseillers de la tutelle de Montbéliard ont entrepris dans la paroisse de Tavey, en congédiant le curé et en y installant un pasteur contrairement à la tradition, à la paix religieuse et aux lois de l'empire, au désavantage et au préjudice de nos droits et privilèges en vigueur en ce lieu, une innovation et un changement désavantageux ; bien que nous ayons reconnu que nous étions incontestablement en droit et avions une bonne occasion d'élever une plainte à ce sujet devant Sa Majesté l'Empereur romain et les États de l'Empire ou de terminer cette affaire par-devant les tribunaux, cependant et uniquement pour la conservation de notre entente comme bons voisins et pour l'amour de la paix nous avons d'abord sollicité amicalement le susdit seigneur gouverneur, les régents et conseillers de se désister des innovations entreprises, et nous avons aussi fait tenir avec eux sur ce sujet quelques conférences et entretiens.

Alors ils ont exposé leurs motifs, principalement que les hautes justices souveraines, les deux seigneuries de Lure et d'Héricourt ensemble, ont aussi une telle communauté dans les délits commis, les abornages et démarcations; sur les biens communaux et autres semblables il en a toujours été ainsi depuis un temps immémorial. De plus *jus patronatûs* et de collature appartiendrait au chapitre de Montbéliard, et en vertu de ce droit, ils se prétendent bien autorisés dans leurs entreprises. Mais le contraire peut être démontré vrai par des documents écrits, et nous n'avons eu aucune répugnance à faire exposer et lire les documents que nous avons reçus pour attester nos droits, une lettre originale et le sceau.

Par ce moyen ils seraient donc suffisamment instruits de l'état des affaires il y a quatre-vingts ans (au temps où le sérénissime et noble prince et seigneur, le seigneur Sigismond, archiduc d'Autriche de louable mémoire, a possédé la seigneurie d'Héricourt). La haute justice de Tavey était un sujet de contestation entre notre cher ci-devant seigneur et prédécesseur, l'abbé Jean, d'heureuse mémoire, et Georges de Burtenbach, gouverneur de ce même lieu; c'est pourquoi ils ont fait discuter des deux côtés leurs différends en exposant, comme il convenait, leurs droits par-devant leur gouverneur, les régents et conseillers des États de l'Autriche antérire; ceux-ci, après avoir suffisamment entendu chaque partie exposer ses droits et privilèges selon le besoin, apporter des documents et citer des témoins (les seigneurs gouverneurs et conseillers d'Ensisheim dont treize étaient des personnes d'état ecclésiastique et séculier, dans ce jugement on n'a réuni que des hommes de considération et de mérite, la plupart nobles et chevaliers, comme il résulte de la lettre des documents), ont jugé en faveur du prélat de Lure et contre ledit gouverneur de Burtenbach (ainsi que des mediati contre leur propre seigneur) parce que le droit le meilleur, les témoins les plus dignes de foi et par suite la haute justice pour laquelle le débat s'est élevé ensuite, étaient reconnus au susdit feu notre seigneur et prédécesseur et à notre maison de Lure (cependant la seigneurie d'Héricourt conservait ses droits et privilèges sur les deux fermes qu'elle a eues en ce lieu); cependant il est facile de deviner que s'il y avait eu une apparence ou un prétexte quelconque, ils n'auraient rien refusé à leur propre seigneur. Donc, avant comme après le jugement prononcé, les seigneurs prélats de Lure n'ont pas été inquiétés dans la possession continuelle et l'exercice de la haute justice, comme d'autre part les seigneurs propriétaires de la seigneurie d'Héricourt ont conservé sans obstacle ni réclamation leurs privilèges sur les deux fermes de Tavey.

Dans la suite, environ quatre-vingts ans après, le noble seigneur Wilhelm Brouen de Furstemberg souleva de nouveaux débats au sujet de Tavey, de sorte que les deux seigneurs s'en sont remis à l'arbitrage des seigneurs, les gouverneurs, régents et conseillers du gouvernement. Mais alors ce fut seulement à cause des délits commis sur les terres communales que les débats se produisirent; à ce propos, les juges choisis volontairement donnèrent des décisions expresses et des éclaircissements, savoir : que tant et chaque délit commis par les sujets des seigneuries de Lure et d'Héricourt sur les terres communales susdites appartenant à Tavey et à Mandrevillars, doit être jugé par les juges des seigneuries susdites et que la connaissance de ces délits doit appartenir après reconnaissance du droit au seul seigneur dont ce sont les sujets qui les ont commis, et que les amendes doivent en être payées et remises au même seigneur, sans condition et sans empêchement de la part de l'autre. En tout autre cas le jugement devrait rester aux deux parties selon l'arrêt susdit rendu sous le seigneur Rodolphe susnommé ci-devant statthalter, et les autres conseillers du prince. En vertu de cet arrêt et de cette sentence il en aurait été relativement aux terres communales et aux délits y commis ainsi que le rapportent le seigneur gouverneur, statthalter, les régents et conseillers de la tutelle de Montbéliard dans leur écrit, et c'est en vertu de cet arrêt qu'ils se croient bien autorisés dans leur entreprise. Mais il ne s'ensuit pas pour cela que la haute justice à Tavey ait appartenu de moitié à la seigneurie d'Héricourt, car l'arrêt ne concernait que les terres communales et les délits y commis en tant que ressortissant à la basse justice. Relativement au reste, c'est-à-dire à la haute justice, il n'en est pas question dans l'arrêt cité. Donc c'est seulement dans le premier jugement que la haute justice a été principalement en contestation, comme il résulte de l'arrêt cité et des témoignages alors produits; et comme le meilleur droit, les meilleurs témoignages ont été alors reconnus à feu notre cher ci-devant seigneur et prédécesseur et à notre maison de Lure, nos seigneurs nos prédécesseurs et par suite nous aussi *successivè* nous serions demeurés « continuando » en paisible possession de la haute justice.

Il ne faudrait pas se laisser induire en erreur par ce qui est apporté ici au sujet des terres communales, de leurs abornages et démarcations, des délits y commis et des affaires discutées par-devant les magistrats des deux seigneuries, car il peut bien se faire que l'on octroie à quelqu'un *aliqua species jurisdictionis ex pacto vel transactione*, comme ç'a été aussi le cas. Mais c'est un acte distinct de la haute justice; il y a maintenant beaucoup d'exemples de cas semblables.

Et quand même on serait d'avis que la haute justice devrait appartenir à chaque seigneurie sur ces sujets comme le pensent les conseillers de Montbéliard, il n'y aurait cependant pas plus de trois hommes sous la dépendance de la seigneurie d'Héricourt et tous les autres seraient sous notre dépendance, de sorte que la haute justice, sauf deux ou trois hommes, nous appartiendrait entièrement.

Et si, ou plutôt en prenant cette hypothèse sans toutefois faire tort à la vérité, si la haute justice du petit village de Tavey appartenait en commun à la seigneurie d'Héricourt, à nous et à notre monastère, il n'appartiendrait cependant à aucune des deux parties d'entreprendre sans le consentement de l'autre de tels changements et de telles innovations, mais ils devraient se faire du consentement des deux parties ou sans cela être abandonnés : ce qui est bien fondé sur le droit, juste aux yeux de la raison, çà et là en usage et d'une application équitable. On peut aussi alléguer beaucoup d'exemples en ce sens si ce n'est pas encore suffisamment clair et évident.

Quant à la collature ou au *jus patronatûs* de la cure de Tavey qu'allèguent les conseillers de Montbéliard, pour justifier le changement par eux entrepris, nous n'admettons pas d'abord qu'elle ait appartenu au chapitre de Montbéliard. On trouverait des éclaircissements plus précis en dehors de l'arrêt cité dans plusieurs autres documents, lettres scellées qui prouveraient qu'elle nous appartient. Quant au titre auquel ledit chapitre l'usurpe et s'en empare, nous ne pouvons le connaître.

Et supposé, ce que nous nions, que cependant les sieurs capitulaires de Montbéliard aient été de *veri collatores* et aient ainsi transféré et remis la collature à la seigneurie de Montbéliard, ils n'auraient pas cependant été autorisés par là à entreprendre des changements dans l'église, mais ils auraient été obligés d'installer un curé qui fût soumis à la religion qui est de tradition en ce lieu. Ensuite les affaires de la paix de religion en ce lieu seraient claires si les mesures étaient prises uniquement par les autorités qui forment les États et les membres du Saint-Empire, qui sont autorisés à faire des changements dans l'Église avec discrétion et mesure. On ne fait pas le moins du monde mention des « collatores; » s'ils avaient un pouvoir égal, il devrait s'ensuivre que, comme bien souvent dans l'Empire la plupart des paroisses étaient possédées par des prêtres catholiques, la plupart des collatures appartenaient aussi à l'état ecclésiastique. Nous ne doutons pas qu'il y ait dans la seigneurie de Montbéliard des collatures et des *jura patronatûs* qui appartenaient à des personnes ecclésiastiques ou séculières de l'ancienne religion catholique. Mais ils devraient nous dire eux-mêmes s'ils auraient permis à ces personnes d'installer des prêtres catholiques.

Il faudrait donc conclure qu'il en serait de même pour un autre, et que ce qui est juste pour l'un l'est aussi pour l'autre, et que par conséquent la collature alléguée pour le changement par eux entrepris dans l'église de Tavey leur est ici inutile et d'aucun avantage.

Quand même nous avouerions nous-mêmes que la haute justice souveraine serait commune entre les seigneuries de Lure et d'Héricourt, quand même il en serait ainsi, ce que nous nions et nous affirmons que d'après la preuve susdite la haute justice nous appartient exclusivement, à cause de cette communauté, ils n'auraient cependant nullement été autorisés à installer un pasteur à notre insu et contre notre volonté, ainsi uniquement pour eux.

Par tout cela nous croyons avoir suffisamment démontré que leur entreprise n'était pas autorisée. C'est pourquoi, en bon voisin et bon ami à l'égard des conseillers de Montbéliard, nous désirions rétablir les affaires en l'état antérieur et persévérer dans les bonnes relations que comme voisins nous avons eues mutuellement ; ce à quoi nous serions également disposé.

Bien que nous ayons espéré qu'en présence de tels motifs complètement exposés par nous, les conseillers de Montbéliard, sans plus long refus et en toute justice, abandonneraient leur entreprise, se conformeraient à notre demande et rétabliraient les affaires dans l'état antérieur, tout cela n'a eu cependant aucun succès auprès d'eux, et ils nous ont appelé devant Son Altesse sur l'ordre de laquelle ils prétendent avoir agi.

Puisque les choses sont ainsi et que nous pouvons démontrer que la haute justice à Tavey appartient à nous seul, soit par le jugement et l'arrêt cités, soit par d'autres lettres et sceaux ; et ainsi parce qu'il est de notre devoir, à nous qui sommes uni à notre maison de Lure, de ne pas laisser passer de telles attaques et de telles innovations sans débat judiciaire, en silence et sans résistance, je veux d'autant moins être responsable que je suis spécialement tenu d'administrer les droits et privilèges de notre monastère, selon la justice. De plus, sous le gouvernement de Son Altesse dans la seigneurie de Montbéliard, nous avons éprouvé en mainte occasion les effets de sa gracieuse sympathie à notre égard et à l'égard de notre monastère (ce qui ne nous a pas peu consolé et ce qui nous console encore beaucoup), et nous n'avons jamais trouvé autre chose, sinon que Son Altesse s'est toujours et en tout montrée aimable, modérée et pleine de justice envers les voisins de ce lieu, comme aussi de notre côté tout a été bienveillant à l'égard de Son Altesse et maintenant, à sa place, à l'égard des conseillers de Montbéliard, comme nos conseillers se sont appliqués à trouver ce qui est utile à la conservation de cet état de choses, autant que nous l'avons pu jusqu'ici et comme ils sont encore disposés à s'y appliquer dans l'avenir.

Nous voulons donc conserver l'espoir consolant et indubitable que Son Altesse n'aura pas changé ses sentiments bienveillants à notre égard, qu'elle ne fera pas entrer cette affaire dans la longueur d'un procès, qu'elle se montrera surtout en ce cas pleine de justice, et que, à l'égard de ses officiers gouverneurs, régents et conseillers de la seigneurie de Montbéliard, elle prendra la mesure de faire abandonner l'innovation entreprise et rétablira les choses en l'état antérieur.

Ensuite, quoique les conseillers de Montbéliard se soient appuyés sur ce que le petit village de Tavey est immédiatement situé dans la seigneurie d'Héricourt et dans son haut domaine souverain et forestier, le contraire a déjà été suffisamment prouvé et en cas de nécessité peut encore être démontré au moyen de plus amples documents dignes de foi. Outre que dans le jugement souvent cité, le haut domaine forestier avec le droit de chasse a été suffisamment discuté, et que le droit et les témoignages les meilleurs ont été reconnus à notre maison de Lure, les propriétaires de la seigneurie d'Héricourt n'ont jamais été non plus en possession et exercice d'aucune autorité ; autrement, si lesdits jugements et arrêts le leur donnaient, il ne serait pas nécessaire de le réclamer de nouveau. Quant à ce que les conseillers de Montbéliard ont prétexté dans l'écrit qu'ils nous ont adressé dernièrement, cela ne se rapporte qu'aux trois fermes dont il est question dans l'arrêt et qui dépendent de notre maison de Lure depuis l'époque de ces contestations, peu importe que cela soit vrai ou non. Ensuite le petit village de Tavey a été, dans le cours des guerres, souvent incendié et ruiné. Supposez qu'il en soit ainsi, cela est bien plutôt en notre faveur que contre nous. Car si la haute justice souveraine n'avait pas appartenu à notre maison, nos sujets n'auraient pas pu se multiplier de telle sorte qu'il est manifeste que les nôtres sont aujourd'hui plus de vingt, tandis que ceux d'Héricourt n'ont pas dépassé leur nombre ni avant ni après; d'où il suit par conséquent que la haute justice appartient non à Héricourt, mais bien à nous.

Relativement à la collature de la cure de Tavey, il est pareillement incontestablement vrai et nous pouvons, si la nécessité l'exige, prouver par des lettres et des sceaux qu'elle a été donnée, octroyée et remise librement par un ci-devant archiduc d'Autriche à notre maison de Lure. Sous quel prétexte le chapitre de Montbéliard l'a usurpée, nous ne pouvons pas le dire. Et en admettant qu'ils la possèdent cependant à bon droit, « legitimo titulo, » cela ne peut cependant leur donner aucune autorité et aucun prétexte pour faire de tels changements, comme il est facile de le comprendre d'après la paix de religion.

Après tout cela, nous présentons à Son Altesse nos prières et nos vœux avec ardeur et soumission pour qu'elle veuille bien faire en sorte, après avoir considéré les motifs susdits, que ces innovations, comme nous en avons l'espoir et la confiance, ne nous soient plus à charge, ou si Son Altesse veut que les choses restent ainsi et qu'elle ne s'irrite pas et ne prenne pas notre conduite en mauvaise part, si nous avons recours aux voies et moyens ordinaires de la justice.

En attendant, nous sommes prêt et très disposé à bien mériter de Son Altesse le prince de tout notre pouvoir et de tout notre zèle.

Joh. Rud. Abbas Murbens. et Lutry.

Titre allemand traduit par Mgr Moschi, abbé mitré de Saint-Benoît, à Delle.

Archives de la Haute-Saône, E 281.

N° III, p. 21.

Jean Ulric, abbé de Murbach et de Lure, à l'Administration de Montbéliard, 14 juin 1572.

Aux nobles, très doctes et excellents baillis, administrateurs et conseillers de Montbéliard, à nos chers seigneurs, amis et voisins, dévouement et salut.

D'après les choses du congrès tenu à Schlestadt, le 16 mai, au sujet de Tavey, nous vous envoyons ci-joint la liste des droits que nous possédons à Tavey, et nous avons pleine confiance que vous en ferez autant de votre côté le plus tôt possible.

Aussi nous sommes prêts de donner proportionnellement, d'après le congrès à Mandrevillars, tout ce qui y manque et nous nous assurons toujours de notre bon voisinage.

Donné à Lure le 11 juin 1572. Jean Ulric, par la grâce de Dieu, abbé de Murbach et de Lure.

I. Notre couvent et la seigneurie de Lure possède à Tavey dix-sept feux, habités par nos sujets ci-dessous nommés; la seigneurie d'Héricourt n'y a que trois sujets, qui habitent la même maison. Voici donc ces sujets de Lure :

Pierre Rictet Meyer; Jean Louis, Jean Simonin; Jean Louis dit Jalord; Clément Levin, Claude Levin; Henri Valley; Hermann Levin; François Carpet, Jean Carpet le Jeune; Antoine et Clément Defrance, Pierre Defrance, Jean Finguerlin dit Dardel; Claude Narsel; Jean-Martin Defrance, et le fils de l'héritier Claude Carpet.

II. A ces maisons ajoutons-en encore trois qui ont été incendiées il y a environ deux ans, et qui appartenaient à des pupilles.

III. Tout prélat de Lure exerce aussi sur les sujets de son couvent tous les droits de basse, moyenne et haute justice et tout ce qui en dépend, comme : commandements, défenses, impôts, voyages, appellations, injures, corvées, confiscations, droit de gracier, permis de chasse et de faire des haies, etc.

IV. Toutefois, aussitôt qu'un nouveau prélat et seigneur de Lure est élu, lesdits sujets sont comme tout autre obligés de faire suivant sa volonté un accord avec lui, comme gage de ses régales, et de demander la confirmation de leurs droits.

V. Item, ils sont obligés de payer un impôt chaque fois que ledit prélat en a besoin, soit pour ambassade, assemblées générales, ou toute autre affaire relative au Saint-Empire romain.

VI. Item, ils doivent payer un impôt pour la conservation et le bien du couvent et de ses sujets, en temps de guerre, comme en tout autre temps dangereux, où il a besoin de soldats et de gardes.

VII. Item, ils sont obligés de se présenter à la conscription, à la garnison et aux manœuvres, comme les autres sujets, chaque fois que ledit prélat le juge nécessaire.

VIII. Ils donneront chaque année, à la Saint-Michel, 7 livres 9 gros 4 niquets, et à l'Assomption 4 livres 5 gros 8 niquets.

IX. Item, ils doivent monter la garde au château du couvent, à Passavant, ou s'ils n'en sont pas capables, ils devront donner, à la Saint-Michel, au lieu de cette garde ordinaire, 6 gros, et à l'Assomption, 6 gros.

X. Celui qui voudra se faire bourgeois du couvent devra s'adresser à la seigneurie ou aux administrateurs; il devra de même payer un florin de bourgeoisie aux sujets de Lure.

XI. Item, tout étranger qui fait un héritage doit payer un florin de cet héritage ou autant qu'on donne selon la coutume de l'endroit.

XII. Item, tout sujet de Lure qui loue ou vend une de ses terres doit payer à Sa Seigneurie 1 pour 5 pfenning du prix de l'achat; il n'est permis à personne de vendre ou de louer sans la permission de la seigneurie. Si au bout d'un an, ledit achat ou l'hypothèque ne sont pas encore déclarés au tabellioné de Lure, qui doit juger en pareille matière, le bien vendu ou hypothéqué tombe au pouvoir de la seigneurie.

XIII. La seigneurie se réserve le droit du premier achat comme aussi de la première vente.

XIV. Item, tout délit, grand ou petit, qui touche les biens des sujets du couvent à Tavey, sur ou hors des possessions du couvent (qui a le droit d'y lever la dîme), commis par toute personne étrangère ou indigène, sera soumis au jugement de la seigneurie de Lure. Les administrateurs de Lure peuvent seuls jouir de ce droit.

XV. Les dégâts qui seront commis dans les pâturages de Tavey soit par des étrangers ou par d'autres, seront vidés par les administrateurs des deux parties de Lure et d'Héricourt; chaque seigneurie s'occupe seule des crimes de ses sujets. C'est aux deux parties de juger un crime commis par un étranger, et les peines seront partagées par égale part.

XVI. Pareillement les confiscations faites dans ces lieux appartiennent au couvent de Lure.

XVII. Il en est de même pour les héritages ou la tutelle d'un sujet du couvent qui est d'une naissance illégitime.

XVIII. Item, tous les biens trouvés, délaissés, sans possesseur, sans terre, dans les possessions des sujets du couvent, n'ayant pas d'occupants, appartiennent tout entiers à la seigneurie de Lure.

XIX. Ceux au contraire qui se trouvent dans les pâturages appartiennent moitié à la seigneurie de Lure, moitié à la seigneurie d'Héricourt.

XX. Item, les deux tiers de la dîme dans toute la banlieue de Tavey appartiennent audit prélat; le curé en reçoit le tiers qui reste; ainsi les dixièmes gerbes de blé, de seigle, d'avoine, de haricots ou de chanvre, n'importe si ces plantes se trouvent sur une des terres de la seigneurie d'Héricourt ou de Lure. Quant aux pois, au millet, lentilles, ou aux vesces, on est libre de donner la dîme.

XXI. Item, la seigneurie de Lure a le droit à la moitié de la dîme sur toutes les terres sises hors de la banlieue de Tavey.

XXII. Ces dîmes sont mises en vente par la seigneurie de Lure et la dîme est à celui qui la paie le plus.

XXIII. Depuis que la seigneurie d'Héricourt a introduit le changement de religion à Tavey, et qu'elle ne permet plus à ses sujets de payer la dîme de leurs terres à la seigneurie de Lure, celle-ci a mis en vente et a loué tout ce qui restait encore pour 8 ou 9 bichots, moitié blé, moitié avoine.

XXIV. Celui qui achète ladite dîme doit donner autant de livres de cire qu'il y a de bichots.

XXV. Item, chaque foyer (car il y en a dix-sept à présent) doit donner chaque année à la seigneurie pour carnaval une poule.

XXVI. Item, lesdits sujets doivent se soumettre à faire les travaux personnels et les corvées aux chevaux et voitures contre dédommagement chaque fois qu'il y aura des bâtisses à faire au château de Passavant et chaque fois qu'on aura besoin d'eux.

XXVII. Ils doivent en outre, par corvée et avec d'autres sujets de la seigneurie du couvent à Passavant, faucher la prairie du château, en faire les foins et les rentrer contre dédommagement.

XXVIII. De même ils devront, comme les autres sujets de Passavant et avec eux, moissonner le froment et le mettre en gerbes.

XXIX. Puis ils devront, pendant leur corvée, mener la dîme de Tavey due au couvent audit château de Passavant où à l'endroit désigné par la seigneurie.

XXX. Item, ils devront en outre en corvée, et avec d'autres sujets de la seigneurie de Passavant, chercher à Saint-Dizier la dîme due au couvent à Saint-Dizier, dans la seigneurie de Delle, et la conduire à Passavant ; si l'on ne peut se servir d'eux, ils devront se partager les frais de l'entretien d'un bœuf ou donner 10 couronnes ; à Tavey, chacun en connaît sa part.

XXXI. Item, ils seront obligés de se soumettre aux corvées, de faire des haies, et de prendre part à la chasse, etc.

Archives de la Haute-Saône, titre allemand, E 281.

N° IV, p. 122 et 125.

Informations sur la révolte des habitants de Chagey et du voisinage, 31 août, 1er et 2 septembre 1740.

Pierre Maillot, de Bussurel, soldat de milice pour la communauté dud. lieu, âgé de dix-neuf ans, lequel après serment par lui fait de dire vérité, qu'il nous at déclaré n'estre paren, alié, serviteur ny domestique des parties et nous at présenté la coppie d'exploit d'assignation à lui donné pour déposer ;

Dépose que le vingt-neuf de ce mois, comme il alloit du village de Bussurel au moulin de Genéchié, il rencontra en son chemin un particulier du village d'Eschenans et quelques habitants de Châlonvillard, auxquels il se joignit. Lesd. particuliers de Châlonvillard s'informoient, chemin faisant, de celui d'Eschenans, de ce qui s'estoit passé au village de Chaigey lors de l'arrivée du détachement de troupe que le Roy y avoit envoyé pour prester main forte au sieur curé que l'archevêque de Besançon a nommé pour led. Chaigey dans la possession qu'il devoit prendre de l'église et du presbytère dud. lieu.

Que ce particulier d'Eschenans, pour les satisfaire, luy dit qu'ils s'estoient assemblés sur le cimetière de Chaigey et au voisinage d'yceluy pour s'opposer au passage des troupes du Roy, que lorsqu'elles parurent près du cimetière et qu'elles s'en approchèrent, le nommé Antoine Bouteillier, dud. Chaigey, s'avança contre l'officier qui commandoit et qui estoit à la teste, armé d'un tricot dont il frappa led. officier au même instant qu'il luy demandoit à voir les ordres du

Roy, s'il en avoit, ce qui émeut si fort led. officier et les soldats qui le suivoient, qu'ils firent feu sur lui et sur ceux qui estoient à sa suitte, dont plusieurs furent tués, et que si led. Bouteillier n'avoit pas attaqué et frappé led. officier, il n'y seroit point arrivé de mal, le Roy n'exigeant desd. de Chaigey que de la soumission à ses ordres.

Qui est tout ce qu'il a dit sçavoir, à quoi il a persisté après lecture et a déclaré ne sçavoir escrire ni signer.

BASSAND, d'Anteuil. GIRARDIN.

Georges-Adam Jeandheure, maire de Champey, y demeurant, village mi party du comté de Bourgogne et de Montbelliard, maire pour la partie du Comté de Bourgogne, âgé de trente-cinq ans, lequel après serment par lui fait de dire vérité, nous at déclaré n'estre paren, alié, serviteur ny domestique des parties et nous at représenté la copie d'exploit d'assignation à luy donné pour déposer;

Dépose sur les faits contenus aud. procès-verbal dont lecture luy a été faite, que les habitants de Champey, sujets de Montbelliard ou se prétendant tels, ayant appris que le Roy vouloit envoyer des troupes à Chaigey pour prévenir les oppositions qui pourroient survenir de la part desd. habitants à la prise de possession que le curé institué par Mgr l'archevêque pour la desserte de l'église dud. Chaigey, devoit prendre, envoyèrent secrètement des particuliers de leur communauté aud. Chaigey pour s'informer de ce dont il s'agissait.

Que depuis il a encore appris de quelques particuliers dud. Champey, même de Jacque Jeandheure, dit Margoz, dud. lieu, sujet du Roy, qu'ils avoient été commandés pour se trouver aud. Chaigey, le vingt-sept de ce mois au matin, mais que ny luy ny les sujets du Roy n'avoient point voulu déférer à ce commandement, mais bien quelques sujets du comté de Montbelliard qui s'y sont rendus en cachette du déposant, à ce qu'il a appris depuis.

Que dimanche dernier, estant à boire au cabaret de Champey avec Abraham Courvoisier, charpentier, auquel il avoit vendu une voiture de quartier de chesne, il y trouva le nommé Pillod, fils de l'ancien maistre d'école de Chagey et qui en faisoit luy-même les fonctions cy devant sous le sieur Morel, ministre à Chaigey, auquel il demanda s'il sçavoit comme s'estoit passé l'affaire que les révoltés de Chaigey avoient eue avec les grenadiers que le Roy y avoit envoyés. A quoi il répondit qu'il devoit bien le scavoir, puisqu'il estoit à la teste des habitants de Luze et de Chaigey, et avoit couru risque d'estre tué, si le coup d'un fusil qu'on tira sur luy estoit partit; mais qui heureusement avoit fait feau feu.

Que le déposant luy demanda pour lors s'il n'avoit pas un fusil, qu'il répondit d'abord qu'ouy, mais s'arresta sans en vouloir dire davantage

Qui est l'entière déposition à laquelle il a persisté après lecture et a signé.

George-Adam JEANDHEURE. — BAUD, d'Anteuil. — GIRARDIN.

Christophe Marmet, maire de Chenebier...., dépose que le vingt-sept du présent mois, environ les huit heures du matin, allant à la ville d'Héricourt, il rencontra près du village de Luze, dépendant de la paroisse de Chaigey, un détachement des troupes du Roy qui marchoient contre ce dernier lieu et fut invité, par un officier qui estoit à la teste de ce détachement, de luy servir de guide pour le conduire aud. Chaigey, ce qu'il fit. Que chemin faisant et lorsque le détachement fut près du village de Chaigey, les officiers s'estant apperçus qu'il y avoit un peuple nombreux assemblé sur le cimetière de l'église dud. lieu, et près d'ycelle, ils invitèrent le sieur Bailly, d'Héricourt, qui les accompagnoit, de courir vers ce peuple pour leur dire de se séparer et de ne faire aucune résistance aux troupes du Roy.

Il courut effectivement et leur parla sans pouvoir rien obtenir, et comme led. sieur Bailly retournoit à la troupe pour rendre réponse, l'on entendit tirer plusieurs coups de fusils qui firent croire que l'avant-garde dud. détachement estoit aux prises avec le peuple assemblé.

Qu'au premier coup qu'on entendit tirer, un des officiers qui commandoit remit entre ses mains une lettre portant ses ordres et le chargea de porter la montrer à ce peuple et de la luy communiquer pour qu'il reconnoisse qu'ils ne marchoient pas à fausse enseigne, qu'il courut effectivement la porter, mais qu'il ne trouva personne qui sache ou qui voulut la lire que Jean-Nicolas Paris, de Bians.

Qu'il reconnu pour lors qu'il y avoit un très grand nombre d'hommes tant sur le cimetière que sur les chemins et heritages voisins, lesquels épouvantés des coups de fusils que les grenadiers tiraient sur eux, se dispersoient et et fuioient de toutes parts.

Que dans ce nombre, il connu plusieurs habitants des villages d'Eschenans, d'Echavanne, de Bians, de Champey, de Chenchié, de Tremoins, meslés avec ceux de Luze et de Chaigey.

Que dès le jeudi précédent, le nommé Lazare Bouteillier, fils de défunt George Bouteillier, de Chaigey, estoit allé dans leur village pour avertir leurs habitants que le lendemain vendredy, il devoit passer un bataillon d'infanterie à Héricourt qui vouloit envoyer deux de ses compagnies pour s'emparer de l'église de Chaigey sans ordre du Roy, qu'il fallait que lesd. habitants de Chenebier viennent à leur secours, qu'ils se porteroient tout le long du cimetière, et que lorsque les compagnies verroient un grand peuple assemblé, disposé à les empescher de s'emparer de l'église, ils n'oseroient pas les attaquer, s'ils n'avoient point d'ordre, et que s'ils en avoient de bons ils se rendroient.

Qu'à cette invitation, plusieurs particuliers dud. Chenebier se rendirent aud. Chagey le lendemain vendredy pour prester secour auxd. de Chaigey, qu'ils y demeurèrent jusque fort tard, et lorsqu'il n'y eut plus d'apparence que lesd. compagnies deussent arriver led. jour, auquel temps ils s'en retournèrent chez eux et furent invités d'y revenir le lendemain de bonne heure.

Et en effet, le lendemain, les nommés Jean-Pierre Jeanmaire, Jean-Georges Bonhotal le vieil, Jean-Gesrges Jacquot, Jacques Bonhotal, Pierre-Jacques Lods, Jérémie Monnier, Pierre Maillard et Jacques Jacquot s'y rendirent, se meslèrent avec les habitants de Luze et de Chaigey pour faire face aux troupes, lorsqu'elles arriveroient, mais qu'il ne croit pas que les particuliers qu'il vient de nommer ayent fait aucune démarche contre lesd. troupes.

Qu'il se souvient encore qu'estant aud. Chaigey le jour précédent, les habitants dud. lieu estans assemblés au devant de la maison de cure ou estoit le sieur Morel, ministre dud. lieu, ils résolurent de deffendre au peril de leurs vies leur église, à moins qu'on ne leur montre les ordres précis du roy de l'abandonner.

Qu'est tout ce qu'il a dit sçavoir, à quoi il a persisté après lecture et a signé.

Christophe MARMET. BASSAND, d'Anteuil. GIRARDIN.

Jacque Jacquot, eschevin de Chenebier.... dépose.... que vendredi dernier vingt-six du présent mois, un particulier de Chaigey que le déposant ne connoit point vint le trouver à Chenebier et luy dit que le lendemain au matin vingt-sept, on devoit venir prendre leur église, qu'il le prioit de faire assembler la communauté de Chenebier pour inviter les habitants de se rendre aud. Chaigey dès le matin pour les aider à la deffendre; ce qu'il ne voulu faire.

Que néanmoins, il sçait que quelques particuliers dud. lieu se rendirent aud. Chaigey le matin dud jour vingt-sept du mois d'aoust sçavoir Jean-Jacque Bonhotal, Pierre Maillard et Abraham Monnier, les ayant rencontré dans le chemin, comme le déposant venoit de la forge de Chaigey où il estoit allé acquérir le payement de quelques parties d'imposition dehûes par des ouvriers de lad. forge.

Et a ouit dire publiquement que c'estoit par les conseils des gens de Montbelliard que lesd. habitants de Chaigey ont résisté et se sont opposés à ce que le dit sieur curé institué et nommé pour led. Chaigey y prenne possession de l'église et du presbytère dud. lieu.

Qui est tout ce qu'il a dit sçavoir, à quoy il a persisté après lecture et a signé.

Jacque JACOT. BASSAND, d'Anteuil, GIRARDIN, etc.

Archives de la cure de Tavey.

N° V, p. 222.

Anno Domini millesimo septingentesimo septuagesimo, die vigesimâ nonâ junii, Pio VI° sedem apostolicam tenenti, nec non Ludovico XVI in Galliâ regnante, ecclesia parochialis de Montecheroux ab ævo a catholicis ædificata et de novo constructa fuit ex licentiâ Reverendissimi Domini de Durfort, archiepiscopi Bisuntinensis, benedicta a Domino Binetruy parocho in Blamont, de Ajoya decano, præsentibus Domino Joanne Claudio Sarrazin, parocho in Mandeure, Domino Joanne Gaspardo Tournier, parocho in Chamesol; Domino Francisco Nicolao Bougnon, parocho in Soulce, et multis aliis.

 BINETRUY, SARRAZIN, NEDEY, BOUGNON, SIMONIN, clericus ; J.-F. SIMONIN, parochus de Montécheroux.

Mairie de Montécheroux.

N° VI, p. 259.

Le 15 de février mil sept cent quarante-neuf, a été inhumé par nous, curé soussigné, dans le chœur de notre paroisse royalle de Saint-Eustache de Viroflay, au costé droict, le corps de feu Georges-Léopold, fils de Léopold-Eberhard de Wirtemberg, prince de Montbéliard, décédé d'hier en passant dans notre paroisse, revenant de Paris, à l'hôtel de la Croix-Rouge où on l'a transporté, ensuitte d'une chute de son carosse qui lui a causé la mort. Aiant été par nous confessé et reçut l'extrême-onction, est décédé entre nos bras à neuf heures et demie du soir du quatorzieme jour de février, en présence de très haute dame Eléonore-Charlotte de Sandersleben, comtesse de Coligny, son épouse, et de Georges, fils du deffunct, mestre de camp à la suitte du régiment de Rosen, cavalerie allemande; et a été inhumé comme il est dit cy-dessus, en présence de messire Georges, son fils, de très noble homme François-Gabriel-Théodore Aymery, seigneur d'Aymery et Viroflay, capitaine de cavalerie à la suitte de chevau-légers de la garde du roy, de messire Nicolas Prenant de Fresne, chanoine régulier de l'ordre de Saint-Augustin, de messire Joakim-Balthazard Imbert, docteur en théologie, et de très noble homme Jean-Baptiste Le Roy de Noue, chevau-léger de la garde du roy, qui ont signé avec nous. »

 Charles-Éléonore DU BUT, curé de la royalle paroisse de Viroflay.

Extrait des registres de baptêmes, mariages et sépultures de la paroisse royale de Saint-Eustache de Viroflay-lez-Versailles, diocèse de Paris, pour l'an 1749 (folio 2, verso).

N° VII, p. 272.

Conversions de protestants au catholicisme arrivées à notre connaissance, après la conquête des Quatre-Terres par Louis XIV. Nous les donnons par ordre chronologique.

1680. Abjuration d'un soldat dans la chapelle du château de Blamont, entre les mains des Pères capucins Paul et Daniel et de l'aumônier Cornibet.

1684. Abjuration dans l'église des capucins de Porrentruy, de Claudine Boillot, qui épousa le même jour Jean-François Pierre, de Baume-les-Dames. A Mandeure, abjuration d'Adam Jeannin, de Nods, en Suisse.

1685. Abjuration de Marie Viénot et de Henriette Masson, de Blamont. Étienne Parent, de Montbéliard, meurt en bon catholique.

1686. Abjuration d'une femme et de deux soldats, de Blamont, entre les mains de Pierre-Antoine Millot, curé de Châtey, et de Pierre Nappey, curé de Grandfontaine; de Jacques Gigon, de Roches; de Pierre Mathiot, de Jean-Pierre Mathiot, de Villars-lez-Blamont; d'Élisabeth Chapuis et de Jeanne Bougnon, de Bondeval, fiancées à des catholiques.

1691. Abjuration à Saint-Maimbœuf de Maria Meyer, de Montbéliard. Décès de Henri Monnier et d'Élisabeth Monnier, d'Héricourt, lesquels avaient abjuré le luthéranisme pendant leur vie. Abjuration de Judith Rebillard, de Chenebier.

1692. Abjuration à Saint-Maimbœuf de Michel Vigante, de Moulan; de Madeleine et d'Élisabeth Monnier; d'Anne-Judith Papare, de Loussensé; de Catherine Roy, de Marie Mathiot, de Jean-Jacques Maylier, de Catherine Duvernoy, de Marie-Salomé Tirsel, de Montbéliard. A Mandeure, de Judith Chaille, du canton de Berne.

1693. Abjuration à Saint-Maimbœuf d'Ève Besançon, de Marie-Élisabeth Séguer et de Suzanne Mairot; à Mandeure, d'Élisabeth Voirroz, de Tavanne, en Suisse; de Suzanne Rau, de Combreniant (Suisse), résidant à Valentigney.

1694. Abjuration de Madeleine-Anne Petit; d'Élisabeth Magnin, de Catherine Tevenar, de Montbéliard; à Blamont, d'Élisabeth Vernier, de Pierrefontaine, et d'Ève Vernier, de Blamont.

1695. Abjuration à Saint-Maimbœuf d'Élisabeth Salliet et de Catherine Vernet.

1696. Abjuration à Saint-Maimbœuf de Marguerite Comte, de Marguerite de Curie et d'Élisabeth Mathiot, de Montbéliard.

1697. Abjuration de Marie-Anne Paur, de Catherine Camboly, de Françoise George, d'Alexandrine Bally (ou Bailly), de Montbéliard. A Tavey, de Jeanne, fille de Guillaume Juillard; décès de Louise Goudey, de Trémoins, qui avait abjuré depuis neuf ans.

1698. Abjuration de Marguerite Bourque, de Montbéliard.

1699. De Judith Peugeot, de Seloncourt.

1700. De Marie Mététal, de Montbéliard.

1702. Abjuration dans l'église du collège de Marguerite Queslot, de Blamont, et de Marie Comte, de Montbéliard; à Tavey, d'Esther Pillard, d'Herbe.

1703. Abjuration à Montbéliard de Huguette Perlat, de Roches-lez-Blamont; de Henri Noblot, maître d'école; de Pierre Renevel, de Brevilliers.

1704. A Blamont, abjuration suivie de mariage.

1705. Abjuration de Jeanne Perdrizet, d'Héricourt.

1707. De Vurpillot, d'Ecurcey.

1708. De Pierre Jacotey, de Chenebier.

1709. Abjuration à Montbéliard de Jeanne Gurnet, de Glay.

1710. Abjuration de Lods, de Coisevaux.

1711. Abjuration de Jérémie Masson, de Meslières, à Porrentruy, dans l'église des jésuites, et de Jeanne Brisechoux, à Saint-Hippolyte.

1712. Abjuration de Suzanne Masson, âgée de trente ans, dans l'église des Ursulines de Porrentruy, et de Jean-Georges Meslières, âgé de dix-huit ans, les deux de Blamont; à Tavey, de Marguerite Carmien, d'Héricourt.

1713. Abjuration de Marie-Madeleine Masson, âgée de vingt-deux ans, de Jean-Georges, fils du premier maître-bourgeois, de Blamont.

1715. Abjuration de Catherine Masson, fille de Pierre Masson; Madeleine Masson, fille de Christophe; de Marie Viennot, fille d'un bourgeois de Blamont; de Marguerite Roland, de Suzanne Laurent, de Pierrefontaine.

1716. Abjuration, à Blamont, de Judith Martin; à Montbéliard, d'Ève Boilley.

1717. Abjuration de Marie Coulon, de Meslières.

1718. A Héricourt, abjuration de Pierre Bandouillier, de Nicolas Pernot et de Marie Roy.

1720. A Blamont, de Jean Lanoir, de Glay.

1721. A la même église, abjuration de Jean Mathiot, de Dannemarie; à Héricourt, de Pierre Richardot.

1722. A Blamont, abjuration de Marie Huguenin, du Locle; de Marguerite Meslières, nièce du ministre Ponnier, et de Judith Guenot, de Glay.

1723. Abjuration de Jeanne Besson, à l'église de Tavey, de Hayé Perrenot et de sa petite-fille Élisabeth.

1724. A Châtenois, d'Anne-Catherine Ruet, de Dambenois.

1725. A Montbéliard, de Catherine Ducret, de Mandeure; de Marguerite Jullerot, de Montbéliard, pour se marier à Humbert Pyot, de Tavey.

1726. A Montbéliard, abjuration de Judith Peignot, d'Héricourt.

1729. A l'église de Montbéliard, pendant la grand'messe du dimanche de Quasimodo, abjuration de Jacques Boin, d'Audincourt, et quatre semaines après, celle de son épouse Élisabeth Frey.

1730. Abjuration, à Héricourt, de Catherine Minal, dudit lieu; de Georges Mouton, de Luze; de Nardin, de Verlans, ancêtre de M. l'abbé Nardin, curé d'Onans.

1731. Abjuration de Georges-Léopold, fils de Léopold Eberhard, et d'Éléonore Charlotte de Sandersleben.

1732. Abjuration, à Héricourt, de Renaud Belot et de ses enfants, Jean-Nicolas et Marie-Catherine.

1733. Abjuration de Pierre-Nicolas Baudrois, d'Autechaux.

1735. A Héricourt, de Marie-Marguerite Petithory; à l'Isle-sur-le-Doubs, de Jean Harer, de Stuttgart, et d'Henriette Billon, d'Héricourt.

1738. A Montbéliard, de Claudine Mauvars, de Grand-Charmont.

1743. A Héricourt, abjuration de Jacques Pillard, de Brevilliers, de Pierre Carrey et de Marguerite Boillon, sa femme, avec leurs trois enfants.

1744. A Blamont, en présence de la paroisse assemblée pour la grand'messe, abjuration de Georges Boulot, ancien bourgeois de la ville.

1749. A Villars-lez-Blamont, abjuration de Pierre Prevot, âgé de quarante ans, du lieu, et de Jean-Pierre Malmet, de Dasle; de Suzanne Roy, de Vandoncourt, à Besançon.

1750. Abjuration de Jeandheur, de Champey. A l'église de Villars-sous-Écot, de Judith-Marguerite Maréchal, née à Clairegoutte, femme de Pierre Charreton, d'Eschenans-sous-Montvandois, âgée de quarante-deux ans, et de son fils J.-J. Charreton; à Blamont, de Françoise Masson, de Meslières, âgée de quatre-vingts ans; à l'église de Longevelle-sur-le-Doubs, de J.-B. Béreaud, de Genève, entre les mains de M. Binétruy, curé de Blamont, et d'André Brocart, de Clerval, curé de la paroisse.

1751. A Héricourt, abjuration d'Adam Bailly; à Saint-Hippolyte, de Catherine Cassener, du canton de Berne.

1752. A Villars-lez-Blamont, de Suzanne Tardy, de Montbéliard, entre les mains de M. Vuillier, prêtre à la Maison de la Foi, et de M. Maitrugues, curé de Montbéliard.

1753. De M. de Thevenot, de Montbéliard.

1754. A Dambelin, abjuration de Maria-Judith Parrot, de Montbéliard; à Tavey, de Jean-Georges Métin, de Laire.

1755. Abjuration à Montbéliard de Marie Pernot, de la Chaux-de-Fonds; à Tavey, de Jean-Pierre Juillard, de la paroisse; à Chagey, d'un fils de Jacques Juillard, de Genéchier.

1757. A Chagey, d'une fille de Jacques Juillard, de Genéchier, et du père, quatre jours avant sa mort.

1758. A Chagey, abjuration de Marguerite Lambelot, épouse du précédent; à Héricourt, de Marie-Anne Belot; à Saint-Hippolyte, de Marie-Élisabeth Huguenin, dix-huit ans, du Locle.

1759. A Saint-Hippolyte, d'Henriette Perrot, des Brenets.

1762. A Héricourt, abjuration de Jacques Grosrenaud, de Catherine-Marguerite Andey, sa femme, et de Jean, leur fils.

1763. De Suzanne Grosrenaud, fille des précédents; à

Saint-Hippolyte, de Daniel Droz, du Locle, et de Suzanne-Ursule Robert, des Planchettes (Neuchâtel).

1764. A Massevaux, abjuration de Henri Santchy, du canton de Berne, vacher à Héricourt.

1766. A Héricourt, abjuration de Jean-François Pernot, bourgeois de Valengin ; de Marie-Anne Beljean, son épouse, et de leurs cinq enfants.

1767. A l'église de Tavey, de Catherine Nocher, âgée de quarante et un ans, et de sa fille, âgée de treize ans.

1768. A Héricourt, de Jean-François Trémont, bourgeois d'Héricourt ; à Blamont, pendant la mission, de Marguerite, femme de Nicolas Coulon, de Pierre des Barres, âgé de trente-six ans, entre les mains de M. Jean-Urbain Grisot, directeur du grand séminaire ; à la chapelle du château, de Marguerite Masson.

1769. A Blamont, abjuration de Suzanne Mathey, âgée de vingt-sept ans.

1772. A Chagey, abjuration de Pierre-Jacques Lods, de Chenebier, ancien maire.

1776. Au même endroit, de Jacques Bouillon, natif de Blussans.

1777. Au même endroit, de Suzanne-Marguerite Charbonnet, aveugle-née, originaire du Magny-d'Anigon et demeurant à Chenebier.

1778. A la mission de Maîche, abjuration de François Masson, de Pierrefontaine ; de Pierre Vuillamier, de Mandrevillars, et de sa femme Catherine Dubois, de Belverne ; à la mission de Champagney, d'Élisabeth Roy, de Désandans ; d'Élisabeth et de Marguerite Jacquin, de Catherine et d'Élisabeth Vuillamier.

1781. A Saint-Hippolyte, de Pierre Bourgeois, de Liebvillers ; de Marie-Élisabeth Millet, de Frésens (Neuchâtel), vingt-six ans, et de Suzanne Racine, de Roche, près de Mouthier-Granval.

1783. Au même endroit, de Charlotte-Marguerite Jacquot, veuve, et ses trois filles : Judith, Anne-Catherine et Anne-Marie.

1785. Au même endroit, abjuration de Louis-Charles Chesau, de Berne.

Extraits des registres paroissiaux.

N° VIII, p. 274.

Dilecto Filio nobili viro Fredirico Eugenio Duci Wirtembergensi.

Pius PP. VI.

Dilecte fili, nobilis vir, salutem et apostolicam benedictionem. Exposuisti nobis, dilecte fili, nobilis vir, valetudinem tuam ob pristinos in bello labores et plura inde relata vulnera magis quàm ætas tua ferat ac ita infirmam evasisse ut quotidiè salubri carnium genere in cibos uti cogaris. Magnoperè idcirco postulasti a nobis, ut iis diebus, quibus ab Ecclesià vetitæ carnes sunt, iisdem vesci ex apostolicà indulgentià, et eum in modum tui corporis affecti imbecillitati consulere valeas. Nos hujusmodi precibus tuis inclinati tuæque incolumitatis eam, quam debemus, rationem habentes diebus omnibus, quibus vesci per legem non licet, usum tibi earumdem carnium, sed quæ salubres sint, de consilio tamen et confessarii et medici tui, per hasce nostras in forma Brevi litteras pontificia auctoritate permittimus et indulgemus. Ideò etiam libentiùs facimus, quo de plurimo paternà nostrà in te caritate tibi persuadeas, quam proinde opportuno hoc nostri de te studii testimonio tibi deferentes in prolixius ejusdem pignus apostolicam benedictionem nobilitati tuæ peramanter impertimur. Datum Romæ, apud Sanctum Petrum, sub annulo piscatoris, die XIII maii MDCCLXXV, pontificatus nostri anno primo.

Archives nationales, K 1794.

N° IX, p. 284.

1er pluviôse an IV. 21 janvier 1796.

Discours du citoyen Kilg, président de l'administration départementale du Doubs, prononcé à Besançon, en la salle décadaire de ladite commune.

CITOYENS,

La fête qui nous rassemble est, sans contredit, la plus intéressante et la plus solennelle qui puisse être célébrée par des Français. C'est l'anniversaire du recouvrement de notre liberté, de la mort du dernier de nos tyrans.

Les rois se sont, de tous temps, persuadés que les peuples sont faits pour eux; de tous temps ils les ont envisagés comme de vils troupeaux dont ils n'ont la garde que pour en disposer arbitrairement, que pour sacrifier leurs personnes à leurs caprices, et leurs propriétés à l'assouvissement de leurs passions.

Ils ne considèrent l'État que dans la personne de leurs courtisans, flatteurs aussi vils que sangsues impitoïables, et, dès qu'ils les voient dans l'opulence, ils s'inquiètent fort peu que le reste de la nation traîne dans la misère des jours chargés de dégoûts et d'opprobre.

Des castes privilégiées accaparent, engloutissent tous les bénéfices publics, et le plébéien vertueux consume dans l'obscurité et sous le poids de l'injustice, des talents qui révéleraient la gloire et le bonheur de la patrie.

Ces principes destructeurs de l'ordre social avaient passé dans l'âme de Louis XVI et y avaient été affermis pas l'ascendant de sa coupable compagne. L'insouciance, les déprédations de ses prédécesseurs s'étaient multipliées sous son règne. Les finances, malgré le sacrifice des sueurs du peuple, étaient dans l'état le plus déplorable.

Déjà, la nation avait fait entendre sa voix, le génie protecteur de la France inspire à Louis de convoquer les états généraux. Alors se déploie ce germe de liberté qui, pour avoir tardé si longtemps à paraître, n'en devient que plus vigoureux. Des réclamations s'annoncent de toutes parts. La représentation nationale s'organise et dès ses premiers pas elle fait trembler le tyran sur son trône.

Elle lui fait sentir combien il s'est trompé en se persuadant que le peuple était fait pour lui et qu'il faut désormais qu'il se convainque qu'il est fait pour le peuple ; elle l'oblige à reconnaître dans la nation un maître qu'il a trop longtemps méconnu et qui peut mettre des bornes à ses prétentions.

Il feint de se soumettre ; il approuve, sanctionne les bases d'une monarchie constitutionnelle ; mais bientôt, impatient du joug salutaire de la loi, il s'entend avec les émigrés, organise l'odieuse coalition des puissances étrangères et forge, de concert avec elles, des chaînes dont il prétend à jamais enserrer les Français.

Alors la nation prend un nouvel essor. La Convention nationale succède à une législature impuissante, acquiert des preuves et fait tomber la tête du traître dont l'existence était incompatible avec la liberté publique.

Dès ce moment, les Français reprennent l'exercice de leur inaliénable souveraineté ; ils se lèvent en masse pour la soutenir, marchent, attaquent, écrasent les satellites des coalisés, étonnent par leurs succès l'univers attentif et lui apprennent qu'un peuple est libre dès l'instant qu'il veut l'être.

Citoyens français, nous voulons l'être tous, et périsse à jamais celui qui y mettrait quelque obstacle.

Ils ont voulu l'être, ces guerriers généreux qui ont cimenté de leur sang une aussi belle cause, et auxquels nous offrons ici l'hommage de notre vénération et de notre reconnaissance.

Ils veulent l'être, ces vaillants athlètes qui suivent la même carrière et qui, redoublant d'énergie et de courage, forceront enfin nos ennemis à une paix qui, en cimentant notre constitution, mettra le comble à notre gloire.

Ils veulent l'être, ces individus qui, doués par la nature de talents quelconques, étaient obligés, sous l'empire des rois, de les étouffer parce qu'ils n'étaient pas nobles, et qui, sous le règne de l'égalité, les voient accueillis et récompensés.

Ils veulent l'être, ces laboureurs, ces artisans en tous

genres, qui, soustraits au joug de la mainmorte, de ces droits féodaux et de ces entraves qui faisaient leur tourment, jouissent enfin librement du fruit de leur industrie.

Et s'il en est qui ne se lèvent pas à ces sentiments si doux, si naturels, ce ne peut être que l'erreur du moment fomentée par des êtres immoraux et scélérats qui abusent du pouvoir de la religion et dont l'empire ne peut être de longue durée. L'abîme est ouvert : ils l'ont creusé; ils y seront engloutis; déjà leur trame est découverte, on en suivra tous les fils et la foudre écrasera tous ceux qui y sont entrés.

Que tous les traîtres, que tous les ennemis de la chose publique, disparaissent comme Louis XVI du nombre des vivants.

Le sol de la France ne doit plus être habité que par des frères.

Ah! citoyens, montrons-nous tels tous tant que nous sommes; que ce jour mémorable et solennel soit le tombeau de cet esprit de parti qui, depuis si longtemps, fait le malheur public; que la calomnie, la haine, la jalousie, disparaissent du milieu de vous; qu'on n'y reconnaisse d'autre émulation que celle de l'amour mutuel et de l'obéissance aux lois. Réunisssons-nous au faisceau de la constitution comme à l'inébranlable soutien de la patrie. Soyons surtout vertueux, car il ne peut exister de république sans vertu.

Citoyens, fonctionnaires publics, quels que nous soyons, c'est à nous à donner l'exemple. C'est nous, comme tous les salariés de l'État, qui sommes spécialement appelés dans cette séance à donner une preuve sincère et non équivoque de nos principes, en jurant, en présence de ce peuple qui nous environne, une haine éternelle à la royauté et un attachement inviolable à la république (1). »

(1) Archives nationales, F¹ᶜ III, Doubs, 9.

N° X, p. 285.

Kilg écrivait, en 1801, que les prêtres de la campagne avaient l'esprit rétréci par la nature de leurs études, qu'ils étaient encroûtés dans la théologie scolastique.

A ce jugement de Kilg nous répondons :

1° Lorsque le sous-préfet de Baume, ancien pasteur luthérien de Blamont, porta ce jugement sur les curés de son arrondissement, on peut affirmer qu'il ne les connaissait pas. Avant la Révolution, il avait eu à batailler avec ceux de Blamont et d'Héricourt, sur lesquels il n'eut d'avantages que ceux que lui octroya la Révolution. Cela suffisait pour le rendre modeste. Quant aux prêtres de son arrondissement, lors de sa lettre, la plupart se tenaient à l'écart, dans la crainte d'être encore maltraités; c'est ce que nous apprend une lettre du préfet au ministre. Les constitutionnels seuls, avec leurs vertus républicaines, se montraient en public; qu'ils n'aient pas été des saints aux yeux de Kilg, c'est l'affaire de la Révolution. Mais les prêtres non jureurs, il les jugeait sans les avoir entendus, et par conséquent sans les connaître autrement que par les renseignements de ceux qui les avaient traqués pendant les jours néfastes de la Révolution. Un jugement porté dans de telles circonstances accuse chez son auteur beaucoup de légèreté et non moins de prévention.

2° Au moment où Kilg fit son rapport, parmi les candidats présentés, un assez grand nombre étaient des hommes de mérite. Voici quelques noms :

Claude-François Gros, né à Bléfond, premier curé de Bretigney en 1789, refusa le serment en 1791. Mais il était tellement aimé de ses paroissiens que deux intrus refusèrent successivement sa place. Les magistrats révolutionnaires l'estimaient au point de n'oser l'expulser. Billot, procureur général syndic du Doubs, écrivait au district de Baume, le 21 septembre 1791 : « L'abbé Gros a donné des marques de vertu et de zèle dont nous lui devons tenir compte, puisque, après avoir ramené le goût du travail en place du vagabondage, il s'est encore appliqué à l'éducation de la jeunesse en lui inspirant de l'aversion pour la mendicité.... Vous trouverez difficilement un sujet aussi méritant, et que j'ai toujours comparé à l'apôtre des Indes. »

M. Gros fut néanmoins exposé à toutes les persécutions révolutionnaires, et se tint caché à Bléfond, pendant la Terreur, sous le nom d'Ignace Tuneur. En 1801, l'administration le signala comme « un honnête homme, instruit et aimé de ses paroissiens. » Il revint à Bretigney comme curé et se retira en 1803 à Serre-les-Sapins.

M. Vernier, nommé curé d'Ouvans en 1801. Il suffit de le nommer pour dire que son esprit n'était pas rétréci. Voir l'article de Feller.

M. François Girardot, curé de la Sommette, son pays, se distingua par son zèle et son esprit de miséricorde.

M. Clément, ancien missionnaire, curé de Pierrefontaine en 1801, mort à Besançon en 1828. Il est l'auteur de la « Correspondance avec M. Seguin, évêque constitutionnel, 1 vol. in-8, 1791. »

M. Vuillemenot, curé d'Onans, après le Concordat.

Et l'immortel M. Breuillot, curé de Laviron en 1801, et plus tard économe du grand séminaire.

M. Annel, curé de Branne après l'exil. Avant la Révolution, il avait prêché avec succès à Saint-Jean et à Sainte-Madeleine.

M. Baud, curé de Rougemont après la Révolution, fut plus tard supérieur du grand séminaire.

M. Paris, curé de Surmont, prédicateur distingué.

M. Olivier, curé de Sancey.

M. Fleury, curé de Vernierfontaine, qui, en 1801, à une manifestation religieuse faite à Saint-Maximin, de Foucherans, à l'occasion du Concordat, prononça, le 15 juillet, devant 3,000 personnes, un éloquent discours.

M. Alix, curé de Vercel, auteur de plusieurs brochures de circonstance, vrai fanatique aux yeux de Kilg.

M. Petitcuenot, curé de Chaux-lez-Passavant, auteur d'un ouvrage contre les philosophes du XVIIIe siècle, imprimé en 1837.

M. Chopard, vice-président du district de Baume avant la Révolution, et curé de Mancenans au Concordat, etc., etc.

3° Dans le pays de Montbéliard, il n'est pas un protestant qui ne revendique, pour les siens, le premier rang dans les lettres, les sciences et les arts; tout ce qu'il y a de plus distingué dans la religion catholique s'éclipse à côté de ses coreligionnaires, et ceci n'est plus l'objet d'un examen, c'est un fait certain, comme il est acquis à la certitude que le soleil l'emporte sur les autres astres. Ce sentiment, qui était déjà en vogue dans le protestantisme français au temps de Bossuet, est passé des chefs au simple vulgaire. Que de fois dans notre enfance nous l'avons entendu exprimer par nos compatriotes protestants de Chenebier. Voici un exemple à cet égard. M. Beurlin, pasteur d'Étobon, qu'on rencontrait toujours avec plaisir, était le père d'un fils dont les études avaient, disaient les uns, altéré la raison; d'autres attribuaient cette infirmité à une autre cause. Qu'importe cette question ? Toujours est-il que ce fait a fait dire aux protestants une parole qui depuis est toujours restée gravée dans notre mémoire, c'est que ce malade était « le second plus savant de France. » Ne soyons pas étonné si Kilg, ancien pasteur de Blamont, après avoir, dans son cabinet de sous-préfet, mis en parallèle ses vieux collègues et les curés de son arrondissement, en ait conclu que ces derniers n'étaient que des *esprits rétrécis*, selon sa belle expression. Sa logique luthérienne ne lui permettait pas de les juger autrement.

TABLE DES MATIÈRES

Préface. — Réponse à MM. Léon Sahler, John Viénot et Auguste Chenot vii

Chapitre premier. — Luxembourg devant Montbéliard. — Le comte Georges voudrait la résistance. — Les bourgeois et les soldats s'y refusent. La ville capitule. — Antoine-Pierre de Grammont, archevêque de Besançon. — Culte catholique à Montbéliard. Sa suppression. Son rétablissement à Blamont. — Les sujets des Quatre-Terres prêtent serment de fidélité à Louis XIV. — Les protestants exclus de l'église de Mandeure. — Nouvelle occupation de Montbéliard par la France. Le culte catholique y est rétabli. — Notice sur le village de Tavey. — Démêlés entre les princes de Wurtemberg et les abbés de Lure et de Murbach au sujet de la propriété de ce village. — Le culte catholique y est rétabli (1674-1698) 1

Chapitre II. — Rétablissement définitif du culte catholique à Montbéliard, à Blamont, à Héricourt, à Saint-Maurice, Montécheroux, Vougeaucourt, Autechaux, Lougres (1698-1700) 31

Chapitre III. — Les revenus des prieurés et les dîmes de quelques paroisses passent en d'autres mains. — Dannemarie. — Saint-Valbert. — Belchamp. — Autechaux. — Vougeaucourt. — Saint-Maurice. — Buc. — Lettre de Louis XIV de 1707. — Efforts de Léopold-Eberhard pour obtenir la souveraineté des Quatre-Terres. — Législation de Bourgogne. — Défense de travailler les jours de fête. — Curés d'Héricourt et de Saint-Maurice. — Macler, pasteur de Longevelle. — Une cure édifiée à Tavey. — Différend entre Arcey, Montenois et Lougres. — Objets du culte. — Municipalité moitié protestante, moitié catholique, à Blamont, à Héricourt. — Arrivée des catholiques à Montécheroux, à Liebvillers, à Blamont, à Chenebier, à Echavanne. — Mort de Mgr François-Joseph de Grammont 57

Chapitre IV. — Mort de Léopold-Éberhard. — Sa succession. — Traitement des curés. — Comptes rendus de la recette ecclésiastique. — Édit de 1724. — L'autorité française nomme les pasteurs protestants. — Ses décisions relatives à la propriété de l'église de Blamont, à des fondations d'Héricourt, à la décoration des maisons à la Fête-Dieu. — Catholiques nouveaux. — Occupation de Montbéliard par la France. — Lettre des pasteurs à la reine de Prusse 83

Chapitre V. — Décision du gouvernement français relative à l'exercice du culte protestant dans les Quatre-Terres, 2 mars 1735. — Son application par le rétablissement du catholicisme à Chagey, Seloncourt, Longevelle, Glay et Villars-lez-Blamont, 1710 à 1716 108

Chapitre VI. — Convention du 10 mai 1748. — Levée du séquestre. — Décision des avocats. — Les ministres rentrent dans les églises. — Ils en sont expulsés. — Lettre du 10 juillet 1749, non enregistrée par le Parlement. — Population catholique en 1748. . 136

Chapitre VII. — Tracasseries suscitées aux curés de Montbéliard : Magnin, Rutillard, Jobin, Maitrugue, Démoly, Annel; aux curés de Vougeaucourt : Métoz, Malcuit, de Senargent. — Rivalités à Héricourt entre curés et pasteurs; à Chenebier, Echavanne et à Chagey, à l'occasion des maîtres d'école 153

Chapitre VIII. — Rivalités entre protestants : le piétisme, son origine, ses adeptes dans le pays. Jean-Jacques Pelletier, Jean-Frédéric Nardin, Jean-Nicolas Vallet des Barres, Léopold-Georges Pelletier, Duvernoy, Jacquin, Friès. — Troubles causés par la secte. — Les anabaptistes, leurs doctrines, leur établissement dans le pays, leur expulsion des Quatre-Terres. — Mesures prises contre eux par le gouvernement de Montbéliard 178

Chapitre IX. — Tentatives pour ramener les protestants des Quatre-Terres à la religion catholique. — L'autorité civile. — Les archevêques. — Les curés. — Dubois, curé de Villars-sous-Ecot. 202

Chapitre X. — Opposition à la politique de la France dans les Quatre-Terres : de la part des Wurtemberg, du conseil de régence, des pasteurs, des bourgeois 223

Chapitre XI. — Conversion de quelques protestants du pays de Montbéliard : Eléonore-Charlotte de Wurtemberg. Hedwige de Wurtemberg. Charles Alexandre. Prince Georges-Léopold. Charles-Léopold de Sandersleben, comte de Coligny. Frédéric Fallot. Léonard de Nardin. Le père de l'historien Rollin. Jean Harer, de Stuttgart, etc. 248

Chapitre XII. — État du pays avant la Révolution. — Place qu'occupa le catholicisme à Montbéliard : le prince Frédéric-Eugène. — Son aumônier. — Mariage d'Élisabeth avec un prince catholique. — Les curés de Montbéliard. — Lutte religieuse dans les Quatre-Terres. — Le pasteur Kilg et les curés de Blamont et d'Héricourt. — Construction du presbytère protestant d'Héricourt — Convention de 1786 273

Chapitre XIII. — Révolution française. — Cahiers de remontrances. — Décrets de l'Assemblée favorables aux luthériens. — Constitution civile du clergé. — Les curés des Quatre-Terres refusent de prêter serment, de lire les lettres des évêques constitutionnels. — Leur expulsion des paroisses. — Les intrus. — Les luthériens rentrent dans les églises. — Exil des prêtres fidèles, etc. 297

Chapitre XIV. — Efforts des luthériens de Chagey, de Luze et de Tavey pour rentrer dans les églises de ces paroisses. — Exploits de Perdrizet, juge de paix, à Chagey et à Tavey. — L'église de Chagey aux protestants. — Résistance des catholiques de Tavey. 323

Chapitre XV. — Le comté de Montbéliard agité par la Révolution. — Son annexion et celle de Mandeure à la république française par les ordres de Bernard de Saintes. — Pillage et vente du mobilier du château de Montbéliard. — Les vases sacrés et les objets du culte catholique. — Départ de Bernard du comté. — Sentiments des habitants envers la France. — Leurs causes. — Culte luthérien. — Renonciation des pasteurs à leur culte. — Loi du 11 prairial an III, favorable au protestantisme. — Libre exercice de la religion protestante. 336

Chapitre XVI. — Vente du mobilier des curés exilés, du mobilier des églises. — Destruction des signes extérieurs du culte. — Les prêtres assermentés traités favorablement : Cordienne, Leclerc-Beck, Tournoux, Louis Lubert, Germain-Joseph Jacotey, le curé de Mandeure. — Les prêtres fidèles traqués évangélisent néan-

moins par la prédication..., par des lettres, baptisent, disent la
messe. 365

Chapitre XVII. — Rentrée des curés déportés. — Réorganisation
des cultes. — Le culte catholique à Montbéliard, à Blamont, à
Héricourt, à Chagey, à Tavey. — Décret concernant la Confession
d'Augsbourg. — Organisation du protestantisme à Montbéliard,
à Blamont, à Héricourt, etc. 389

Chapitre XVIII. — Rétablissement du culte catholique à Chenebier,
1846. — Hérimoncourt, 1851. — Montécheroux, 1853. — Dampierre-les-Bois, 1857. — Audincourt, 1861. — Beaucourt, 1865. —
Autechaux, 1867. — Seloncourt, 1875 408

Chapitre XIX. — Villars-lez-Blamont. — Montbéliard. — Héricourt.
— Chagey. — Tavey 435

Conclusion. 451

Pièces justificatives 453

BESANÇON. — IMPR. ET STÉR. PAUL JACQUIN.